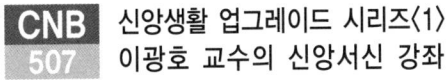

CNB 507
신앙생활 업그레이드 시리즈⟨1⟩
이광호 교수의 신앙서신 강좌

손에 잡히는 신앙생활

이 광 호

2007년

도서출판 깔뱅

지은이 | 이광호

영남대학교와 경북대학교 대학원에서 법학과 서양사학을 공부했으며, 고려신학대학원 (M.Div.)과 ACTS(Th.M.)에서 신학일반과 조직신학을 공부했다. 대구 효성가톨릭대학교에서 비교종교학을 연구하여 철학박사(Ph.D.) 학위를 취득했다.

고신대학교, 고려신학대학원, 영남신학대학교 등에서 후학들을 가르쳤다. 현재 실로암교회에서 목회를 하면서 이슬람 전문선교단체인 국제 WIN선교회에 참여하고 있으며 달구벌기독학술연구회 회장직을 맡고 있다. 또한 홍은신학연구원 성경신학 담당 교수를 비롯해 조에성경신학원 등에서 후학들을 가르치고 있다.
　홈페이지 http://siloam-church.org/

저서

- 『바울의 생애와 바울서신』(2007년, 도서출판 깔뱅)
- 『창세기』(2007년, 도서출판 깔뱅)
- 『신약신학의 구속사적 이해』(2006년, 도서출판 깔뱅)
- 『구약신학의 구속사적 이해』(2006년, 도서출판 깔뱅)
- 『예수님 생애 마지막 7일』(2006년, 도서출판 깔뱅)
- 『에세이 산상수훈』(2006년, 칼빈아카데미)
- 『성경에 나타난 성도의 사회참여』(1990년, 도서출판 실로암)
- 『갈라디아서 강해』(1990년, 도서출판 실로암)
- 『더불어 나누는 즐거움』(1995년, 예영커뮤니케이션)
- 『아빠, 교회 그만하고 슈퍼하자요』(1995년, 예영커뮤니케이션)
- 『기독교 관점에서 본 세계문화사』(1998년, 예영커뮤니케이션)
- 『세계선교의 새로운 과제들』(1998년, 예영커뮤니케이션)
- 『이슬람과 한국의 민간신앙』(1998년, 울산대학교출판부)
- 『교회와 신앙』(2002년, 교회성경신학연구원)
- 『한국교회, 무엇을 개혁할 것인가』(2004년, 예영커뮤니케이션)
- 기타 논문 다수

역서

- 『모스렘 세계에 예수 그리스도를 심자!』(Charles R. Marsh, 1985년, CLC)
- 『예수님의 수제자들』(F. F. Bruce, 1986년, CLC)
- 『치유함을 받으라』(Colin Urquhart, 1988년, CLC)

손에 잡히는 신앙생활

LETTERS FOR CHRISTIAN LIFE <I>

CNB 507
손에 잡히는 신앙생활

LETTERS FOR CHRISTIAN LIFE 〈I〉

by Kwang Ho Lee
Published by Calvin Publishing House

ⓒ 2007 Kwang Ho Lee
SEOUL, KOREA

초판 인쇄 2007년 9월 1일
초판 발행 2007년 9월 8일

발행처 | 도서출판 깔뱅
발행인 | 김순영
지은이 | 이광호

등록번호 | 제2-1458호
등록일자 | 1998년 11월 18일

편집 | 신명기
디자인 | 조혜진

주소 | 서울시 서초구 잠원동 69-24
전화 02-535-9876   019-366-9438

총판 | (주) 비전북출판유통
주소 경기도 고양시 일산구 장항동 568-17호(우편번호 411-834)
전화 031-907-3927(대)   팩스 031-905-3927

저작권자 ⓒ 2007 이광호

이 책의 저작권은 저자에게 있습니다.
내용의 일부를 인용하거나 발췌 및 배포할 경우
서면에 의한 저자와 출판사의 허락을 받으십시오.

값은 표지에 있습니다.
파손된 책은 교환해 드립니다.
ISBN 89-92204-23-X   93230

CNB카페 | http://cafe.naver.com/cnb7777

손에 잡히는 신앙생활

LETTERS FOR THE CHRISTIANS' LIFE

CNB시리즈
서 문

CNB The Church and The Bible 시리즈는 개혁신앙의 교회관과 성경신학적 구속사 해석에 근거한 신·구약 성경 연구 시리즈이다.

이 시리즈는 보다 정확한 성경 본문 해석을 바탕으로 역사적 개혁 교회의 면모를 조명하고 우리 시대의 교회가 마땅히 추구해야 할 방향을 제시함으로써 교회의 삶과 문화를 창달하는 것을 그 목적으로 하고 있다.

따라서 이 시리즈는 진지하게 성경을 연구하며 본문이 제시하는 메시지에 충실하고 있다. 그렇다고 이 시리즈가 다분히 학문적이거나 또는 적용적이라는 의미에 국한되지 않는다. 학구적인 자세는 변함 없지만 궁극적으로 하나님의 나라를 지향함에 있어 개혁주의 교회관을 분명히 하기 위해 보다 더 관심을 가진다는 의미이다.

본 시리즈의 집필자들은 이미 신·구약 계시로써 말씀하셨던 하나님께서 지금도 말씀하고 계시며, 몸된 교회의 머리이자 영원한 왕이신 그리스도께서 지금도 통치하시며, 태초부터 모든 성도들을 부르시어 복음으로 성장하게 하시는 성령님께서 지금도 구원 사역을 성취하심으로써 창세로부터 종말에 이르기까지 거룩한 나라로서 교회가 여전히 존재하고 있음을 그 무엇보다도 중요하게 여기고 있다.

아무쪼록 이 시리즈를 통해 계시에 근거한 바른 교회관과 성경관을 가지고 이 땅에 진정한 그리스도인의 삶과 문화가 확장되기를 바라는 바이다.

시리즈 편집자

김영철 목사, 미문(美聞)교회, Th. M.
송영찬 목사, 기독교개혁신보 편집국장, M. Div.
이광호 목사, 실로암교회, 홍은신학연구원, Ph. D.
이종연 목사, 진명교회, 아틀란타 바이블 칼리지, M. Div.

머리글

　인생의 바탕에는 질문이 깔려 있다고 해도 과언이 아니다. 질문이 없는 사람은 창조적 사고思考를 할 수 없으며 쉽게 현실에 안주해 버리게 된다. 현재의 지식은 항상 건전한 사고를 통해 새롭게 다듬어져 가야 한다. 진리와 진실을 멀리하고자 하는 현실주의적 습성은 거름장치를 필요로 하기 때문이다.
　하나님의 자녀들에게 있어서는 더욱 그렇다. 세속적 철학에 물들지 않기 위해서는 기록된 성경말씀을 통한 검증이 필수적이다. 건강한 신앙 정신을 소유한 성도들은 그런 노력을 지속하는 가운데 보다 본질적인 것들에 관심을 기울여 가며 참된 진리를 추구하게 된다.

　우리가 가져야 할 질문의 속성은 단순한 의문을 품는 것과는 다르다. 의문이 어떤 사물이나 사실에 대해 가지는 막연한 궁금증이라 한다면, 질문은 그에 대한 분석적이며 과학적인 답변을 요구하는 특성을 지니고 있다. 그러므로 질문은 논리적 답변을 요청하며, 그것은 항상 새로운 사고를 위한 기회를 제공하게 된다.
　하지만 현대인의 특성 가운데 하나는 복잡한 질문을 멀리하려는 경향성을 띠고 있다는 사실이다. 다수의 사람들은 질문 없는 삶을 누릴 수 있다면 그것이 최상의 만족이라 여기고 있다.
　배부른 만족은 질문을 불필요한 것으로 인식하도록 하며, 골치 아픈 지적知的 질문은 도리어 삶을 귀찮게 만들지도 모른다는 사고를 이끌어낸다. 질문은 냉철한 사고를 통해서만 가능하고, 사고하는 것은 머리 아픈 일이며, 그것은 결국 배부른 만족을 추구하는 데 그다지 도움이 되지 않을 것이라는 우리의 현실 언어와 맞물려 있다.

    필자는 그동안 적지 않은 분량의 편지를 써왔다. 그것은 주로 여러 형제, 자매들의 질문에 답변하기 위한 방편이었다. 이 책에 실린 내용들은 대개 여러 성도들의 다양한 질문을 받고 그에 답변한 편지 형식의 글들이다. 그 가운데는 성경적, 신학적, 신앙적, 윤리적 문제 등 다양한 내용들이 포함되어 있다.

    머리글을 통해 언급하고 싶은 것은 이 책에 표현된 주장들이 완벽한 것은 아니라는 사실이다. 독자들 가운데는 여기에 기록된 글들을 접하면서 다소 낯선 느낌을 받게 될지도 모른다는 생각을 해 본다. 혹 자신과 다른 주장이나 내용을 만나게 되면 성급한 판단보다는 다시금 그에 대해 신중히 생각해 볼 수 있는 기회를 가졌으면 한다. 필자가 왜 그런 답변을 하는지, 그 근거가 무엇인지, 성경은 과연 어떻게 가르치는지 주의깊게 살펴본다면 적잖은 유익을 얻을 수 있으리라 믿는다.

    나아가 질문자는 왜 그런 문제를 두고 고민하며 질문을 하게 되었는지, 독자 자신은 왜 현재처럼 생각하게 되었는지 조심스럽게 분석해 보는 시간을 가져보는 것도 좋을 것이다. 그리고 주변의 다른 성도들과 동일한 주제를 두고 심도 깊은 토론을 하며 대화하는 것도 좋은 방법이 될 수 있으리라 생각한다.

    또한 지나간 역사 가운데 존재했던 건전한 교회들은 각 문제들에 대해 어떤 입장이었는지, 우리 시대의 전 세계에 흩어져 있는 건전한 교회들의 신학적 입장은 어떠한지 잘 더듬어 공부해 보기를 권한다.

    그렇게 함으로써 이 책이 독자들로 하여금 신앙적 사고의 폭을 넓혀주는 자그마한 도구가 되기를 바란다. 그러한 과정에서 더욱 많은 질문들이 생겨나며 그 질문들에 대한 답변을 얻기 위해 성경을 더 깊이 묵상하는 시간들이 많아지기를 원한다. 그리하여 견실한 신학적 사고들을 정립해감으로써 이땅에 참된 교회를 세워나가는 일에 도움이 되기를 바란다.

이 책은 필자가 시무하고 있는 실로암교회 홈페이지(http://siloam-church.org)에서 운영하고 있는 '서신강좌'에 실려있는 271개의 문항을 순차적으로 정리하여 '신앙생활 업그레이드 시리즈'로 다음과 같이 3권으로 기획되었다.

CNB 507 "손에 잡히는 신앙생활"(80문항)
CNB 508 "아름다운 신앙생활"(90문항)
CNB 509 "열매맺는 신앙생활"(101문항)

모든 것이 부족한 필자에게 다양한 질문들을 해 준 여러 성도들에게 지면을 통해 감사드린다. 앞으로도 동일한 시대, 동일한 언어를 사용하며 살아가는 성도로서 건전한 교제가 이어지기를 바란다.
서로 얼굴과 얼굴을 아는 관계는 아니라 할지라도 동일한 주님을 의지하며 보편교회에 속한 성도로서 간접적인 교제가 나누어질 수 있음은 감사한 일이다. 또한 이 글을 접하게 될 다수의 독자들과도 이와 동일한 형태의 신앙적인 교제가 나누어질 수 있기를 기대해 본다.

2007년 여름, 팔공산 자락에서
이광호

목 차

CNB 시리즈 서문 / 7
머리글 / 9

손에 잡히는 신앙생활

1. 교회 음악과 예배 중 악기 사용에 대해서 _ 19
2. 교회 세습에 대하여 _ 22
3. 돌아가신 목사의 사모가 그 교회의 권사가 될 수 있나요? _ 26
4. 성도와 추도예배 _ 28
5. 하나님과 이스라엘 선택에 대하여 _ 32
6. 하나님께서는 왜 아직까지 사탄을 멸망시키지 않는 것일까? _ 35
7. '국기에 대한 경례' 및 '순국선열에 대한 묵념' _ 38
8. 연보는 꼭 본 교회에 해야 하는가? _ 44
9. 이스라엘 민족은 왜 다른 민족들을 멸망시켰습니까? _ 48
10. '설교연습'이란 어떤 과목인지요? _ 51
11. 목사제복은 필요한가? _ 56
12. 성경 해석을 할 수 있는 권한은 누구에게나 있는지요? _ 60
13. 술을 마시면 죄가 됩니까? _ 65
14. 유아세례에 대하여 _ 70
15. 이혼(離婚不能)에 대하여 _ 74

16. 신학대학원에서 성찬식을 행할 수 있는가? _ 79
17. '애굽의 수치' 란 무엇을 의미합니까? _ 83
18. '열린예배' - 'OOO 교회' 는 건전한 교회인가? _ 86
19. '기도' 에 대하여 _ 90
20. 세속화된 한국교회에 대해 어떤 자세를? _ 94
21. "모든 사람이 죄를 지었으므로"의 의미 _ 99
22. 단군상 파괴와 기독교 신앙에 대해 _ 101
23. 생명과 죽음 그리고 예수 그리스도의 무덤에서 '사흘' 의 의미는? _ 105
24. 에큐메니칼 운동에 대해 _ 110
25. '보편교회' 와 '보편성' 이란 말의 의미 _ 116
26. 그리스도인과 직업에 대해 _ 119
27. 담임목사와 부교역자의 관계는? _ 124
28. 주일Lord's Day과 일요일Sunday에 대해 _ 129
29. 천국상급에 차등이 있는가? _ 134
30. 개혁의 대상이 된 한국교회 _ 138
31. 하나님께서는 왜 에덴동산에 '선악과善惡果 나무' 를 두셨을까? _ 143
32. '세례식 남발' 에 대한 공개 질의 _ 148
33. '주일' 을 어떻게 지켜야 하는가? _ 152
34. 진멸당한 애굽의 생축이 어떻게 다시 등장하게 됩니까?(출 9:6) _ 158
35. '태신자' 운동에 대하여 _ 161
36. '주께서 내 원수의 목전에서 상床을 베푸시고' (시 23:5)의 의미 _ 165
37. '순결서약식' 에 대하여 _ 169
38. 예수님을 세 번 부인한 '베드로의 신앙' 은? _ 173
39. '성시화聖市化 운동' 에 대하여 _ 176
40. 가인과 아벨의 제사 _ 180
41. 성경은 이혼을 허용하는가? _ 184
42. 아브라함과 다윗 집안의 일부다처제 수용은? _ 188

43. '사도신경'에 대하여 _ 192

44. SFC와 개혁주의에 대하여 _ 197

45. '개혁주의' 와 '복음주의'에 대하여 _ 201

46. '귀신론'에 대하여 _ 205

47. '낙태절대불가'에 대하여 _ 211

48. '다락방 운동'에 대하여 - 한국교회의 축소판 _ 217

49. '예언의 은사' (고전 12, 14장)에 대하여 _ 223

50. 선교와 전도 _ 228

51. 현대판 시모니simony _ 233

52. 현실적 교회개혁 방안을 기대함 _ 237

53. 구원의 기초 _ 241

54. 칼빈과 사형死刑 제도 _ 246

55. 구원과 자기 결정 _ 253

56. '동성애' 인정 교단과 자매결연 문제 _ 257

57. '하나님의 주권 영역'에 대하여 _ 261

58. '드보라' 와 '바락' _ 266

59. '성가대 지휘자 사례비' _ 272

60. 교회와 목적지향주의 _ 276

61. 말씀 선포의 대상은? _ 280

62. 여자 목사 제도는 성경적인가? _ 283

63. 교회, 교회론의 문제 - 동성애 관련 _ 288

64. 에큐메니칼ecumenical에 대하여 _ 295

65. '교역자의 이동'에 대하여 _ 300

66. '역라마단 운동'에 대하여 _ 305

67. 본회퍼Dietrich Bonhoeffer의 신학 _ 310

68. 교회가 흥미를 제공해야 하는가? _ 315

69. '교회의 교회됨'을 위하여 _ 319

70. '송구영신' 예배에 대하여 _ 325
71. 자녀 교육의 기본 _ 329
72. '구원의 확신' 에 대하여 _ 335
73. '대통령의 노벨상' 과 한국 기독교 _ 339
74. '교회를 통한 상행위商行爲' 에 대하여 _ 343
75. '은사집회' 란 과연 성경적인가? _ 348
76. '천국에서 누가 크냐' 의 문제 _ 352
77. 다양한 헌금 종류에 대하여 _ 355
78. '십일조' 에 대하여 _ 359
79. '하나님의 예정' 에 대하여 _ 363
80. Music과 Song _ 367

신앙생활 업그레이드 시리즈 전체 271문항 제목별 색인 / 375

손에 잡히는 신앙생활

1 교회 음악과 예배 중 악기 사용에 대해서

현정 자매에게

안녕하세요. 일반적으로 복음송Gospel song은 찬송가Hymn와는 '다른' 개념입니다. 일반적으로 '찬송'은 하나님을 찬송하기 위해 부르는 곡조 붙은 노래이지요. 한편 '찬양' '노래'란 말은 엄밀한 의미로 보아 '곡조 달린 음악'이라는 말과는 다른 말입니다. 곡조가 달리지 않아도 하나님을 찬양할 수 있고 음계가 있지 않아도 하나님을 노래할 수 있는 것이지요. 즉, 시詩로 하나님을 노래하며 마음으로 하나님을 찬양할 수 있습니다. 그러나 여기에서 어의語義에 얽매이지는 않았으면 좋겠습니다.

사실 오늘 우리가 가지고 있는 찬송가 중에는 진정한 의미에서 '찬송'이 아닌 곡들이 많이 수록되어 있습니다. 우리 찬송가에는 거의 모두가 사람들이 작사한 것이잖아요. 그 찬송시들 가운데는 훌륭한 것들이 많이 있다고 생각되지만 성령을 통해 완벽한 검증을 받은 것은 아닙니다. 설령 그 가사의 내용이 좋다고 하여도 '찬송'의 내용이 아닌 것들이 많이 있습니다. 이를테면, 하나님을 예배하는 내용이 아닌 인간들의 결의나 상황을 묘사한 노래들은 찬송가라 볼 수 없습니다.

성경의 시편들이 완벽하게 검증된 '시'라는 것과는 커다란 차이가 있습니다. 그러므로 칼빈은 성경의 시편 가사詩를 가지고 하나님을 노래하며 찬송해야 하는 것을 강조했습니다. 나는 칼빈의 견해에 전적으로 동의합니다.

한편, '복음송'이란 '찬송'과는 달리 인간의 결의나 상황을 노래한 것이라 할 수 있습니다. '열심히 전도하자'라든지, '천국에 대한 희망을 가지고 살자'는 식의 노래이지요. 그것이 어느 정도 필요하다 하더라도, 교회에서 '복음송'이 '찬송'의 자리를 잠식해 들어간다면 이는 분명히 문제라 할 수밖에 없습니다. 물론 '감사'나 '결의' 등의 의미를 많이 표현한다는 등의 측면에서는 긍정적이기는 하지만 결국 인간 중심으로 전환될 위험이 늘 존재한다고 생각하기 때문입니다.

현정 자매가 현재 나가는 교회에서는 전자기타와 드럼, 신디사이저 등의 밴드부 분위기라 했죠? 그 교회가 건강한 교회라면 그러한 것들은 마땅히 없어져야 하리라 생각합니다. 그러한 악기들은 성도들의 마음을 혼미하게 합니다. 종교개혁자 칼빈은 교회에서 소프라노, 알토, 테너, 베이스 등 4부 합창을 하는 것을 두고도 '사탄의 휘파람 소리'라고 비난한 적이 있습니다. 역시 종교개혁자인 츠빙글리는 교회 내의 피아노를 파괴했습니다.

그들이 왜 그렇게 했을까요? 교회 내에서 잘못된 그리고 과도한 음악적 행위는 하나님의 말씀이 차지하고 있어야 할 부분을 크게 가로채게 됩니다. 결국 하나님의 거룩한 말씀을 성도들에게서 가로막는 역할을 하게 되는 것입니다. 우리 인간들은 늘 자기 기분적인 존재입니다. 칼빈이나 츠빙글리 당시에는 오늘날처럼 전자기타, 드럼, 신디사이저 등이 있지 않았어도 그 위험성을 견제했습니다.

현정 자매는 클래식 음악은 괜찮으냐고 물었지요? 클래식 음악도 원리적인 측면에서는 마찬가지입니다. 인간이 그 음악을 듣고 하나님에 대한 찬송여부를 결정지으려 하거나 그것을 즐기려 한다면 그것도 폐지되어야 합니다. 그러나 하나님의 말씀을 읽고 들어 묵상하여 인격적으로 참여하는 데 도움이 되거나 최소한 방해가 되지 않는다면 어느 정도 허용할 수 있을 것이라 생각합니다.

　하나님의 몸된 교회에서 그의 거룩한 말씀보다 더 매력 있는 것으로 인정될 수 있는 모든 것들은 우상에 해당함을 알아야 합니다. 음악이든 미술이든 마찬가지입니다. 중세 종교개혁자들은 교회 내에서 음악의 우상화와 미술품의 우상화를 동시에 경계한 데 비해, 오늘 우리 한국교회는 미술품의 우상화에 대해서는 필요 이상으로 과민하면서도 음악의 우상화에 대해서는 경계심이 전무하다는 사실은 가히 우려할 만하다고 생각합니다.

(2000. 2. 16)

2 교회 세습에 대하여

이 선생님께

안녕하세요. 근래 들어 한국교회에 교회 세습의 경향이 일어나는 현상은 심히 안타까운 일이라 생각합니다. 원래 '세습'이라는 말의 뜻에는 '소유'의 개념이 포함되어 있습니다. 그래서 세습이란 그것이 무형이든 유형이든 간에 기존의 소유권자가 자기가 원하는 사람(아들이든 친구이든)에게 그 '소유'를 이양해 주는 것을 의미합니다.

교회의 목회자는 어떠한 경우에도 그 교회의 재산에 대해 신분상 '소유권자'가 될 수 없습니다. 어떤 목회자가 '내가 젊은 나이에 개척하여 지금 이만큼 큰 교회로 키웠다'라든지, '과거에 어렵고 힘든 형편에 있던 교회에 내가 부임해와 이만큼 성장시켰다'라든지 주장을 한다면 그것은 참으로 서글픈 일입니다.

교회는 오로지 '주님의 교회'일 뿐입니다. 하나님께서 친히 피로 값 주고 사신 교회를 특정인의 소유물로 생각한다면 그것은 어불성설입니다. 목회자를 비롯한 어느 누구도 교회 가운데 기득권자가 될 수 없으며 동시에 어느 누구도 그것을 인정해서는 안 될 것입니다.

하지만 오늘날 한국교회에서 교회 세습을 행하는 사람들은 나름대로 이유가 있습니다. 교회 세습을 하려는 목사는 '내 아들이어서가 아니라 우리 교회를 가장 잘 아는 적합한 목사이기 때문이다'라든지, '현재 본 교회 목사의 아들이라서가 아니라 본 교회가 가장 필요로 하는 목사이기 때문이다'라고 주장합니다.

교회 세습에 참여하는 장로들을 비롯한 지도자들은 '어차피 어떤 사람이든 목사를 청빙해 올 바엔 우리 목사님 아들이 가장 적합하다'는 등 나름대로의 이유를 댈 수 있습니다. 뿐만 아니라 '만일 그렇게 하는 것이 하나님의 뜻이라면 어떻게 할 것이냐?'는 식으로 못박아 말할지도 모릅니다.

참고로 말씀드리자면 교회의 목사 청빙은 지교회의 권리에 속한 문제가 아니라 교회의 의사와 더불어 노회의 관장아래 있어야 합니다. 흔히 '개교회주의'를 이야기할 때 이를 단순한 '개교회 이기주의'로 잘못 이해할 수도 있으나 그것은 그 이상의 의미를 지닙니다.

예를 들어 목사의 교회 세습 문제가 노회에서 거론될 때 노회와 모든 노회원은 그것을 충분히 검토하여 결정해야 함에도 불구하고 직집적인 자신의 일이 아님으로 인해 쉽게 허락하는 경향을 가지고 있습니다. 그것을 청원하는 교회의 지도자들도 만일 노회가 거절하기라도 하면 '남의 교회가 결정한 일을 왜 간섭하느냐?'고 따지려 들 것입니다. 그러니 '처남 좋고 매부 좋은 식'으로 대충 일을 처리하려 합니다. 바로 이런 문제가 가장 중요하게 논의되어야 할 '개교회주의' 입니다.

저의 생각으로는 이미 상당한 재산을 소유하고 있는 한국교회에서는 어떤 경우에라도 교회 세습은 설득력이 없다고 판단됩니다. 교회의 형편이 설령 그렇다 치더라도 목사인 아버지나 아들 중 한 사람이라도 성숙한 목회자라면 그렇게 하지 않으리라 생각합니다. 교회를 그런 식으로 물질적 개념과 함께 대물림하는 것이 복음의 원리에 어긋날 뿐 아니라 그것이 가져다 줄 전반적 폐해에 대한 약간의 생각이라도 있다면 그렇게 하지는 않을 것입니다.

만일 자신이 목회하고 있는 교회에 엄청난 부채가 있다든지 생활비를 제대로 지급할 만한 형편이 되지 못한다 해도 그 교회를 자기 아들에게 세습하려 하겠습니까? 우리 부패한 인간들은 끊임없이 소유하려는 속성을 가지고 있으며 목사도 인간인 이상 예외일 수 없습니다. 주님의 말씀에 수종드는 지혜 있는 목사라면 이러한 인간의 속성을 잘 알고 있어야만 합니다.

한국교회에는 언젠가부터 권력, 기득권이라는 것이 침투해 들어와 있습니다. 참으로 천박한 것입니다. 소위 그럴듯한(?) 교회에 가려고 하면 자기 아버지나 장인 등이 힘있는 목사 혹은 장로일 때 훨씬 유리합니다. 하다 못해 그럴듯한 학교라도 나와야 합니다.

일반적이지는 않다 해도 신학교의 교수가 되기 위해서도 예외가 아닙니다. 소위 'back ground'가 있으면 훨씬 유리하다고 합니다. 한국교회에는 다른 부패한 사회와 마찬가지로 'back ground'가 통하는 곳이 되어 버렸습니다. 저는 교회 세습이 이루어지고 있는 것도 바로 그러한 천박한 'back ground' 때문이라고 생각하고 있습니다.

만일 '교회 세습'이라는 것이 설득력을 얻으려면 경제적으로 자립하지 못하는 시골의 어려운 교회나 남들 보기에 아무런 탐할 만한 외부 조건이 있지 않은 교회들에서도 '세습'이 있다는 이야기를 어느 정도는 들을 수 있어야 합니다.

아버지인 목사가 가난하고 어려운 교회에서 사역했기 때문에 그 아들 목사가 그 어려운 교회를 세습한다든지, 아버지가 잘못해서 교회가 어려움을 당했는데 그 아들 목사가 그 교회를 세습한다는 이야기를 더러는 들을 수 있어야 합니다. 그러나 그런 이야기들은 들을 수 없을 뿐 더러 아예 없습니다. 교회 세습이 목회자들 중에서도 소위 특정 계층 가운데서만 일어나는 것이라고 한다면 그것은 분명히 잘못된 것입니다.

그렇다면 '질문에 대한 답'은 명확하지 않은가요? 제가 알기로는, 교회를 자녀 혹은 가족에게 세습했다는 말은 성경에 없을 뿐더러 기독교 역사 가운데도 찾기 어렵습니다. 한국의 일부 교회들에서 교회 세습을 행하는 것은 실로 안타까운 일이며 그런 일은 없어져야 합니다.

하나님의 자녀인 우리는 교회가 그리스도의 피로 사신 성도들의 모임이라는 사실과 그분 홀로 모든 주권을 가지고 계신다는 사실을 알아야 합니다. 교회를 그리스도의 정결한 신부로서가 아니라 어떤 목적의 대상으로 생각한다면 결코 올바른 복음에 참여하는 것이라 할 수 없습니다.

(2000. 2. 17)

3. 돌아가신 목사의 사모가 그 교회의 권사가 될 수 있나요?

은숙 성도님께

녕하신지요? 보내주신 질문이 담긴 편지는 잘 받았습니다. 그리고, 성도님을 알게 된 것을 퍽 기쁘게 생각합니다.

'돌아가신 목사님 사모님의 권사직'에 대해서 약간의 설명을 드리겠습니다. 이에 대한 이해를 위해서는 우선 직분에 대한 이해를 잘 하는 것이 좋겠습니다. 원래 '사모'란 교회의 직분이 아니지요. 일반적으로 교회에서 '사모'라 할 때는 목사님이나 전도사님 등 교역자의 부인을 일컫는 말입니다.

사실 우리 한국교회에서는 '사모'란 위치가 아주 애매합니다. 어떻게 보면 교회에서 공적으로 중요한 위치에 있는 것 같지만 다른 한편으로 보면 전혀 중요하지 않은 위치에 있게 되어 있습니다. 그 예로 사모님들은 제직회원이 아니기 때문에 집사들이 참여하는 제직회에서 발언권도 없잖아요?

또한 권사라는 직분은 사실 우리 한국교회에만 있는 특별한 직분이라고 말할 수 있습니다. 그렇다면 '권사'란 무엇일까요? 우리는 교회에서 '집사' 직분에 대해서 알고 있습니다. 영어로 집사를 'deacon'이라고 하지요. 여집사를 'deaconess'라고 합니다. 그런데 '권사'를 말할 때 영어로는 'senior deaconess'라고 합니다. 즉 '선배 여집사' 혹은 '원로 여집사'라는 의미이지요. 물론 각 교단마다 '권사'의 직무에 대해서 나름대로의 설명을 하고 있습니다.

우리 한국교회에서는 흔히 직분을 명예로 잘못 생각하는 경우가 많이 있습니다. 그러나 모든 직분은 주의 몸된 교회를 세워가기 위한 봉사직이며, 어떠한 경우에도 그것이 명예직일 수 없습니다. 권사직도 마찬가지이지요. 권사는 명예직이 아니라 하나님의 몸된 교회를 세워나가는 데 필요한 봉사하는 직분입니다.

그런 의미에서 저는 성도님의 교회에서 '돌아가신 목사님의 사모님'을 권사로 세워도 무방하다고 생각합니다. 그러나 그 직분을 명예직으로 이해하는 한 불필요한 오해나 문제가 발생할 여지가 없지 않습니다. 만일 귀 교회의 성도들이 직분에 대한 올바른 이해를 하고 있다면 그 분을 직분자로 세우셔서, 제직회에 참여해 교회의 의사 결정에 더욱 적극적으로 참여하게 함과 동시에 'senior deaconess'로서 교회를 위한 봉사에 참여시키는 것에 아무런 문제가 없다고 봅니다.

성도님께서 편지글에서 말씀하신 것처럼, 그렇게 함으로써 교회가 대내외적으로 지탄을 받을 것을 우려하시는 것은 '권사'를 하나의 명예직으로 잘못 이해하고 있기 때문임을 잘 생각해 보아야 합니다.

답변이 잘 되었는지 모르겠습니다. 각 교회의 성장 정도와 형편이 다르니 더 구체적인 도움을 줄 수 없어 미안합니다. 말씀을 좇아 기도하는 가운데 그 문제가 잘 해결되기를 바랍니다.

(2000. 2. 20)

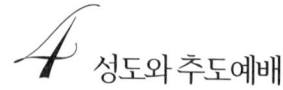 성도와 추도예배

은숙 성도님께

성도님, 안녕하십니까? 일전에 보내드린 답신은 잘 받으셨는지요? 오늘은 질문하신 내용 가운데 '추도예배'에 대해서 말씀드리겠습니다. 이에 대한 답변은 실생활에 연관된 문제로 매우 민감한 내용일 수 있으므로 잘 이해하시기를 바랍니다.

우리 한국교회에서는 일반적으로 '추도예배'라는 용어를 별 거리낌 없이 사용하고 있습니다만 사실은 용어 자체에 이미 문제가 있습니다. 교회에서 말하는 예배란 오로지 주님께만 순수하게 드려지는 성도의 경배일 뿐 '예배'라는 단어 앞에 어떠한 수식어도 필요하지 않습니다. 이를테면 개업예배라든지, 회갑예배라든지 하는 말은 그 자체로서 많은 문제를 내포하고 있는 것이지요.

주님을 예배하는데 다른 사람의 개업을 예배의 중앙에 위치시킬 필요가 없을 것이며 회갑을 맞이하는 분을 특별히 예배의 가운데 둘 필요는 없습니다. 이는 우리가 예배도중 어떤 일이나 형제로 인해 감사드리는 것과는 분명히 다른 것입니다. 예배가 주된 것이고 그 가운데 감사의 제목을 주께 아뢰는 것과 아예 특정 목적을 두고 예배 행위를 이용하는 것과는 구분이 되어야 합니다.

추도예배에 대해서는 그보다 더 큰 문제점들이 있습니다. 우선 죽은 사람의 죽음을 떠올리며 그것을 목적화한 상태에서 예배란 있을 수 없기 때문입니다. '추도'追悼라는 말의 사전적 의미는 '죽은 이를 생각하며 슬퍼함' 이라고 되어 있습니다.

따라서 추도예배란 '죽은 이에 대해 슬퍼하며 하나님께 드리는 예배' 라는 말이 되는데 어색하지 않습니까? 추도예배를 드린다고 하는 사람들은 '서운하니까' 그를 기억하며 하나님께 예배드린다든지, 그의 생전의 공적이 많기 때문에 그에 대한 기념과 더불어 추도예배를 드린다고 하겠지만 말이 안 되기는 모두 마찬가지입니다.

'추도식'이나 '추도예배' 라는 말은 아예 없어져야 할 말들입니다. 성도들은 죽은 이를 위해 슬퍼할 이유가 없습니다. 성경에 보면 구약성경에서 사람이 죽었을 때 애곡하는 장례절차에 대해서 나옵니다만 그를 위해 다음 해 그날 하나님께 예배한다는 가르침은 없습니다. 물론 신약성경에도 죽은 이를 위해 기념하거나 추도하여 하나님께 예배한 경우는 없습니다. 오히려 주님께서는 성도의 죽음에 대해 '잔다'고 표현하셨으며 그것은 슬픔의 대상이 아니라고 하셨습니다.

그러할지라도 서운함은 말할 수 있습니다. 가까이 살던 사람이 잠시 먼 지역으로 이사만 가도 서운한데 죽음으로 인한 헤어짐은 더욱 그러하겠지요? 그러나 그 서운함을 절차나 형식상 예배의 내용 자체에 삽입시킬 수는 없습니다.

그러면 현실적으로 우리 성도들은 장례식 이후 따라오는 다음 해 그날에 어떻게 해야 할까요? 성경의 여러 가르침들을 종합하여 볼 때, 저의 견해로는 성도의 죽음 이후 한두 차례 더 모일 수 있다고 생각합니다. 이는 결코 죽은 사람을 추도하거나 기념하는 것이 아니어야 합니다.

쉽게 말씀드려 지난해 장례를 치르며 수고했던 일을 기억하면서 서로 격려하는 가운데 가지는 산 사람들을 위한 교제의 모임이어야 합니다. 물론 죽은 사람의 생전에 있었던 이야기를 나눌 수도 있겠지요. 이는 그날뿐 아니라 언제든지 대화가 가능한 내용일 것입니다. 그러나 일년 동안 서서히 잊어가며 지내다가 지난해 그날이 되었다고 해서 새롭게 슬픔을 떠올리며 부산을 떨 필요는 없다고 봅니다.

저의 견해로는 떡이나 약간의 음식을 준비하는 것은 괜찮다고 봅니다. 앞에서 말씀드린 것처럼 산 사람들의 수고에 대한 격려와 서로간의 교제를 위해서이지요. 여기서부터는 좀더 조심스럽게 말씀을 드려야겠군요. 이때 성도들이 모였으니까 하나님의 말씀을 나눌 수는 있습니다. 그러나 죽은 사람을 추도하는 형식의 예배는 결코 아니어야 합니다. 성도들이 모였으니 자연스럽게 하나님의 말씀을 나누며 교제할 수 있는 것이지요.

'추도예배'라고 이름 붙여진 형식적 예배를 인도하기 위해 목사님을 초청할 필요는 없다고 생각합니다. 가까운 가족끼리 모였으면 그 가운데 말씀에 익숙한 연장자나 말씀에 익숙한 누군가가 하나님의 말씀을 통해 천국의 소망을 나눌 수 있으리라 생각합니다. 그러나 해마다 그렇게 할 필요는 없습니다. 산 사람들이 지난 해 장례로 인해 수고했으니 서로 교제를 나누는 선에서 정리하는 것이 좋을 듯합니다.

만일 해마다 같은 날 모이게 되면 마치 죽은 사람의 죽음이 기준이 되는 듯한 분위기가 되기 십상일 것입니다. 사람들이 해를 되풀이하여 그 날 모이려는 데는 그렇게 하는 것이 죽은 자에 대한 도리요 효성의 표시라고 생각하기 때문입니다. 그러나 우리는 더이상 죽은 이에 대한 어떤 도리도 가지고 있지 않으며 죽은 이를 위한 효성이라는 말이 없음을 알아야 합니다.

마지막으로, 장례식 이후의 예배 모임은 공적公的이지 않아야 합니다. '추도예배'라 하게 되면 공적이 됩니다. 소수의 가족들 가운데서도 가족 내부에서 공적이 될 수 있습니다. 공적이 되면 개인의 판단이 우선시되지 않으므로 가지 않으면 안 되는 자리가 되어버리지요.

공적이 되면 도리상 그 모임에 참석해야 하며 특별한 이유 없이 불참할 수 없는 자리모임이지요. 그러나 그날이 공적이지 않다면, 즉 산 사람들의 교제를 위한 것이라면 무슨 일이 있어도 그 모임에 반드시 참석해야 하는 도리는 아닙니다. 꼭 그날이 아니어도 언제든지 함께 만날 수 있을 것이기 때문입니다. 아울러 성도님이 질문하신 내용 가운데 '돌아가신 교회 목사님'을 위한 공적 추도예배란 잘못된 것입니다.

제가 말씀드린 내용들을 잘 이해하신다 해도 생활에 실천하기란 여간 어렵지 않으리라 생각됩니다. 이미 우리 한국교회에는 '신앙적 관행'이라는 이름으로 '추도예배'라는 말과 의례가 너무 깊이 들어와 있으니까요. 그렇다 하더라도 우리는 그 의미를 명확하게 이해해야 하며 그것을 다른 성도들도 알 수 있게 도와주어야만 합니다.

저의 부족한 답변이 성도님께서 궁금해하는 문제에 대한 해결에 도움이 되었으면 합니다.

(2000. 2. 22)

5 하나님과 이스라엘 선택에 대하여

반석 학생에게

반석아, 오늘이 3월 2일이니까 이제부터는 초등학교에서 최고 높은 학년인 6학년이 되는구나. 아마 학교에서 최고 학년 어린이로서 후배 동생들이 많아져 더 무거운 책임감을 느끼게 될지 모르겠구나. 이제부터는 그전보다 더욱 열심히 생활하는 반석이가 되기를 바란다. 특히 반석이를 위해 늘 사랑으로 지도하시는 엄마, 아빠의 말씀을 잘 순종하는 착한 어린이가 되기를 바랄께.

오늘은, 지난 번 반석이가 홈페이지를 통해 질문한 내용에 대한 답변을 하고자 한다. 반석이가 어려운 질문을 했기 때문에 목사님도 하는 수 없이 어려운 답변을 해야 할지도 모르겠구나. 혹 답변 중 어려운 말이 있거나 내용을 이해하기 힘들면 엄마, 아빠와 함께 생각해 보렴.

반석이는 '하나님께서는 왜 그 많은 나라들 중에 하필이면 이스라엘을 선택해 사용했습니까?' 라고 질문을 했지. 목사님은 반석이의 질문이 '왜 하나님께서는 한국이나 미국, 혹은 호주나 터키 같은 나라가 아니고 하필이면 이스라엘을 선택했습니까?' 로 이해되는데, 맞니? 이제부터 반석이의 질문에 대해서 답변을 시작해 보자꾸나.

결론을 미리 말하자면 하나님께서는 '이스라엘' 이라고 하는 한 '국가' 를 선택한 것이 아니라 '아브라함' 이라고 하는 한 '사람' 을 선택하셨단다. 이는 멸망에 빠져버린 인간들을 구원하기 위한 하나님의 구원 행위에 속하는 것이란다.

구약성경에 보면 맨 처음 사람인 아담과 하와가 죄를 범함으로써 하나님을 떠나 멸망의 길로 가게 되었단다. 그 길은 곧 영원한 죽음을 뜻하며 그 죽음은 어마어마하게 무서운 것이야. 그때 사랑의 하나님께서는 불쌍한 인간들을 그 죄로부터 구원하시기 위해 '여인에게서 태어날 메시아'를 보내시기로 스스로 작정하셨지. 아직 지구 위에는 아담과 하와 부부 두 사람만 살고 있을 때야. 이에 대해서는 우리가 그 전에 공부한 적이 있듯이 창세기 3장 15절에 잘 설명되어 있잖아.

그후 지구 위에는 많은 사람들이 태어나 '인간 세상'을 이루게 되었단다. 인간들 중에는 그냥 별 생각 없이 죄 가운데 살아가는 사람들도 있었으며, 죄를 싫어하고 하나님을 바라보며 사는 사람들도 있었어. 아벨, 셋, 에녹, 노아, 셈 등과 같은 사람들은 하나님의 계획 가운데 구원 역사에 참여한 분들로서 세상 사람들 가운데 섞여 살았단다.

아브라함은 곧 그 분들의 자손이지. 이에 대한 구체적인 내용은 창세기 11장과 누가복음 3장 끝부분을 보면 잘 알 수 있을 거야. 하나님께서는 멸망에 빠진 인간들에게 구원의 소식을 전하고 하나님께서 택하신 그 계보 가운데서 메시아가 태어날 것을 인간 역사 가운데 보여주신 거지. 그래서 우리가 알 수 있는 것은 하나님께서 그냥 아무나 불러서 '믿음의 아버지'로 세우신 것이 아니라 하나님의 놀라우신 계획 아래 아브라함을 선택해 '믿음의 아버지'로 세우신 거야.

반석이가 질문했던 '이스라엘 국가'에서 '이스라엘'은 아브라함의 손자, 즉 약속의 사람이라 일컬어지는 이삭의 아들 '야곱'의 다른 이름이란다. 그 이름은 하나님께서 야곱에게 주신 특별한 이름이야. 창세기 32장 뒷부분에 보면 그에 대한 기록이 나온단다. 좀 어려운 이야기이기는 하지만 그를 통해 이스라엘 열두 지파가 세워지며 '아브라함의 집'이 세워지게 되지.

아브라함의 자손들이 국가를 세우는 것은 그보다 한참 뒤의 일이다. 야곱의 자손들이 이집트에서 4백여 년 동안 객지 생활을 하고 나서 시내반도를 거쳐 하나님께서 그 조상 아브라함에게 약속하신 가나안 땅으로 들어가게 되지만 아직 국가는 아니었어. 우리가 알고 있는 이스라엘이라는 국가는 사울왕과 다윗왕이 세운 나라란다.

설명이 점점 더 복잡하게 되는 것 같아 이 정도에서 마무리 하고자 한다. 반석이가 궁금해하는 부분에서, 하나님께서는 이스라엘이라는 국가를 선택한 것이 아니라 아브라함이라는 사람을 선택했음을 기억했으면 좋겠다. 그러나 아브라함의 자녀 중 이삭은 약속의 자녀이지만 이스마엘은 약속의 자녀가 아니며, 이삭의 자녀 중 야곱은 약속의 자녀이지만 에서는 약속의 자녀가 아니라는 점도 동시에 기억하도록 하자.

야곱(이스라엘)의 자녀들은 약속, 즉 언약의 자녀로 불리는데 이는 앞에서 말한 것처럼 이스라엘(야곱)의 자녀이기 때문이지. 나중 예수님이 오시기까지 이스라엘 국가가 하나님의 선한 도구로 사용되는 것은 결국 그들이 이스라엘(야곱)의 자손이기 때문이란다.

목사님이 더 쉽게 잘 설명하지 못해서 미안하구나. 공부하다가 머리를 쉴 때 엄마와 함께 이 글을 읽으며 서로 이야기해 보면 좋겠다. 혹 반석이가 학교 공부하는 동안 엄마나 아빠는 반석이 옆에서 이 글을 읽고 나중에 반석이에게 자세히 설명해 주는 것도 괜찮은 방법일 것이라 생각되기도 한다.

반석이가 좋은 질문을 해 줘서 목사님은 가슴 뿌듯하단다. 앞으로도 좋은 질문을 기대할게. 다음 주일 반가운 모습으로 만나자.

(2000. 3. 2)

6 하나님께서는 왜 아직까지 사탄을 멸망시키지 않는 것일까?

성진 학생에게

하나님께서 왜 사탄의 존재를 인정하시는지 또 왜 지금까지 그가 활동하도록 허용하시는지에 대한 답변은 매우 어려운 문제라고 생각합니다. 성경이 그 이유에 대해 구체적으로 언급하고 있지 않기 때문입니다. 그렇지만 우리는 성경 말씀의 전체적인 가르침을 통해 그 이유에 대한 것을 생각해 볼 수 있습니다.

이미 잘 알고 있듯이 사탄은 타락한 천사입니다. 물론 그 천사가 어떻게 창조되었는지에 대한 구체적인 과정이나 시기는 잘 알 수 없습니다. 우리가 알고 있는 것은 인간보다 천사가 미리 창조되었다는 사실과 인간이 하나님의 형상대로 지음을 받았을 때 이미 사탄이 존재하고 있었다는 사실입니다.

그런데 천사가 타락해 사탄이 되도록 그냥 놔두신 하나님의 뜻은 무엇일까요? 하나님이 그것을 막을 힘이 없었기 때문일까요? 하나님께서 사탄의 존재를 허락하신 것은 하나님 자신의 영광을 더욱 분명히 드러내기 위함이 아닌가 짐작해 봅니다. 즉, 하나님은 거룩하신 분인데 악한 것에 대한 대비를 통해 그의 거룩함이 더욱 명확히 드러나는 것과 같습니다.

예를 들어 흰색만 가득하다면 그 흰색이 드러나지 않겠지요? 그러나 검은색이 함께 있으면 그 흰색은 옆에 있는 검은색으로 인해 흰색이 확연히 드러나게 될 것입니다. 물론 하나님께서 사탄의 존재를 허용하신 것은 나중에 있게 될 인간, 즉 자신의 형상대로 지으신 '자기 백성' 때문이라고 생각합니다. 인간은 거룩하신 하나님을 대하면서 인간 자체의 품성으로서는 하나님의 거룩함을 잘 알지 못했습니다. 물론 어느 정도는 이해했겠지만 매우 미흡했을 것이란 뜻입니다.

인간이 타락하게 된 것은 사탄 때문이었습니다. 사탄이 인간을 유혹해 죄에 빠져들게 하고 멸망의 구렁텅이에 빠뜨려 버린 것이지요. 많은 사람들이 '하나님이 정말 전능하다면, 인간으로 하여금 범죄하지 않게 했으면 아무런 문제가 발생하지 않았을 것 아니냐?'고 생각합니다.

그렇지만 우리가 잘 생각해 보아야 할 점은, 인간이 사탄의 유혹을 받기 전 범죄하지 않은 상태에서는 하나님의 '은혜'를 제대로 알지 못했다는 사실입니다. 하나님께서는 우리에게 사탄의 존재를 통해 자신의 '거룩함'과 인간들에게 베푸신 자신의 '은혜'를 알게 해 주신 것입니다.

또, '하나님께서는 왜 아직까지 사탄을 멸망시키지 않느냐?'고 질문을 했지요? 사실 이 질문 가운데 '아직까지'라는 말은 우리가 잘 생각해 보아야 할 문구입니다. '아직까지'라고 하는 말은 시간을 뜻하는 개념으로 우리 인간에게는 쓰이는 말이지만 하나님께는 '아직까지'라는 말이 필요하지 않습니다. 우리 인간에게는 인간의 타락이나 지나간 역사가 오래 전의 것으로 인식되지만 하나님께는 그런 시간이라는 것이 통하지 않습니다.

한 예를 들어볼까요? '시간'이라는 것은 지구에만 있습니다. 지구 밖에는 시간이라는 것이 없습니다. 태양에는 시간이 아예 없지요. 낮도 밤도 세월도 없으니까요. 달이나 화성 같은 혹성에도 시간은 없습니다. 태양 주변을 맴돌기 때문에 지구의 세월 비슷한 것이 있겠지만 그것은 우리가 경험하는 시간이 아닌 '시간 비슷한 것'일 뿐이랍니다.

이와 같이 하나님께서는 시간이라는 것이 아예 없습니다. 그러므로 '아직까지'라는 말은 하나님께는 통하지 않는 말입니다. 하나님께서는 자신이 하시고자 하는 일을 완성하시면 사탄을 완전히 결박하실 것입니다. 이미 예수 그리스도를 통해 사탄의 힘은 상당 부분 상실된 상태이지만 아직까지 발악하고 있는 것이지요. 성경에는 예수님께서 재림하시게 되면 사탄을 완전히 결박하여 무저갱에 가둔다고 하였습니다.

하나님은 전능하신 하나님이시며 자기의 영광을 완벽하게 이루어 가시는 분입니다. 사탄의 존재를 허용하신 것과 아직까지 그 악한자를 완전히 멸망시키지 않는 것 모두에 대해 하나님의 오묘한 뜻이 있습니다. 우리는 그 거룩하신 하나님의 뜻을 깨달아 가는 가운데 신앙 생활을 잘 해야 합니다.

혹 이해하기 어려운 부분이 있더라도 잘 생각해 보기를 바랍니다. 이 답변이 성진 군의 궁금한 점을 다소나마 해소하는 데 도움이 되기를 바랍니다.

(2000. 3. 5)

7 '국기에 대한 경례' 및 '순국선열에 대한 묵념'

황 목사님께

'세속 국가에 살고 있는 성도들이 국가법 혹은 국가적 관습에 대해 어떻게 대응해야 할까' 하는 문제의 해답을 찾는 것은 매우 어렵습니다. 교회역사 가운데는 성도들이 국가법을 어디까지 지켜야 하는지에 대한 문제가 항상 있어 왔으며 지금도 지역에 따라서는 매우 심각합니다.

우리가 명확히 알고 있는 것은 성도들이 세속 국가의 법이나 관습에 무조건 충실해야 하는 것은 아니라는 점입니다. 예를 들어 '우상에 절을 하도록 강요하는 법'이 있다면 우리는 마땅히 그 법을 지키지 말아야 할 것이며 종교적 성격이 있는 관습이라면 마땅히 배제해야만 합니다.

지금도 사우디아라비아를 비롯한 세계의 여러 나라들에서는 복음을 전하는 일이 국법으로 금지되어 있습니다. 그럼에도 불구하고 우리는 그 법에 상관하지 않고 하나님의 말씀을 그곳 사람들에게 선포하기 위해 애를 쓰고 있습니다. 즉 그들의 국법을 어기느냐 하는 것보다 하나님의 말씀이 요구하는 것이 무엇인가를 더욱 중요한 것으로 알아 순종하는 것이지요.

이제 질문하신 내용에 대한 답변을 생각해 보도록 하겠습니다. 결론을 미리 말하자면 우리는 '국기에 대한 경례' 및 '순국선열에 대한 묵념'을 할 필요가 없을 뿐더러 하지 말아야 합니다. '경례'란 인격적 대상에게만 가능합니다. 더구나 국기에 대한 '경례'라는 말은 '예배한다'

는 의미가 포함된 '배례' 拜禮라는 말과 동일한 의미입니다(선현열사제례규범, 1962. 09. 14. 내각고시 제1호 내용 중 제2항. 참조).

 비인격적인 어떠한 것도 우리가 경례할 대상이 되지 않습니다. 이를테면 동물이라든지 물건 또는 무생물 같은 것은 경례의 대상이 아닙니다. 국기는 국가를 상징하는 상징물로써 인격을 가진 것이 아니며, 국가 역시 인격체가 아니므로 경례의 대상이 될 수 없습니다. 국기에 대한 경례를 한다는 것은 물건을 인격화하는 행위라고 할 수 있습니다.

 더구나 우리나라에서는 국기를 향해 경례를 하는 도중 '나는 자랑스런 태극기 앞에 조국과 민족의 무궁한 영광을 위하여 몸과 마음을 바쳐 충성을 다할 것을 굳게 다짐합니다' 라는 말이 스피커를 통해 흘러나오는데, 우리는 비인격체인 태극기 앞에서 몸과 마음을 바쳐 충성을 맹세할 하등의 이유가 없습니다.

 '순국선열에 대한 묵념默念' 이라는 말은 더욱 말이 되지 않습니다. 여기서 '묵념' 이라는 말은 마음속으로 비는 행위, 즉 기도를 의미합니다. 우리는 어떠한 경우에도 죽은 사람에 대해 묵념을 하지 않습니다. 그렇게 해야 할 하등의 이유가 없을 뿐 아니라 그것은 일종의 종교적 행위가 됩니다.

 성경적 가르침은 비인격체를 인격화하여 경례(절)를 하는 것과 죽은 인간들에 대한(혹은 위한) 기도 행위는 하나님을 알지 못하는 이방인들이나 하는 종교행위로 간주하고 있습니다.

 그렇다 하더라도 우리의 실제적 삶에서는 많은 문제들이 일어날 수 있습니다. 특히 학교에 다니는 학생들이나 군인들에게는 여간 중요한 문제가 아닙니다. 대한민국의 법에는 대통령령令 가운데 국기에 대한 경례에 대한 부분이 나옵니다. 거기에는 '경례를 해야 하는 것이 법' 이라는 조항이 아니라 '국기에 대한 경례' 라는 구령이 있을 때 거기에 모인 사람들이 취할 수 있는 일종의 몸동작 형식에 대한 내용이 담겨 있습니다. 예를 들어 '국기에 대한 경례'라는 구령이 있을 때 모자를 쓰지 않은 사람은 오른손을 가슴에 얹고, 모자를 쓴 사람들은 거수경례를 하라는 식입니다.

또 대한민국 형법에는 국기에 대한 모독죄라는 것이 있습니다. 국기를 의도적으로 짓밟는다든지 일부러 국기를 가지고 코를 푼다든지 하는 행위 등은 일종의 국기 모독죄라는 것이 성립됩니다. 이는 국가를 모독할 목적으로 국기를 훼손한다고 해석하기 때문입니다. 그러나 대한민국 시민이 '국기에 대해 경례'나 '순국선열에 대한 묵념'을 하지 않은 것에 대한 처벌 규정은 없는 것으로 알고 있습니다.

그러면 하나님을 아는 우리는 구체적으로 어떻게 해야 할까요? 다시금 조심스럽게 답변을 시도해 봅니다. '국기에 대한 경례'나 '순국선열에 대한 묵념'은 할 필요가 없을 뿐 아니라 하지 말아야 합니다. 그렇지만 실제로 어떤 행사에 참여하고 있는 성도들에게는 커다란 고통일 것입니다.

초등학교나 중학교에 다니는 주일학교 학생이 졸업식에 참석했다고 생각해 봅시다. 앞에서 선생님이 '국기에 대한 경례'와 '순국선열에 대한 묵념'을 구령했습니다. 어떻게 해야 할까요? 정답은 그냥 가만히 있으면 됩니다.

옆의 불신자인 친구들이 오른손을 가슴에 얹어 경례를 하든지 거수경례를 하든지, 혹은 묵념을 하든지 그들의 그 행위가 끝날 때까지 기다려 주면 됩니다. 그들이 하는 행위를 일부러 방해할 이유는 없으며 그들이 하고자 하는 행동이 끝날 때까지 기다려 주면 됩니다.

그러나 실제에 있어서는 이러한 태도를 가지고 실천하는 것이 쉽지 않습니다. 왜냐하면 모든 사람이 마땅히 특정의 행위를 해야 한다고 굳게 믿고 있을 때 대중의 행위에 따르지 않으면 요즘말로 이상한 '왕따'가 될 것이 뻔하기 때문입니다. 제가 알기로는 이렇게 하는 것이 성도들의 권리입니다. 우리는 그런 식으로 국기에 대한 경례를 하지 않을 권리도 있고 순국선열에 대한 묵념을 거부할 권리도 있습니다.

문제는 다수의 성도들이 그 권리를 포기하고 있기 때문에 소수의 지각 있는 성도들마저도 그 권리를 찾기에 힘이 든다는 사실입니다. 대한민국 모든 법의 모법母法이라 할 수 있는 헌법에는 '신앙의 자유'라는 것이 있습니다. 성도들이 '국기에 대한 경례'를 하지 않고 '순국선열에 대한 묵념'을 하지 않는다고 해서 다른 이웃 시민이 불편할 것은 없습니다. 즉 국익國益이나 타인의 권익을 추호도 침해하지 않습니다.

우리나라의 전반적인 분위기가 잘못 인식되어 있음으로 인해 그런 외부적 행동을 두고 '애국, 비애국'을 논할 순박한 시민들이 많이 있는 것도 걸림이 되기는 하겠지요. 대부분 일반시민들은 거짓말을 일삼는 정치인들이나 사업가들에 대해서는 문제삼지 않으면서 그런 별것아닌 부작위不作爲에 대해서는 필요 이상의 의미를 부여하는 경향이 있는 것이 사실입니다.

그러므로 이러한 내용들이 교회에서 잘 가르쳐져서 모든 성도들이 마땅히 찾을 권리를 찾아 우리의 신앙을 올바르게 세워 잘 적용해 가야합니다. 더욱 구체적인 이야기를 하나 더 하겠습니다.

저는 어떠한 경우에도 '국기에 대한 경례'나 '순국선열에 대한 묵념'은 하지 않습니다. 더구나 이 글을 통해서는, 질문을 한 목사님들에게 뿐 아니라 다수의 성도들에게 저처럼 하라고 권하고 있습니다. 이러한 사실이 국가 당국에 고발이 되면 어떤 결과가 일어날까요?

제가 알고 있는 법 상식으로는 아무 일도 발생하지 않습니다. 대한민국 법에는 이에 대한 처벌 규정이 없을 뿐더러 처벌 대상이 되지 않기 때문입니다. 혹, 하위법 조항을 억지 해석해 문제삼는다 해도 헌법의 종교 및 신앙의 자유에서 명백히 보장하고 있는 권리이기 때문에 염려할 바 되지 않습니다.

그럼에도 불구하고 우리에게는 여전히 어려움이 남아 있습니다. 군대에 가 있는 성도들 때문입니다. 우리에게 '군軍'이라고 하는 특수 사회에는 늘 획일화를 요구하고 있습니다. 비단 종교적 의미가 아니라도 행군을 하면서 다른 사람들과 다른 동작을 계속하면 벌을 받게 됩니다.

하물며 모든 군인들이 국기를 향해 동일한 동작을 취하는데 혼자서 다른 동작을 취하는 소수의 군인을 용납할 만큼 성숙할 것을 기대할 수는 없습니다. 즉, 군대에서, 국기에 대한 경례를 하지 않음으로써 문제가 된다면, 문제가 되는 것이 '국기에 대한 경례' 행위를 하지 않았기 때문이 아니라 통일된 행동을 하는 전체적 동작에서 이탈했기 때문이라고 생각합니다.

실제로는 이보다 조금 더 복잡하기는 합니다. 우리나라의 군에는 대통령령으로 반포된 '군예식령'이라는 것이 있습니다. 그중 제2장 5절과 6절에 보면 '국가 및 국기에 대한 경례'와 '기의 경례'라고 하는 조항이 나옵니다. 그 조항들을 보면 사람이 '국기'나 '기'에 대해 경례할 뿐 아니라 '기'가 '국기'나 특정의 상급자에게 경례를 해야 하는 희한한 규정이 있습니다. 제가 생각할 때는 이러한 규정은 시대착오적일 뿐더러 군국주의적 발상의 잔재물이라 판단합니다.

어쨌거나 저의 견해로는 모든 경우에 있어서 원리적 해석은 명확해야 한다고 생각합니다. 즉 어떠한 경우에도 '잘못'은 잘못입니다. 특별한 형편이기 때문에 괜찮은 것이라고 말해서는 안 됩니다. 제가 바라기로는 한국의 모든 성도들이 '국기에 대한 경례'나 '순국선열에 대한 묵념'을 하지 않는다면 군대에 가있는 형제들에게도 변화의 가능성이 있을 것이라 생각합니다.

 그러나 우리의 현실은 전혀 그렇지 않습니다. 교회의 직분을 맡고 있는 고위 공직자들이나 사회의 지도자들이 아무런 분별력 없이 그런 행위를 앞장서서 행하고 있으니 우리의 바람은 요원하기만 합니다. 유명 정치인들 가운데 장로나 집사들이 그렇게 많다고 하지만 모두가 '국기에 대한 경례'를 잘 하는 것이 큰 자랑처럼 되어 있고, 각종 기념 행사장에서 뿐만 아니라 자기의 정치적 의사를 피력하기 위한 수단으로 국립묘지나 4.19기념탑을 참배하는 것이 보통입니다. 성경 말씀을 제대로 아는 교인이라면 그렇게 할 수 없습니다.

 이에 대한 더욱 큰 문제는 한국의 기독교 교사, 즉 목사들입니다. 목사들이 올바르게 가르치고 있지 않는 것이 문제이지요. 자기 교회, 자기 교단의 장로, 집사인 고위공직자들이 그렇게 하는 것을 뻔히 보면서도 그것을 탓하거나 나무라는 목사들은 없지 않습니까?
 그러할지라도 우리는 그렇게 하지 말아야 합니다. 더구나 교회의 교사인 우리는 적어도 원리만은 명확하게 이해하고 있어야 합니다. 저의 부족한 이 답변이, 여러 목사님들의 고민 해결에 도움이 되기를 바랍니다.

(2000. 3. 11)

8 연보는 꼭 본 교회에 해야 하는가?

박 장로님께

님의 이름으로 문안드립니다. 장로님의 질문에 대한 저의 부족한 생각을 말씀드릴까 합니다. 우선 오늘 우리의 시대는 돈에 관련된 문제라면 상당히 민감하게 반응하는 터라 여간 조심스럽지 않습니다. 사실 성숙한 사회에서는 돈에 대해 그렇게 민감해 할 필요가 없으며 성숙한 교회에서는 더욱 그러합니다만 우리의 교회 현실이 그렇지 못해 안타깝습니다.

우리가 일반적으로 예배 시간을 통해 교회에 내는 돈을 연보捐補라 하기도 하고 헌금獻金이라 하기도 합니다. 주일 연보든 감사 연보든 십일조 연보든 모두가 이에 포함됩니다. 그렇지만 '연보'와 '헌금'은 의미상 커다란 차이가 납니다.

사전적 의미를 살펴보면 '연보'란 '금품을 내어 남을 도와 줌'이라고 되어 있고 '헌금'이란 '돈을 바치는 것'을 의미합니다. 참고로 영어에서는 연보를 일컬을 때 '기증'을 뜻하는 'gift'나 돈을 '거두어 모은다'는 뜻으로 'collection'이라 하기도 합니다. 그리고 헌금은 하나님께 '바친다'는 뜻으로 'offering'이라 하기도 합니다.

여기에서 알 수 있듯이 우리가 교회에 내는 돈의 성격이 무엇이냐 하는 점을 명확히 하는 것은 매우 중요하리라 생각됩니다. 과연 그것이 하나님께 바치는 것이냐, 아니면 성도들이 그 돈을 거두어 모으는 것이냐 하는 것입니다. 위에서 말씀드린 '헌금'이라든지 'offering'은 '하나님께 바친다'는 의미를 가지게 되며, '연보'라든지 'gift' 'collection'은 '돈을 거둔다'는 의미가 있습니다. 사실 여기에는 중요한 차이를 가지게 되며, 그 차이를 이해하는 것 또한 매우 중요합니다.

이에 대한 이해를 돕기 위해 더욱 본질적인 설명을 약간 더 드리겠습니다. 우리가 하나님을 '경배한다'고 할 때, 구약에서는 '제사' 혹은 '희생제물을 드림'으로 설명이 됩니다. 영어에서 '희생'을 의미하는 'sacrifice'가 곧 희생 제사를 의미하는 것이지요.

이스라엘 백성들이 성막이나 성전을 통해 하나님께 드린 경배는 곧 희생 제사였습니다. 양이나 비둘기를 잡든지 곡물을 바치는 것 등은 모두 희생 제사를 드리는 것이었습니다. 예수 그리스도께서 십자가에 달리심은 곧 완결의 의미를 가지는 최종적 희생 제사로 성경은 말하고 있습니다.

예수 그리스도께서 하나님을 경배하는 완전한 제물로서 하나님의 요구를 완벽하게 충족시키신 것입니다. 그러므로 십자가 사역을 통해 자기 몸을 완전한 제물로 제공하신 그리스도의 은혜를 누리고 있는 우리는 더이상 희생 제사를 드릴 필요가 없게 된 것입니다.

따라서 오늘날 신약시대에 우리가 하나님을 경배하는 것은 구약의 '제사'와는 성격이 다릅니다. 이제 우리는 주님의 몸된 교회가 되어 하나님을 예배합니다. 예배는 영어로 'Service' 혹은 'worship service'라고 합니다. 이 의미는, 완전한 희생제물이 되어 하나님의 요구를 충족하신 그리스도 안에서 말씀과 더불어 누리는 성도의 고백적 교제를 의미합니다.

우리가 이미 고백하고 있듯이 우리 자신은 이미 하나님의 것입니다. 세례를 받을 때 이미 우리는 하나님의 것이라 고백하여 그에게 바쳐진

몸입니다. 하나님께서 자기 피로 값 주고 우리를 사셨다고 하지 않습니까? 세례를 통해 '나는 죽고 그리스도께서 내 안에 살아 계심'을 교회 앞에서의 고백과 함께 확증이 된 것입니다.

우리가 하나님을 '주님'이라 부르는 것은 내가 그의 노예이며 나의 모든 것은 주님의 것이라는 고백일 것입니다. 그러한 마당에 다시 하나님의 관여를 떠난 나 자신만의 별도 소유가 있어서 그것을 하나님께 바치겠노라 한다면 지나친 말일 것입니다.

따라서 우리가 교회에서 연보를 하는 것도 나의 물질을 하나님께 바치는 것이 아니라 하나님께서 우리에게 주신 것을 함께 모으는 것이어야 합니다. 즉 나의 것을 하나님께 바치는 것이 아니라 하나님께서 주신 것을 겸손하게 모으는 것입니다. 그래서 교회에서 성도들을 통해 모으는 돈은 '하나님께 바치는 헌금'이 아니라 '하나님의 백성인 성도들이 모으는 연보'입니다.

이 정도에서, 장로님께서 질문하신 내용에 대한 결론을 어느 정도 도출할 수가 있으리라 생각합니다. 만일 연보가 하나님께 바치는 것이라면 바치는 자체로써 자신의 할 바를 다 했노라고 말할 수 있을지도 모르겠습니다. 그러나 그것이 연보라면 문제가 좀 다릅니다.

만일 연보로서 돈을 모으는 것이라면 용도에 대해서 파악을 해 가며 연보에 참여해야 할 필요가 있습니다. 다시 말씀 드려서 '헌금'이라면 내가 일단 헌금을 한 후에는 교회가 알아서 할 것이라는 생각을 가질 수도 있을지 모르겠습니다. 그렇지만 연보라면 그 연보가 어떻게 사용이 되는지 보아 교회에 모금된 연보가 너무 많다거나 용처用處가 잘못되었다든지 하면 달리 개별적으로 판단하여 하나님의 뜻에 맞게 잘 사용할 수도 있습니다.

성경에서 말하는 연보의 목적은 크게 보아 '전도와 구제'로 말할 수 있습니다. 물론 그것은 다시 많은 설명이 필요한 말이기는 하나 우선은 그렇게 말할 수 있습니다. '전도'는 오늘날 교회에서 복음을 선포해 가르치는 교사인 목사나 전도사 등에게 생활비로 지급되는 돈까지 포함될 수 있습니다. 그리고 '구제'란 단순히 가난한 사람을 도와준다는 의미를 넘어 나 아닌 다른 사람들과 함께 살아가야 한다는 의미를 가질 것입니다.

만일 주님의 몸된 교회에서 모은 연보가 그러한 일을 하기보다 달리 불필요한 일을 위해 지출된다거나 할 경우에는 각 성도들은 기도하는 가운데 용처用處를 찾을 수 있을 것이며 또한 찾아야 합니다. 교회의 앞선 자들이 성도들로부터 모은 물질을 잘못 사용한다면 성숙한 성도들은 물질을 잘 쓸 곳을 찾아야 하는 것이 마땅합니다. 물론 이렇게 말하면 미성숙한 성도들이 이를 자의로 해석해 무책임하게 아무렇게나 사용하는 어리석음을 범할지 모르겠습니다만 저는 지금 성숙한 성도가 취해야 할 원리를 말씀드리고 있습니다.

결론적으로 말씀드리자면 연보는 꼭 자기 교회에만 해야 되는 것이 아닙니다. 그러나 자기가 속한 교회의 재정적 필요를 늘 살피는 가운데 형편껏 연보에 참여하는 것은 매우 중요합니다. 자기가 속한 교회를 염려하지 않은 채 자의적으로 돈을 사용하는 것은 바람직하지 않습니다. 교회의 재정적 형편을 잘 살피는 가운데 정말 하나님이 기뻐하실 만한 다른 용처가 있다면 겸손한 마음으로 그렇게 하면 될 것입니다.

이 정도의 설명으로 장로님께서 궁금해하시던 부분이 해소될지 모르겠습니다. 저의 부족한 답변이 장로님께서 가진 질문에 다소나마 도움이 되시기를 바랍니다. 혹 나중에 만나 뵐 기회가 된다면 좀더 상세하게 말씀드릴 수 있으리라는 생각을 해봅니다.

(2000. 3. 31)

9 이스라엘 민족은 왜 다른 민족들을 멸망시켰습니까?

반석 학생에게

'사기'를 공부하면서 반석이는 참 훌륭한 질문을 하게 되었다는 생각을 합니다. 왜 이스라엘 민족이 가나안 땅에 들어가 이방민족의 피를 흘리며 죽이기까지 싸웠는지에 대해 궁금하죠? 이제 답변을 시작해 봅시다.

이스라엘 민족이 애굽에서의 이방생활을 마치고 가나안 땅에 들어갔을 때 그들은 그곳에 살고 있던 여러 민족들을 내쫓았을 뿐 아니라 계속 그곳에 살고자 버티는 자들에 대해서는 살육을 서슴지 않았습니다. 이스라엘 민족이 그렇게 한 것은 단순히 이스라엘 백성들의 자기 판단이 아니라 하나님께서 그렇게 하라고 명령하셨기 때문입니다.

우리가 일반적으로 생각할 때는 하나님은 사랑의 하나님이며 그 하나님을 믿는 백성은 사랑이 충만하여 사람을 죽인다는 것은 상상하기 어려울 수도 있습니다. 그럼에도 불구하고 하나님께서는 이스라엘 백성으로 하여금 가나안 땅에 살고 있는 이방인들을 쫓아내게 하시고, 그 땅에는 이스라엘 백성만이 살아야 한다고 하셨습니다.

왜 그랬을까요? 우리는 이에 대한 이해를 분명히 하기 위해 그 이전에 하신 하나님의 말씀과 그 뜻을 알아보아야 합니다. 하나님께서는 그보다 약 육, 칠백여 년 전에 아브라함을 부르셨습니다. '갈대아'의 '우르'(Ur)라고 하는 지역에 살고 있던 아브라함을 불러 중요한 약속을 하셨습니다.

하나님께서는 아브라함에게, 당시 그가 살고 있던 땅이 아닌 하나님께서 주실 '땅'에 대한 약속을 하셨으며, 그 땅에서 하나님과 더불어 살아가게 될 '자손'을 주시겠노라고 약속하셨습니다. 물론 그 땅과 자손은 하나님이 예비할 것이며 아브라함이 자기 노력으로 취득할 것은 아닙니다.

이스라엘 백성이 애굽에서 가나안 땅으로 들어간다는 의미는, 하나님께서 오래 전 그들의 조상 아브라함에게 약속하신 것이 이루어짐을 의미합니다. 이스라엘 민족이 들어가서 살게 될 그 땅은 예사로운 땅이 아니라 하나님의 백성이 하나님과 더불어 살아야 할 거룩한 땅입니다.

그런데 그곳에는 하나님의 백성 아닌 자들이 하나님의 뜻과 관계없이 살아가고 있었습니다. 그러므로 하나님께서는 하나님의 땅에 하나님의 백성이 아닌 어느 누구도 살지 못할 것이라는 사실을 밝히셨고 이방 민족들을 그곳에서 쫓아내실 것을 하나님의 택하신 민족인 이스라엘 백성들에게 요구하셨던 것입니다.

우리는 이스라엘 민족이 가나안 땅에서 이방민족들을 쫓아내고 살해하기도 한 역사적인 사실을 보면서 '왜 그들은 사랑을 베풀지 않고 무자비했느냐?'에 초점을 맞추어 생각할 것은 아닙니다. 오히려 하나님의 약속의 땅은 그 약속의 자녀들이 하나님의 약속을 따라 사는 영역이며 아무나 들어와서 자기 마음대로 사는 곳이 아니라는 점에 초점을 맞추어 생각해야 합니다.

성경에 나타나는 한 가지 예를 들어 생각해 봅시다. 이스라엘 백성이 애굽에 살 때는 애굽 사람들을 그 땅에서 몰아낸다거나 그 과정에서 그들을 죽일 생각을 하지 않았습니다. 하나님께서는 이스라엘 백성에게 그렇게 요구하지 않으셨습니다. 그곳은 하나님 뜻과 상관없는 사람들이 살아가는 이방의 땅이었기 때문입니다. 그런데 하나님께서 약속하신 땅인 가나안에서는 이방민족을 쫓아내고 살육하는 일이 일어났으며 그것은 하나님의 요구에 의한 것이었습니다.

이는 오늘날 우리의 교회에도 적용해 볼 수 있는 문제입니다. 하나님의 몸된 교회는 하나님의 백성들이 하나님과 더불어 그의 뜻에 따라 사는 영역입니다. 교회는 아무나 들어와 자기 마음대로 사는 곳이 아니지요. 그래서 교회에는 '권징'이라는 것이 있습니다.

만일 교회 안에 하나님을 믿지 않고 자기 고집대로만 하려는 사람이 있다면 권면해야 하며 그래도 말을 듣지 않으면 교회는 그런 사람을 교회에서 내어쫓아야 합니다. 많은 사람들이 이에 대해 잘못 알고 그런 사람을 사랑해야 될 것 아니냐고 할지 모르겠지만, 성경이 가르치는 대로 행함으로써 하나님에 대한 우리의 사랑을 실천해야 합니다.

이제 질문에 대한 결론적인 답변을 하도록 하겠습니다. 이스라엘 민족이 약속의 땅인 가나안 땅에서 이방 여러 민족을 쫓아낸 것은 하나님에 대한 사랑 때문이었습니다. 즉 이방 민족들에 대한 인간적인 사랑이 아니라 전지전능한 하나님에 대한 사랑이 더욱 근본적이었던 것입니다.

아직 초등학생인 반석이에게는 이러한 설명이 다소 어려울지 모르겠습니다. 그러나 반석이가 이런 질문을 할 수 있음에 대해 목사님은 대견하게 생각합니다. 그리고 반석이가 스스로 질문한 만큼 목사님의 설명을 상당 부분 잘 이해하리라 생각되기도 합니다. 혹 이해하기 어려운 부분이 있으면 저녁 식사 후 부모님과 함께 이야기하면서, 더욱 상세한 설명을 들을 수도 있을 것입니다.

(2000. 4. 1)

10. '설교연습'이란 어떤 과목인지요?

고 전도사님께

좋은 질문을 해 주셔서 감사합니다. 고 전도사님이 말씀하신 대로 현재 대다수의 신학교들에는 '설교연습'이라는 과목이 있으며 그 시간에는 학생들이 돌아가면서 소위 설교를 연습하고 있는 것으로 알고 있습니다.

최근에 이르러서는 전도사님이 다니는 신학대학원뿐 아니라 많은 신학교들에서 수업 중 설교연습하는 장면을 비디오로 촬영하여 여러 가지 평가를 하고 있는 것으로 듣고 있습니다. 그래서 해당 시간에 설교연습을 하는 학생들은 양복을 갖추어 입고 다양한 제스처를 써가며 설교를 연습삼아 해보는 모양이지요?

고 전도사님은 '설교연습' 시간이 과연 그런 것을 하는 시간인지 질문했습니다. 이제 저의 소견을 말씀드릴까 합니다.

제가 가장 싫어하는 영화 중에 '저 높은 곳을 향하여'라는 영화가 있습니다. 아마 많은 성도들이 이 영화를 기억하고 있을 것입니다. 교인들 가운데는 그 영화를 감명 깊게 보았기 때문에 지금 제가 그 영화를 가장 싫어한다는 의미를 잘 이해하기 어려울지도 모르겠습니다.

제가 그 영화를 싫어하는 진짜 이유는 '가짜 목사'와 '가짜 설교'가 사람들에게 감명을 주고 있다는 사실 때문입니다. 그 영화에 보면, 유명한 배우가 우렁찬 음성으로 명 설교를 하며 아주 훌륭한 목사 행세를 합니다.

물론 사람들은 그것을 배우의 뛰어난 연기력이라 하겠지만 어쨌거나 그 배우는 목사도 아니며 복음과 아무런 상관이 없이도 훌륭한(?) 설교를 함으로써 많은 사람들에게 깊은 감명을 끼칠 수 있었습니다. 사람들은 그럴듯한 가짜 설교를 듣고도 눈물을 흘리며 감격해 합니다.

제가 신학교에 다닐 때의 일입니다. 그때도 '설교연습' 시간이 있었습니다. 한번은 어느 신학생이 장례식 설교를 준비해 왔습니다. 그 날은 날씨가 아주 좋은 날이었는데 그가 준비한 원고에는 적잖은 비가 구슬프게 내리는 날로 되어 있었습니다.

그는 음성이 좋고 말솜씨가 매우 뛰어난 학생이었습니다. 그가 가짜 설교를 시작했습니다. 자기가 속한 교회의 장로님이 돌아가셨는데 그가 생전에 얼마나 훌륭한 분이었는지 그 가짜 설교 속에 잘 나타나고 있었습니다. 더구나 비가 내리는 가운데도 많은 성도들이 모인 것과 모든 성도가 그 장례예배에 장엄하게 참석하고 있는 것은 그가 생전에 보여준 덕망을 보여주는 것이라 했습니다.

그 학생은 가짜 설교를 끝내고 나서 기도로 마무리하자고 했습니다. 그의 기도는 그야말로 청산유수 같았습니다. "오늘 비가 오는 것은 하나님이 내린 '축복의 비'인 것으로 믿습니다. 오늘 슬픔을 당한 유가족을 위로해 주시기를 바랍니다. 예수님 이름으로 기도드립니다. 아멘."

마지막 '아멘' 소리는 그 반에 있는 모든 신학생들의 힘찬 합창이었습니다. 그 '아멘' 역시 가짜였습니다만, 그 가짜 설교를 한 학생은 매우 만족스러워 하는 듯이 보였습니다. 그는 학생들이 자기의 설교를 듣는 모습을 통해서 이미 확인했을 것이며, 다른 학생들이 마지막으로 크게 '아멘' 소리를 하는 분위기를 보고 성공적이었다고 판단했던 것 같습니다.

그후 설교연습 담당교수의 평가가 있었습니다. 교수의 평가를 보아 그 학생은 만점이었습니다. 복장이 잘 갖추어졌고 양복과 넥타이의 색상이 잘 어울리는 것도 가산점이 붙을 만하다는 것이었습니다. 그리고 설교 내용뿐 아니라 음성도 장례식 설교답게 잘 어울렸으며 청중을 장악하는 힘이 있었다는 것이었습니다.

이 이야기는 이미 오래 전의 이야기입니다만 저는 그 이후로 '설교'에 대해 많은 고민을 할 수밖에 없었습니다. 설교가 과연 그런 식의 연습을 통해 개발되는 것인가?

고 전도사님의 질문을 받고 보니 오늘날은, 제가 15년 전에 강의실에서 경험했던 것보다 더해진 것은 아닌가 하는 우려가 생깁니다. 그당시는 비디오가 흔치 않아서 녹화를 하는 것은 감히 상상도 하지 못했습니다만 지금은 녹화를 하여 복장이나 제스처 등 외형을 하나하나 따져가며 그 가짜 설교들을 평하지는 않을까 하는 염려가 됩니다. 물론 지금 어떻게 설교연습 시간이 진행되는지 구체적으로 알지는 못합니다만 고 전도사님의 질문을 통한 저의 느낌이 우선 그렇습니다.

설교는 외형적인 연습을 통해 잘 할 수 있는 성질의 것이 아닙니다. 만일 그렇게 하면 도리어 위선을 유도하게 될지도 모릅니다. 설교는 옷을 잘 입거나 제스처가 좋아야 하는 것이 아닙니다. 말솜씨 좋은 것과 올바른 설교를 하는 것은 아무런 상관이 없습니다.

모세와 같은 사람은 눌변이었으며 바울도 눌변이었습니다. 설교는 깨달은 하나님의 말씀을 성도들과 함께 나누는 것입니다. 이사야, 예레미야, 베드로, 바울 등은 외형적인 연습을 통해 설교를 잘하려 하지 않았습니다.

목사는 웅변가가 아닙니다. 자신이 생각하고 있는 바를 웅변을 통해 다른 사람을 감동케 하는 사람이 아닙니다. 더구나 목사는 배우가 아닙니다. 하나님의 말씀을 올바르게 깨달아 알고 있으면 말솜씨가 없어도 그 말씀을 성도들 앞에 드러낼 수 있습니다.

그럼에도 불구하고 저는 신학교에서 '설교연습' 시간이 필요하다고 생각합니다. 단지 그 시간을 오해해 잘못 사용하고 있다면 그것은 큰 문제입니다만 올바르게 잘 활용할 수 있다면 꼭 필요한 시간입니다.

'설교연습' 시간은 '설교본문'에 대한 케이스 스터디를 하는 시간이어야 합니다. 이미 다른 설교자들이 설교했던 원고가 있다면 그것을 말씀에 비추어 보아 올바른 설교였는지 불필요한 자기 생각이 너무 많이 들어 있는지 확인해 봄으로써 '설교연습' 시간에 참여하는 학생들은 그와 같은 어리석음을 범치 않도록 해야 합니다.

제가 생각할 때, 설교연습 시간의 가장 좋은 연구 방법은 자기 학교 교수 목사님들의 설교를 구체적으로 케이스 스터디하는 것이라 생각합니다. 모든 신학교에는 날마다 '경건회' 시간이 있습니다. 수업을 하는 중 시간을 내어 하나님을 찬양하며 주님의 말씀을 나누는 시간이지요. 그 시간에는 대개 교수님들이 번갈아 가며 설교합니다.

교수님들이라 하여 완벽할 수는 없습니다. 학생들은 설교연습 시간에, 경건회 때 설교한 교수님들의 복장이나 제스처, 말솜씨 등을 평가할 것이 아니라 교수님들이 설교한 내용이 과연 선정한 성경 본문말씀의 교훈에 잘 조화되는지 신학적 배경을 가지고 구체적으로 스터디 해 보아야 합니다.

경우에 따라서는 설교한 교수님을 초청해 왜 그러한 설교를 했는지 설명을 듣기도 하고, 말씀에 잘 조화되지 않는다고 생각되는 부분이 있으면 학생들은 충분한 시간을 가지고 질문할 수 있어야 할 것이며 교수님들은 마땅히 그렇게 설교한 성경적 근거를 가지고 학생들에게 설명할 수 있어야 합니다.

고 전도사님의 질문은 매우 중요한 질문이라고 생각합니다. 우리 개혁주의 교회에서는 '강단'을 가장 중요하게 여기는데 이는 곧 올바른 말씀 선포를 말하고 있습니다. 올바른 신학교에서는 '설교연습' 시간을 통해 성경의 가르침을 바탕으로 한 올바른 설교를 배울 수 있어야 합니다. 그래야만 교회가 올바르게 세워질 수 있습니다.

거듭 말씀드립니다만 '설교연습' 시간에는 설교 방법이나 전달 기법, 혹은 소위 청중들의 호감을 사는 설교법을 배우는 시간이 아닙니다. 만일 그렇게 되면 진정한 설교는 자리를 잃게 되고 위선의 껍질만 단단하게 될 우려가 있을 뿐입니다. 고 전도사님이 다니는 신학대학원을 비롯해 개혁주의를 지향하는 한국의 건전한 보수신학교들에서 올바른 '설교연습'이 이루어지기를 간절히 바랍니다.

(2000. 4. 10)

11 목사제복은 필요한가?

S 목사님께

목사님, 그동안 안녕하셨습니까? 가정과 교회는 두루 평안하리라 믿습니다. 목사님의 질문을 받고 진작 답신을 드린다는 것이 차일피일 미루어졌습니다. 저의 성의 부족함을 넓은 아량으로 이해해 주시기를 바랍니다.

언제부터인가 한국교회에서는 목사의 의상 문제가 상당히 경직되어 있다고 생각합니다. 목사는 설교를 할 때라든지 공식석상에 참석할 때 반드시 넥타이를 맨 양복 정장을 해야 하는 것이 당연시되어 있습니다. 그러므로 누군가 그러한 법칙 아닌 법칙을 벗어나기라도 하면 엄청나게 따가운 눈총을 의식하지 않을 수 없습니다.

그러나 목사에게는 원칙적으로 정장이라는 것이 없습니다. 예배 시간이나 다른 공적 모임에서도 단정하고 예의 바른 복장을 갖추면 그것으로 아무런 문제가 없지요. 그러나 양복을 입어야만 예의를 갖춘 것이라고 생각하는 오늘의 현실에서는 그것이 문제시 될 수밖에 없다고 생각합니다만 사실은 그것이 더 큰 문제입니다.

개혁교회에서는 목사의 제복이라는 말이 없습니다. 양복을 입든 한복을 입든 그것은 하등의 문제가 되지 않습니다. 과거 한국의 초창기 기독교에서는 예배 시간에 설교자들이 양복을 입지 않았습니다. 그때는 깨끗한 한복을 차려 입었습니다. 당시 설교자가 양복을 입고 넥타이 차림을 하면 도리어 이상한 사람으로 생각되었습니다. 양복은 친일파나 반

민족적 인사들이나 입는 옷이지 기독교 지도자들이 입는 옷은 아니라고 생각했던 것입니다.

　지금도 세계 도처에는 목사나 설교자들이 양복을 입지 않고 예배를 인도하는 교회들이 많이 있습니다. 예를 들어 가까운 필리핀에만 가도 목사들이 예배 시간에 양복에다 넥타이를 착용하는 것이 아니라 자기들의 전통 의상을 착용합니다. 인도나 아프리카의 여러 지역에 있는 교회들도 그렇습니다.

　이 말은 기독교에는 의상으로 인한 어떤 격식이나 규정이 있지 않다는 의미입니다. 그러한데도 특정 복식을 제도화한다는 것은 복음의 본질을 약화시킬 우려가 있습니다.
　최근에는 한국의 여러 기독교 단체들에서 또다시 목사들만 입는 제복 만들기를 시도하고 있으며 이미 상당수 목회자들은 이에 참여한 것으로 알고 있습니다. 제가 생각할 때는 목사의 복장을 따로 제정하지 않아야 한다고 생각합니다. 이미 누군가가 제정했다고 해도 건전한 교회들에서는 이에 따를 필요가 없을 뿐더러 따르지 말아야 한다고 생각합니다.

　현재 목사들이 예배 시간에 양복을 입는 것은 사실 목사들의 제복은 아닙니다. 즉 목사가 아니어도 누구나 양복을 입고 넥타이를 맬 수 있습니다. 그러나 목사의 제복이라는 것이 생겨나면 목사들만 그 옷을 입게 되고 목사 아닌 사람들은 그 옷을 입지 않습니다. 나아가 전도사나 강도사들도 그 옷을 함부로 입지 못합니다. 그렇게 되면 한국교회는 또 다른 하나의 외형적 특별 계층만 만들 따름일 것입니다.
　지금은 목사가 예배 시간에 넥타이를 하지 않고 양복을 입지 않으면 문제시되겠지만, 만일 목사 정장이라는 것을 도입하게 되면 오래지 않아 그 제복을 입지 않으면 문제시 될 것입니다. 이렇듯이 시대에 따라 문제시 될 수 있는 내용이 틀리다면 그것은 아무런 문제가 될 것이 없는 것으로 보아야 합니다.

 개혁주의 교회에서는 목사의 의상을 통해 다른 성도들과 구분 짓지 않습니다. 어떤 사람들은 구약시대의 제사장들이 다른 제복을 입었으므로 오늘날 목사들도 그렇게 할 수 있다고 주장합니다. 그렇다면 만인제사장을 이야기하고 있는 우리의 시대에 목사 아닌 제사장들은 어떻게 해야 할 것입니까?
 사실 구별되는 복식을 주장하는 이들도 신약시대의 사도들이 다른 특별한 의상을 하지 않은 사실에 대해서는 말하기를 주저합니다. 우리는 예수님조차도 의상을 통해 다른 사람들과 구분하지 않았다는 사실에 주목해야 합니다.

 우리 시대에는 목사들이 다른 특별한 제복을 만들거나 입을 필요가 없습니다. 과거 특정한 시대에는 목사들이 가운을 입었던 시대가 있었습니다. 그때는 오늘 우리의 시대와는 다른 시대였음을 기억해야만 합니다. 오늘 우리의 시대에는 옷이 풍족한 시대라고 할 수 있습니다. 집에 옷이 한 벌밖에 없는 사람은 아마도 없습니다. 대부분의 목사들은 다양한 옷들을 몇 벌 정도는 가지고 있습니다. 그 가운데 깨끗하고 예의바른 옷을 예배 시간에 정중하게 차려 입으면 되는 것입니다. 그것은 굳이 양복이 아니어도 무관합니다.
 그러나 옛날에는 옷이 그렇게 풍족하지 못했습니다. 목사들 중에는 가난하여 의상이 남루한 사람도 있었습니다. 입을 옷이 마땅하지 않은 그러한 시절에 목사들은 단정하지 않게 보일 수 있는 그 외형을 가릴 목적으로 가운을 입었던 시대가 있었음을 우리가 기억하고 있습니다.

 목사님, 다시 생각해 볼 수 있는 좋은 질문을 해 주셔서 감사합니다. 우리 시대에 목사 제복이 제정된다고 하면 그것은 불필요한 권위주의적 경직성을 유발할 것이므로 옳지 않다고 생각합니다. 오히려, 목사는 주님의 말씀을 나누며 인도하는 교사로서 다른 성도들과 다르지 않은 복장을 해야 합니다.

마지막으로 하나만 더 말씀드릴까 생각합니다. 예수님께서 잡히시던 날 밤 로마 군인들과 유대인들이 예수님을 체포하러 왔습니다. 그때 가룟 유다가 군인들과 군호軍號를 짰습니다. '내가 가까이 가서 입맞추는 그 자가 곧 예수이다.' 여기서 우리는 예수님의 의상을 짐작해 볼 수 있습니다.

예수님이 제자들과 함께 있을 때 다른 사람들은 그 가운데 누가 예수인지 구별하지를 못했습니다. 예수님의 의상이 다른 제자들과 아무런 차이가 나지 않았기 때문입니다. 가룟 유다가 특별히 지목하는 그가 예수인 것을 군인들에게 신호를 해야 할 만큼 예수님은 외형상 구별되지 않았던 것입니다.

우리 한국교회에 목사들의 의상을 제복화함으로써 또다시 잘못된 권위주의에 빠지지 않기를 바라는 마음 간절합니다. 그대신 참된 경건은 외형에 달려있지 않고 보이지 않는 내면에 있음을 깊이 깨달아야 합니다.

저의 부족한 답변이 목사님의 궁금해하시는 부분을 잘 정리하는 데 도움이 되기를 바라며 이만 줄이겠습니다.

(2000. 4. 10)

12. 성경 해석을 할 수 있는 권한은 누구에게나 있는지요?

김 집사님께

즘 많이 바쁘시지요? 사람이 너무 바쁘게 되면 쫓겨 사는 기분이 드니까 다소간 느긋하게 살아가는 것이 좋으리라는 생각이 듭니다. 그래야만 주님의 말씀을 묵상하는 가운데 살아갈 수 있는 여유로운 마음을 가지기 쉬울 것이란 판단 때문입니다.

좋은 질문을 주셔서 감사합니다. 김 집사님의 질문을 나누어서 보면 첫째, '로마 카톨릭과 달리 개신교회에서는 성도들에게도 성경 해석권이 있으므로 주관적이고 무분별한 개별적 해석이 지나치게 되면 어떻게 하느냐?' 하는 것과 둘째, '다른 교회의 경우를 예로 들며, 강단에서 말씀을 증거하는 목사님의 설교에 대해 성도들이 이의를 제기할 수 있느냐?'에 대한 것입니다.

우선 '성경 해석권'에 대해 말씀드리겠습니다. 오늘 우리 시대에는 모든 성도들이 기록된 하나님의 말씀인 성경책을 가지고 있으며 가능한 대로 많이 읽고 묵상하라고 이야기합니다. 이것은 모든 성도들이 말씀을 읽고 해석할 수 있는 권리를 가지고 있음을 말합니다.

더욱 엄밀하게 말씀드린다면 주의 백성은 누구든지 성경을 직접 읽음으로써 주님의 말씀을 귀기울여 들을 수 있는 당연한 권리를 가지게 된다는 의미입니다. 그러나 이것이 모든 교인들이 성경을 자의적으로 해석해도 좋다는 뜻은 아닙니다. 성경을 해석하는 것은 하나님께서 계시하신 그 뜻을 명확히 알기 위해서입니다.

실제로 많은 사람들이 성경을 해석하면서 자기 경험이나 자기 생각에 따라 아무렇게나 해석해 버리는 경향이 있음을 우리는 늘 보아오고 있습니다. 그러나 그것은 위험할 뿐만 아니라 잘못된 것입니다. 성경을 해석할 수 있는 권리가 누구에게나 주어진 만큼 자기 마음대로 하나님의 말씀을 아전인수격으로 해석해도 좋다는 뜻은 결코 아닙니다. 만일 그렇게 하려는 사람들이 있다면 그들은 하나님의 말씀을 겸손하게 들으려는 마음보다는 자기 개인이 하나님의 말씀을 해석하는 주체가 됨으로써 교만하고 오만한 자세를 드러내 보일 뿐입니다.

여기서 우리는 중요한 사실 하나를 생각해야 합니다. 그것은 '성경을 해석할 수 있는 권리' 와 '성경을 해석하여 가르칠 수 있는 권리' 의 차이입니다. '해석하는 것' 이 자기 안에 머물거나 소극적인 성격을 띤다면 교회에서 '가르친다는 것' 은 자기 외부, 즉 다수의 성도들을 향한 것이며 적극적인 의미를 띠는 것입니다.

전통적인 교회에서는 모든 성도들이 해석은 자유롭게 하되 성령의 인도를 받아야 하며 무분별하게 다른 사람을 가르치려 해서는 안 됩니다. 다시 말씀드려서 각 개인 성도들은 자기가 하는 성경 해석의 내용을 다시금 교회의 교사인 목사를 통해 검증받을 필요가 있음을 말하고 있습니다.

개혁교회에서 목사는 교회의 세움을 받은 교사로서 공적인 직분자입니다. 그러므로 원리적으로 생각해 보았을 때 각 개인들은 나름대로 끊임없이 성경을 읽고 해석을 해 가며 주의 말씀을 듣는 가운데 교사인 목사의 검증을 받아야 한다는 뜻입니다. 여기서 '목사의 검증' 이라고 하는 말은 단순히 권위주의를 배경으로 하지 않습니다.

예를 들어 모든 학교에는 학생들을 가르치는 교사들이 있습니다. 그 교사는 아무나 자기가 하고 싶다고 해서 마음대로 할 수 있는 것은 아닙니다. 구체적인 자격요건이 필요한 것이지요. 그리고 그들은 자기 임의대로 학생들을 가르치는 것이 아니라 교과서에 따라 가르칩니다.

　교회에 교사(목사)를 세운 것을 우리는 하나님께서 허락하신 직분이라고 말하고 있습니다. 그 직분을 무시하거나 넘어서게 되면 무질서한 잘못된 문제들이 생겨날 수밖에 없습니다. 그럼에도 불구하고 우리 시대에는 안타깝게도 이에 대해 복잡한 문제들이 산적해 있는 것이 사실입니다.
　이것이 집사님의 두 번째 질문내용이라 할 수 있는 '강단에서 말씀을 증거하는 목사님의 설교에 대해 성도들이 이의를 제기할 수 있느냐?'하는 문제와 직접 연결됩니다. 오늘 우리의 시대에는 기독교내에 무자격 교사(목사)들이 너무 많이 있습니다. 여기에서 무자격이라 함은 어느 신학교를 졸업했느냐는 등 학력 따위를 말하는 것은 아닙니다. 오히려 정말 성경을 통해 하나님의 말씀을 가르칠 만한 올바른 지식을 습득하고 있느냐 하는 것을 말하고 있습니다.

　학교에서 학생들을 가르치는 교사가 자기가 가르치는 교과서의 내용을 제대로 이해하지 못한다면 그것은 말이 되지 않을 뿐 아니라 큰 문제일 것입니다. 사실 우리 한국교회는 이런 양상이 이미 너무 커져 있다고 생각합니다. 교회의 교사로 세움을 받은 목사가 자신이 가르치며 선포해야 할 텍스트인 성경의 내용을 제대로 이해하지 못하고 있는 것이 일반적이라 할 수 있을 만큼 되어 있다는 사실은 심각한 문제입니다.

　이럴 경우에는 문제성 있는 '설교'에 대해 마땅히 문제가 제기되어야만 합니다. 물론 이것은 말씀에 성숙한 성도들에 의해 문제가 제기되어야 하는데 그것 자체가 어렵다는 사실은 이 문제를 더욱 어렵게 만들고 있습니다.

만일 일반 학교에서 3+5는 얼마냐 하는 쉬운 문제의 답을 교사가 6이라 가르치고 있다면 마땅히 문제가 제기될 것입니다. 아주 기본적인 문제이니까요. 그런데 고등학교 영어를 가르치는 교사가 교과서에 나와 있는 내용을 제대로 이해하고 있지 않은 상태에서, 학생들마저 그 내용을 올바로 알 수 있는 수준이 아니라면 어떻게 해야 하겠습니까?

이런 상황이라면 분명히 문제는 있지만 문제제기 자체가 되지 않을 수 있습니다. 가르치는 교사가 올바른 지식을 소유하고 있지 않다면 학생들을 올바르게 가르칠 수 없습니다. 도리어 학생들을 혼란스럽게 만들거나 그 학생들은 잘못된 지식들만 가득 소유하게 합니다.

우리 한국교회의 교인들은, 목사(교사)가 마치 하나님의 대리자인양 잘못 알고 있는 듯한 경향이 있습니다. 그렇게 되면 일반 성도들은 하나님의 대리자인 목사에게 어떠한 문제도 제기하지 않으려 할 것입니다. 목사에게 잘못된 무엇을 말하는 것이 마치 하나님께 저항하는 듯이 생각될 수도 있기 때문입니다. 그러나 목사는 하나님의 대리자가 아니며, 하나님의 말씀을 하나님의 뜻에 맞게 주의 몸된 교회 앞에 겸손하게 선포하며 전달하는 직분자입니다.

그러므로 목사에게는 하나님의 말씀을 자기 의도가 아니라 하나님의 뜻에 좇아 전달해야 할 의무가 있는 것이지요. 그러한 목사가 자기 목적에 맞추어 잘못 설교한다면 성도들은 마땅히 그에 저항할 또다른 권리를 가지게 되는 것입니다. 그렇지만 앞에서 말씀드린 것처럼 일반 성도들이 하나님의 말씀에 대한 상당한 이해가 있지 않다면 이도 저도 아닌 안타까운 상황만 전개될 것입니다.

김 집사님, 이 정도면 집사님의 질문에 대한 답변이 되었는지 모르겠습니다. 우리 교회도 마찬가지입니다. 집사님뿐 아니라 우리 모든 성도들은 늘 성경을 읽고 해석하여 묵상함으로써 진리를 추구해 가야 합니다.

아울러 목사인 제가, 교회 앞에 주님의 말씀을 전달하고 선포하면서 주님의 뜻이 아니라 저의 사사로운 생각이나 경험에 치중하는 기미가 보이면 언제든지 저에게 이야기해 주시기 바랍니다.

우리 교회가 잘 성장해 가는 과정 중에 있는 교회라면 김 집사님뿐 아니라 모든 성도들이 마땅히 이러한 자세를 견지하고 있어야만 합니다. 이 점 우리 교회 모든 성도들이 잘 이해하기를 바라는 마음 간절합니다.

오늘은 이만 여기서 그치겠습니다. 주일날 반가운 마음으로 만나기를 바랍니다.

(2000. 4. 10)

13 술을 마시면 죄가 됩니까?

김 집사님, 안녕하세요?

지난번 멀리서 전화를 주셨는데 제가 직접 받지 못해서 죄송합니다. 집사님께서 궁금해하시는 부분에 대해서 답변을 드리려 하니 참고가 되었으면 합니다.

집사님의 질문 내용에서 '술을 마시는 것이 죄입니까?' 라고 하셨는데 이 말을 '죄인이 술을 마시는 것은 어떻습니까?' 로 바꾸어 보면 어떨까 싶은 생각이 듭니다. 사실 우리 한국교회는 술에 대해 지나치게 민감하다는 사실을 미리 말씀드리고자 합니다. 이러한 경향은 성경의 교훈에 전반적으로 근거하기보다는 한국교회의 전통이라 할 수 있으며, 전통은 그저 전통일 뿐으로 교회 내에서 구속력을 가지는 말아야 합니다.

이제 성경에 기록된 술에 얽힌 하나의 사건을 잠시 소개하겠습니다. 우리는 대홍수이전 노아 시대를 생각하면서 사람들이 '먹고 마시며 시집가고 장가가기' 에 바쁘던 그 시대를 술과 연관지어 막연히 짐작하는 경향이 있습니다. 어쨌거나 우리가 잘 아는 대로 노아는 당대의 의인이었습니다. 노아의 홍수로 말미암아 모든 사람들이 다 죽고 노아와 그 가족을 합쳐 모두 8명만 생명을 구원받았습니다. 그런데 홍수 후에 일어나는 중대한 사건 하나를 우리가 알고 있습니다. 그것은 노아의 '음주사건' 입니다.

노아는 술을 지나치게 과음하여 벌거벗은 채로 잠이 드는 실수(?)를 하게 됩니다. 당대의 의인이던 노아가 한 행동이었습니다. 우리는 여기서 중요한 질문을 던져 볼 수 있습니다. 과음하여 인사불성이 되어 벌거 벗고 잠든 것이 과연 의인인 노아가 취할 행동인가? 그리고 우리 중 다수가 상상하듯이 홍수 이전의 사람들이 '술을 마시며' 죄를 짓던 그 상황을 노아가 기억한다면 대심판을 경험한 의인 노아가 그전에 하지 않던 그런 실수를 할 수 있을까?

우리가 알고 있는 사실은 그 음주사건이 있었다는 사실과 하나님께서 그것을 전혀 문제삼지 않으셨다는 사실 그리고 노아가 그에 대해 회개하거나 반성의 기미를 보이지 않았다는 사실입니다. 복잡한 것은 다 접어두고서라도 우리가 여기서 알 수 있는 것은 술 마시는 자체가 죄 되는 것은 아니라는 점입니다.

예수님께서 이 세상에 오셨을 때는 어떠했습니까? 예수님께서 직접 말씀하셨듯이 '인자가 와서 먹고 마시매' 사람들이 비난한다고 하셨습니다. 뿐만 아니라 우리가 익히 알고 있는 바 예수님이 행하신 맨 처음 이적은 가나 혼인잔치에서 물을 포도주로 바꾼 사건이었습니다.

그때 예수님이 포도주를 만드신 것은 이적을 베풀어 보이고자 함과 동시에 잔칫집에 참석한 사람들에게 술을 공급하기 위해서였습니다. 술이 다 떨어진 것을 아신 예수님이 술을 만들어 사람들이 마시고 즐거운 시간을 가지도록 배려하신 것입니다.

초대교회 성도들은 어느 정도의 술을 마셨습니다. 고린도전서 11장에 보면, 사도 바울이 고린도 교회를 향해 '어떤 이는 시장하고 어떤 이는 취함이라, 너희가 먹고 마실 집이 없느냐'(고전11:21, 22. 참조)고 책망하는 것을 알 수 있습니다.

여기에서 바울은 술을 마시는 문제 자체를 탓한 것이 아니라 어떤 사람들은 많이 마시고 어떤 사람은 마실 것이 없어서 못 마시는, 사랑이 없는 불공평한 상황을 질책하고 있습니다. 이렇듯이 성경을 통해 우리가 전반적으로 볼 수 있는 것은 술 자체가 죄가 되는 것은 아니라는 점입니다.

그렇다고 술을 마시지 않는 것은 위선이니 '마시자' 라고 하는 것도 문제일 수 있습니다. 예수님께서는 제자들에게 '술을 마시라' 혹은 '마시지 말라' 고 하지 않았으며 그것을 죄의 기준으로 삼지 않았습니다. 세례 요한은 술을 마시지 않은 것으로 알려져 있습니다. 예수님은 그런 세례 요한을 탓하거나 그것을 위선이라고 말씀하지도 않습니다.

이것은 무엇을 의미하는 것일까요? 저는 김 집사님에게 이런 답변을 드리고자 합니다. 위에서 말씀드린 것처럼 우리는 '술을 마시는 것이 죄냐, 아니냐?' 하는 문제를 두고 고민하기보다는 '죄인인 인간이 술을 마시는 것은 무엇 때문인가?' 하는 것을 미리 생각해야 합니다.

저는 집사님에게 술을 마시지 않는 것이 좋다고 말씀을 드립니다. 오늘날 술을 마시는 것은 약간의 경우를 제외하면 대부분 자기 즐거움에 취하기 위해서입니다. 친구를 만나서 술을 마신다해도 술을 매개로 해서 교제하자는 것이지요. 그러나 참 하나님을 아는 사람들은 더이상 술을 통해서 즐거움을 취하거나 술을 매개로 하여 사람을 사귀지 않습니다.

그럼에도 불구하고 술 자체가 죄가 되는 것이 아니라면 마실 수 있는 경우가 있습니다. 아주 피곤에 싸였을 때 술을 조금 마신다든지, 특별한 때 약간의 술을 음료로 사용할 수 있습니다. 그러나 취하도록 마시고 즐기자는 것을 말하는 것은 아닙니다.

우리 한국교회에는 술 문제 때문에 신앙의 근본적인 것을 잘못되게 오해하게 하는 부분이 있습니다. 그것은 술을 마시고 마시지 않고 하는 것이 마치 경건의 기준이라도 되는 듯이 오해하는 것입니다. 그러나 그것은 경건의 직접적인 기준이 될 수 없습니다.

물론 성도라 하면서 술을 즐기는 사람이 있다면 그는 올바른 신앙인이라 할 수 없습니다. 나아가 술을 입에 대지 않지만 부정직한 행동을 하거나 남을 멸시하여 교만한 사람이 있다면 그 역시 올바른 신앙인이 아닙니다. 오히려 후자가 훨씬 무서운 죄를 범하고 있습니다. 나아가 술을 마시든 마시지 않든 하나님의 말씀에 대한 올바른 이해가 없다면 이미 성숙한 성도일 수는 없습니다.

집사님, 술은 금하되 율법적 의미로 금하는 것은 아님을 이해하시기 바랍니다. 술을 마시고 마시지 않고 하는 그 자체는 아무것도 아닙니다. 진정으로 성숙한 신앙인은 술을 마셔도 죄가 되지 않지만, 미숙하고 잘못된 신앙을 가진 사람은 술을 마시지 않아도 그것을 자랑삼는 자체가 이미 죄를 짓는 것입니다. 성숙한 신앙인은 그 의미를 이미 알고 있을 것이며 미숙한 교인은 그 의미 자체를 알지 못할 것이기 때문입니다.

물론 여기서 '신앙의 성숙'이라 하는 것은 목사, 장로 등 교회의 직분이나 교회에서 봉사하는 열성 정도를 말하지 않습니다. 이 말은 말씀을 좇아 하나님을 진정으로 두려워할 줄 알며, 이 세상이 아니라 영원한 천국에 소망을 두고 살아가는 참된 성도를 의미합니다.

우리는 술을 마시지 않음으로 나 자신을 의인으로 만들어 가는 것이 아니라, 하나님을 믿는다 하면서 이 세상 이웃의 것을 탐하는 나 자신이 못난 죄인임을 알고 자신을 하나님 앞에 내어놓을 수 있는 성도들이 되어야 합니다. 마지막으로 성경 말씀 한 구절을 생각해 봅니다.

"식물食物을 인하여 하나님의 사업을 무너지게 말라 만물이 다 정하되 거리낌으로 먹는 사람에게는 악하니라. 고기도 먹지 아니하고 포도주도 마시지 아니하고 무엇이든지 네 형제로 거리끼게 하는 일을 아니함이 아름다우니라"(롬 14:20, 21).

  이는 사도 바울이 로마교회 성도들을 향해 교훈한 것으로서 우리가 귀담아 들어야 할 말입니다. 저의 답변이 집사님의 질문에 도움이 되기를 바랍니다.

(2000. 4. 20)

14 유아세례에 대하여

박 목사님

안녕하십니까? 지난번 목사님이 유아세례에 대한 저의 견해를 물으신 데 대한 답변입니다. 이미 잘 알고 있듯이 유아세례 문제는 오래 전부터 끊임없이 신학적 해석을 요구받아 온 분야입니다. 종교개혁시대의 재세례파(아나벱티스트)들은 개인적인 뚜렷한 결단이 없이는 진정 교회에 속할 수 없다고 여겼으므로 유아세례는 부인되었습니다.

이에 반해 장로교에서는 유아세례를 인정하고 있습니다. 오늘날 우리 한국교회에서는 세례뿐 아니라 유아세례 역시 형식적으로 의례화 되었기 때문에 이에 대한 명확한 신학적 해석이 있어야 된다고 생각합니다. 우리 주변의 많은 신실한 분들 가운데는 그런 형식적 유아세례에 대한 영향으로 인해 유아세례가 필요하지 않다고 여기는 분들이 많은 것이 사실입니다.

저는 건전한 교회에는 유아세례가 있어야 한다고 믿습니다. 유아세례가 왜 꼭 있어야 하는 교회의 제도인가 하는 것을 논하기 위해서는 교회에 대한 설명이 함께 이루어져야 합니다.

우리가 아는 바대로 교회는 주님의 피로 값 주고 사신 거룩한 공동체입니다. 그 교회는 아무나 자기 마음대로 출입할 수 있는 영역이 아니라 그리스도와 함께 장사되는 영적인 경험을 한 성도들이 그 고백과 함께 세례의식을 통해 들어올 수 있는 영역입니다. 그 교회 가운데 있는 성도들이 자녀를 얻었을 때 교회가 그들에 대해 해야 할 일이 무엇일까 살펴보는 일은 매우 중요하다고 생각합니다.

유아세례 자체가 구원의 효력을 의미하는 것이 아님은 물론입니다. 갓 태어난 어린아이가 자기 판단에 의해 세례를 받을 수 없음은 당연합니다. 그럼에도 불구하고 유아세례를 베푸는 것은 그 아이를 주님의 뜻을 좇아 양육하겠다는 교회적 고백과 결단으로 보아야 합니다.

교회의 정회원인 육신적인 부모는 유아세례 의식을 통해 그 아이를 '교회의 아이'로 인정하고 더이상 자기 개인의 사적인 자녀가 아님을 고백합니다. 그러므로 유아세례를 받은 자녀들에 대해서는 그 부모가 자기 욕심이나 욕망에 따라 양육하는 것을 포기해야 합니다. 그대신 주님의 몸된 교회의 거룩한 뜻에 따라 양육해야만 합니다.

유아세례를 받게 한 부모가 자기의 욕망에 따라 자녀를 세속적으로 훌륭한 인물로 키우려 하고 세상의 조류를 따라 양육하려 한다면 유아세례를 잘못 받게 한 것입니다. 그런 의미에서 유아세례에 있어서 유아세례의 수혜자는 과연 누구냐 하는 문제를 생각해 볼 수 있습니다.

저는 유아세례의 수혜자는 원리적으로 그 부모와 전체교회가 일차적 수혜자라고 믿습니다. 앞에서 말씀드린 것처럼 유아세례 자체가 구원을 의미하는 것은 아닙니다. 이는 구약의 이스라엘 백성들이 자녀가 태어났을 때 8일 만에 할례를 행한 것과 동일한 맥락에서 이해할 수 있습니다.

이스라엘 백성들은 어린아이의 신앙이나 고백을 확인하여 할례를 베푼 것이 아니었습니다. 그것은 일차적으로 그 부모들이, 이스라엘을 할례 받은 민족으로 이어가겠다는 하나의 중요한 언약적 선언이었습니다. 이와 같이 유아세례를 베푸는 것도 하나님의 은혜를 아는 백성들이 하나님의 뜻 가운데 살아가겠다고 하는 중요한 선언적 의미를 가지게 됩니다.

따라서 유아세례 제도가 있음은 유아세례를 받는 그 아이를 위해서라기보다 차라리 교회의 정회원인 그 부모와 전체교회를 위하는 것이라 해야 옳을 것으로 생각합니다.

　유아세례를 받지 않을 경우 교육상 그 부모가 자녀양육에 대한 전적인 책임을 질 것입니다. 그러나 유아세례를 받게 되면 하나님의 언약 속에 들어오게 되어 교회의 준 구성원이 됩니다. 그렇게 되면 그 아이의 양육에 대한 책임을 전체교회가 공유하게 됩니다. 즉 모든 세례교인들이 그 유아세례 받은 아이에 대한 양육의 의무를 가지게 되는 것입니다.

　따라서 더이상 누구누구의 아이가 아니라 '교회의 아이'가 되는 것입니다. 유아세례를 받게 한 부모는 내용상 그 아이의 교육에 대해서 자기 주장을 고집해서는 안 됩니다. 하나님과 그의 몸된 교회의 양육 의사를 늘 귀담아 들어야 합니다.

　세례를 받은 교회의 회원들이 선포되는 하나님의 말씀을 통해 구원의 은혜를 향유하고 교회의 조직에 대한 책임이 있는데 반해 유아세례를 받은 아이들은 자기의 고백에 의해 입교하기까지 별다른 책임과 의무를 지지 아니합니다. 달리 말하자면 유아세례의 수혜자가 유아세례를 받은 당사자이기도 하지만 원천적으로는 그 부모 및 세례받은 전체교회 성도들임을 말하고 있습니다.

　그러므로 저는 우리 시대에 건전하고 올바른 유아세례 제도는 잘 보존되어야 한다고 믿습니다. 오늘날 잘못된 생각을 가지고 의미 없이 아무렇게나 베풀어지는 유아세례에 대해서는 마땅히 검증이 되어야겠지만 올바른 유아세례의 의미도 아울러 교회 가운데서 끊임없이 확인되어야 합니다.

　교회의 제도는 늘 말씀을 좇아 잘 해석되는 가운데 지켜져야 합니다. 현재의 잘못 시행되는 예들을 보며 그냥 없애 버리자고 할 것이 아니라 참다운 의미를 찾아 그 의미를 교회 가운데 회복하는 것이 개혁주의 신앙을 가진 자들의 정신이 아닐까 생각합니다.

　저는, 자신의 견해가 성경의 가르침에 가장 잘 조화되는 것이라 생각하지만 완벽한 것이라 주장하고 있지는 않음을 말씀드립니다. 제가 이해하는 바 유아세례에 관련된 문제를 간략하게 말씀드렸습니다. 다시한번 그 의미를 신중하게 생각해 보기를 권면 드립니다. 어지러운 시대 가운데 하나님의 뜻을 잘 상고해 볼 수 있는 겸손한 성도들을 통해 주님의 교회가 잘 세워져 가기를 바라며, 오늘은 이만 그치겠습니다.

(2000. 4. 21)

15 이혼(離婚不能)에 대하여

G 사모님께

지금 한국에는 어디를 가나 봄기운이 상당히 활기차다는 것을 느낄 수 있습니다. 그동안 어떻게 지내셨는지요? 지난번 질문하신 내용과 더불어 하나님의 자녀가 된 성도들은 어떠한 경우에도 이혼을 할 수 없음을 말씀드리려 합니다.

오늘날은 거의 대부분의 기독교인들이 이혼의 가능성을 말하고 있는 것이 사실입니다. 마태복음 19장 2-12절과 마가복음 10장 1-12절에 나오는 '음행한 연고'가 이혼의 조건이 될 수 있다고 주장하는 학자들이 거의 대다수이기 때문입니다. 현대에 와서는 '성격의 차이'도 이혼의 조건이 될 수 있다고 하는 사람들마저 있습니다.

그런 자들의 논리에 의하면 부부가 성격이 맞지 않아 늘 싸우며 불행하게 사는 것보다는 새로운 사람을 만나 하나님을 찬송하며 사는 것이 옳지 않으냐 하는 것입니다. 얼른 들으면 그럴듯한 이야기로 생각될 수도 있으나 아주 위험한 생각입니다. 우리는 이러한 세태속에 살고 있기 때문에 이에 대한 더욱 명확한 이해가 있어야 하리라 생각합니다.

결론을 미리 말씀드린다면 참된 그리스도인들에게 있어서는 어떠한 경우에도 이혼은 불가능합니다. 설령 부부 중 한쪽이 '음행'을 행했다고 하더라도 이혼은 불능입니다. 제가 이렇게 말하면 이미 많은 사람들이 이혼을 했지만 새로운 삶을 찾아 잘 살고 있지 않느냐고 말하는 자들이 있을지도 모릅니다. 그러나 그것은 성경의 전반적인 교훈을 따라 생각하는 것이라기보다는 경험에 의한 무책임한 주장일 뿐입니다.

여기서 '불능'과 '가능'에 대한 약간의 설명이 필요하리라 여겨집니다. 다른 하나의 예를 들자면 '살인' 행위는 원래 하지 말아야 할 '불능'의 행위여야 합니다. 그러나 사람들은 실제로 살인을 하기도 하고 그렇게 한 후에 잘 살기도 합니다. 살인은 원래 '불능'에 속한 것이지만 사람들이 그렇게 함으로써 '가능'으로 생각하게 된 것입니다. 이처럼 '이혼'도 '불능'이어야 하지만 '가능'으로 생각하게끔 되어버린 것입니다.

그러면 왜 이혼은 불능인지 생각해 보도록 하겠습니다. 우선 성경에서 '음행한 연고'가 마치 이혼의 조건이 되는 것처럼 해석할 수도 있어 보이는 문구가 있는 것이 사실입니다. 그러나 성경을 자세히 보면 예수께서 원래 그 말씀을 하시게 된 배경이 자신을 시험하려는 바리새인들을 질책하고자 하신 말씀임을 알 수 있습니다.

예수께서 바리새인들에게 모세의 율법을 언급하신 것은 '너희 판단대로 하지 말고 하나님의 뜻에 따르라'는 의도에서였습니다. 우리는 예수께서 '하나님이 짝지어 주신 것을 사람이 나누지 못할지니라'(마 19:6; 막 10:9)고 하신 말씀에 주안점을 두어야만 합니다. 하나님이 짝지어 주신 것을 인간들의 행위로 인한 어떤 변화 때문에 마음대로 가를 수는 없습니다.

그리고 상대방의 음행에 대한 절반의 책임은 다른 쪽에 있습니다. 즉 부부 중 한쪽의 음행에 대해서는 다른 한쪽도 함께 책임을 져야 할 내용입니다. 성도가 부부되는 것은 하나님께서 가정을 선물하신 것입니다. 그 가정에서는 하나님을 섬기며 천국에 소망을 둔 생활이 기본이 되어야 합니다. 만일 거기에 인간의 이기심이 끼어들게 되면 부부간에 문제가 발생하여 사랑이 변질되게 됩니다.

그러므로 만일 부부 중 한쪽이 음행을 하게 되었다면 부부 쌍방의 책임이라 할 수 있습니다. 그러나 어떤 일시적인 유혹이나 잘못된 실수로 인해 성적 범죄를 저질렀다면 그것은 더욱더 이혼의 사유가 되지 못할 것이며 용서의 대상일 것입니다.

또한 혼인은 한 남자와 한 여자 두 사람만의 문제가 아닙니다. 이는 양가 부모들의 문제이기도 하며 자녀가 있을 경우 자녀의 문제이기도 합니다. 나아가 교회의 문제이기도 합니다. 남녀가 혼인을 하게 되면 당사자뿐 아니라 가족 관계에 있어서 다양한 변화가 일어납니다. 어제까지 남이던 사람이 혼인을 통해 부모가 되기도 하고 형제가 되기도 합니다.

혼인은 남녀의 개별적 관계가 아니라 그보다 훨씬 넓은 범위의 가족 관계입니다. 그것은 부부 당사자 가운데 한 사람의 문제로 인해 가족내의 다른 사람의 모든 관계들을 파괴할 권리가 주어져 있지 않는 것입니다. 부부 사이에 자녀가 있을 경우에는 더욱 명백해집니다. 혼인한 부부와 그 사이에서 태어난 자녀가 있을 경우에 이혼을 한다는 것은 부부관계의 청산이 아니라 가족관계의 청산이 됩니다.

저는 이러한 여러 가지 이유를 들어 어떠한 경우에도 이혼은 허용될 수 없다고 믿습니다. 혹 부부 중 한쪽이 잘못을 했다면 그를 불쌍히 여기며 용서하는 가운데 하나님의 은혜를 깨달아 알아가는 것이 성도의 도리라 믿습니다. 하나님께서는 그러한 자세를 가지고 주님 앞에 무릎 꿇는 자녀에게 더욱 긍휼을 베푸실 것입니다.

G 사모님,
어떤 경우에라도 이혼을 하려 해서는 안 됩니다. 성도의 가정은 인간의 합의체가 아니라 하나님께서 구성하신 단위임을 깨달아야 합니다. 설령 남편인 목회자께서 어떤 잘못을 했다 하더라도 사모님이 끝까지 이혼을 하겠다고 한다면 남편은 아내에게 잘못을 저질렀지만 아내인 사모님은 이제 다시 남편에게 뿐 아니라 가정을 파괴함으로써 자녀들에게까지 잘못을 범하는 악을 저지를 수가 있음을 기억하시기 바랍니다.

나아가 목회자인 남편은 현재 일시적 실수를 범하고 있으며 시간이 지나면 회복될 수 있는 악행이지만, 만일 사모님이 이혼을 강행하게 되면 하나님께서 허락하신 가정을 직접 깨트림으로써 스스로 회복 불가능한 자리에 빠지게 될 것입니다. 이는 결코 하나님의 뜻이 아니라 믿습니다.

저는 지금 목회자이신 남편을 두둔하고 있는 것이 아님을 명백히 말씀드립니다. 절대로 이혼을 하지 말아야 하는 이유는 그것이 당위當爲이기 때문이며, 나아가서는 더 나은 가정으로의 회복을 위해서입니다. 사모님이 정말 하나님만을 신뢰한다면 하나님께서 아픈 상처를 다스려 주실 것입니다.

부부관계란 가족관계이며 성경에서 말하는 성도의 가족관계란 어느 누구도 파괴하지 못합니다. 부모자식관계나 형제관계를 인간이 임의로 깨트릴 수 없는 것처럼 부부관계도 마찬가지입니다. 부모자녀, 형제관계가 태생으로부터 이루어짐을 우리가 잘 압니다. 그 관계는 효성이 있든 없든 혹은 형제우애가 있든 없든 결단코 깨어질 수 없습니다.

부부관계와 가족관계도 이와 마찬가지입니다. 부부관계는 자연적 태생으로부터는 아니지만 이 또한 어떠한 경우에도 인간이 임의로 깨트릴 수 없는 관계가 된 것입니다. 오직 죽음만이 그 관계를 풀어줄 수 있을 뿐입니다.

사모님의 질문 내용을 통해 제가 느낀 것은 주변의 많은 사람들의 잘못된 권면들이 사모님을 약하게 만들고 있다는 사실입니다. 다른 사람들의 무책임한 경험적인 말을 귀담아 듣지 말기를 바랍니다. 그리고 성경을 자의적으로 해석하여 이혼을 부추기는 사람들의 말도 경계해야 합니다.

  이제부터는 남편을 불쌍히 여기는 마음을 가지시고 짧은 인생살이 가운데 가장 가까이 살아가는 이웃인 남편을 더욱 잘 도와주시기를 바랍니다. 그렇게 하는 동안 자신도 모르는 사이 가정문제가 해결될 것이며 하나님의 은혜가 가득히 임하리라 믿습니다.

  어려움이 있으면 또 연락 주시기를 바랍니다. 그리고 나중에 한국에 오는 기회가 있으면 한번 연락을 주십시오. 그때는 과거에 언제 그런 일이 있었느냐는 듯이 편안한 마음으로 우리집에 며칠 쉬어가도 좋겠습니다. 하나님만을 의지하며 천국에 소망을 둠으로써 승리하시기를 바랍니다. 저의 권면이 사모님의 신앙적 판단에 도움이 되기를 기대합니다.

(2000. 4. 29)

16 신학대학원에서 성찬식을 행할 수 있는가?

이 교수님께

팔공산을 물들였던 각양 고운 색깔의 꽃들은 이제 화려한 모습들을 푸르른 봄기운에 그 자리를 빼앗겨 가고 있는 듯합니다. 요즘 어떻게 지내시는지요? 선교학을 공부하는 Th.M. 과정 학생들 강의 때문에 매주 월요일 천안 신대원을 가지만 교수님을 대한 지 한참 된 것 같습니다.

이 교수님, 이렇게 공개서신을 드리는 것은 우리 교단이 함께 학문적으로 논의해 볼 거리를 제공하기 위함입니다. 몇 개월 전 출간된 K신학대학원 교수논문집 '개혁신학과 교회' 제9호(1999. 12. 25)에 발표된 '이스라엘 유월절기 재연의 역사적 의미' (pp. 44-65)에 대한 교수님의 논문을 재미있게 읽었습니다.

그 논문에서 이 교수님께서는 세 번째 항목으로 '유월절과 성만찬'을 다루고 있으며, 결론 부분에서는 '실제로 성찬식을 어떻게 거행할 것인가' 에 대한 구체적인 적용을 제안하고 있습니다. 그 가운데 저는 교수님과 다른 견해를 가지고 있어서 저의 소견을 말씀드려 보습니다.

이 교수님께서 제안하신 여러 가지 내용들 가운데는, '신학대학원의 개강예배 등에서 성찬식을 행할 것' 과(개혁신학과 교회, p. 63), '신학교는 교회가 아니라는 명제가 성립될 수 있는지, 성립될 수 있다면 누군가가 그 논리적 근거를 제시해야 한다' (같은 책, p. 64)는 내용을 포함하고 있습니다. 동시에 이 교수님께서 공부하신 영국의 신학교의 예를 들어 교수님의 주장이 충분한 논거가 있음을 밝혔습니다.

저는 이 교수님께서 이 논문에서 학자다운 주장과 함께 다른 견해를 가진 사람이 있으면 그것을 밝히도록 요구하고 있는 것으로 이해하고 있습니다. 진리를 추구하는 학자들이라면 마땅히 가져야 할 학자다운 좋은 자세라고 생각합니다. 그런데 이 교수님의 이 논문에 대한 어떤 평가나 토론이 있었는지에 대해서 제가 아는 바는 없습니다. 적어도 본 교단의 소속 신학교들(K신학교, KS대학교 신학부)이나 교단지들(월간K, K교보)에서는 이에 대한 토론이나 문제 제기가 되지 않은 것으로 알고 있습니다. 그래서 미말에 있는 제가 교수님이 요구하시는 대로(?) 소견을 밝히려 합니다.

우선 저의 결론적 생각을 말씀드리자면, 신학대학원(신학교)에서는 성찬을 거행하는 것이 바람직하지 않다는 것입니다. 개혁주의 신학에서 이해하고 있는 바 성찬은 주님의 몸된 교회 가운데서 행해져야 합니다. 이 교수님께서는 목사 교수들이 있고 신학생들이 모여 있는 신학대학원이 왜 교회가 아니냐라고 하셨지만, 신학대학원은 교회가 아니라 신학교육을 담당하는 학교일 뿐입니다. 왜 이렇게 주장할 수 있는지 몇 가지를 말씀드려 봅니다.

첫째, 교회이기 위해서는 교회적 직분을 중심으로 한 모임이어야 합니다. 개혁주의 교회는 목사, 장로, 집사 등 교회가 세운 직분자들을 중심으로 하여 구성된 공동체입니다.

둘째, 교회이기 위해서는 보편성이 있어야 합니다. 여기서 보편성이란 남녀노소의 구별이나 빈부귀천 등에 아무런 차등이 없는 모임입니다. 그리스도를 고백하는 성도들이면 누구나 참여할 수 있는 모임이어야 합니다. 신학대학원은 이러한 교회의 보편성을 가지고 있지 않습니다.

셋째, 교회는 어떠한 경우에도 본질적 신앙행위 이외에는 비목적적이어야 합니다. 신학대학원은 목회자 양성이라는 명확한 목적을 가지고 있는 교육기관이며 교회라 할 수는 없습니다.

넷째, 교회는 유기적 관계가 이루어져야 합니다. 그럼으로써 올바른 권징 사역이 이루어질 수 있습니다.

이렇게 간단하게 몇 가지를 통해 외형상 교회의 조건을 이야기했습니다만 이것이 전부가 아님은 물론입니다. 신학대학원은 교회의 직분자들을 통해 세워지는 기관이 아니며 교회의 보편성을 가지고 있지도 않습니다. 그리고 명확한 목적을 가진 교육기관이며 유기적인 교회가 아닙니다. 그러므로 K신학대학원은 위의 예들을 기준으로 볼 때 교회가 아닌 목회자 양성을 위한 교단내의 교육기관입니다.

오늘날은 성찬이 잘못 시행되는 경우가 많이 있다고 생각합니다. 이 교수님께서 논문에서 밝히신 것처럼 요즘에는 초교파적 기독교 연합예배 모임에서 성만찬이 이루어지고 있으며, 그렇게 함으로써 '하나됨'을 확인하려 하는 것이 사실입니다(같은 책, p. 64, 참조).

그러나 저는 그것이 에큐메니칼 운동을 하는 자들의 신학에서 나온 매우 위험한 시도라 판단합니다. 그들은 건전한 신학이나 교의를 통한 고백을 중심으로 한 연합을 도외시하고 있습니다. 그대신 고백을 따지지 않은 무분별한 교회 밖의 '성찬식'을 통해 일치운동을 추구하고 있습니다. 이는 성례를 그리스도의 몸인 교회를 통한 언약적 의미가 아니라 단순히 교제화fellowship 하고 있는 경향이라 볼 수 있습니다.

요즘처럼 진리가 왜곡되고 있는 시대에는 신학적 자세를 명확히 하지 않으면 안 된다고 생각합니다. 물론 그것은 신학교와 신학자들에게 맡겨진 사명일 것입니다. '좋은 일'이니까, 그리고 '좋은 의도'니까 우리도 그렇게 하면 된다고 하는 식의 사고는 개혁주의 신학과 교의를 넘어선 지나친 견해일 것입니다.

마지막으로 이 서신의 주제에 관련된 매우 중요한 저의 견해를 말씀드림으로써 서신을 매듭지을까 생각합니다. 성찬이 이루어질 수 있는 모임이라면 세례도 베풀 수 있는 곳이어야 합니다. K신학대학원은 원칙적으로 세례를 주는 기관이 아님으로 세례를 베풀지 않습니다.

신학대학원은 교회가 아님으로 세례의 시행을 통해 학생이 되거나 교직원이 되는 것이 아니라 다른 요건을 통해 학교 구성원이 되는 것입니다. 개혁주의 교회는 '세례'를 통해 교회의 회원이 되지만 신학교의 멤버십은 세례를 통해 주어지는 것이 아닙니다. 저는 개혁주의 신학과 신앙에서 '성찬이 이루어질 수 있고 없음'을 논할 때 항상 '성찬'과 '세례'를 동시에 해석 및 적용해야 한다고 믿습니다.

저는 저의 공개서신을 통해 본 교단 및 개혁신학을 지향하는 여러 신학자들과 신학생들 그리고 교단 산하의 여러 목회자들이 이를 다시 잘 점검해 봄으로써 이에 대한 입장을 명확히 하게 되기를 바랍니다. 나아가 저의 이러한 견해에 대해 이 교수님께서 다시 공개적인 의사표시를 할 수 있으리라 생각하며 교단 내외의 여러 신학자들이 이에 대한 건전한 토론에 참여할 수 있을 것이라 믿습니다.

이 교수님, 조만간 교수님 연구실에서나 교수 휴게실에서 만나 따뜻한 차라도 한잔 나누기를 원합니다.

(2000. 5. 4)

17. '애굽의 수치'란 무엇을 의미합니까?

이 간사님께

질문에 대한 답변이 늦어 죄송합니다. 오늘은 야외를 다녀왔는데 꽃가루가 많이 날려 즐거운 가운데서도 매우 불편했습니다. 얼마 전까지만 해도 사람들의 마음을 사로잡아 설레게 할 만큼 예쁜 꽃들이었는데 불과 며칠 사이에 그 아름다움으로부터 생겨난 가루들이 우리를 괴롭게 만드는가 싶습니다.

이 간사님께서는, 여호수아 5장 9절 "여호와께서 여호수아에게 이르되 내가 오늘날 '애굽의 수치'를 너희에게서 굴러가게 하였다 하셨으므로 그곳 이름을 오늘날까지 길갈이라 하느니라"는 말씀에서 '애굽의 수치'란 무엇을 말하느냐고 질문했습니다. '애굽의 수치'란 과연 무엇을 의미하는가에 대해서는 여러 학자들이 다양하게 이해하고 있으며, 그 중에 다수는 '애굽의 수치'를 애굽에서의 노예생활로 해석하고 있는 것으로 알고 있습니다.

그러나 여기서 말하는 '애굽의 수치'란 애굽의 노예생활을 말하는 것이 아니라 '이스라엘의 이방생활'이라 이해하고 있습니다. 우리가 이미 잘 알고 있는 것처럼 이스라엘 백성들은 야곱 이후 430여 년 간을 애굽에서 보냈습니다. 앞에서 말한 바 다수의 학자들은 애굽생활 가운데 나중의 일정 기간을 노예생활로 이해하며 그 시기를 애굽의 수치였던 것으로 이해하고 있습니다. 그렇게 이해한다면 애굽에서 살았던 앞선 시기는 '애굽의 수치'가 아니라는 해석이 가능하게 됩니다.

여기서 '애굽의 수치'를 야곱으로부터 모세시대 이스라엘 백성들이 출애굽하기까지 430년 전 기간을 애굽의 수치인 것으로 이해하고 있습니다. 다시 말해 요셉을 알고 있던 왕들이 정치하던 시대, 이스라엘 백성들이 좋은 대접을 받았던 때 역시 '애굽의 수치'에 해당되는 것으로 해석합니다.

그 이유는, 하나님의 언약백성인 이스라엘이 하나님께서 허락하신 가나안이 아닌 이방 땅에서 살았다는 자체가 수치이기 때문입니다. 성경의 가르침에 의하면, 이스라엘 백성이 애굽에 가서 살았던 것은 하나님의 배려 때문이었습니다. 우리는, 왜 이스라엘이 하나님께서 그 조상 아브라함에게 약속하신 가나안땅에서 곧바로 살지 않고 애굽에서 살아야만 했는지 그 이유를 명확히 알아야만 합니다.

야곱의 가족 70여 명이 처음 가나안땅에 있을 때 이스라엘은 아직 연약한 한 가족이었습니다. 그러다 보니 이미 가나안땅에 살고 있던 여러 족속의 유혹을 받게 되었고, 하나님의 특별한 계획과 인도하심이 있지 않으면 쉽게 이방민족에 동화되어 버릴 만큼 연약한 민족이었습니다. 그런데 하나님께서는 그 백성들을 애굽이라고 하는 한 이방 나라를 선택하여 그 안에서 하나님의 언약의 백성들이 크게 자랄 수 있도록 예비하신 것입니다. 그러므로 성경이 가르치는 대로, 요셉을 애굽으로 보낸 것은 동생을 팔아 넘긴 형들이 아니라 하나님께서 요셉을 미리 애굽으로 보내신 것입니다.

그렇다면 하나님께서는 왜 이스라엘을 애굽으로 인도하셨을까요? 그것은 쉽게 말해 하나님께서 애굽을 이스라엘 민족을 위한 인큐베이터 incubator로 사용하신 것입니다. 가나안 땅을 취하기에 나약한 이스라엘을 이방의 태중에서 크게 자라게 하신 것입니다.

여호수아 5장 7, 8절에 보면 가나안땅에 들어온 이스라엘 백성들이 할례를 받습니다. 할례는 그들의 조상 아브라함 이후 행했던 성례이며, 애굽에서 할례를 행했던 이스라엘 백성들은 광야 40년 동안 할례를 중단했다가 가나안에 들어가 다시 할례를 받게 된 것입니다. 이제야 하나님께서 이스라엘 백성으로 하여금 약속한 땅으로 불러들여 그 땅을 소유하도록 하신 것입니다.

그러므로 '애굽의 수치'는 애굽과의 완전한 단절을 의미하기도 합니다. 비단 이스라엘이 애굽이라는 인큐베이터 안에서 자라기는 했지만 애굽과는 상관이 없는 백성이 된 것을 선언하고 있습니다. 하나님의 언약의 백성으로 약속의 땅에서 자라야 할 이스라엘이 애굽의 인큐베이터에서 성장했다는 것은 분명히 수치일 것입니다.

비록 하나님의 배려 가운데 이스라엘이 이방의 태중에서 자라기는 했지만 이스라엘 민족에게는 수치이며 이제 약속의 땅에 들어온 하나님의 백성에게는 과거와의 단절이 필요했던 것입니다. 즉 이제는 애굽과 아무런 상관이 없는 백성으로 새로 태어난 것입니다. 그러므로 하나님께서는 이스라엘이 가나안 땅에 들어오는 시점에서 '애굽의 수치를 너희에게서 굴러가게 하였다'고 하셨으며 사람들은 그곳 이름을 '굴러간다'는 의미로 길갈이라 부르게 된 것입니다.

이스라엘은 이를 통해 비로소 애굽과는 아무런 관계가 없는 하나님의 택한 민족이 된 것입니다. 이제는 애굽에서 자랐던 이방의 모든 경험을 버려야 했으며, 그것을 기억할 필요조차 없게 된 것입니다.

이 간사님, 제가 설명한 내용을 잘 생각해 보시기를 바라며 여기서 줄입니다. 시간이 되면 조용히 만나 더 깊은 대화를 나누기를 원합니다.

(2000. 5. 8)

18 '열린예배' - 'OOO 교회'는 건전한 교회인가?

한국의 보수주의, 개혁주의 신학교와 신학자들에게 보내는 글

자가 이 글을 쓰는 동기부터 우선 밝히고자 합니다. 이미 다수의 교인들이 필자가 하는 이야기를 별스럽게 생각합니다. 한국에 '열린예배'라는 것이 들어왔으나 지금껏 보수주의 신학교와 신학자들이 침묵해 옴으로써, 연약한 성도들이 신앙적 판단을 할 명확한 기회를 제공하지 못했습니다.

필자가 이 글을 쓰는 것은 열린예배를 추진하고 있는 교회들을 비난하고자 함이 일차적 목적이 아닙니다. 도리어 이 글을 통해 다수의 순박한 성도들이 올바른 예배에 대해 다시금 주님의 가르침을 잘 생각해 보는 기회를 가지고 잘못된 세속적 유혹에 넘어가지 않게 하기 위함입니다.

작금의 한국교회는 하나님의 말씀이 아니라 시대에 편승해 가는 안타까움에 처해 있습니다. 인간은 원래 죄인이며 인간의 모든 경험은 성경에 의해 검증되어야 합니다. 교회 역시 그 모든 활동은 성경의 검증을 받아가야 하며 그렇지 않을 경우 세속화를 피할 길이 없습니다.

최근 들어 미국에서 소위 '열린예배'라는 말과 함께 예배중 쇼를 하는 듯한 이상한 내용과 형태들이 교회에 침투해 들어오더니 지금은 우리 한국교회에 급속도로 번져가고 있습니다. 하나님의 말씀에 대한 이해와 참된 신학이 약한 한국교회의 많은 목회자들은 성경을 통한 비판력을 상실한 상태로 무분별하게 그것을 교회에 도입하고 있습니다. 열

린예배를 도입하게 되면 교인수가 많아지고 교인들이 재미있어 한다는 지극히 세속적인 생각에 미혹되어 불명확한 자세를 취하고 있는 이들도 많이 있습니다.

심지어는 신학자들마저 신학적 명확한 답변을 제시하기보다, 그것을 어떻게 받아들일까 토론하는 형식으로 변해 가고 있는 것이 우리의 실정입니다. 결국 토론의 경중을 따져 수용여부를 결정지으려는 아주 모호한 자세입니다. 그러나 성숙한 개혁주의 신학자들이라면 토론이 아니라 말씀을 통한 답을 제시해야만 합니다. 제가 생각하기에는 그것은 우리의 토론 대상이 되지 못합니다. 오히려 명확한 신학적 입장을 밝힘으로써 세속적 불건전한 형태들이 건전한 교회에 침투해 들어오지 못하도록 대비해야 합니다.

한국교회들 가운데 열린예배를 가장 적극적으로 도입하고 있는 교회 중 하나는 서울의 'OOO 교회'라 생각합니다. 그 교회는 그런 비정상적인 예배(?) 형태를 전개하는 것에 대해, 마치 시대를 앞서가는 교회인 양 스스로 자부심을 가지고 있는 듯 합니다. 나아가 다수의 어린 성도들도 이제는 그렇게 받아들이고 있는 것 같습니다.

OOO 교회에서는 열린예배를 통해 별별 기상천외한 발상들을 다 제시하고 있습니다. 그러한 발상을 계속하는 OOO 교회는 과연 건전한 교회인지 검증해 보아야 합니다. 만일 그 교회가 건전한 교회라면 성경의 가르침을 다시 한번 확인하여 지금의 잘못된 행위들을 그만 두어야 합니다. 건전한 교회는 항상 인본주의화된 세속주의를 추구하는 것이 아니라 진리인 하나님의 말씀을 추구함을 기억해야만 합니다.

예배는 하나님을 향한 예배일 뿐입니다. 거기에는 열린예배라든지 닫힌예배라든지 하는 말이 없습니다. 그냥 하나님을 향한 온전한 예배일 뿐입니다. 예배는 하나님의 말씀이 중심이어야 하며 예배에 참여한 모든 성도들은 하나님의 말씀을 귀담아 들어야만 합니다.

구약 이스라엘 백성들에게 있어서 가장 중요한 신앙의 기준은 '쉐마 이스라엘', 즉 '이스라엘아 (하나님의 말씀을) 들으라'는 메시지였습니다. 오늘 우리 시대의 하나님에 대한 예배의 본질 역시 하나님의 말씀을 경청함에 있습니다. 인간의 기호나 취미, 판단에 좌우되어서는 안 됩니다. 하나님에 대한 참된 예배는 두렵고 떨리는 마음으로 하나님의 말씀을 따라 순종하여 경배합니다.

신문에 의하면, OOO 교회에서는 예배 시간에 패션쇼에서 발레 댄스까지 곁들이고 있습니다. 지난 2000년 1월 30일 오후 예배에서는 디자인을 전공한 신도들이 직접 옷을 만들고 청년 신도들이 모델로 나서 강단을 누볐습니다(동아일보, 2000년 2월 2일자 A13, 참조).

뿐만 아니라 또한 예배 시간에 클래식 연주, 밴드오케스트라 연주, 워십댄스, 국악 공연을 선보이기도 했습니다. 그 교회는 그러한 것을 통해 복음과 연결지어 그러한 쇼를 한다고 하지만 그것은 성경이 요구하고 있는 바가 전혀 아닙니다.

5월 27일에는 OOO 교회 대학부 주최로 '제1회 전국 대학생 워십댄스 페스티벌'을 개최한다고 합니다(기독교신문, 2000년 4월 30일자 p. 13, 광고란 참조). 타이틀에는 'Worship Dance – 하나님께 드리는 예배' 라고 되어 있습니다. 거기에 참가하기 위해서는 참가비 5만원을 내어야 하며 입상자들에게는 대학생들에게는 거액인 액수가 상금으로 걸려 있습니다(Miracle 2000상: 150만원, Miracle Worship상: 100만원, Miracle Warrior상: 50만원).

하나님을 경배하는 예배에 참가비를 낸다거나 입상자에게 상금을 주는 그런 예배는 어떠한 경우에도 있을 수 없습니다. 그런 예는 교회 역사상 있지 않았으며, 과거에는 상상도 못했던 일들이 우리 가운데 예배라는 이름으로 자행되고 있습니다. 그것을 과연 성경의 가르침을 검토한 발상이라 할 수 있을까요?

그런 것을 예배라 한다면 도리어 하나님을 욕되게 할 따름입니다. 만일 OOO 교회가 '열린예배'라는 이름으로 이러한 일을 계속한다면 우리는 그 교회를 더이상 건전한 교회로 인정할 수 없으며, 성경의 가르침을 벗어난 불건전한 이단이라 할 수밖에 없습니다.

한국의 건전한 신학자들은 필자의 견해에 응답해 주기를 바랍니다. 필자의 견해가 지나치다면 '지나치다' 해야 할 것이며, OOO 교회가 건전하지 못하다면 '건전하지 못하다' 해야 합니다.

보수주의를 지향하며 개혁주의 신학자임을 주장하는 신학교와 신학자들은 이에 대한 신학적 입장을 명확히 해 주기를 기대합니다. 그렇게 해야만 현재 신학교에서 공부하는 학생들이 혼란에 빠지지 않을 것이며 다수의 목회자들이 그러한 잘못에 현혹되지 않을 것입니다.

하나님께서 기뻐하시는 참된 예배의 보존 및 회복을 기대하며 이 글을 마칩니다.

200년 5월 8일
이광호 목사

(2000. 5. 8)

19 '기도'에 대하여

현민 자매님께

안녕하세요? 기도에 대한 좋은 질문을 해주어서 감사합니다.
기독교에 있어서의 기도는 매우 중요합니다. 성경은 우리에게 '쉬지 말고 기도하라'(살전 5:17)고 요구하고 있습니다. 그러나 기도를 많이 하는 것이 종교심을 표현하는 것이기는 할지라도 그것 자체로써 덕목이 될 수는 없습니다. 즉 무조건 기도를 오래하는 것이나 기도를 많이 하는 것 자체가 결코 기독교의 덕목은 아닙니다.

성경은 우리에게 기도에 대해 많은 교훈을 주고 있습니다. '하나님의 말씀을 떠난 기도는 가증하다'(잠 28:9)고 밝히고 있습니다. 예수님께서는 산상보훈 가운데서 '기도할 때 이방인과 같이 중언부언重言附言 하지 말라'고 하셨습니다(마 6:7). 그리고 먹는 것, 마시는 것, 입는 것에 대한 기도는 이방인들이 구하는 것임을 명백히 가르치고 있습니다(마 31-32). 그런 것은 굳이 구하지 않아도 하나님께서 다 알고 계시는 바라고 하셨습니다.

그런데도 오늘날 우리 한국교회에서는 하나님의 말씀 가운데 올바른 기도보다 오랫동안 많이 기도하는 것이 미덕인 양 가르치고 있습니다. 그리고 많은 경우 기도의 내용들이 전혀 성경적이지 않습니다. 먹고, 마시고, 입는 문제라면 곧 생존의 문제입니다.
주님께서 그 생존의 문제에 대해서조차 간구하지 말라고 하셨다면 더 배불리 먹고, 더 많이 마시고, 더 잘 입기 위해 기도하는 것은 우리가 간구할 내용이 전혀 아닙니다. 나아가 사업이 잘되도록, 자식이 좋은 대학에 들어가도록, 물질의 복을 받도록, 오래 살 수 있도록 기도하는 것은 더더욱 우리의 간구의 내용이 될 수 없습니다.

　성경을 잘못 이해하고 있는 사람들은 성경의 가르침들을 외면한 채 '쉬지 말고 기도하라'는 말을 인용해 가면서 자의적인 길고 오랜 기도의 타당성을 주장할지도 모릅니다. 하나님의 말씀이 가르치는 바 구체적인 뜻에 따른 검증 없이 그냥 많이, 오래 하는 기도는 아무런 값어치도 없는 기도입니다.
　우리는 성경 말씀에서 기도에 대해 가르치는 부분들을 그 말씀하시는 분의 뜻을 따라 더욱 분명히 깨달아야 합니다. 그렇지 않으면 자의적 잘못된 기도를 할 수밖에 없습니다.

　기도에 대해 잘 이해하기 위해 한 예를 들어 봅시다.
　어느 아버지가 자기 자식에게 모든 재산을 상속했습니다. 문서에 도장까지 찍었습니다. 아버지의 모든 재산이 이제 자식의 소유가 된 것입니다. 그런데 그 아들이 아버지에게 날마다 찾아와 '아버지! 아버지의 재산을 저에게 주십시오' '아버지의 재산을 저에게 주셔야만 됩니다'라고 해댄다면 그것은 무엇을 의미하겠습니까?
　만일 그런 간구를 아침저녁으로 나아가 밤을 세워 외쳐 부르짖어 댄다면 어떻게 해석해야 할까요? 그것은 결코 아버지를 신뢰하는 믿음에서 출발한 것이 아닙니다. 오히려 그것은 완전한 불신 행위일 수밖에 없습니다. 아버지에 대한 그러한 태도는 불신을 나타내는 것으로 한마디로 아버지를 욕되게 하는 것이며 화나게 하는 행위일 뿐입니다.

　또한 함께 살고 있는 아버지에게, '아버지, 우리와 함께 삽시다' '우리 집에 오십시오'라고 부르짖는다면 얼마나 우스꽝스러운가요? 함께 생활하고 있는 자기 아버지에게 그러한 요구를 밤낮 끊임없이 해댄다면 그것은 아버지를 무시하는 처사일 뿐입니다.

오늘 우리 한국교회의 일반적인 기도는 이런 식이라 해도 과언이 아닙니다. 그것은 잘못된 기도입니다. 그런 기도는 하나님께 영광이 되는 것이 아니라 도리어 욕이 될 수도 있습니다. 우리는 이미 하나님의 자녀로서 그의 상속자이며, 하나님은 항상 우리와 함께 계시는 분입니다.

우리가 이미 하나님의 상속자가 되어 '아바, 아버지'(롬 8:15)라 부를 수 있는 자녀가 되었다면 더이상 하나님께 달라고 조르며 간구할 게 없습니다. 나아가 이미 성부, 성자, 성령 하나님께서 우리와 함께 계신다면 또다시 '우리와 함께 있어 달라'든지 '오늘밤에 성령이 우리와 함께 있도록 간절히 기도하라'는 등의 표현은 부적절한 것입니다. 만일 그런 식으로 오랫동안 되풀이해서 기도한다면 완전한 불신행위를 계속하는 것에 다름 아닙니다.

그러면 우리는 어떻게 기도해야 할까요? 우리는 주님께서 제자들에게 가르치신 기도를 기억하고 있습니다. "하늘에 계신 우리 아버지, 이름이 거룩히 여김을 받으시오며, 나라이 임하옵시며, 뜻이 하늘에서 이루어진 것 같이 땅에서도 이루어지이다. 오늘날 우리에게 일용할 양식을 주옵시고, 우리가 우리에게 죄지은 자를 사하여 준 것 같이 우리 죄를 사하여 주옵시고, 우리를 시험에 들게 하지 마옵시고, 다만 악에서 구하옵소서. 대개 나라와 권세와 영광이 아버지께 영원히 있사옵나이다"(마 6:9-13).

예수님께서 제자들에게 이 기도를 가르치시고 오늘 우리의 기도가 되게 하신 것은 우리가 이것을 가끔 암송하게 하기 위한 목적이 아닙니다. 도리어 이 기도의 범주에 우리를 묶어두어 이 기도와 더불어 기도하며 살게 하기 위해서입니다. 그러므로 우리가 한번씩 이 기도문을 단체, 혹은 개인적으로 암송하는 것 그 자체로 그렇게 기도했다고 할 수 없습니다. 우리는 주님의 가르치신 기도가 우리의 기도이기를 추구해야 하며 그렇게 함으로써 하나님의 뜻 가운데 선하게 살도록, 더이상 이 세상을 탐하지 않도록 기도할 수 있을 따름입니다.

'기도회'에서 다른 사람이나 어떤 일을 두고 중보기도를 할 때도 우리는 주님이 가르치신 기도의 범주에서 벗어날 수 없습니다. 우리는 기도할 때 그의 계시된 말씀을 구체적으로 '들음'이 더 중요함을 깨달아야 합니다. 그렇게 함으로써 우리의 '바램'에 따라 기도하는 것이 아니라 '하나님의 뜻'에 따라 기도하게 됩니다.

우리는 어떤 사람이나 일을 두고 기도할 때 그 사람이나 일이 잘되도록 기도하는 것이 아니라, 그 사람이나 일이 하나님의 뜻을 벗어나지 않도록 그리고 우리의 욕심에 따라 이루어지지 않도록 기도해야 합니다. 하나님의 뜻이 이루어짐이 우리의 기도의 목적이 되며 그분에게 찬송이 되는 것입니다.

기도하는 인간인 나/우리가 생각하고 바라는 것들이 의로운 것이라고 생각한다면 그것은 오해입니다. 우리 인간은 부패한 존재이며 종교적인 방편을 통해 자신의 욕심을 끊임없이 채워 나가려 하는 존재입니다. 그러한 우리가 스스로 바라는 대로 되기를 원하여 기도한다면 그것은 원천적으로 문제일 수밖에 없습니다.

그러므로 우리의 올바른 기도 내용은 '우리 인간의 생각은 늘 악하며 하나님의 뜻은 항상 거룩하니, 우리의 생각과 바램이 아니라 하나님의 뜻이 이루어지기를 바라며 기도합니다'는 내용이어야 합니다.

이 글이 자매에게 도움이 되기를 바랍니다.

(2000. 5. 19)

 세속화된 한국교회에 대해 어떤 자세를?

태형 학생에게

안녕하세요? 아직 얼굴을 알지는 못하지만, 몇 차례 보낸 글을 보아 생각이 깊은 학생 같아 좋습니다. 언제 시간이 나면 마음먹은 데로 한번 놀러 오세요. '부산에서 동대구까지' 기차를 타고 와 다시 '동대구에서 포항으로' 가는 기차를 타고 약 15분 정도 지나 '하양'에 내리면 됩니다. 하양에서 우리 교회당이 있는 팔공산 언저리까지는 자동차로 20분이 채 걸리지 않습니다. 사전에 연락을 주면 마중을 나가지요.

학생이 지적한 데로 이미 세속화 된 한국교회에 대해 우리는 무조건 부정적으로 생각해야 할지, 아니면 어떤 대안을 가지고 대처해야 할지 하는 문제는 매우 중요하다고 생각합니다. 자칫 잘못하면 냉소주의에 빠질 수도 있으며 방관적, 혹은 막연한 비판적 자세를 가지기 쉽기 때문입니다. 그러므로 이에 대한 저의 생각을 조심스럽게 간략히 정리해 보도록 하겠습니다.

한국에는 지금 엄청나게 많은 교회들이 있습니다. 하나님의 말씀을 근거로 한 '순결한 교회'의 모습을 지향하고 있느냐, 아니면 '세속화' 되어 있느냐 하는 문제는 접어둔 채 '스스로 건전한 교회'라 자부하는 교회들은 무수히 많습니다. 일반 통계에 의하면 한국의 기독교 인구수는 무려 천만이 넘는다고 합니다. 이는 전체 국민의 25%를 상회하는 수치입니다.

그러나 문제는 그 많은 교회들이 전반적으로 말씀을 떠나 세속화 되어가고 있다는 점입니다. 그 가운데 살고 있는 우리는 그러한 세속화에 끌려가지 않기 위해 이렇게 몸부림치며 강하게 저항하고 있습니다. 우리는 과연 그 큰 덩치의 한국교회를 어떻게 생각하며 우리의 신앙적 자세를 취해야 할까요?

우선 한국교회에 적절한 관심을 가져야 합니다. 교회의 타락은 대부분 지도자들에게 기인합니다. 타락한 교회에서 지도자와 일반 신자들 가운데 누가 더 악한가 하면 마땅히 지도자들일 것입니다. 하나님의 말씀을 올바르게 가르쳐야 할 지도자들이 하나님의 말씀이 아닌 시대적 경험이나 다른 것을 가지고 교인들을 아무렇게나 가르치고 있기 때문입니다.

그렇게 되면 어린 교인들은 잘못된 교훈을 배우면서도 그것이 올바른지 아닌지를 구별하지 못하는 우민愚民이 되고 맙니다. 우리는 세속주의에 빠져있는 말씀에 무지한 한국교회의 일반 성도들을 기억해야 합니다. 왜냐하면 그 가운데 하나님께서 택하신 자녀들이 상당수 남아있을 것이기 때문입니다.

따라서 하나님의 말씀을 온전히 깨달아 아는 성도들은 한국교회를 향해 끊임없는 올바른 메시지를 던져야 합니다. 이는 마치 성경시대의 선지자들과 사도들이 타락한 이스라엘 백성과 문제 있는 교회들을 향하여 지속적인 메시지를 던졌던 것과도 흡사합니다. 물론 선지자들과 사도들은 완벽한 하나님의 말씀을 외쳤지만 오늘 우리는 그렇지 못합니다. 비록 우리가 불완전하다 할지라도 하나님 말씀의 가르침에서 발견되는 메시지를 끊임없이 외치는 것은 매우 중요합니다.

이를 위해서는 먼저 신학자들의 각성이 절대적으로 필요합니다. 나아가 학생과 같이 신학을 공부하는 성도들의 역할이 매우 클 것입니다. 지금 우리 한국의 신학은 거의 교권의 시녀가 되어 있다고 해도 과언이 아닙니다. 신학과 신학자들은 원칙적으로 교단과 교권의 세속적 경향에 대해 조금도 주저함 없이 비판할 수 있어야 합니다.

예를 들어 교권을 가진 사람들이 비성경적인 잘못을 행한다면 신학자들은 말씀으로써 매섭게 비판해야 합니다. 그러나 안타깝게도 현재의 형편은 전혀 그렇지 못합니다. 이는 교수를 임용할 수 있는 모든 권한을 교권이 가지고 있기 때문입니다. 교권이 원하지 않는 비판을 했다가는 자칫 교수직을 잃을 위험이 있기 때문이지요. 그렇다고 해서 신학이나 신학자들의 침묵을 정당화하거나 인정할 수는 결코 없습니다.

본인은 그런 신학자들을 진정으로 도와줄 수 있는 가장 가까운 사람들이 곧 신학생들이라 생각합니다. 이를테면 학생들이 수업 시간이나 질문할 수 있는 기회를 통해 끊임없이 교수님들께 질문해야 합니다. 과연 성경의 가르침이 그러한지 아닌지에 대한 논의가 활발하게 이루어져야만 합니다. 그렇게 함으로써 신학자들이 각성할 수 있을 것이며 교단이나 잘못된 기독교에 대해 말을 하게 될 것입니다.

물론 신학생들뿐 아니라 본인과 같은 목사들도 끊임없이 신학자들을 향해 말씀을 기초로 한 대화를 해야 하며, 하나님의 말씀을 통한 해석을 가까이 해야만 합니다. 그렇게 하는 것이 교회가 참모습을 회복하는 길일 것입니다.

마지막으로 각 지교회 가운데서 말씀을 기초로 한 대화들이 끊어지지 말아야 합니다. 이를 위해서는 말씀에 대한 구체적인 이해를 해야 합니다. 그래야만 교회 가운데서 말씀의 원리를 이야기할 수 있을 것이며 여러 교인들과도 말씀을 중심한 대화가 가능할 것이기 때문입니다.

하나님의 참된 교회 가운데서는 말씀을 중심으로 대화해야 할 대상이 한정되지 않습니다. 목사든 일반 성도들이든, 남자이든 여자이든 혹은 나이 많은 노인이든 나이 어린 학생이든, 가난한 사람이든 부유한 사람이든 모든 사람이 격의 없이 편안하게 대화할 수 있어야 합니다. 이는 막연한 대화를 의미하는 것이 아니라 교회를 세워나가는 데 필요한 모든 분야에서 구체적인 성경 본문과 함께 이루어져야만 할 교제입니다.

저는 아직 학생이 어디에 살며 어느 교회에 출석하는지 알지 못합니다. 그러나 어디에 살든지 어느 교회에 출석하든지 그 원리는 동일합니다. 위에서 다소 복잡하게 설명했지만 간추려 보면 간단합니다. '세속화된 한국교회 가운데 사는 우리가, 그 교회들 가운데서 말씀의 가르침을 알지 못하고 살아가는 성도들을 기억하자. 그들을 위해 우리가 할 수 있는 조그마한 일은 그들이 말씀을 회복하도록 힘이 되어주는 것이다' 라는 말로 요약할 수 있습니다.

편지를 맺으면서 학생에게 부탁드립니다. 앞으로도 말씀의 가르침에 민감하기를 바랍니다. 기독교적 경험이 아니라 하나님의 말씀이 중요한 것입니다. 그리고 신학교 교수님들께 끊임없이 질문하세요.

제가 쓴 '한국교회, 무엇을 개혁할 것인가'를 읽었다니 그 내용들을 가지고 교수님들과 대화하며 확인하기를 바랍니다. 그리고 출석하고 있는 교회에서 끊임없이 하나님의 말씀으로 대화하기를 바랍니다. 모든 교인들은 대화의 대상입니다. 교회의 모든 것은 성경을 통해 해석되어져야 합니다. 그렇게 함으로써 참된 교회로의 회복을 기대할 수 있습니다.

지금 제가 쓰고 있는 이러한 내용을 같이 공부하는 여러 학생들과 함께 논의해도 좋습니다. 학생이 공부하는 KS대학 신학과의 다수 학생들이 말씀에 관심을 가지고 말씀으로부터 해답을 찾는 일이 일어나기를 기도합니다. KS대학 신학과 교수님들과 학생 모두가 우리 시대 교회의 세속화를 방지하는 데 참여하게 되기를 바라는 마음 간절합니다.

(2000. 5. 19)

 "모든 사람이 죄를 지었으므로"의 의미

강 목사님

안녕하십니까? 우선 좋은 질문을 해 주어서 감사하게 생각합니다. 로마서 3장 23절과 5장 12절의 "모든 사람이 죄를 지었으므로"에 대한 의미를 올바르게 이해하는 것은 매우 중요하다고 생각합니다.

저도 K신학대학원에서 출간한 교수논문집 '개혁신학과 교회' 제9호 (1999. 12)에서 변종길 교수님의 '로마서 5장 12절의 〈모든 사람이 죄를 지었으므로〉' 라는 논문을 읽었습니다.

변 교수님은 위의 논문에서 '모든 사람이 죄를 지었으므로' 라는 의미를 헨드릭슨, 크랜필드 등이 주장하는 것처럼, 아담의 범죄로 말미암아 타락한 본성이 유전되고 그 결과 "모든 사람이 실제로 죄를 지었다"는 견해를 지지하여 그것을 '역사적 실범죄'로 파악하고 있습니다(위 논문집, pp. 81, 100. 참조).

변 교수님은 논문 4. 1)에서 '유아와 태아의 문제'를 다루면서, 로마서 3장 23절에서 말하는 '모든 사람이 죄를 범하였다'는 것 역시 역사적 실범죄로 보고 있습니다. 그는 로마서 3장 23절을 주석할 때 원저자인 바울이 생각지도 않았던 의미를 우리가 주석할 때 우리의 상황을 집어넣어서 해석하면 안 된다고 말하고 있습니다(위 논문집, pp. 92, 93).

변 교수님은 로마서 5장 12절의 "모든 사람이 죄를 지었으므로"와 3장 23절에서 말하는 바, "모든 사람이 죄를 범하였으매"의 의미는 모두 역사적 실범죄를 의미하는 것으로 보고 있습니다. 그 중요한 근거로, 헬라어 '판테스 헤마르톤' 즉 "모든 사람이 범죄하였다"(all men sinned)라는 문구는 동작을 말하며 부패하여진 상태를 말하는 것이 아니라는 점을 제시하고 있습니다.

헬라어 '헤마르톤'이 동사이므로 그렇게 주장할 수는 있으리라는 생각도 해 봅니다만 변 교수님은 그 말이 동사의 동작 이후에 따라오는 상태를 설명할 수 있음을 간과하고 있는 듯 합니다.

변 교수님은 "아담의 범죄로 말미암아 타락한 본성이 유전되고 그 결과 모든 사람이 실제로 죄를 지었다"고 주장(p. 81)하는데, 그가 생각하는 바 '죄의 유전설'에서부터 문제가 발생하고 있는 것으로 생각합니다. 죄는 유전되는 것이 아니라 '상태'를 말하고 있습니다.

다시 말해 아담의 죄가 역사를 통해 후대에 계속 유전되는 것이 아니라 하나님께서 아담의 범죄로 인해, 아담과 그 아담에 포함된 모든 인간들을 죄인으로 보신다는 것입니다. 즉 '죄인'이라는 자체가 이미 '상태'라는 의미입니다.

저는 변 교수님의 주장에 대해 동의할 수 없습니다. 로마서에서 말하는 바 "모든 사람이 범죄하였다"는 의미는 아담의 죄에 포함된 것을 의미합니다. 이에 대한 이해를 위해 죄의 반대가 되는 '의'에 대해서 생각해 보면 이를 쉽게 깨달을 수 있습니다. 인간이 범죄한 것도, 하나님의 의에 속한 그의 백성들이 '의로워진 것'도 '개별적 행동' 때문이 아닙니다. 그래서 우리는 '칭의'라는 용어를 사용하고 있지 않습니까?

즉, 인간이 '의'를 행하기 때문에 '하나님의 의'에 도달하는 것은 아닙니다. '의'의 뿌리가 되시는 예수 그리스도에 속한 인간은 곧 '의로운 자'로 인정을 받게 되었습니다. 이처럼 범죄한 아담에 속한 '모든 사람이 죄를 범하였으므로' 스스로는 '의'에 이르지 못합니다.

만일 변 교수님의 주장대로라면 '의'에 대해서도 동일한 설명이 가능해야하지 않을까 생각합니다. 로마서 3장 23절 이하 "모든 사람이 죄를 범하였으매 하나님의 영광에 이르지 못하더니 그리스도 예수 안에 있는 구속으로 말미암아 …"를 해석함에 있어서 우리는 '그리스도 예수 안에 있는 구속으로 말미암아'라는 문구와 함께 '모든 사람이 죄를 범하였으매'를 해석해야 할 것이며, 로마서 12장 5절 이하 역시 '첫 번째 아담과 두 번째 아담'에 대한 기록임을 잘 이해해야 합니다.

결국 로마서 5장 12-19절에서 말하고자 하는 것은 한 사람 아담의 불순종으로 말미암아 모든 인간들은 죄 아래 있는 자가 되었으며, 한 사람 두 번째 아담의 순종으로 인해 하나님이 택하신 다수의 사람들이 의로운 자가 되었다는 점입니다. 그것은 인간의 죄와 의에 대한 행동여부를 말하는 것이 아님을 보여주고 있습니다.

그러므로 우리가 의인이 된 것은 우리 인간의 의로운 행위 때문이 전혀 아니듯이 인간이 죄인 된 것 또한 인간의 죄된 실제적 행위 때문이 아닙니다. 따라서 로마서 3장 23절이나 5장 12절에서 말하는 바, "모든 사람이 죄를 지었다"는 의미는 인간의 역사적 실범죄가 아니라 아담의 불순종으로 인한 "하나님께서 더이상 인간을 의롭게 보시지 않음"을 의미합니다.

짧게 답을 했습니다만 강 목사님이 가지신 바 의문을 해소하는 데 다소나마 도움이 되었으면 합니다. 마지막으로 특정 신학자의 학문적 주장에 대한 저의 견해를 물어주심에 대해 깊은 감사를 드립니다. 앞으로도 종종 함께 공부하며 말씀을 통해 고민하는 기회들이 많이 있기를 바라는 마음입니다. 더 깊은 대화는 나중에 만나는 기회에 나누게 되기를 바랍니다.

(2000. 5. 19)

22 단군상 파괴와 기독교 신앙에 대해

이 목사님

안녕하십니까? 이렇게 지면으로 만나게 되니 반갑습니다. 고신대학원을 50회로 졸업하셨다니 괜히 선배로서 어떤 어줍잖은 책임감을 느끼는 듯 합니다. 부실한 사람의 어설픈 저서들을 읽었다 하니 무언가 들킨 사람처럼 자신을 돌아보이기도 하고 한편 감사하기도 합니다.

목사님께서 질문하신 '단군상을 파괴하는 것이 개혁주의 신앙을 가진 사람들에게 어떤 의미가 있느냐?'는 질문은 우선 매우 민감한 내용이 아닌가 여겨집니다. 이미 우리 모두가 잘 알고 있듯이 기독교의 많은 단체들이나 개인들이 각급 학교에 세워진 단군상을 파괴했으며 지금도 그 일을 위해 다각적인 계획을 세우고 있다는 사실이 기독교 계통의 신문들을 통해 보도되고 있는 실정입니다.

저는 현재 한국교회가 대응하고 있는 '단군상 파괴'는 바람직하지 않다고 생각합니다. 우리는 성경을 통해 교회의 '안과 밖'에 대한 이해를 명확히 해야 합니다. 교회 '안'에서의 모든 우상과 우상적 경향이 있는 것은 척결의 대상입니다. 그러나 교회 '밖'의 것에 대해서는 우리가 파괴해야 할 대상이 아닙니다. 교회는 거룩한 하나님의 것인데 반해 세상은 공중권세 잡은 자의 관할이므로 그런 식으로 맞붙어(?) 싸울 대상이 아니기 때문입니다.

성경에는 이미 우리가 교훈받을 만한 이러한 가르침들이 충분히 들어 있습니다. 구약 이스라엘 백성들은 하나님의 약속의 땅 안에 있는 이방의 모든 것들을 파괴했습니다. 그것은 이스라엘 백성들의 판단이 아니라 하나님의 요구였습니다. 그러나 이스라엘이 애굽에 있을 때는 애굽의 신상들을 파괴하고 부수는 것을 목적으로 삼지 않았습니다. 이스라엘 왕국시대에도 마찬가지입니다. 이스라엘 내부에서의 우상적 요소는 부수어야 했지만 이스라엘 바깥에 대해서는 그렇지 않았습니다.

신약시대에도 동일한 원리가 적용됩니다. 교회는 하나님의 성품을 좇아 끊임없이 정화되어야 했지만 교회밖에 대해서는 그렇지 않았습니다. 사도교회 당시 로마제국 내에는 온갖 우상들이 난무했습니다. 아데미 신상을 비롯한 각양 신상들이 가득했었지요. 그러나 교회는 그런 것을 파괴하는 것을 일차적 목적으로 삼은 적이 없습니다. 도리어 그러한 신상들을 통한 이방의 경향이 하나님의 거룩한 교회 내부에 침투해 들어오는 것에 대해서는 매우 민감했습니다.

우리 시대에 진정으로 민감해야 할 분야는 기독교, 즉 교회 내부의 부정과 부패입니다. 교단의 총회장을 비롯한 임원들에게 비신앙적인 문제가 있는 것을 예사로 생각하고, 교단을 운영하는 이사들이 부정직하여 부패한 것에 대해서는 별것아닌 듯이 지나치려 하는 것이 문제입니다.
기독교 신문들을 보노라면 지도자라는 사람들의 행태를 보고 안타까움을 금할 수 없습니다. 임원이 되기 위해 부정선거를 하고 거짓 성명서를 발표하며 근거없는 상호비방에 이르기까지 부패상은 이루 말할 수 없을 정도입니다. 그런데도 순박한 일반 성도들은 '하나님의 종들'이 하는 일이라고만 생각하고 있습니다.

우리가 민감하게 대응하며 부수어야 할 대상은 교회 '밖'의 단군상이 아니라 기독교, 교단, 교회 '안'의 부패상입니다. 물론 우리는 어떤 무기나 도구를 가지고 그것을 부수는 것이 아닙니다. 그러나 하나님의 말씀을 끊임없이 제시하는 가운데 그것을 예리한 성령의 검으로 부수어 나가야만 합니다.

그럼에도 불구하고 다수의 교인들이 성경의 가르침을 잘 이해하지 못한 채 단군상을 파괴하는 교인들을 영웅화하고 있는 것은 문제입니다. 야밤에 단군상을 파괴하면 마치 자타가 공인하는 대단한 신앙적 영웅이라도 되는 것처럼 되어서는 안 됩니다. 만일 그런 논리라면 그것뿐 아니라 한국의 산과 계곡들마다 들어서 있는 불교의 사찰부터 부수어야 하지 않을까요?

하나님이 주신 아름다운 강산에 웬 이방의 우상들을 그렇게나 모아두었다는 말입니까? 그러나 우리 가운데 이제부터 산들마다 다니며 불교의 사찰과 불상들을 부수어야 한다고 주장하는 이들은 아마 없습니다. 나아가 그것을 부수기 위해 기독교인들은 지혜를 모아야만 한다고 생각하는 사람들도 별로 없으리라 생각합니다.

제가 개인적으로 가장 안타깝게 생각하는 바는 필요치 않은 '단군상 파괴' 라는 하나의 명분이 실제로 척결해야 할 교회 내부의 파괴 대상을 희석시키고 있다는 점입니다. 기독교 각종 회會의 소위 높은 자리에 있으면서 비신앙적인 악한 정치를 주도하면서도 '단군상 파괴' 운동에 큰 소리를 외치고 앞장서면 금새 대단한 순교적 신앙인처럼 탈바꿈된다는 사실을 기억해야 합니다.

저는 지금, 현재 한국의 각급 학교에 단군상을 세우는 것을 잘한다고 지지하는 것이 아님은 물론입니다. 교회는 그 대응 방법을 달리해야 합니다. 단군상을 부수려 할 것이 아니라 교회에서 말씀을 통해 하나님을 경외하는 올바른 교육이 이루어지면 그것은 아무 것도 아님을 말씀드리려는 것입니다.

　마지막으로 하나만 더 덧붙이겠습니다. 기독교가 잘못 대응함으로써 단군상을 파괴하는 동안, 많은 불신자들이 기독교인들을 독단적이고 이기성이 강한 편협한 자들이라고 생각하여 전도의 문을 막는 역할을 하게 되지 않는다고 누가 말할 것입니까?
　교회는 세상의 어느 누구와도 체제적인 문제로 인해 특정 단체를 원수로 삼지 않습니다. 하나님을 알지 못하는 자들은 단지 불쌍한 사람들일 따름입니다. 그리고 기독교가 교회 '밖'에서의 그런 행위들을 통해 '외인들'로부터 백안시되는 것은 바람직하지 않습니다. 기독교가 한편으로는 '전도'를 외치며 한편으로는 교회 '밖' 물건들에 대한 파괴운동을 할 때 사람들은 마음을 더욱 굳게 닫아버릴지도 모릅니다.

　이 목사님, 제가 말하고자 하는 바를 이해하셨을 줄로 믿습니다. 저는 우리의 교회가 이러한 성경적인 자세를 명확하게 이해해야 할 줄로 생각합니다. 이스라엘 민족에 속해 있으면서 비진리를 주장하던 바리새인들이나 당시 이스라엘의 지도자들에게 진노하셨던 예수님께서 로마제국의 관리들에게는 도리어 관대하게 보였던 그 사실을 기억해야만 합니다. 베드로나 바울 등 제자들의 신앙 자세도 그와 동일했습니다. 21세기 초엽을 살아가는 우리의 신앙 자세도 역시 그러해야만 합니다.
　두서 없이 몇 자 적었습니다. 목사님의 고민하던 바를 해결하는 데 다소나마 도움이 되기를 바라는 마음 간절합니다.

(2000. 5. 20)

23. 생명과 죽음 그리고 예수 그리스도의 무덤에서 '사흘'의 의미는?

김 전도사님

안녕하세요? 반갑습니다. 전도사님은 현재 신학생인가요? 전도사님께서는 답변하기에 결코 쉽지 않은 어려운 질문을 하신 것 같습니다. '예수님이 십자가에 달려 돌아가신 후 사흘만이 아니라 훨씬 오랜 세월이 흐른 후 지금 살아나신다 해도 죽음에 대한 승리의 의미는 여전하지 않겠느냐?'고 말씀하셨습니다. 그리고 일반 신학서적이나 주석 같은 데서 볼 수 없는 저의 견해가 어떤지 물어왔습니다.

저는 전도사님의 질문을 요구받고 상당히 재미있다는 생각을 했습니다. 질문하는 사람은 객관성 있는 답변을 요구하는 것이 일반적인데 전도사님께서는 저의 개인적인 생각을 물어왔기 때문입니다. 물론 오십보백보이기는 할 테지만 말입니다.

전도사님! '생명'과 '죽음'에 대해서 깊이 생각해 본적이 있습니까? 물론 있을 테지요. 저는 전도사님께 이에 대한 매우 중요한 이야기를 하려합니다. 전도사님은 이 세상에 생명이라는 것이 존재한다고 생각합니까? 흔히 일컫는 동양철학에서는 이 세상의 모든 것이 다 생명이라고 가르치고 있습니다. 그러므로 우주의 모든 것은 죽은 물질의 세계가 아니라 살아있는 생명으로 뭉쳐진 하나의 생명체라는 것이지요.

동양철학적 사고를 하지 않는 일반 사람들은 이 세상에는 생명체, 즉 생물과 무생물이 있다고 생각합니다. 그렇습니다. 이 세상에는 생물체와 무생물체가 있습니다. 생물은 살아 움직이는 것이고 무생물은 생명이 없는 것이지요. 저는 여기에서 말하는 '생물체' 라는 것이 지닌 생명의 의미가 무엇인가에 대해 생각해 보고자 합니다.

우리가 눈으로 볼 수 있는 모든 생물체는 생물체일 따름이지 진정한 '생명' 을 가진 것은 아닙니다. 즉 한계 있는 '제한적 생명' 이라는 말입니다. 진정한 '생명' 이라 하려면 적어도 죽음과 상관이 없는 생명이어야 합니다.

죽음에 의해 회복 불능상태로 침해당할 수 있는 생명이란 이미 생명이 아니며, 그 죽음을 이겨 계속적인 생명을 유지할 수 있는 생명이 아니라면 이미 진정한 생명이 아닙니다. 우리가 알고 있는 생명체들이 우리 눈에는 생명인 것처럼 보이지만 실상은 진정한 생명이 아니라 죽음과 밀착된 '제한적 생명' 이라는 말입니다.

복음이 가르치고 있는 바는 이 세상에 진정한 생명이 하나도 없다는 사실입니다. 이 세상에 있는 모든 것은 죽음의 상태에 있습니다. 살아 움직이지만 실상은 죽은 것이지요. 아담이 범죄한 이후 인간을 비롯한 모든 자연은 죽음아래 놓여 있습니다. '아담의 죽음' 의 의미에 대해서는 잘 알고 계시리라 생각합니다. 자연의 죽음 역시, 창세기 앞부분에 인간의 범죄 이후 땅이 가시와 엉겅퀴를 내는 부분에서 설명이 되어 있습니다.

이 세상은, 사탄이 공중권세를 잡고 있으며 죽음 아래 있습니다. 그러므로 이 세상에는 생명 있는 것이 하나도 없습니다. 우리가 일반적으로 생각하는 생명체들은 일시적 생명체일 뿐 참 생명체가 아닙니다. 이 세상에 있는 인간, 동물, 식물 등 어느 하나 죽지 않는 것은 없습니다. 지금 살아 움직이지만 언젠가는 죽는다는 것은 곧 '생명 없음' 을 의미합니다.

이러한 죽음의 세상에 '참 생명'이신 주님께서 오셨습니다. 세상 가운데 참 생명체는 오직 예수 그리스도밖에 없습니다. 이해하시겠습니까? 넓고 넓은 세상 가운데 그리고 긴 역사 가운데 참 생명을 가지신 분은 오직 예수 그리스도 한 분밖에는 없다는 말입니다. 주님께서 "내가 곧 생명이다"고 선언하신 것은 바로 그 의미입니다. 우리가 일반적으로 예수를 믿는다고 하는 의미는 생명이 없는 인간들이 그 참 생명체 속에 흡입되어 그에게 예속되어 있음을 의미합니다.

그 예수 그리스도께서 이 세상에 오셔서 십자가를 지고 죽으셨습니다. 그 죽음의 의미는 죄와 사망의 세상/인간이 그 생명체를 그냥 두지 않았다는 것을 의미합니다. 그리고 그 참 생명이신 그리스도께서 피흘려 죽으셨다는 것은 죄 가운데 죽음에 빠져있는 '자기 백성'의 죽음을 대신 감당하셨다는 의미입니다. 그리고 사흘만에 부활하신 것은 '생명'의 승리이며 죄악 세상 가운데 참 생명의 공급원이 마련되었음을 의미합니다.

전도사님이 질문하신 내용 가운데 왜 하필이면 '사흘'이냐 하는 문제가 포함되어 있습니다. 전도사님이 저의 개인적 견해를 물었으니 저도 그렇게 답변하겠습니다. 예수님께서 사흘만에 부활하신 것은 그렇게 해야만 할 충분한 이유가 있습니다.

그것은 우선 '예언의 문제' 때문입니다. 예수님께서는 제자들에게 '내가 죽어서 사흘만에 다시 살아나리라'(마 16:21 참조)고 미리 선언하시고 그것을 약속대로 이루셨습니다. 자기 백성들에게 그것을 보여주심으로써 생명이신 자신을 증거하신 것입니다.

주님께서 미리 약속하신 후 그것을 이루신 것은 자기 백성에 대한 사랑 때문이었습니다. 세상의 죽음 가운데서의 경험이 익숙해 있어서 참 생명에 대해서도 의심을 품게 될 자기 백성들에게 하나님의 놀라우신 계획을 그렇게 확증하신 것입니다.

  그렇다면 왜 하필 '사흘'이냐 하는 문제가 남습니다. 이에 대해서는 매우 쉽게 생각할 수도 있고 다소 복잡하게 생각해 볼 수도 있습니다. 쉽게 생각한다면 "하나님이 그렇게 하시지 않았느냐? 굳이 그 이유를 알려고 생각지 말라. 그냥 그렇게 하신 하나님께 감사하라"는 정도로 생각할 수도 있겠습니다. 그렇지만 왜 하필 사흘이었는지 그 의미에 접근해 볼 수도 있다고 생각합니다.

  저는 이렇게 생각합니다. 예수님께서 죽은 지 '사흘' 만에 부활하신 것은 하나님의 창조 사역과 관련이 있는 것이 아닌가 생각합니다. 주님께서 무덤에 사흘을 계셨는데 그 사흘이란 '24시간×3일'이 아닙니다. 즉 만 사흘이 아니란 말입니다. 주님이 무덤에 계셨던 '사흘'은 십자가에 달리시던 날 오후에서 시작하여 그 다음날이 지난 다음날 새벽까지였습니다. 그러니 우리의 날 수로 계산하면 앞 뒤 날들의 몇 시간을 제외하면 꼬박 '온전한 하루'를 무덤에 계셨던 것입니다.

  저는 그 의미를 매우 중요한 것으로 해석하고 있습니다. 창세기에서 하나님이 천지를 창조하신 '날들'의 의미는 매우 중요하며 하나님의 계획 속에서 인간을 포함한 천지만물이 지어졌습니다. 즉 '날'과 관계없이 한꺼번에 삼시간에 천지를 창조한 것이 아니며 그냥 생각나는 대로 적당하게 천지만물을 창조하신 것도 아닙니다.

  하나님께서는 자신의 거룩하고 온전하신 뜻에 의해 '날들'에 따라 천지만물을 창조하신 것입니다. 예수 그리스도께서 십자가에 달려 돌아가신 후 '온전한 하루'를 무덤에서 보내게 된 의미는 바로 그런 것과 연관이 있지 않을까 생각합니다. 즉 이틀도 좋고 사흘도 좋고 나흘도 좋은데 하다보니 사흘이 되었다는 것은 아니라는 말입니다.

물론 저는 전도사님의 질문에 어떤 정답을 드리려 하지는 않습니다. 오히려 우리가 그 의미를 생각해 봄으로써 하나님의 섭리와 은혜를 더 가까이 깨닫게 되기를 바라는 것입니다. 아담의 죄로 말미암아 사망의 그늘아래 생명 없이 살다가 참 생명이신 예수 그리스도를 통해 그 생명 안에 살게 된 것이 얼마나 감사한지요. 우리 모두는 예수 그리스도의 죽으심과 부활의 의미를 잘 깨달아야 할 것이며, 그 가운데 끼어 있는 '사흘'의 의미를 깊이 묵상해 봄으로써 하나님의 크고 놀라우신 은혜를 더욱 깊이 새기게 되기를 바랍니다.

이 정도에서 그치겠습니다. 앞으로도 주 안에서의 교제가 있기를 원합니다. 제가 있는 곳과 그렇게 멀지 않은 지역에 사시는 듯하니 틈이 나면 한번 놀러 오시기를 바랍니다.

(2000. 5. 23)

24 에큐메니칼 운동에 대해

이 교수님께

이 교수님! K신학대학원 학생들이 질문해 온 '에큐메니칼 운동'에 대해 다시금 공개서신을 띄웁니다. 아직 우리에게 토론문화가 익숙하지 않은데도, '신학대학원에서의 성찬문제'에 대해 이 교수님께서 공개적으로 진일보한 소신을 밝혀주심과 더불어 원숙하게 대응해 주심에 우선 감사드립니다.

저는 개인적으로 신학대학원 홈페이지를 통해 밝히신 교수님의 답변에서 신학적으로 수긍이 가지 않는 내용이 상당부분 있지만, 이 교수님의 견해와 더불어 좀더 말씀에 근거한 신학적 확인을 해 보도록 하겠습니다. 혹, 우리 교단의 다른 교수님들의 그에 대한 견해는 어떤지 공개적인 신학적 입장 표명이 있다면 더욱 균형 있게 생각해 볼 수 있으리라는 기대를 해봅니다.

이번에 또다시 서신을 쓰게 된 것은 교회일치 문제에 대해 어떤 학생들이 저에게 질문해 왔기 때문입니다. 저는 학생들이 질문해 오기 전, 우리 교단지 기독교보 제475호(2000년 5월 27일자)를 통해 이 교수님께서 지난 5월 19일 서울 한신 교회당에서 있은 '한국장로교연합회'의 '연합과 일치분과'에서 발제하신 '한국 장로교의 연합과 일치를 위한 방안모색'에 대한 발췌된 글을 읽었습니다. 그리고 학생들이 알려준 데로 K신학대학원 홈페이지(www.kts.ac.kr) '자료실'에 이 교수님께서 직접 올리신 지난 5월 19일 새벽기도 시간에 하신 설교문 '하나의 교회로 나아가자'라는 글을 읽었습니다.

저는 우선 교수님께서 주장하시는 내용들을 읽으면서 '교회의 하나 됨'에 대한 교수님의 순수하고도 간절한 열망을 느낄 수 있었습니다. 이에 대해서는 높이 평가할 만하다고 생각합니다. 특히 우리 한국교회처럼 미숙한 정치 지도자들이 교회 가운데서 편가르기식으로 분열을 일삼는 행위에 대한 비판에 대해서는 저도 이 교수님과 견해를 전적으로 같이 합니다. 오히려 제가 이 교수님보다 더욱 비판적일지도 모릅니다. 저는 그런 인사들에 대해서는 일종의 분노마저 느낄 때가 있습니다.

그럼에도 불구하고 저는 이 교수님의 주장에는 많은 신학적 점검들이 동반되어야 한다고 생각합니다. '기독교보' 기사를 통해 소개되기로는, 이 교수님께서 "한국교회교회협의회와 한국교회총연합회는 금년 중 해체를 선언하고 교단간의 실질적인 단일연합체를 구성하라"고 주장하고 있습니다. 저도 해체되어야 하는 것까지는 동의합니다. 자유주의 단체인 '교회협'이나 세속주의화 되어버린 '한기총' 같은 단체는 더이상 우리에게 아무런 의미가 없다고 생각하기 때문입니다.

그러나 자유주의와 세속주의를 하나로 묶어 하나의 연합체를 만들자는 이 교수님의 제안에 대해서는 생각을 달리합니다. 혹 시간이 나면 제가 쓴 졸문, '종교간의 대화 –진리의 해체–'와 '선교의 신에큐메니즘에 대한 비판적 논의' (달구벌기독학술연구회, 제2호, 2000년 3월; 실로암교회 홈페이지 www.siloam-church.org, 강좌란, 논문편 3,4)를 보시고 비판을 하셔도 좋겠습니다.

이 교수님께서는 '연합과 일치에 대한 방안' 으로 '조건 없이 기구적 일치를 위하여 만남을 계속하고' '일치를 위한 신학을 생산하며' '한국교회교회협의회와 한국교회총연합회는 단일 연합체를 구성할 것'을 제안하고 있습니다(위 기독교보, 3면, 머리기사. 참조).

저는 그 제안 가운데 '개혁주의' '성경에 대한 보수주의' '교회의 순결' '신앙고백' 등에 대해 신학적 입장이 포함되었어야 한다고 생각합니다. 혹 이 교수님께서 자유주의자들이 말하는 에큐메니칼 운동에는 입장을 달리한다 할지라도, 그날 한일장신대학의 임희모 교수가 '한국 장로교회의 연합과 일치를 위한 방안 모색'이란 제하의 발표에서 '먼저 한국장로교회의 교회론을 에큐메니칼 교회론으로 가다듬고 이를 개교회의 현장에서 실천하도록 이끌며, 장로교 지도자들을 에큐메니칼 정신을 갖도록 훈련시키며, 성도들을 중심으로 에큐메니칼 운동의 저변을 확대해야 할 것'을 제안했습니다(위 기독신보, 같은 면 기사, 참조).

이 말은 마치 앞에서 이 교수님께서 제안하신 주장과 맥을 같이하는 것으로 보여질 수 있습니다. 더구나 패널 토론자로 나선 우리와 신학적 입장을 같이하는 합동신학대학원의 김명혁 교수는 아무런 비판 없이 그에 전적으로 동의하는 자세를 취하고 있습니다.

보기에 따라서는 보수주의 신학교에 속한 김명혁 교수가 자유주의자들과 동등한 선상에서의 에큐메니칼 운동을 지지하는 비복음적인 자세를 취한 것으로 인해 같은 보수주의 신학교에서 가르치는 이 교수님마저도 동일한 입장을 취한 것으로 비쳐질 수가 있습니다.

지난 5월 19일 새벽, K신학대학원에서 설교하신 이 교수님의 설교문을 보면, '한국장로교연합회'로부터 이 교수님께서는 '우리의 입장' 즉 'KS 교단의 입장'을 밝혀줄 것을 요청받았다고 밝혔습니다(K신학대학원 홈페이지, 설교실, '하나의 교회로 나아가자', LSK, 제2항).

거기서 말하는 '우리의 입장'이란 이 교수님의 사적私的 입장이 아닐 것입니다. 좁은 의미로는 'K신학대학원의 입장'일 수 있을 것이며 넓은 의미로는 'KS 교단의 입장'일 것입니다. 저는 과연 K신학대학원의 입장과 KS 교단의 입장이 이 교수님의 주장처럼 정리되었는지 알지 못하고 있습니다.

물론 이 교수님의 주장이 실린 KS 교단지인 기독교보의 같은 면의 사설社說에서는 '장로교 연합을 위한 선결과제' 라는 제하의 글에서 이 교수님의 주장을 적극 지지하고 있는 것 같습니다. 저는 사실 이 교수님의 개인적 견해를 통해서가 아니라 우리 교단지의 사설을 보고 훨씬 심한 충격을 받았습니다. 사설이란 우리 교단의 공적인 입장인데, 만일 그렇게 주장한 사설에 아무런 문제가 없다고 한다면 이 교수님의 생각이 옳고 우리 교단의 입장이 그렇게 정리된 것이 틀림없습니다.

그러나 저 또한 본 교단에 속한 목회자이며 교단 신학교에서 10여년 신학생들을 가르쳐 왔습니다. 그렇지만 우리 교단의 신학적 입장이 언제 그렇게 정리되었는지는 알지 못하고 있습니다.

이 교수님께서는 설교문에서 교회 분열에 대한 말씀을 하시며, 에베소서 4장 1-6절과 창세기 1장 27절을 주해하면서 교회의 '하나됨' 을 강조하셨습니다. 그런데 로마서 16장 17절에서는 사도 바울이, "형제들아 내가 너희를 권하노니 '너희 교훈을 거스려' 분쟁을 일으키고 거치게 하는 자들을 살피고 저희에게서 떠나라"고 말하고 있습니다. 저는 이 구절 가운데 '너희 교훈을 거스려' 라는 말씀에 관심을 가집니다. 이는 성경이 가르치는 바 참된 교훈을 거스르는 자들과는 결코 하나가 될 수 없으며 분리되지 않으면 안 될 것을 말하고 있는 내용일 것입니다.

또한 이 교수님께서는, '교회를 떠나거나 교회의 일체성을 파괴하는 일은 없어야 한다' '교회로부터 분리하는 것은 곧 하나님과 그리스도를 부인하는 것이다' '비록 교회들간에 비본질적 문제들에 대해 서로 다른 견해를 가지고 있다 할지라도 그것 때문에 교회들이 분리될 수 없다' '비록 교회 안에 도덕적 오류가 존재한다고 할지라도 아무도 교회로부터 분리를 결정할 권한이 없다' 고 한 칼빈의 말을 인용하면서 교회 일치의 근거로 삼았습니다.

저는 이 부분에서 이 교수님께 해석상 착오가 있었으리라 생각합니다. 우리가 잘 알다시피 칼빈 자신이 참다운 교회가 아니면 분리를 꾀했으며 진리를 위해서 수많은 신학적 논쟁을 벌였던 사실을 기억합니다. 칼빈이 이러한 말을 한 것은 올바른 신앙고백을 기초로 한 교회 가운데서의 잘못된 정치적 '분리주의자'들을 두고 한 말일 것입니다. 그리고 지금 자유주의 신학자들이 가지고 있는 신학은 단순히 도덕적 오류, 즉 윤리적 문제가 아니라 본질적인 문제에 해당합니다.

이 교수님! 앞에서 이미 말씀드린 것처럼 저도 성경의 교훈에 의한 분명한 이유 없는 분열은 악한 행위라고 믿습니다. 제가 생각하기로는 참된 교회가 수호해야 할 가장 중요한 요소는 그리스도의 신부로서 가져야 할 신앙적 순결이라고 생각합니다.

저 또한 참다운 고백을 가진 교회는 하나가 되어야 된다고 믿고 있습니다. 그러나 '하나'가 되는 방법은 인간의 '일치운동'이나 어떤 '합의'合意에 달려 있지 않다고 생각합니다. 교회가 진정으로 하나가 되는 방법은 말씀과 올바른 신앙고백을 통해 성령 안에 속하게 됨으로써 자연스럽게 하나가 되는 것입니다.

이는 하나님의 말씀 앞에서의 자기 포기를 의미합니다. 용기를 내어 말씀드립니다만 이 교수님의 '하나 되자'는 외침이 교수님의 의도와 전혀 무관하게 외부와의 일치는커녕 도리어 우리 안에서 분열이 일어난다면 어떻게 하시겠습니까? 이 교수님께서 말씀하신 대로 우리 가운데 아무도 '자기 자신이 완전하다고 확신하는' 사람은 없습니다.

거듭 말씀드리지만 저는 이 교수님의 순수한 마음을 이해합니다. 복잡한 시대에 살아가면서 교회를 어지럽히는 인사들이 교단 안팎에 있음은 실로 안타까운 일입니다. 모든 것을 너무 성급하게 하지 말고 우리의 신학적 정체성identity을 잘 보존하는 가운데 올바른 신앙고백의 터전 위에 교회일치 운동이 일어나기를 기대합니다.

 제가 바라기로는 '교회일치운동'에 대한 우리 교단의 신학적 입장이 명백해져야 합니다. 이것은 앞서 말씀드린 대로 '교단지'의 '사설'을 읽으면서 강하게 느낀 점입니다. 이를 위해서는 K신학대학원과 KS대학교 신학부 교수님들의 적극적인 수고를 필요로 합니다.

 저의 생각이 신학적 근거없이 편협하거나 잘못되었다면 언제라도 지적해 주십시오. 진정으로 우리 교단과 K신학대학원, 그리고 이 교수님과 저 자신을 위해 순수한 마음으로 이 글을 썼음을 말씀드리며 이만 줄이겠습니다. 다음에 만나면 지난번처럼 웃으며 토론할 기회가 있기를 바랍니다.

(2000. 5. 30)

25. '보편교회'와 '보편성'이란 말의 의미

손 강도사님께

녕하십니까? 이렇게 지면으로 만나게 되어 반갑습니다. 부족한 저에게 '보편교회'에 대해 질문하여 주심을 감사드립니다. 강도사님을 중심으로 모이기 시작한 교회가 오순절 성령사건 이후 허락된 주님의 교회를 잘 상속받기를 바라며 하나님의 말씀이 잘 증거되는 아름다운 교회로 자라나게 되기를 기도드립니다.

강도사님께서 저에게 질의하신 내용은 '보편교회'와 '보편성'이라는 말의 용례에 대한 물음이 아닌가 생각됩니다. 사실 언어란 의미 표현에 있어서 매우 중요하며, 다수의 일반 언어들은 특정집단 혹은 개인에 의해서 다시 정의 내려지는 것이 흔한 예입니다.

다시 말해서 동일한 단어라 할지라도 누가 사용하느냐 하는 것과 어느 그룹에서 사용하느냐에 따라 그 의미는 달라질 수가 있습니다. 그러므로 특정 집단에 의해 의미 언어화하지 않은 단어들에 대해서는 다시금 그 의미를 설명하는 것이 보통일 것입니다.

예를 들어 선교학 등에서 '하나님의 선교' Missio Dei라 하면 개혁주의 혹은 복음주의 신학자들의 입장에서는 아주 건전하지 않은 한 사상을 표현하고 있습니다. 그러나 그 말 자체를 보아서는 좋지 않다 할 이유가 없습니다. 그러므로 그 신학적 의미를 알지 못하는 일반 성도들은 상당히 좋은 의미로 여기고 사용하기도 합니다.

또 다른 하나의 일반적인 예를 들어봅시다. '보통'이라는 단어의 사전적 의미는 '예사로움'을 의미하지만 '보통선거'라 하면 예사로운 선거를 의미하지 않고 '재산, 학력, 남녀 등에 제한을 두지 않고 권리를 가지고 있는 모든 성인에게 선거권과 피선거권이 주어지는 제도'를 의미합니다. 이렇듯이 단어나 용어는 특정인들의 그 용례에 따라 쓰임새가 특별해지기도 하며 달라지기도 합니다.

이와 마찬가지로 '보편교회'라는 의미는 우리에게 신학적으로 의미화된 용어입니다. 그러나 이 말을 이해하는데 또 다른 어려움이 있는 것은, 교회 역사상 오랫동안 사용해 온 그 의미를 기독교적 집단 가운데 또다시 서로 다른 의미를 부여하고 있다는 점입니다. 여기서 '보편교회'라는 말을 그대로 영어로 옮긴다면 'Catholic Church'가 됩니다.

저는 여기서 저의 의도를 밝히기 위해 앞의 'Catholic'의 맨 앞글자 'C'를 이탤릭체 대문자로 썼습니다. 이는 우리 시대에 일반적으로 'Catholic Church'라 하면 로마교회를 의미하기 때문입니다. 그러므로 오늘날 카톨릭교Catholicism라 하게 되면 로마교회의 교리와 신앙, 조직을 의미합니다. 이처럼 용어상 동일한 카톨릭인데도 전혀 다른 개념이 될 수 있습니다.

우리에게 비교적 잘 알려진 신학자인 Louis Berkhof는 'Manual of Christian Doctrine'에서 개신교도들이 스스로를 가리켜 '보편교회'라 말할 때는 진정한 보편교회(the real Catholic Church)를 의미한다고 합니다. 그리고 보편교회의 의미란 모든 시대의 모든 성도들을 다 포함하는 무형교회라고 말하고 있습니다.

지상교회들 가운데는 알곡과 쭉정이가 뒤섞여 있지만 보편교회에는 참된 성도들만 포함되어 있습니다. 하지만 그것을 정확하게 가려내기 어려운 형편에 있는 지상교회는 '올바른 신앙고백'을 그 근거로 삼을 수밖에 없습니다.

저는 '보편교회'에 대해 개혁주의 신학자들과 견해를 같이합니다. 그러나 개별적으로 가끔 '보편성'이라는 용어를 사용하는데 이 단어는 아직 우리에게 특정한 신학을 나타내는 정립된 용어가 아닌 입장에서입니다. 제가 '보편성'이라는 단어를 사용할 때는 '일반성' 즉 'general'이라는 말로 사용하고 있습니다. 다시 말해 '보편교회'에서 말하는 'catholic' 'universal' 등의 의미가 아니라 'general'이라는 일반단어로서 사용한다는 뜻이지요. 그러므로 저는 이 용어를 사용할 때 대개 그 뒤에 부연 설명을 붙입니다.

예를 들어 "교회에는 보편성이 있어야 한다. 여기서 보편성이란 남녀노소의 구별이나 빈부귀천 등에 아무런 차등이 없는 그리스도를 주로 고백하는 성도들이면 누구나 참여할 수 있다는 것을 의미한다"는 식입니다. 그래서 우리는 '보편교회'라는 말이 다양한 신학적 사상을 내포하고 있다는 점을 이해해야 할 것이며, '교회에 보편성이 있다'고 말을 할 때는 문맥적 설명을 잘 살펴야 하지 않을까 생각합니다.

손 강도사님! 이쯤에서 글을 마무리할까 합니다. 이 정도의 설명으로 저의 생각을 이해할 수 있으리라 믿습니다. 앞으로도 지면을 통해서나마 좋은 교제가 있기를 바랍니다. 강도사님이 목회하시는 교회가 올바른 '보편교회'에 속한 교회로 잘 자라가기를 간절히 바랍니다. 혹 다음에 또 소식 주실 기회가 생기면 강도사님께서 목회하시는 교회의 이야기도 듣기를 원합니다.

(2000. 6. 2)

26 그리스도인과 직업에 대해

이광호 성도님께

안녕하세요? 반갑습니다. 성도님께서 질문자의 이름을 '이광호'라 쓴 것을 보고 처음에는 질문자의 이름 난에 이름을 뒤바꿔 썼다고 생각했습니다. 한자로도 이름이 저와 똑 같네요. 저도 李光鎬입니다. 제가 살고 있는 이웃에 또 다른 이광호라는 분이 있는데 그 분 이름의 한자는 李珖浩여서 이번에 진짜 동명이인同名異人을 만나게 되었습니다. 혹시 본관도 같은 것 아닌가요? 저는 본이 경주慶州입니다.

저에게 직업에 관련된 질문을 해 주심에 감사드립니다. 현재의 직장에서 여러 가지 갈등이 있다니 한편 안타까운 마음이 없는 것은 아니지만 다른 한편으로는 참 다행이라는 생각이 듭니다. 그리스도인이 세속의 직장 생활을 하면서 아무런 갈등 없이 자족한다는 것은 더 큰 문제일 수 있기 때문입니다.

성도님의 이해를 돕기 위해 먼저 그리스도인의 직업관에 대해서 말씀드릴까 합니다. 우리는 복음으로 말미암아 새롭게 태어난 사람들이지만 여전히 세상에 살면서 직업을 가지고 세상의 재화를 사용하며 사는 존재들입니다. 그래서 세상으로부터 하나님의 나라에 옮겨온 주의 백성이 되었음에도 불구하고 세상에서의 직업을 가지고 살아가고 있습니다.

그리스도로 말미암아 새로운 생명을 공급받은 우리는 세상에서의 직업의 의미가 과연 무엇이냐 하는 문제를 성경의 원리에 따라 잘 생각해 보아야 합니다. 오늘날 많은 그리스도인들이 이에 대해 잘못 생각하고 있습니다. 그리스도인들에게 있어서 직업은 결단코 출세나 명예의 방편이 되어서는 안 됩니다. 직업을 통해 출세나 명예를 추구한다면 결국 다른 사람들 위에 군림하여 잘 살아보겠다는 욕심 이상이 아니기 때문입니다. 그러므로 그리스도인이 직업을 가지는 의미는 이 세상에서의 삶의 방편입니다. 그 직업에는 어느 것이 귀하고 천하다 하는 차별이 전혀 없습니다. 단지 하나님께서 우리에게 주신 건강과 재능과 올바른 기회들을 통해 최선을 다하여 일하고 그에 따른 물질적 열매를 통해 이 세상을 살아가는 것입니다.

성도님이 말씀하신 것처럼 복음을 알지 못하는 사람들과 함께 하는 직장 생활은 힘드는 것이 마땅합니다. 어떤 직장이든지 그 나름의 목적이 있는데 그것은 성경이 말하는 목적과는 일치하지 않을 것이 당연하기 때문입니다. 물질적 이윤을 추구하는 회사이든 세상 교육을 시키는 학교이든 국가기관에 속한 공무원이든 크게 다르지 않습니다.

하나님의 뜻을 추구하면서 살아가야 할 우리가 하나님의 뜻이 아닌 것을 추구하도록 요구받는 그곳 삶에서 갈등이 발생하는 것은 지극히 당연합니다. 하나님을 알지 못하는 사람들이 목적을 추구하는 데 있어서는 진리가 필요하지 않으며 도리어 방해가 될 따름입니다. 그러므로 진리를 추구하며 말씀의 요구에 따라 살아가려는 성도로서 행동하게 되면 요즘말로 '왕따'를 당하지 않을 수 없겠지요.

그럼에도 불구하고 성도에게 있어서 직장은 나름의 의미가 있습니다. 우리가 관심을 가져야 할 대상은 일차적으로 '일' 자체가 아니라 동일한 직장 속에서 일하는 '사람들'입니다. 즉 일을 추구하기 위해서 사람이 이용당하는 현실이 아니라 필요한 재능을 가진 사람들이 함께 힘을 모음으로써 일이 되어 가는 것입니다. 그 가운데 우리가 있어서 그리스도의 편지(고후 3:1-3 참조) 역할을 하게 되는 것입니다.

성도가 이 세상에 살아가는 동안 직장에서 겪게 되는 갈등은 어느 직장이든 마찬가지일 것입니다. 그러므로 제가 생각하기에는 우선 이 세상에 대한 기대를 적절하게 포기하는 방법을 익히는 것이 중요하다고 생각합니다. 예를 들어 직장에서 함께 근무하는 사람들이 '왜 그런 식으로 부정직하게 할까?' 라고 갈등하기에 앞서, 복음을 알지 못하는 사람들이 그런 식으로 행하는 것은 그들의 마땅한 행위임을 미리 아는 것이 중요합니다.

'왜 그렇게 할까?' 라고 생각하게 되면 결국 그 문제를 해결하려는 유무형의 방안을 제시해야 할 것이기 때문에 갈등이 이어질 수밖에 없습니다. 그러나 복음과 무관한 그들로서는 마땅하다는 것을 이해하게 되면 그런 식으로 일하는 사람들이 못마땅하다는 생각이 들기 이전에 측은하게 생각될 것입니다.

그렇다고 제가 어떤 방관적 자세를 취하라고 권하는 것은 아닙니다. 단지 그렇게 생각함으로써 그리스도인인 자신의 입장을 명확히 정리해야 할 필요성이 있음을 말씀드리는 것입니다.

저는 이광호님이 현재의 직장을 그만 두도록 권할 마음은 없습니다. 이는 이 세상의 어디를 가도 크게 다를 바 없다는 것을 알기 때문입니다. 오히려 이렇게 생각해 보면 어떨까요? 현재의 그런 직업을 가졌기 때문에 세상에 대해 갈등할 수 있고 그리스도인으로서 자신이 취해야 할 입장 때문에 많은 생각과 갈등을 하지 않습니까?

어쩌면 그것은 하나님이 허락하신 복일지도 모릅니다. 직장에 대한 갈등 자체가 복이란 말이 아니라 그 갈등을 통해 진리에 대한 생각을 더 깊이 하지 않습니까? 만일 현재의 직장보다 상대적으로 문제가 덜한 직장에 다니면서 자칫 생각 없이 그냥 직장을 즐거워하며 탐닉한다면 오히려 불행일 수 있지 않을까요?

더구나 흔히 남부럽게 보이는 그럴싸한 직업을 가지고 있으면서 그것이 마치 하나님의 은혜인 양 세상의 직업에 대한 별 갈등 없이 대충대충 살아간다면 그것이 더욱 안타까운 것입니다.

마지막으로 저 또한 그리스도인에게 가장 적합한 직업은 무엇일까에 대해 많은 생각을 해왔습니다. 초대교회 이래 천국에 소망을 두고 살았던 많은 성도들은 직업을 통한 세상에서의 출세나 명예를 탐하지 않았습니다. 그래서 저는 개인적으로 그리스도인에게 가장 적합한 직업은 '자영업'이라 생각합니다.

많은 사람이 '자영업'과 '개인 사업'을 혼돈하고 있습니다만 그 둘 사이에는 엄청난 차이가 있습니다. 저는 개인적으로 그 둘 사이를 이렇게 달리 정의합니다. '자영업'이란 그 일차적 대상이 사람들입니다. 그러나 '사업'이라 하게 되면 일차적 대상이 사업적 조직 확장이나 이윤 추구가 됩니다. 비단 그 양자가 동일하게 사람들을 만나고 이윤을 추구한다 하더라도 그 내용상 상당한 차이가 납니다.

예를 들어 슈퍼마켓을 경영하는 것은 자영업입니다. 슈퍼마켓의 주인인 성도는 자신이 운영하는 가게를 찾아오는 사람들을 만나 대화하기도 하며 직업을 통해 많은 이웃들을 만나 교제하게 됩니다. 그때 자연스럽게 복음을 나눌 수 있을 것이며, 때로 건강에 도움이 되지 않는 물건을 사려하면 그 좋지 않음을 설명해 줄 수도 있겠지요. 주일이 되면 가게문을 닫고 교회에서 말씀과 더불어 성도들과 함께 천국을 소망하며 감사한 하루를 보내게 됩니다.

그러나 사업을 하게 되면 이미 일이 목적이 되어 있으므로 언제든지 여러 일이 발생할 수 있으며 주일에도 그 일을 처리해야 할 경우가 많이 생겨날 수 있어 주일을 지키기가 쉽지 않을 수도 있습니다. 뿐만 아니라 사람보다는 일이나 이윤 추구가 그 목적이 됨으로써 자칫 세속에 빠져

들기 쉽습니다.

저는 성도님의 현재 직업이 회사원이라는 것밖에 상세히 알지 못하지만, 직업을 바꾸려 하는 입장에 대해서는 좀더 신중하라고 권하고 싶습니다. 우선 말씀에 대한 원리가 더욱 명확히 정립되기를 바라며, 다른 직업을 가지게 됨으로써 나중에 또 다른 갈등을 맞게 될 수도 있음을 유의해야 합니다. 새로 가지게 되는 직업 가운데서 어려움이 생기게 되면 그래도 옛날의 그 직장이 좋았다는 식의 갈등이 생겨날지도 모를 일입니다.

성도님께서 이미 언급하신 것처럼 기독교적 직장도 마찬가지입니다. 어쩌면 기독교적 일을 하는 직장에서의 갈등은 훨씬 더 심할지도 모릅니다. 하나님의 말씀에 따라 하겠다고 말은 하면서 실제로는 자기 잇속을 채우기에 급급하다면 그 갈등을 어떻게 감당할 수 있겠습니까?
저는 성도님이 현재의 직업에 대해 갈등을 끝내도록 바라지는 않습니다. 오히려 이 세상에서 마땅히 가져야 할 갈등을 가지고 있으면서 주님의 몸된 교회와 천국의 소망을 통해 진정한 위로를 끊임없이 받는 성도가 되기를 바랍니다. 그러다가 정말 신앙적으로 견디기 힘들면 앞에서 이야기한 대로 자영업을 생각해 볼 수도 있습니다. 물론 이때도 혼자서의 결정이 아니라 가족과 주변의 신실한 이웃들의 권면을 통해 하나님의 뜻을 알아가야 합니다.

저의 답변이 도움이 될지 모르겠습니다. 혹 다음에 기회가 있으면 어디에 사시는지 그리고 어느 교회에 속한 성도인지, 가족은 어떻게 되는지 좀더 상세한 소개를 해주신다면 더욱 반갑겠습니다. 그래야 더 가까워질 수 있다는 생각이 들기 때문입니다. 오늘은 이만 줄이겠습니다.

(2000. 6. 6)

27 담임목사와 부교역자의 관계는?

강도사님!

안녕하세요? 질문에 대한 답변을 진작 하지 못하고 이제야 하게 되어 미안한 마음 없지 않습니다. 신학교에서 저로부터 배운 제자라니 더욱 반갑습니다. 강도사님이 보내주신 질문의 내용을 보면서 하지 않아도 될 불필요한 갈등과 고생을 하고 있는 강도사님의 심정이 짐작되어 안타깝군요.

나아가 그러한 갈등에 놓이게 되면 당사자인 강도사님뿐 아니라 만일 혼인하여 가정을 가졌다면 가족이 함께 그 갈등에 빠지게 되므로 교회 가운데서 누려야 할 평온한 영적인 상태를 유지하기 어려운 지경에 놓이기 쉬울지도 모릅니다.

이 글을 통해 강도사님에게 드리고자 하는 답변은 원론적인 내용에 국한될 것입니다. 말하자면 담임교역자와의 관계 개선을 위해 어떻게 하라는 것이 아니라 담임교역자와 부교역자에 관련된 내용을 교회의 직분과 함께 이야기하고자 합니다.

우선 강도사님의 교회에는 목사님이 있고 강도사님이 있는 교회입니다. 더 많은 교역자가 얼마나 더 있느냐 하는 것은 상세히 알지 못한다 하더라도 강도사님의 질문 내용을 통해 그것을 알 수 있습니다.

우리가 여기서 미리 생각해 보아야 할 점은 '목사'와 '강도사'라는 직분입니다. 자칫 잘못하면 '강도사'란 '목사'가 되기 위한 과정에 있는 사람 정도로만 생각하기 쉽습니다. 그러나 '목사'와 '강도사'는 성경이 가르치는 바 자격에 따라 노회가 세운 교회의 직분자임을 올바르게 알아야 합니다.

목사와 강도사는 공히 교회에서 가르치는 직분자입니다. 그래서 교역자(教役者)라 하지 않습니까? 우리의 교회에는 전도사가 있지요? 전도사는 목사의 감독이 없이는 설교하지 못합니다. 혹 설교를 하더라도 원리상 목사의 감독하에서 설교를 해야 합니다. 이에 반해 강도사는 목사의 감독을 받지 않고 독립하여 성경을 연구하고 가르칠 수 있는 자격이 부여된 자를 의미합니다.

지상교회, 특히 지교회는 직분자로 구성이 됩니다. 목사가 있고 장로, 집사가 있습니다. 교회가 세운 교사라는 의미에서 강도사도 여기에 포함됩니다. 이러한 직분은 주의 몸된 교회가 성경의 가르침을 통해 세우는 거룩한 직분입니다. 비록 교회 안의 성도들이 투표를 통해 세우기는 하지만 기도하는 가운데 성령께서 하시고자 하는 일을 나타내 보이는 것입니다.

그런데 현실 교회에는 직분 아닌 여러 직임에 대한 표현들이 있습니다. 예를 들어 당회장, 원목사, 부목사 등은 직분이 아니라 직임이라 할 수 있습니다. 우리 한국교회에서 목사, 강도사(교사)라는 직분적 내용보다 당회장, 원목사, 부목사 등 직임이 더 큰 힘을 얻고 있는 것은 크게 잘못된 것입니다.

목사 앞에 붙은 '원' 이나 '부' 라고 하는 것이 더 중시된다면 교회적 직분보다 기능적 직임이 더 중시되는 것이 되므로 결코 바람직하지 않습니다. 나아가 전도회장, 찬양대 지휘자, 주일학교 반사 등 역시 교회적 직분은 아닙니다. 이외에도 여러 분야의 직임을 표현하는 이름들이 있겠지만 이러한 것들은 성경이 말하는 직분과는 차이가 납니다.

그러므로 교회에서 중요한 의사 결정을 할 때는 영적인 분야는 목사와 장로로 구성된 장로회(당회)가 담당하고 재산과 재정에 관련된 논의는 집사, 장로, 목사로 구성된 제직회에서 하지 않습니까? 교회적 직분자 이외의 다른 직임들은 직분적 의미와 다른 것입니다. 그러므로 목사, 장로, 집사 등의 직분은 교회에 없어서는 안 될 직분들이지만, 여타의 직임들은 필요에 따라 있는 임의적인 것이므로 필수 요건이 아닙니다.

그러므로 교회에서 담임교역자와 부교역자라는 말을 권위와 관련된 직위처럼 사용한다면 마치 계층을 나타내는 것처럼 보여 좋은 말은 아닙니다. 그냥 목사님이거나 강도사님입니다. 단지 교회에 목사가 여럿일 경우 행정을 처리하기 위한 단순한 '담임' 정도의 의미라면 모르거니와 그것을 지나쳐 계층화된다면 문제일 수밖에 없습니다.

계층화되면 하나님께서 교회를 세우기 위해 허락하신 직분이 아니라 직임이 단수기능화 하게 되고 그 기능에 따라 보수를 지급하는 세상과 다르지 않은 천박한 양상이 일어나게 됩니다. 즉 원목사는 좋은 사택과 자동차를 제공받으며 더 많은 보수를 받게 되지만 부목사나 강도사들은 그 직위로 인해 상대적으로 못한 대우를 받는다면 잘못된 것입니다.

강도사님이 질문한 것처럼 교회에서는 어떤 경우에도 상명하복上命下服이란 있을 수 없습니다. 어느 누구도 다른 사람을 상시적으로 명령할 만큼 높은 위치에 있지 않습니다. 모든 성도들은 하나님의 말씀으로 말미암는 성령의 가르침 아래 있기 때문입니다.

그리고 부교역자는 단순히 담임교역자를 돕는 사람이 아닙니다. 교회 가운데 말씀을 가르치는 중요한 직분자인 교사입니다. 더구나 강도사님이 이야기한 것처럼 담임목사님의 개인적 심부름을 한다거나 심지어는 목사님의 개인 자동차 세차까지 해야 하며 목사님이 시키는 모든 일을 처리하는 사람이어서는 안 됩니다. 강도사에게는 교회가 인정한 고유한 일인 성경을 가르치는 일이 있음을 기억해야만 합니다.

물론 자발적으로 위의 모든 일을 할 수 있습니다. 그러나 그것이 자발적이라 하더라도 그 봉사가 담임목사 한 사람에게 집중되어서는 안 됩니다. 오히려 교회 안의 여러 연약한 사람들에게 골고루 나누어지는 봉사여야 합니다.

공개적인 답변이 되는 이 글을 읽을 사람들이 어떤 반응을 할까 잠시 생각해 봅니다. 만일 부목사들이나 강도사들이 이 글을 읽으면 박수를 보내며 좋게 생각하는 반면, 담임목사들이 이 글을 읽으면 서운하게 생각하지는 않을까 염려가 됩니다. 저는 지금 부교역자의 입장에서 이 글을 쓰는 것도 아니며 담임목사의 입장에서 이 글을 쓰는 것도 아닙니다. 단지 교회가 알고 이해해야 할 직분의 한 부분에 대해 쓰고 있습니다.

앞에서 말씀드린 것처럼 구체적인 해결 방안을 드리지 못해 미안합니다. 어쩌면 강도사님이 속해 있는 교회의 목사님도 주변의 잘못된 관행에 따라 별 생각 없이 그런 부당한 생각과 행동을 하고 있을지도 모릅니다. 아마 그는 그렇게 하는 것이 부교역자를 잘 훈련시키는 것이라는 어이없는 생각을 할지도 모릅니다.

제가 강도사님에게 권하기로는 그런 어려운 경우들을 경험하면서 주님의 가르침에 더욱 민감해져 가기를 바랍니다. 같이 갈등하고 있을지도 모르는 가족들과 함께 더욱 겸손함을 배워가는 수밖에 달리 방법이 없을지도 모르겠습니다. 우리 속담에 '고된 시집살이 한 시어머니가 며느리에게 더욱 고된 시집살이 시킨다' 는 말이 있습니다.

자칫 하나님의 말씀에 익숙하지 않으면 자기도 모르는 사이 나중 더욱 무서운 시어머니(?)로 변해 갈지도 모릅니다. 지금의 어려운 형편이 강도사님에게는 인간의 한계에 대한 인식과 더불어 하나님만을 의지할 수 있는 기회로 잘 이용되기를 바랍니다.

이번에는 이름을 밝히지 않았지만 나중에 만나는 기회가 되면, '그때 제가 그 질문을 했습니다 … 지금은 제가 무서운 시어머니가 되어있는 건 아닌지 모르겠습니다' 라는 여유로운 이야기를 나눌 수 있게 되기를 바랍니다.

어려움에 지치지 말고 말씀을 통해 힘내기를 바랍니다. 안타까운 쪽은 강도사님편이 아니라 직분을 잘못 이해하고 있는 목사님이니까요. 또 다른 질문이 있으면 옛날 수업시간에 그랬던 것처럼 주저하지 말고 질문하세요. 최선을 다해 답변하도록 애쓰겠습니다.

(2000. 6. 6)

28 주일Lord's Day과 일요일Sunday에 대해

규언 학생에게

규언이는 이제 고등학생이 되어 중학교 때와는 다른 엄격한 학교 생활에 고생이 많을 줄 압니다. 우선은 힘이 들지만 신앙을 가진 신실한 학생으로서 최선을 다하는 것은 매우 중요한 자세입니다. 시험을 쳐서 반에서 몇 등을 했느냐 하는 것보다 최선을 다하는 모습이 더욱 아름다운 것이지요.

사춘기가 되어 의문과 질문이 많을 것이며 남에게 말하기 어려운 고민도 있으리라 생각합니다. 이성문제라든지 진학문제 등도 고민거리로 떠오르겠지요? 모든 것을 하나님께 맡기고 기도하는 신실한 자세로 대응하기를 바랍니다. 규언이는 운동도 좋아하고 음악도 좋아하니 틈틈이 시간들을 잘 활용한다면 더욱 좋을 것입니다. 부모님들이 염려하는 마음들도 잘 헤아리는 규언이가 되기를 기도합니다.

규언이는 한 주일 가운데 왜 일요일Sunday이 주일Lord's Day인가에 대해 궁금하다고 했습니다. 그리고 언제부터 일요일을 주일로 지켰는가에 대해 질문했습니다. 우리가 일반적으로 사용하는 '월, 화, 수, 목, 금, 토, 일' 하는 요일은 대체적으로 동양사상과 관련이 있습니다. 영어에서 Monday, Tuesday, Wednesday, Thursday, Friday, Saturday, Sunday 하는 요일도 이방신들의 이름과 연관이 있습니다.

우리의 한 주일은 7일로 되어 있으며 이중 일요일을 주일로 지키고 있습니다. 규언이가 궁금해하는 것은 왜 하필이면 많은 요일 중 일요일이 주일이냐 하는 점이지요?

어떤 사람들은 일요일을 특별히 주일로 지킬 필요가 없다고 말하기도 합니다. 그리고 또 다른 어떤 사람들은 토요일을 안식일로 지켜야 한다고 주장하기도 합니다. 일요일을 특별한 날로 지킬 필요가 없다고 생각하는 사람들은 그 한 날을 오히려 율법적으로 지키거나 지나치게 지켜 우상화할 위험이 있다고 생각하기 때문입니다. 한 주일 가운데 유독 한 날만 '주님의 날'이 아니라 모든 날이 동일하게 주일이어야 한다고 주장합니다. 또한 일요일을 주일로 지킬 것이 아니라 토요일을 안식일로 지켜야 한다고 말하는 사람들은 창세기에 보면 하나님께서 천지를 창조하신 후 안식일날 쉬셨으며 구약성경에서 안식일을 지키라고 명령하고 있기 때문이라고 합니다.

이런 다양한 주장들에도 불구하고 우리는 일요일을 주일로 지켜야 함을 성경의 가르침을 통해 알고 있습니다. 더욱 정확하게 말하자면 일요일Sunday을 지키는 것이 아니라 '주님의 부활'을 기념하여 그 날을 지키는 것입니다. 우리가 주일을 지키는 것은 법적인 규정 때문이라기보다는 성경이 보여주는 직접적인 전통과 하나님의 구속역사에 대한 이해 때문입니다.

예수님께서 십자가에 달려 돌아가신 후 사흘만에 부활하신 사실을 우리가 알고 있습니다. 예수님이 십자가에 달리신 것은 안식일 전날이었으며 안식일 하루동안 무덤에 계셨습니다. 그리고 안식 후 첫날, 즉 우리의 일요일에 해당하는 날 주님께서 부활하셨습니다.

성경에는 주님께서 부활하신 후부터 안식 후 첫날, 즉 한 주일 중 '주님께서 부활한 날' 성도들이 모였다는 기록이 되풀이하여 나오고 있습니다(요 20:1, 19, 26 참조). 그보다 한참 후에 팔레스틴에서 먼 거리에 떨어진 드로아 지역(지금의 터키 북서부 해안)에서도 안식 후 첫날 떡을 떼기 위해 모였다는 기록이 나옵니다(행 20:7). 여기서 떡을 떼기 위해서 모였다는 것은 공식적인 주일 예배를 의미합니다.

그리고 고린도 지역의 교회에서도 안식 후 첫날을 주일로 모였음을 보여주고 있습니다. 특히 사도 바울은 고린도 교회에서 '매주일 첫날' 공식적인 예배 모임이 있었던 것을 잘 보여주고 있습니다(고전 16:2). 또한 사도교회 시대를 마감해 가는 1세기 말경에 기록된 요한계시록에는 '주의 날'이라는 용어가 공식적으로 사용되고 있음을 볼 수 있습니다(계 1:10).

이외에도 이에 대한 증거들은 더 많이 있습니다만 이 정도의 증거로도 충분하리라 생각합니다. 위의 성경의 기록들을 통해서 확인한 것처럼 초대교회는 처음부터 안식 후 첫날, 즉 오늘날의 일요일에 해당하는 날 공식적인 예배 모임을 가졌던 것입니다.

이로써 규언이가 질문한 의문들은 거의 답변된 것으로 생각합니다. 일요일을 주일로 지킨 것은 예수님이 부활하신 직후부터였습니다. 그리고 한 주일 가운데 왜 하필이면 일요일이냐 하는 문제도 해결되었다고 봅니다. 일요일을 '주일'로 정한 것은 그날이 주님께서 부활하신 날이기 때문입니다.

이제 하나 남은 어려운 문제는 주일이 하나님의 구속역사와 관련이 있다는 점입니다. 구속역사란 하나님께서 죄악에 빠진 인간을 구원하기 위해 예비하신 섭리적 역사를 의미합니다. 구약시대에 안식일을 지키던 제도를 안식 후 첫날, 즉 '부활의 날'을 특별히 기억하여 모이는 것은 하나님의 창조사역에 대한 완성의 의미가 있는 것으로 볼 수 있습니다.

다시 말해 하나님께서는 예수님의 부활을 통해 천지창조의 의도를 완성시킨 것과 함께 생각할 수 있습니다. 사탄의 궤계와 인간의 타락으로 인해 망가져 버린 창조세계를 하나님께서는 예수님의 부활을 통해 회복하셨으며 주님의 교회는 그것을 기억하여 부활과 함께 기념합니다.

그러므로 오늘날의 우리도 안식 후 첫날, 즉 주님께서 부활하신 그날을 주일로 지키는 것입니다. 여기서 약간 생각해 볼 만한 이야기를 덧붙이겠습니다. 현재 우리나라를 비롯한 미국이나 일본 그리고 유럽의 대다수 국가들은 일요일에 쉽니다. 그런 나라들에서는 하나님을 믿는 사람들이 일요일을 주일로 지키는 것이 별 문제가 되지 않습니다.

그러나 많은 이슬람 국가들에서는 일요일에 쉬는 것이 아니라 금요일에 쉽니다. 즉 금요일은 공휴일이지만 일요일은 일하는 날입니다. 이럴 경우, 그 이슬람 지역에 성도들이 살고 있다면 어떻게 해야 할까요? 어떤 사람들은 휴일인 금요일을 주일로 정해서 공식 예배 모임을 가지면 될 것이라 여길 것입니다. 그러나 나는 금요일에도 모이고 일요일 밤에도 모이는 것이 좋을 것이라 생각합니다. 일요일 밤에는 예수님의 부활을 기념하는 공식예배 모임을 가지고 금요일 적당한 시간에는 우리가 수요기도회를 모이듯이 모일 수 있을 것이라는 생각입니다.

어떤 사람들은 그렇게까지 할 필요가 있느냐고 반문할지 모르겠습니다. 그런 사람들은 한국의 일요일과 미국의 일요일은 같은 시간이 아니지 않느냐고 할지도 모릅니다. 한국의 일요일은 미국의 일요일보다 하루 빠르지요. 즉 한국이 일요일일 때 미국은 아직 토요일입니다. 그러니 일부 사람들은 너무 시간에 구애받지 않아도 된다고 생각합니다.

그러나 성경의 직접적인 교훈과 함께 우리에게 남아있는 좋은 전통이라면 그것을 잘 지키는 것이 좋다고 생각합니다. 그렇게 함으로써 보편교회로서 가진 신약시대 성도들의 전통과 우리의 전통을 일치시킬 수 있는 특별한 의미가 생성되지 않을까 생각합니다.

　이야기를 하다보니 규언이에게는 너무 어려운 이야기를 한 것 같습니다. 이 글을 읽는 다른 사람들이 있을 것이므로 약간의 설명을 덧붙였습니다. 규언이도 이 글을 읽고 주일에 대해 가졌던 질문에 약간의 해답을 발견하기를 바랍니다. 그리하여 앞으로도 주일을 잘 지키는 규언이가 되기를 원합니다. 이번 주간도 성실한 생활을 하기 바라며, 다음 주일 부활의 주님을 기억하며 반가운 마음으로 만나게 되기를 바랍니다.

(2000. 6. 7)

29 천국상급에 차등이 있는가?

이 집사님께

미국 생활에 적응해 가는 이 집사님 가족 모두 주님 안에서 평안하리라 생각합니다. 이곳 한국은 날씨가 상당히 무더워지고 있습니다. 날이 심하게 가물어 농부들이 가슴을 졸인다는 소식을 듣습니다만 직접 농사하지 않는 다수의 사람들의 그에 대한 느낌은 훨씬 둔한 것 같습니다.

고등학교 1학년인 준혁이는 엊그제 구미 부근으로 야영을 떠났는데 어제 비가 많이 내렸습니다. 농부들은 해갈이 될 것이라며 좋아할 것 같은데 제 엄마는 비가 그만 왔으면 하고 하늘을 쳐다봅니다. 많은 농부들의 애태움보다는 자식에 대한 염려가 더욱 가깝고 실제적이기 때문이리라 생각합니다.

지난 주일 이 집사님이 나간 Cary의 교회 목사님께서 요한계시록 22장 12절, "보라 내가 속히 오리니 내가 줄 '상'이 내게 있어 각 사람에게 그의 일한 대로 갚아 주리라"는 말씀으로 설교했다고 했지요? 그 교회 목사님이 "천국에는 여러 종류의 상급이 있어서 이 땅에서 일한 대로 상을 받게 된다"고 강조한 데 대해 저에게 질문했습니다.

우리는 여기에서 우선 '상'貧이란 단어가 무엇을 의미하는지 잘 생각해 보아야 합니다. 그에 앞서 요한계시록 22장 12절을 다른 번역을 통해 다시 잘 살펴보기를 원합니다.

영어성경에는, "Behold, I am coming soon! My 'reward' is with

me, and I will give to everyone according to what he has done" (NIV)이라 번역되어 있습니다. 우리가 비록 Greek원문을 살피지 않는다 해도 영어성경의 번역을 참조하여 어느 정도 도움을 얻을 수 있으리라 생각합니다.

우리가 여기서 알 수 있는 것은 요한계시록 22장 12절에 나오는 '상'은 prize가 아니라 reward라는 점입니다. 또한 영어단어 'reward'가 복수형이 아닌 단수형이라는 점도 주목할 만합니다. 이는 물질적 복수가 아니라 단일한 의미임을 보여주고 있습니다. 즉 단일의 의미인 보상에 대한 내용을 말하고 있습니다.

그리고 "각 사람에게 그의 일한 대로 갚아주리라"는 우리 개역성경의 말 역시 잘 해석해야 할 부분입니다. 이 구절은 전체적으로 보아 성도들이 행한 바에 따라 각 사람에게 보상을 해주시겠다는 주님의 약속입니다. 우리 한글성경의 '그의 일한 대로'와 'what he has done' 사이에는 의미상 상당한 차이가 있음을 잘 기억해야 합니다. 즉 '그의 일한 대로'라 하게 되면 '노동'이나 '봉사' 등을 떠올리게 되지만, 'what he has done'이라 하면 얼마나 많은 일을 했느냐가 아니라 이 세상에서의 '성도의 삶'을 직접적으로 가리킬 수 있다는 것입니다.

성경에서 상賞에 대한 대표적인 다른 언급이 마태복음 5장 12절에 나옵니다. 예수님께서는 자기 제자들에게 "하늘에서 너희 '상'이 큼이라"고 말씀하고 계십니다. 여기서도 상은 reward(보상)입니다(NIV). 이렇듯이 성경에 나오는 '상'이라는 말의 다수는 '보상'이라는 의미입니다.

하나님을 믿는 성도들은 원리상 이 세상에서는 부적응할 수밖에 없는 존재입니다. 이 세상에서는 욕을 당하고 핍박을 받으며 살게 되는 것이지요. 성도들에게 있어서 이 세상은 결코 만족하며 살 만한 공간이 되지 못합니다. 그렇지만 말씀에 따라 그에 이기는 성도들에게는 천국에서 하나님으로부터의 만족할 만한 '보상' reward이 있음을 말해 주고 있습니다.

한편 '상'에 대한 설명이 prize로 나오고 있는 곳도 상당부분 있음이 사실입니다. 한 예를 들어 사도 바울은 고린도 교회에 편지를 하면서 "운동장에서 달음질하는 자들이 다 달릴지라도 오직 '상' 얻는 자는 하나인 줄을 알지 못하느냐 너희도 얻도록 이와 같이 달음질하라"(고전 9:24)고 말하고 있습니다. 여기에서 '상'이라는 말이 prize로 표현되어 있습니다.

하지만 이 문구에서 상이라는 실제적 의미는 '영광스러움'을 말하고 있습니다. 즉, 일등을 하여 뒤에 따라오는 자들과 비교해 우위에 서라는 것을 강조하는 것이 아니라 '최선'을 다하여 주님의 뜻 가운데 살아갈 것을 요구하고 있는 것이며, 그렇게 사는 성도들에게 돌려지게 될 영광스러움에 대해 말하고 있습니다.

위의 구절의 맨 나중에 있는 "'이와 같이' 달음질하라"는 말의 의미가, 곧 하나님의 가르침에 충실하여 모든 일에 절제하고 최선을 다하여 신앙 생활을 해야 하는 것임이 다음 구절들에 잘 설명되어 있습니다.

이 집사님! 성경의 여러 해석들을 종합해서 이해할 때 천국에는 상급의 차등이 없습니다. 만일 천국상급에 차등이 있다고 하면 또다시 그곳에 어떤 즐거움의 차등이라든지 일종의 삶의 차등이 있을 수 있다는 이상한 논리에 빠지게 될지도 모릅니다.

예를 들어서 만일 천국에 상급의 차등이 있다면 많은 성도들이 최상의 상급을 받고 살아가는데 비해 스스로 많은 일을 했다고 여기는 목사들은 그보다 못한 하등下等의 상급을 받고 살게 될 경우 어떻게 될까요? 서로간에 어떤 미묘한 갈등이나 질투 등 또다른 부끄러움이나 자만심 같은 것은 생겨나지 않을까요?

성경의 여러 부분에 차등상급이 있는 듯이 해석할 법한 구절들이 나온다 해도 전체적인 해석을 통해 보게 되면 그 교훈들이 게으르지 않고 오로지 주님의 뜻만을 따르며 살라는 하나님의 요구임을 알 수 있습니다.

마지막으로 저는 이 집사님이 지난 주 나간 Cary의 교회 목사님이 왜 그렇게 설교했을까에 대해 잠시 생각해봅니다. 우선은 그 목사님이 성경 해석을 잘못해서 그렇게 설교했을 가능성이 있습니다. 혹은 그 목사님은 성경의 가르침을 잘 알고 있으면서 성도들의 신앙을 독려할 의도로 그렇게 설교했을 수도 있습니다. 마치 사랑하는 자기 자녀가 학교에서 공부를 일등 해야 한다는 식의 한국식 사고와 마찬가지로 말입니다.

저는 그 목사님의 기록된 설교문을 가지고 있지 않기 때문에 전후문맥을 살피지 않은 채 무어라 구체적으로 드릴 말씀은 없습니다만, 목사님이 교육 목적으로 그렇게 설교하셨다면 예배에 참여한 성도들이 그 말씀의 의미를 잘 되새김으로써 하나님의 뜻 가운데 살아야 할 자신들의 모습을 겸허하게 되돌아볼 수 있는 기회를 가질 수 있었을 것이라 생각합니다.

이 집사님! 질문을 주셔서 감사합니다. 우리가 성경 말씀의 가르침을 올바르게 이해하는 것은 매우 중요하겠지요. 저의 답변이 집사님의 질문을 해결하는 데 도움이 되기를 바랍니다. 첨언하는 것은, 성숙한 성도는 목사님의 입을 통해 나오는 모든 설교를 하나님의 말씀으로 다시금 필터링filtering하게 되는 자연스런 과정을 거치게 됨을 잊지 말기를 바랍니다.

이 정도에서 서신을 마무리하겠습니다. 여기는 낮인데 이 집사님 가족은 지금쯤 모두 깊이 잠들었겠네요. 편안한 밤 되기를 바라며 돌아오는 주일도 주님의 부활을 기억하는 가운데 잘 보내기를 바랍니다.

(2000. 6. 9)

30 개혁의 대상이 된 한국교회

P.S. 님께

안녕하십니까? 주님의 이름으로 문안드립니다. 이미 오래 전부터 저를 알고 계셨다 하니 모르는 사이이기는 하나 친밀감을 느끼게 됩니다. 제가 답변해야 할 내용들에 대해 구체적으로 공개 질문해 주신 데 대해 깊은 감사를 드립니다.

최근 얼마간 K신학대학원 홈페이지를 통해 밝혀진 저의 견해를 잘 알고 있으리라 생각합니다. 그중 일부 에큐메니칼 문제와 교회와 성찬식 문제는 제가 직접 해당 교수님께 쓴 공개서신이며, 다른 일부 신학대학원에서의 설교연습에 대한 문제와 변종길 교수님의 로마서 5장 12절의 해석에 대한 내용은 우리 교단 산하의 신학생 및 목사님이 저에게 질문한 것에 대한 답변을 다른 이들이 신학대학원 홈페이지에 옮겨 올린 것입니다. 그 내용들은 제가 목회하고 있는 실로암교회 홈페이지(www.siloam-church.org)에 이미 실려있는 글들입니다.

먼저 성도님께서는 저에게 왜 이러한 문제들에 대해 신학대학원 교수회의 공식적 답변을 요구하는지 질문을 했습니다. 교단 산하의 신학대학원 학생들이나 목사님들을 비롯한 관심 있는 분들이 제가 신학적 토론을 제의한 것으로 오해하지만 저는 애당초부터 토론을 제안한 것이 아니었습니다. '그렇지 않다'고 판단되는 신학적인 문제들에 대해 신학대학원에서 신학적 검토를 하기를 바랐던 것입니다.

저는 우리 한국교회의 자유주의화와 세속주의화는 이미 극에 달했다고 생각하고 있습니다. 우리 교단의 경우 성경을 고등비평하는 자유주의 편에 서 있는 것은 아니지만 세속주의는 이미 그 도를 넘어섰다고 판단하고 있습니다. 잘못된 세속주의는 하나님의 말씀이 주는 교훈을 멀리하게 되고 결국은 신학의 혼란을 가져오게 된다고 생각합니다. 이미 우리 모두가 알고 있는 것처럼 우리 교단의 부패상은 엄청나지만 많은 이들이 그 실상을 제대로 깨닫지 못하고 있다고 생각합니다.

지난해 총회에서는 부정선거를 하고도 대충 넘어갔으며, BE병원 문제는 지금껏 일처리가 한심하기 그지없습니다. 그뿐 아니라 신학교에 대한 권한을 가진 사람들에게도 적잖은 문제가 있습니다. 저는 지난해 총회 부정선거 문제를 제가 속한 노회에 거론했다가 도리어 무안을 당한 적이 있습니다. 나아가 우리 교단 신학의 정체성에 대해 노회에 질의했으나 그것 또한 받아들여지지 않았습니다. 최근에는 교단의 총회장을 지낸 분이 면직, 제명 당하기까지 했습니다.

저는 교단 내에 이러한 다양한 문제들을 두고 아무런 신학적 언급이 없는 신학교 교수님들을 우선 이해하기 힘들었습니다. 그래서 사적인 자리에서는 교수님들이 가만히 있어서는 안 된다는 것을 늘 말해 왔습니다. 그러나 거의 모든 교수님들은 교단의 불의에 대해 침묵으로 일관해 왔습니다. 저는 그것이, 신학이 마땅히 해야 할 교단 현실에 대한 해석을 게을리 하고 있는 것이라 판단하고 있습니다.

그래서 저는 지난해 말, '한국교회, 무엇을 개혁할 것인가?' 라는 작은 책자를 출간했습니다. 이 책자를 혹 읽으셨는지 모르지만 102개 조항으로 된 그 책자에서 저는 전반적인 한국교회뿐 아니라 우리 교단과 신학에 관련된 여러 가지 문제를 제기했습니다. 저는 그 책자가 문제가 될 것으로 생각했습니다만 그렇지 않았습니다.

서울과 지방의 몇몇 일반신문들에서는 그 책자에 대해 대서특필을 했으며 기독교방송에서도 인터뷰를 했습니다. 그러나 그 책자에 대한 기사가 정작 본 교단의 언론들에서는 단 한 줄의 언급도 없었습니다. 더구나 이해할 수 없는 것은 교단지의 몇몇 기자들이 그 책자에 대해 미리 깊은 관심을 보였고 취재 및 인터뷰까지 했습니다. 그러나 그 내용은 기사화 되지 못했습니다. 교단의 일부 책임 있는 인사들이 그 책자의 내용을 교회 앞에 밝히기를 꺼려했던 것입니다. 제가 생각하기로는 만일 그 책자에 문제가 있다면 문제를 밝혀야만 합니다.

저는 이러한 여러 정황들을 통해 진리만을 추구한다는 우리 교단이 살아나기 위해서는 신학교와 신학자들이 달라져야 한다고 생각하게 되었습니다. 그래서 지난 3월 11일 '달구벌기독학술연구회'에서 '교회개혁운동의 의의와 방법적 고찰'이라는 제목의 논문을 발표한 적이 있습니다. 저는 그 발표 논문에서 한국교회의 개혁을 위해서는 신학교가 말씀의 터 위에 새로워지지 않으면 안 된다고 주장했습니다. 그리고 이미 우리의 신학교수들 중 다수는 교권의 시녀가 되어 있어서 교단의 신학적 잘못을 자유롭게 비판할 능력을 상실한 것 같다고 매우 강도 높게 비판했습니다.

교단에 어떤 신학적 잘못이 있는가에 대해서는 앞으로 지속적으로 이야기할 생각입니다. 그러므로 교회 개혁을 위해 우선 가장 가까이에서 할 수 있는 일은 신학 교수들에게 끊임없는 질문을 하고 그 신학적 답변을 듣는 것이라고 결론을 맺었습니다.

좀더 구체적으로 말씀드린다면 제가 기도 중 늘 염두에 두고 있는 사람들은 현재의 신학생들입니다. 교수님들의 올바른 신학적 해석이 있어야만 그 학생들이 제대로 교육을 받아 목회 일선에 나갈 수 있으리라 생각하기 때문입니다. 교단의 전체 신학이 잘못 흘러가는 터에 그에 대한 올바른 비판이나 평가가 없다면 신학이 살아 움직일 수가 없습니다.

성도님께서는, '신학대학원 성찬식'과 '에큐메니칼 운동'에 대한 저의 입장을 물으셨는데 저는 마땅히 우리의 전통적 신학의 입장이 옳다고 믿습니다. 아니, 성경의 교훈들에 비추어 볼 때 그것이 옳습니다. 성찬식을 포함한 성례는 하나님의 구원과 은혜의 방편인 교회에서만 있어야 할 의식입니다. 그리고 WCC적 에큐메니칼 운동은 하나님의 말씀에서 벗어난 인본주의 운동일 따름이므로 마땅히 경계해야 할 대상입니다.

제가 공개 질의서에서 다소 부드럽게 표현한 것은 우리 신학대학원 교수님들이 우리의 신학적 입장을 잘 알고 있으리라는 확신 때문입니다. 앞에서 말씀드린 것처럼 저는 이것이 토론을 할 성질이 아니라고 생각합니다. 정말 토론을 해야 할 문제라면 신학교 교수들이 일차적으로 앞서 신학적 확인을 해야 합니다.

어떤 분이 공개적인 글에서 이를 총회에 넘겨야 하지 않느냐고 했지만, 저는 총회에 그럴 만한 능력이 없다고 생각합니다. 저는 이미 오래 전부터 총회의 해당 부서에 신학적 질문을 수차례 했지만 한 번도 답변을 들은 적이 없습니다. 올바르지 않은 정치에 익숙한 이들에게 신학적 답변을 들을 수는 없으리라는 것이 저의 생각입니다.

그리고 성도님께서는 제가 직접 토론의 장에 뛰어들면 어떻겠느냐고 하셨지만 그것은 결코 쉽지 않습니다. 현재 전임교수가 아니기 때문에 설령 토론에 적극 참여한다 해도 신학대학원의 공식 논문집에 저의 연구를 실을 장이 없습니다. 그리고 저 또한 사이버 공간을 통한 무분별한 난상 토론은 오히려 혼란을 가져올 수 있다고 생각합니다.

죄송한 이야기이기는 하지만 신학적 바탕이 없는 상태에서 아무나 뛰어들어 논쟁을 하는 것은 위험할 수밖에 없습니다. 왜냐하면 난상토론을 구경(?)하는 이들이 제각기 자기 마음대로 자기 신학을 정립할 우려가 있기 때문입니다.

현재 제가 생각하기에는, 근거 있는 신학적 질의들에 대한 답변을 신학대학원 교수회가 분명히 해야 할 것으로 생각합니다. 다른 글에서도 이미 밝혔듯이 무언가 새로운 연구 결과를 내놓으라는 것이 아닙니다. 예를 들어 성찬에 대한 문제와 에큐메니칼 운동에 대한 우리 교단의 입장은 이미 정해져 있습니다. 우리 교단이 그에 대한 견해 없이 지금껏 존재해 왔다면 말이 안 되지 않습니까?

저는, 제가 제기하고 있는 신학적 문제들에 대해서는 저의 견해가 우리 교단과 신학대학원의 공식 입장과 동일하다고 믿습니다. 만일 아니라면 신학대학원 교수님들이 공개서신들을 통해 밝혀진 저의 견해들에 문제 있음을 지적할 것입니다. 저의 신학적 사고를 더 알기 원한다면 실로암교회 홈페이지에 들어오면 훨씬 많은 분량의 내용들이 낱낱이 드러나 있음을 볼 수 있습니다.

이쯤에서 글을 마칠까 합니다. 하나님께서 한국교회를 위해 우리 교단에 긍휼을 베푸시기 원합니다. 적어도 신학생들, 특히 이제 막 신학교에 입학한 학생들은 처음부터 올바른 신학을 배워 익혀야 하리라 생각합니다. 이 일을 위해 뜻 있는 여러 성도들이 나서기를 바랍니다. 이렇게 함으로써 포스트모던 시대라 하는 어지러운 세대 가운데 우리 성도들이 그나마 신앙의 정절을 지킬 수 있으리라 생각하기 때문입니다.

P.S님께서 이 글을 보셨다면 저에게 한번 연락을 주십시오. 글보다 더 상세한 대화를 나눌 수 있는 길을 혹 마련할 수 있을지도 모른다는 기대감 때문입니다. 저의 답변이 미숙하거나 미흡한 점이 있으면 또 다시 연락 주시기를 기대합니다. 오늘은 이만 여기서 줄이겠습니다.

(2000. 6. 16)

31 하나님께서는 왜 에덴동산에 '선악과善惡果 나무'를 두셨을까?

자경 자매에게

죄근 몇 일 동안 날씨가 상당히 무더웠지요? 이곳 교회가 있는 지역도 팔공산 아래이기는 하나 덥기는 대구와 별 차이가 없는 듯 느껴집니다.

 자매는 교회당을 구경(?)한 지 아직 얼마 되지 않는데 벌써 많은 질문들이 생겨난 것 같습니다. 성경을 읽어 가는 가운데 질문들이 생겨나는 것은 매우 당연하고 자연스러운 일입니다. 하나님을 알지 못하고 살아오던 세상에서는 도저히 들을 수 없는 내용의 이야기들이 성경 속에 기록되어 있기 때문이지요.
 자경 자매가 가진 질문 가운데 우선 하나를 생각해 볼까 합니다. 나머지의 질문들도 주일날 만나서 함께 이야기를 나눌 수 있을 것입니다.

 '하나님께서는 왜 에덴동산에 선악과善惡果 나무를 두셨는가' (창 2:8-17. 참조) 하는 점이 이해가 가지 않는다고 했지요? 저도 그런 생각이 드는 것이 사실입니다. '선악과나무'는 인간들에게 매우 위험한 나무이며 그것을 인간 가까이 두게 되면 인간이 유혹을 받아 그 열매를 따먹어 범죄할 가능성이 있다는 것을 하나님께서 이미 아셨을 텐데 왜 그 나무를 동산 중앙에 두셨는지 저도 매우 궁금합니다. 만일 하나님께서 에덴동산 중앙에 그 위험한 나무를 두시지 않았다면 인간이 범죄하지 않았을 것이며 범죄하지 않았다면 처참한 고통 가운데 신음하지 않았을 텐데 말입니다.

　그러나 우리는 하나님이 선하신 분임을 알고 있습니다. 그 선하신 하나님께서 그렇게 하셨다면 우리가 쉽게 생각할 수 없는 어떤 특별한 목적이 있을 것입니다. 그렇다면 하나님께서는 어떤 목적으로 그렇게 하셨을까요?

　우선 미리 말씀드리고자 하는 것은 '하나님께서 에덴동산 중앙에 선악을 알게 하는 나무를 두신 이유는 바로 이것 때문이다' 라고 단정적으로 자신 있게 말하기는 어려울 것이란 점입니다. 그럼에도 불구하고 우리는 선하신 하나님께서 그렇게 하신 이유를 말씀과 더불어 더듬어 생각해 볼 수 있습니다.

　많은 사람들이 선악을 알게 하는 그 나무는 인간에게 해를 끼친 나무로 생각합니다. 결과적으로 봐서는 그렇게 생각할 수도 있습니다. 그러나 우리는 하나님께서 그 나무를 그곳에 두신 이유는 바로 인간을 위해서였을 것이란 점을 생각해 보아야 합니다. 우리는 자칫 인간이 스스로 잘못한 결과를 두고 '그것은 나쁘다' 라고 단정해 말하기 쉬운데 결과에 앞선 그 의미를 잘 생각해 보아야 합니다.

　예를 하나 들어볼까요? 많은 예를 들 수 있지만 가장 평범한 예를 하나 들어보겠습니다. 우리 생활에 많이 쓰이는 '자동차' 가 있습니다. 사람들은 그것을 늘 이용하면서도 조심해야 할 물건으로 말하고 있습니다. 많은 사람들이 자동차로 인해 생명을 잃고 가족의 불행을 초래한 사실을 우리는 잘 알고 있습니다. 그러나 자동차를 만든 사람은 인간을 위해 잘 한 것이라 할 수 있지요. 이렇듯이 자동차를 만든 사람이 잘못한 것이 아니지만, 사고를 만나게 된 사람에게는 엄청난 불행을 가져올 수 있습니다. 우리는 이와 유사한 이야기를 거의 모든 것들에 비추어 생각해 볼 수 있습니다.

이제 본론으로 돌아갈까요? 자경 자매가 궁금해하는 문제에 대한 답변을 시도해 봅니다. 저는 하나님께서 선악과나무를 에덴동산 중앙에 두신 목적이 인간을 위해서였다고 믿습니다. 사실 이 점을 깨닫는 것은 매우 중요합니다. 인간들은 그 선악과나무 열매를 스스로 따먹음으로써 범죄했습니다. 그리고 나서는 그 원인을 하나님께 돌리려 하고 있습니다. 인간의 그러한 자세는 아담 이후 수 천년이 흐른 지금껏 그렇습니다. 하나님이 그런 것을 만들지 않았으면 인간이 범죄하는 일이 발생하지 않았을 것 아니냐는 식이지요.

그러면, 하나님께서 선악과나무를 에덴동산 중앙에 두심으로써 인간에게 허락하시고자 했던 유익은 무엇이었을까 하는 질문이 남습니다. 이에 대한 답변은 매우 어려운 것이 사실입니다만 몇 가지를 생각해 볼 수 있습니다.

우선 하나님께서는 에덴동산 중앙에 선악과나무를 두심으로, 그 동산이 인간들이 마음대로 해도 좋은 그런 곳이 아님을 가르쳐 주셨습니다. 다시 말해 에덴동산의 주인은 인간이 아니라 하나님임을 분명히 밝히시고 있습니다. 그러므로 그 나무를 통해 인간은 하나님의 동산에서 그의 은혜를 누리며 살아가는 존재임을 늘 기억하고 있어야만 했습니다. 그러나 인간은 동산의 주인이신 하나님의 은혜를 저버리고 원수인 사탄의 말을 따르게 된 것입니다.

그리고 하나님께서는 에덴동산 중앙에 선악과나무를 두심으로, 자신과의 관계 속에서 인간의 행복을 가르치셨습니다. 즉 선악과나무의 과실을 따먹어서는 안 된다고 미리 교훈하신 것은 곧 인간을 위해서였던 것입니다. 이는 사랑하는 자녀가 밖에 나갈 때 '자동차를 조심해야 한다' 고 항상 타이름으로써 부모의 사랑을 표현하는 것에 비추어 생각해 볼 수 있습니다.

우리는 동산 중앙에 선악을 알게 하는 나무를 두신 하나님께 아무런 잘못도 없음을 잘 이해해야 합니다. 하나님께서는 그 나무 이외에 인간들이 자유롭게 따먹을 수 있는 수많은 각종 나무들을 인간들을 위해 마련하고 계셨기 때문입니다.

결론적으로 말씀드리자면 인간의 자세는 이러해야 했습니다. 에덴동산이 인간의 소유가 아니라 하나님께서 허락하신 동산이므로 늘 그 은혜에 감사한 마음을 가졌어야 했습니다. 그리고 동산 중앙에 있는 선악과를 따먹어서는 안 된다는 하나님의 교훈을 사랑으로 받아들여야 했습니다. 따라서 인간은 하나님께서 허락하신 아름다운 세계와 그 안에 허락하신 각종 과실들을 통해 하나님의 크신 은총을 충만하게 누렸어야만 했습니다. 그 모두가 하나님께서 인간들에게 배려하신 사랑의 징표였습니다.

그러나 인간들은 하나님의 사랑을 무의미화無意味化시키려는 사탄의 유혹에 넘어가 범죄하게 된 것입니다. 에덴동산의 주인이 마치 인간 자신인 것처럼 행세했으며, 선악과를 따먹지 말라고 하신 하나님의 진정한 사랑을 불필요한 간섭으로 생각하게 된 것입니다. 그러다 보니 이미 하나님께서 허락하신 각종 열매들보다 하나님이 따먹지 말라고 금하신 선악과에 더 많은 관심을 가지고 결국 따먹어 하나님을 떠나게 된 것입니다.

범죄한 인간의 속성 가운데는 오늘날에도 그 악한 생각이 여전히 남아있습니다. 인간들은 자신이 살고 있는 세상의 주인이 인간이라 생각하며, 하나님에 대한 어떤 개념을 가지고 있는 자들조차도 인간이 범죄한 모든 이유를 하나님께 떠넘기려 하고 있지 않습니까?

자경 자매! 제가 설명한 내용을 잘 생각해 보기를 바랍니다. 지금 이 글을 통해 설명하고자 하는 것은 어떤 정답을 말하려는 것이 아닙니다. 도리어 이런 설명을 통해 하나님의 의도를 잘 생각해 봄으로써 하나님의 뜻을 깨달았으면 합니다.

자매가 질문한 몇 가지 내용 가운데 하나를 미리 답변했습니다. 이에 대해 더 많은 이야기들이 나누어지기를 바라며 나머지 질문들에 대해서도 적절한 시기에 서신으로나 직접 대화로 이야기 나눌 수 있게 되리라 생각합니다.

오늘 밤 편안한 잠자리에 들 수 있도록 기도합니다. 하나님께서 더 많은 깨달음을 허락하시도록 기도해 보세요. 주일날 반가운 마음으로 만나기를 기대합니다.

(2000. 6. 22)

 '세례식 남발'에 대한 공개 질의

'K신학대학원' 및 'KS대학교 신학부' 교수회 귀하

주님의 이름으로 문안드립니다. 저는 개혁주의 신학의 입장을 고수하고자 하는 본 교단을 아끼고 사랑하는 마음이 있어 왔기에 오래 전부터 가졌던 질의 내용을 'K신학대학원'과 'KS대학교 신학부' 교수회에 공개로 질문 드리오니 답변해 주시면 감사하겠습니다.

저는 이와 동일한 질문의 내용을 1998년 6월 4일자로 서식을 갖추어 K신학대학원 교수회에 질의한 바 있었습니다만 만족할 만한 답변을 듣지 못했습니다. 이제 그로부터 만 2년이 지난 후 다시금 동일한 내용의 질문을 드립니다.

제가 이러한 질의를 하는 것은 개혁주의 신학을 고백하는 본교단과 K신학대학원, 그리고 KS대학교를 진심으로 아끼는 마음과 우리 교회의 미래를 염려하는 마음 때문임을 밝힙니다. 교단 산하 'K신학대학원' 및 'KS대학교 신학부' 교수회에서는 이 내용이 공개적인 질문인 만큼 신학적 성의 있는 답변을 해주시면 감사하겠습니다.

질의서

수신: K신학대학원 및 KS대학교 신학부 교수회
참조: 교단 산하 목회자 제위
발신: 실로암교회(동대구노회) 목사 이광호
제목: '세례식 남발'에 대한 질문

이미 오래 전부터 본 교단에서는 군장병 집단 세례식을 주관해 왔습니다. 본 교단지 '기독교보' 2000년 6월 24일자 1면 기사에, '연무대 4천 6백 명 장병에게 진중 세례' 라는 제하의 기사가 실렸습니다. 그 기사에 의하면 지난 6월 17일 논산 훈련소 연병장에서는 본 교단이 주관하여 4천 6백 23명의 장병에게 세례를 베풀었습니다.

그날 세례식에는 본교단 총회장과 32개 노회의 노회장들을 비롯한 교단 지도자 2백 80여 명이 참석했습니다. 그 세례식에서 총회장이 설교하고 본교단 교회의 찬양 그리고 증경총회장이 축사를 하는 순서로 이어졌습니다. 이를 위해 교단 산하 전체노회가 소요 경비를 분담하였습니다.

본인은 개혁주의 신학을 지향하는 본 교단의 이러한 탈신학적 행위에 대해 깊이 우려함과 동시에 납득할 수 없는 문제이기에 아래 몇 가지 질문과 더불어 소신을 밝히려 합니다. K신학대학원과 KS대학교 신학부 교수회에서는, 본 교단의 그러한 정책과 본인의 신학적 사고에 대해 옳고 그름을 밝혀주시면 감사하겠습니다.

- 아래 -

1) 개혁주의 교단에서, 과연 '그런 식의 집단세례' 를 베푸는 것이 합당한지요?
 - 그런 행위는 하나님의 거룩한 교회가 타락해 가는 지름길일 뿐이며, 선교라는 미명아래 행해지는 올바른 신학이 결여된 행위라 생각합니다.

2) 아직 세례 받을 '사람이 있지 않은 상태' 에서 구체적인 세례식을 계획하는 것이 신학적으로 올바른 것인지요?

- 이러한 진중 세례식을 위해서 이미 오래 전부터 계획하고 진행하지만, 세례를 받을 실제적인 사람이 있지 않은 상태에서 이루어지는 행사성 계획은 있을 수 없다고 생각합니다. 이는 거룩한 '성례'를 단순히 '행사화' 하는 어리석음일 따름입니다.

　3) 세례 베푸는 자가 '세례 받을 자의 실질적인 신앙고백이나 사생활을 포함한 개인 생활에 대한 구체적인 확인 절차(문답)' 없이 세례를 줄 수 있는지요?
　- 이는 개혁주의 교회에서는 있을 수 없는 일이라 생각합니다.

　4) 교회 앞에서의 고백에 의한 '지교회의 신앙적 보증' 없이 세례를 베푸는 것이 가한지요?
　- 세례를 베풀기 위해서는 적어도 장로회(당회)의 신앙적 보증이 있어야 하며, 그 신앙이 교회 앞에 고백됨으로써 지교회로부터의 충분한 보증을 얻어야만 합니다. 군軍이라는 특수성을 이야기하겠지만 그 특수성은 전시戰時 등에 해당하는 말입니다(본 교단 헌법, 예배지침, 제5장 성례, 제21조 세례식, 3. 세례의 장소에 대한 언급은 현재 본 교단이 행하는 그런 집단 군인 세례식의 정당성을 뒷받침하는 말이 아닙니다).

　5) 이를 위한 막대한 경비 사용은 '잘못된 낭비'가 아닌지요?
　- 지교회들에서 부담한 귀한 상회비가 성경적 교훈을 고려하지 않은 채, 문제 있는 곳에 사용된다면 그것은 옳지 않다고 생각합니다.

　본인은 'K신학대학원'과 'KS대학교 신학부 교수회'의 성실한 답변을 기대합니다. 본인은 본 교단의 정책이 옳지 않음을 지적하고 있습니다. 만일 본인이 신학적 근거 없이 이런 주장을 한다면 그것은 허무맹랑한 주장이 될 것이며, 이는 문책을 받아야 할 일일 것입니다. 그러므로 본인의 생각이 잘못되었다면 신학적 근거와 함께 구체적으로 지적해 주시기를 바랍니다. 겸허하게 받아들이겠습니다.

　그러나 본 교단의 그런 식의 세례식이 개혁주의적 합당한 행위가 아니라면 양 교수회의 이름으로 된 교단에 대한 분명한 신학적 제시가 필요합니다. 개혁주의 신학을 지향하고 있는 본 교단의 신학적 보루인 K신학대학원과 KS대학교 신학부에서 이를 명확히 밝혀주시기를 바랍니다.

　2000. 6. 24

대한 예수교 장로회 동대구노회 실로암교회 담임목사 이 광 호
(경북 경산시 와촌면 계전리 636-2, 전화 053-851-8925)

33 '주일'을 어떻게 지켜야 하는가?

경민 학생에게

안녕하세요? 지금 창 밖에는 장마비가 쏟아지고 있습니다. 자동차 소리와 기계 소리에 익숙해 있었던 탓인지 모처럼 듣는 시골의 빗소리는 신선하면서도 마음을 편안하게 해 줍니다.

우리 교회 홈페이지 '질문란'을 통해 '주일을 어떻게 지켜야 하는가?' 라는 질문을 하셨더군요. 저는 이 질문이 매우 중요하다고 생각합니다. 왜냐하면 '주일을 잘 지켜야 한다'는 말에 '아니다' 라고 할 사람이 우리 가운데 아무도 없을 것이란 점을 알고 있기 때문입니다. 그럼에도 불구하고 '주일을 어떻게 잘 지켜야 하는가' 하는 실제적인 문제에 대해서는 다양한 생각들을 하고 있는 것이 우리 시대의 실정일 것입니다.

이 글에서는 평상시에 제가 생각하고 있던 바를 말씀드리려 합니다. 제가 쓴 글 중에 '우리가 안식 후 첫날을 주일로 지켜야 하는 이유'에 대해서는 따로 쓴 내용이 있으므로 그에 대해서는 여기서 생략하도록 하겠습니다.

먼저 우리는 주일을 올바르게 지켜야 하는데, 그 '올바름'의 기준이 우리의 기호나 판단 혹은 경험이 되어서는 안 됨을 미리 말씀드리고자 합니다. 즉 주일을 올바르게 지키느냐 아니냐 할 때 과연 하나님께서 원하시는 올바른 주일 성수가 무엇이냐 하는 점을 먼저 이해해야 합니다.

오늘날 주일 성수를 하려는 사람들이 '하나님의 원하심' 보다는 '자기 생각'이 기준이 되어 있는 것을 많이 보게 됩니다. 그들은 주일날 하루 종일 교회당에 가서 시간을 보내면 그것이 곧 주일 성수라 오해하고 있습니다. 거기다가 넥타이를 맨 정장을 하고 교회의 각종 부서에서 어느 정도 책임을 가지고 분주하게 교회당에서 시간을 보냈으면 그것을 주일 성수한 것으로 생각합니다. 소위 주의 일에 충성을 다했다는 자기 인식 때문이겠지요.

그러나 아무리 넥타이를 맨 정장을 하고 하루 종일 교회에서 시간을 보냈다고 해도 그것 자체로서는 주일 성수와 아무런 상관이 없음을 잘 생각해 보아야 합니다. 그것만으로 주일 성수라고 생각하는 사람들은 자기 꾀에 스스로 넘어가고 있다고 보아야 합니다. 이러한 일들에 대해서는 특히 목사나 장로 등 교회의 지도자들이 더욱 조심해야 합니다. 밖에서 돈을 쓰지 않고 오락을 즐기지 않고 주일 하루 종일 교회당에서 시간을 보내는 목사나 장로도 주일 성수를 제대로 하지 않을 수 있음을 알아야 합니다.

이제 좀더 중요한 이야기를 할까 합니다. 주일 성수의 가장 핵심적 기준은 무엇일까요? 개혁주의 교회에서는 주일 성수의 중심이 공적 예배이며 그 예배의 중심은 강단입니다. 일반적으로 우리 한국의 대부분 교회에서는 주일 낮 열한 시에 예배 모임을 갖습니다. 그 공적 예배에 말씀을 좇아 올바르게 참여했느냐 하는 점이 주일 성수의 가장 중대한 관건이 됩니다. 그리고 그 예배 시간 중 선포된 하나님의 말씀에 올바르게 참여했는가 하는 것이 그중 핵심이 됩니다.

달리 말씀드리자면 아무리 하루 종일 정장을 하고 교회에서 부지런히 활동했다 하더라도 공적 예배 시간에 선포된 하나님의 말씀에 온전히 참여하지 않았다면 그 사람은 주일 성수를 하지 않은 것입니다. 여기서 우리는 매우 중요한 것을 생각해 보아야 합니다. 만일 말씀을 선포하는 설교자가 하나님의 말씀을 하나님의 뜻에 따라 올바르게 설교하지 않았다면 그 설교자는 물론이요 거기 모인 전체 교인들은 주일 성수와는 무관한 주일을 보내게 됩니다. 개혁주의 교회에서 강단, 즉 설교의 중요성을 강조해 이야기하는 이유 중 하나가 바로 여기에 있습니다.

그리고 입교한 성도들은 예배 중 '주의 성찬'을 나눔으로써 자기를 포기하게 됩니다. 예배에 참여한 모든 성도들이 그리스도의 살과 피를 나눔으로써 참 생명을 받아들이고 자신의 죽을 생명을 포기하게 되는 것입니다. 이러한 것을 기초로 하여 성도들의 교제가 이루어지며 말씀의 원리 가운데 자연스럽게 넓은 의미의 권징 사역이 이루어지는 것이지요.

사실 이러한 내용이 갖추어진다면 그후에 따라오는 삶에는 상당한 자유가 주어지며 성도들은 그 자유를 누릴 수 있습니다. 예배를 마친 후 가족들과 함께 공원을 산책한다거나 다른 성도들과 더불어 말씀에 순종하는 성도로서 서로간 환담을 나눌 수도 있습니다.

이제 경민 학생의 질문 내용 가운데 포함된 두 가지 실제적인 문제에 대해 조심스럽게 답변을 해 볼까 합니다. 학생이 특별히 질문한 두 가지는 성도가 주일 오후에 공부를 하거나 운동을 할 수 있느냐 하는 것과 주일날 자격증 취득 등을 위한 시험을 치르기 위해 교회에 출석하지 않아도 되느냐 하는 것입니다.

이 두 가지 질문 모두 한국교회의 형편에서는 답변하기에 매우 민감한 내용이라 생각됩니다. 자칫 잘못 대답하면 우리의 경직된 현실 가운데서는 상당한 오해를 불러일으킬 가능성이 있을 것이기 때문입니다. 그렇지만 그에 대한 원리적 답변을 하도록 하겠습니다. 학생은 현재 신학을 공부하고 있으며 앞으로도 계속 공부를 해야 할 학생이기에 그 원리적 답변을 하려고 하니 깊이 생각해 봄으로써 유익을 얻게 되기를 바랍니다.

먼저, 성도들이 주일 오후에 공부를 하는 것과 운동을 하는 일은 그다지 중요한 문제가 아닙니다. 그보다 더욱 중요한 것은 그들이 얼마나 올바르고 분명한 신앙인들이냐 하는 점입니다. 만일 그들이 올바른 신앙을 가지고 있다면 그들의 그런 행동은 자연스러울 수도 있습니다. 그러나 올바른 신앙이 정립되지 않은 상태라면 그런 일을 하지 않는다 해도 그것 자체로서 칭찬받을 만한 것이 전혀 못됩니다.

앞에서 말씀드린 것처럼 공적인 주일 예배에 올바르게 잘 참여한 사람이라면 자연스럽게 학교 공부를 할 수도 있으며 적당한 운동을 할 수도 있다고 생각합니다. 여기서 적당하다고 하는 것은 승부를 걸어 싸워 이기려는 집착이 있는 것이 아닌 성도들의 교제로서의 가벼운 운동을 말합니다. 물론 이 모든 것들은 욕망적 자기 즐거움을 위한 목적이 아니어야 합니다.

그리고 주일에 시험이 있을 경우에 교회에 불참해도 되느냐 하는 문제입니다. 학생은 주일에 있는 시험 응시에 대해서 말했습니다만 사실 그보다 범위를 더 넓혀 생각해 볼 수 있습니다. 성도들 중에는 경찰도 있고 군인도 있습니다. 그리고 학교 교사도 있고 일반 회사원도 있습니다. 그런 분들은 가끔 일직근무를 서는 경우가 있으며, 직장 관계상 주일 예배에 불참할 일이 생기기도 합니다. 이런 경우에는 어떻게 해야 할까요?

저는 이에 대해서 생각할 때 '생존' 生存에 대한 이야기를 하곤 합니다. 쉽게 말해서 돈을 벌 욕심으로(혹은, 출세할 목적으로) 주일 예배에 불참하는 것은 금해야 하지만, 직업상 불가피한 '생존'에 관련된 것이라면 문제가 다르다고 생각합니다. 주일 시험을 치르는 것도 생존의 문제와 결부된 것일 수 있고 단순한 방법에 대한 문제일 수 있다고 생각합니다. 물론 이에 대한 획일적 구분은 쉽지 않다고 봅니다. 그렇지만 원리상 그렇게 구분해 볼 수 있습니다.

물론 주일에 시험을 치르는 성도나 일직을 하는 성도가 성숙한 이들이라면 그 있는 자리에서 공예배를 드리는 성도들을 기억하며 하나님을 찬양할 것이며, 일이 끝나는 즉시 교회로 돌아와 다른 성도들과 신앙의 교제를 나누게 될 것입니다.

이제 마지막으로 좀더 실질적인 이야기를 함으로써 글을 마무리할까 합니다. 주일 성수의 외형적 법칙을 규정하는 것이 교회가 해야 할 일차적인 일은 아니라 생각합니다. 오히려 교회가 해야 할 우선적인 일은 모든 성도들에게 하나님의 말씀을 올바르게 선포함으로써 말씀에 참여하는 삶을 누리도록 하는 것입니다.

성도들이 말씀에 올바르게 잘 성숙해 있으면 자연스럽게 그런 문제들을 해결해 갈 것입니다. 각 성도들의 삶의 방편들이 모두 다른데 그런 것을 형식적으로만 획일적 법제화하여 요구한다면 그것 자체가 생각해 보아야 할 문제가 아닐까요?

어떤 사람들은 그렇게 되면 모든 교인들이 전부 자기 마음대로 할 것 아니냐고 반문할지 모릅니다. 우리의 교회가 그런 정도의 수준이라면 더이상 할 말이 없습니다. 그러나 성숙한 교회라면 자기 욕심에 따라 그렇게 판단하고 행동하는 것이 아닐 것이므로 성도간 신뢰에 아무런 해가 가지 않습니다.

우리가 생각해야 할 것은 주일날 교회 안에 있으면서 주일을 지키지 않는 사람들이 있을 수 있는가 하면 일시적 특별한 형편으로 인해 교회 밖에 있으면서 주일을 지키는 사람이 있을 수도 있다는 점입니다. 우리는 바로 그 원리에 대해 잘 생각해 보아야 합니다.

글을 다 쓰고 보니, 다소 산만한 설명이 되어버린 것이 아닌가 여겨집니다만 잘 가려서 생각하리라 믿습니다. 오늘은 이 정도에서 그치겠습니다. 여전히 밖에는 장마비가 쏟아지고 있군요. 주님의 평강이 학생과 함께 하시기를 바랍니다.

(2000. 6. 27)

34 진멸당한 애굽의 생축이 어떻게 다시 등장하게 됩니까? (출 9:6)

이 집사님께

집사님, 안녕하십니까? 지난번 질문에 대해서는 답을 잘 얻었는지 궁금합니다. 몇 번 지면을 통해 교제를 하다보니 집사님이 어느 교회에 출석하시는지 또 어떤 일을 하시는 분인지 궁금합니다. 혹 다음에 소식 주실 일이 있으면 집사님에 대해서 좀더 알기를 원합니다. 이번에 또다시 성경 말씀에 대한 질문을 해 주시니 감사합니다.

출애굽기 9장 6절에 보면, "애굽의 모든 생축牲畜은 죽었으나 이스라엘 자손의 생축은 하나도 죽지 아니한지라"는 구절이 나옵니다. 그러나 그 이후에 따라 나오는 말씀들을 보면 그때 모든 생축이 죽은 것이 아니라 많은 수의 생축이 그대로 살아있었습니다. 그럼에도 불구하고 성경이 '애굽의 모든 생축이 죽었다' 고 기록하고 있는 이유를 집사님은 알고 싶다고 하셨습니다.

그렇습니다. 우리가 말씀을 통해 확인할 수 있는 것처럼 그후에도 많은 짐승들이 살아 있었음이 분명합니다. 같은 장 9절과 10절의 말씀을 보면 살아남은 짐승들이 많이 있었음을 보여주고 있으며, 19절에도 보면 하나님께서 바로에게 "네 생축과 네 들에 있는 것을 다 모으라 사람이나 짐승이나 무릇 들에 있어서 집에 돌아오지 않는 자에게는 우박이 그 위에 내리니 그것들이 죽으리라"고 말씀하고 있습니다. 아직 애굽의 생축이 다 죽은 것이 아님을 보여주고 있습니다.

그리고 11장 4절 이하에는 하나님께서 애굽사람들의 장자를 죽이는 심판을 하려하실 때 생축의 처음 난 것들도 포함하고 있으며, 12장 29절에는 그 말씀대로 심판하신 내용이 나옵니다. 이런 내용들을 볼 때 출애굽기 9장 6절의 말씀이 있을 때는 애굽의 생축이 다 죽은 것이 아닌 상태에서 '애굽의 모든 생축이 죽었다'고 기록하고 있는데 이를 과연 어떻게 이해해야 할까요?

우리는 여기서 위 성경 본문에 기록된 단어 '모든'의 의미를 해석해야 하며 그 뜻을 잘 생각해 보아야 합니다. 알고 보면 별것아닌데 미처 생각이 미치지 못하면 해석하기 매우 어려운 것으로 느끼기 쉽습니다.

출애굽기 9장 6절의 '모든'이라고 하는 단어는 영어의 'all'이 아니라 'all kinds of'로 해석을 해야 합니다. 그러니 출애굽기 9장 6절의 '모든 생축'이라는 말은 곧 '모든 종류의 생축'이라는 말입니다. 즉 '애굽 사람들의 생축 가운데 한 마리도 빠짐없이'라는 말이 아니라 '애굽의 생축 가운데 크고 작거나 강하고 약한 것에 관계없이 모든'이라는 의미입니다. 그에 대한 직접적인 증거가 곧 그후에 따라 나오는 9장 19절, 11장 4절 이하, 12장 29절 등 여러 구절들입니다. 이제 이에 대해서는 별 어려움이 없이 이해하리라 생각합니다.

말씀드리는 김에 중요한 것 하나를 더 말씀드리겠습니다. 사실 '모든' all이라는 단어는 우리가 늘 눈여겨보아야 할 단어입니다. 신약성경에 기록된 한 예를 들어봅시다. 디모데전서 2장 4절에 보면 "하나님은 모든 사람이 구원을 받으며 진리를 아는 데 이르기를 원하시느니라"고 기록하고 있습니다. 여기에 나오는 '모든' 역시 영어로는 'all'입니다.

어떤 사람들은 이런 구절들을 근거로 하여 만인구원설萬人救援說을 주장하기도 합니다. 그러나 하나님께서는 이 세상의 '모든 사람'을 구원하시고자 하는 것이 아니라 창세 전에 택하신 자기 백성을 구원하시고자 합니다. 위의 바울의 서신에 나오는 '모든'이라는 말도 'all'이 아니라 'all kinds of'를 의미합니다.

그러므로 하나님께서는 이 세상 사람들 가운데 한 사람도 빠짐이 없이 모두 구원받기를 원하시는 것이 아니라 '남자나 여자, 부자나 가난한 자, 건강한 자나 연약한 자, 배운 자나 배우지 못한 자에 관계없이 모든 부류의 사람들에게 구원이 개방되어 있음을 보여주고 있습니다. 이렇게 해석할 때 성경 말씀과 우리의 '제한적 구원교리'가 온전한 조화를 이루게 됩니다.

이 정도의 답변이면 충분할지 모르겠습니다. 집사님이 가졌던 의문점이 잘 해결되기를 바랍니다. 그리고 앞으로도 성경을 읽는 중 '모든'이라는 단어가 나오면 단어 자체보다 그 의미를 잘 생각해 보시기를 권면 드립니다.

앞으로 말씀을 보시는 중 또 다른 질문이 생기면 우선 집사님이 소속된 교회의 목사님께 문의해 보시고 가끔 저에게도 연락을 주십시오. 제가 잘 답변할 수 있을지는 모르겠으나 성의를 다하도록 하겠습니다.

(2000. 7. 1)

35 '태신자' 운동에 대하여

이 목사님께

목사님, 반갑습니다. 이렇게 지면을 통해 주님 안에서 교제하게 됨을 감사드립니다. 혹 이쪽 지역으로 오시는 길이 있으면 만나는 기회가 있기를 기대합니다. 저도 혹 목사님이 계시는 지방으로 갈 기회가 있으면 방문하여 목사님과 교제하기를 원합니다.

목사님께서 질문하신 소위 '태신자胎信者 운동'은 성경적이 아니라고 생각합니다. '태신자' 라는 용어는 국내의 한 대학생 선교 단체에서 생겨난 용어이며, 현재 우리 한국의 여러 교회들에서 태신자 운동을 하고 있는 것으로 알고 있습니다.

태신자 운동이란, 어느 교인이 자기가 전도할 대상을 미리 정해 두고 그를 위해서 기도하기도 하며 도와주며 관심을 기울이면서 교회로 전도한다는 취지의 운동입니다. 여러 교회들 가운데서는 전체 교인이 이러한 운동을 펼치면서 전도운동을 하는 교회도 있습니다.

얼른 생각하면 이러한 운동은 복음을 전파하는 매우 좋은 아이디어처럼 보이는 것이 사실입니다. 그러나 그러한 운동은 지극히 인본주의적인 운동이며 불건전한 교회성장운동의 한 방법일 따름입니다. 기독교의 복음전파는 다른 일반 종교들의 '포교' 와는 그 성격이 전혀 다릅니다. 일반 종교들에서는 교세를 확보할 목적으로 많은 사람들을 자기 종교에 끌어들이는 것이 보통입니다. 그래서 각 종교의 독실한 신자일수록 그러한 포교 활동에 열심입니다.

그렇지만 기독교의 복음전파는 항상 세상에 대한 심판의 선언을 동반합니다. 그래서 기독교의 전도는 '설득'을 통해 이루어지는 것이 아니라 '말씀의 선포'에 의해 이루어지는 것입니다. 우리는 성경을 통해, 하나님께서 창세전에 이미 자기 백성을 선택해 두고 계신다는 사실을 알고 있습니다. 우리가 하나님의 말씀을 전파할 때 하나님의 택함을 받은 백성들이 주님의 교회 가운데로 들어오게 되는 것입니다.

태신자 운동을 하는 사람들은 아마도 '내가 너를 낳았다'라고 하는 바울의 말에 어느 정도의 근거를 두고 하는 것은 아닌가 생각을 해봅니다. 사도 바울은 고린도 교회에 편지를 하면서 '그리스도 예수 안에서 복음으로써 내가 너희를 낳았음이라'(고전 4:15)고 말하고 있습니다. 그러나 이 말씀은 오늘날 일반 성도들이 아무렇게나 사용할 말은 아닙니다. 그것은 '사도가 교회를 낳음'에 대한 말씀으로 이해해야 합니다.

위에서 잠시 언급한 것처럼 성경은 우리에게, '하나님께서 창세전에 그리스도 안에서 자기 백성을 선택하셨음'(엡 1:4)을 말씀하고 있습니다. 그리고 예수 그리스도께서 이 세상에 오신 목적은 '자기 백성을 죄에서 구원하기 위해서'(마 1:21)임을 분명히 밝히고 있습니다. 이러한 가르침은 성경 전체에 그대로 나타나고 있습니다. 여기에서 우리가 알 수 있는 것은 하나님의 자녀됨은 전적으로 하나님이 결정하신다는 사실입니다. 칼빈 역시 이러한 예정론이 성경의 가르침인 것으로 알았고 장로교에 속한 우리는 그의 가르침을 올바른 것으로 이해하고 있습니다.

그런데 만일 '태신자 운동'과 같은 것을 하게 되면 구원받을 자를 인간이 선택하는 것처럼 되어버립니다. 각 교인들이 전도할 대상을 정해두고 그를 위해 관심을 기울이며 '그가 구원받을 줄 확실히 믿는다'는 형식의 기도는 많은 문제점을 내포하고 있습니다. 말씀에 근거하지 않은 전도에 대한 지나친 열심은 도리어 인본주의를 강화할 따름입니다.

우리가 복음을 전파한다는 것은 하나님의 말씀에 순종하는 것이며 그 순종이란 우리의 적극적 열심을 말하는 것이 아닙니다. 오히려 소극적 순종을 통해 그리스도의 의미가 불신자들에게 넘어갈 수 있을 것이며 그것을 우리는 '세상의 빛과 소금의 직분'이라는 말로 집약해 말하기도 합니다.

우리는, 우리 주변에 살고 있는 사람들 가운데 특정인을 선택해 그를 구원에 참여시킬 아무런 권한을 가지고 있지 않음을 알아야 합니다. 만일 우리 주변에 불신자인 가족들, 친구들, 이웃들이 많이 있다고 생각해 봅시다. 어쩌면 그 가운데 이미 하나님의 택함을 받은 백성이면서도 아직 하나님의 은혜를 깨닫지 못하고 있는 경우가 있을 수 있습니다.

예를 들어 생각을 해 봅시다. 우리 주변의 사람들을 '가', '나', '다', '라', '마'….로 명칭을 붙였는데 그중 하나님이 택하신 사람이 '다'라고 가정을 해 봅시다. 우리는 사실 그 묻혀있는 '다'를 하나님께서 드러내시기 전에는 과연 그가 택함을 받은 백성인지 아닌지 알지 못합니다.

그런데 우리가 하나님의 선택과는 전혀 무관한 '가'라는 사람을 정해두고 그를 택신자로 삼고 기도한다면 얼마나 어리석은 일일까요? 그래서 우리는 특정인을 정해두고 그를 교회로 억지로 끌어오려 하지는 말아야 합니다. 도리어 우리가 주변의 모든 사람들에게 복음을 아는 자로서 겸손한 삶을 보일 때 하나님께서 친히 역사하실 것입니다.

이렇게 말하면 어떤 분들은 '내 집을 강권하여 채우라'는 말씀도 있지 않느냐고 반문할지도 모릅니다. 그러나 그 말이 의미하는 진정한 뜻이 과연 무엇이냐 하는 점은 또다시 잘 생각해 보아야 할 문제입니다. 그렇지만 분명한 것은 수단 방법을 가리지 말고 아무나 교회에 데려와 교회당을 꽉 채우라는 말이 아님은 명백합니다. 이에 대해서는 후에 혹 이야기 나눌 기회가 있을지 모르겠습니다.

사실 우리가 '전도한다'고 하는 것은 그 감추어진 사람을 겸손하게 찾아 나서는 것이라 할 수 있습니다. 복음서에서 '잃어버린 동전 비유' '한 마리 잃어버린 양의 비유' 등을 이와 함께 생각해 볼 수도 있습니다. 우리는 하나님의 택함을 받고도 아직 그 은혜를 모르고 사는 사람들이 지구상에 많이 있다는 사실을 알면서도 구체적으로 그들을 알지 못하기에 복음을 증거하는 가운데 더욱 겸손해질 수밖에 없습니다.

이 목사님, 제가 목사님께서 요구하신 바를 제대로 잘 이야기했는지 모르겠습니다. 혹 부족한 표현들이라 해도 제가 설명 드리고자 하는 바를 알 수 있으리라 생각합니다. 멀리 떨어져 계시므로 만나서 교제할 날이 언제일지는 알 수 없으나 기도 가운데 아름다운 마음으로 서로 기억되기를 바랍니다. 목사님께서 목회하시는 교회에 하나님의 은혜가 가득하시기를 기원합니다. 형편이 되면 가끔 연락 주시기를 기대합니다.

(2000. 7. 11)

36 '주께서 내 원수의 목전에서 상床을 베푸시고' (시 23:5)의 의미

김 전도사님!

안녕하세요? 여름철이라 많이 바쁘리라 생각합니다. 우리 한국교회는 해마다 이맘때 여름철이 되면 수련회다 하기학교다 하여 특히 전도사님들이 정신 없이 바쁜 것이 일반적이지요. 우리 실로암교회는 수련회도, 하기학교도 따로 있지 않아 조용합니다. 오히려 저는 학기말이 지나 학생들의 일학기 성적을 다 정리하고 도리어 좀 한가한 편입니다. 그래서 오늘은 지난번 전도사님이 질의한 시편 23편 5절의 '주께서 내 원수의 목전에서 상을 베푸시고'의 의미에 대해 답변해 볼까 생각합니다.

전도사님은 여기에서 언급된 '상'의 의미가 '밥상의 용도'를 말하는 것인지, 아니면 '성찬을 위한 교제의 상'인지, 혹은 상처를 치유하는 '치유의 상'인지, 혹 다른 의미의 '상'인지 질문을 하셨습니다.

이를 식사를 위한 '밥상의 의미'로 볼 수 있음은 '상을 베푸는' 자체에서 그 의미를 생각해 볼 수 있습니다. 이는 원수의 압제로 인해 궁핍한 삶을 살던 백성이 하나님의 은혜로 풍족한 삶을 제공받은 것을 의미합니다. 그리고 '성찬을 위한 상'이란 하나님께서 베푸신 이 '상'을 오늘날 교회가 함께 나누는 성찬에서의 교제와 더불어 설명하고자 함이 아닌가 여겨집니다.

또한 '치유의 상'이란 원수로부터 당한 고난의 상처를 보상받는 의미가 이 말씀에 뒤이어 나오는 '기름으로 내 머리에 바르셨으니'라는 말씀과 더불어 설명하려는 것이 아닌가 생각해 봅니다. 그러나 이 '상'이 '치유의 상'이란 해석은 말씀의 문맥상 별 타당성이 있는 것 같지는 않습니다.

저는 이 시편에서 표현된 '상'에는 이러한 모든 의미가 얼마간 포함되어 있을 것이라 생각합니다. 원래 시詩에서의 단어 표현 자체가 하나의 의미에 국한되기보다 다양한 내용을 함축적인 의미로 나타낼 수 있을 것이기 때문입니다. 그럼에도 불구하고 이 단어의 의미에는 가장 집약적으로 표현하고자 하는 것이 있으리라는 것이 저의 생각입니다. 즉 시편 23편 5절에서 한 구절이 나타내고자 하는 의미가 위의 여러 가지 의미들을 포함한다 할지라도 우리는 그 직접적인 의미를 생각해 볼 수 있다는 뜻입니다.

저는 위의 구절을 묵상하는 가운데 '상을 베푸시고'의 의미가 '예수 그리스도의 십자가 사건'을 지칭하고 있는 것으로 이해하고 있습니다. 즉, 이 말씀을 구속사적 의미로 직접 연결시켜 해석한다는 뜻입니다. 그 중대한 증거는 같은 구절 앞부분에 있는 '네 원수의 목전에서'라는 표현입니다.

이 시의 저자는 '주께서 원수의 목전에서 상을 베푸시고'라고 노래했는데 이는 앞으로 있게 될 메시아 사역을 예언하고 있습니다. 해석상 매우 중요한 것은 이 '상'이 한 번 베풀어지는 단회적인 '상'이라는데 우리는 관심을 기울일 필요가 있습니다.

우리가 잘 읽을 수 있는 영어성경에는 'You prepare a table before me in the presence of my enemies' (NIV)라고 되어 있습니다. 여기서 볼 수 있는 것은 '상' a table은 단수인 반면 원수 enemies는 복수로 되어 있다는 사실입니다. 저는 여기서 질문의 해답을 얻을 수 있다고 생각합니다. '하나의 상'이 '(시대와 장소를 초월한) 모든 원수들' 앞에 베풀어지는 것은 매우 의미심장한 것입니다.

그리고 이 상床은 단순한 상징이 아닙니다. 실제적으로 베풀어지게 될 상입니다. 하나님께서 원수 앞에 '상'을 베푸신 것이, 시편 기자를 포함한 자기 백성들이 그 원수 앞에서 즐기게 함으로써 어떤 쾌감을 가지라는 뜻은 아닐 것입니다. 이는 분명 하나님의 구원과 관련된 것입니다.
하나님께서는 멸망 가운데 처해 있는 우리에게 '영원한 상'을 베푸셨고 우리는 그의 은혜로 그 상에 참여한 자들이 된 것입니다. 이러한 관점에서 보게 되면 앞에서 잠시 언급한 대로 이 '상'은 성찬의 의미를 가지게 되기도 합니다. 오늘날 우리 교회가 주님이 오실 때까지 성찬을 베풀고, 그리스도의 살과 피를 나누어 먹으며 기념하는 것은 곧 그런 의미라 할 수 있습니다.

그럼에도 불구하고 제가 그 직접적 의미를 '예수 그리스도의 십자가 사역'에 맞추어 해석을 하려는 것은 역시 앞에서 이미 말씀드린 것처럼 '원수의 앞에서 베풀어지는 상'이라는 의미와 그 '상'이 '하나의 단회적인 상'이라는 의미 때문입니다. 이 구절에 대한 올바른 이해가 있을 때 비로소 우리는 시편 23편 전체의 의미를 잘 깨달을 수 있으리라 생각합니다.

여호와는 나의 목자시니, 내가 부족함이 없으리로다.
그가 나를 푸른 초장에 누이시며,
쉴만한 물가로 인도하시는도다.
내 영혼을 소생시키시고,
자기 이름을 위하여 의의 길로 인도하시는도다.

내가 사망의 음침한 골짜기로 다닐지라도,
해를 두려워하지 않을 것은,
주께서 나와 함께 하심이라;

주의 지팡이와 막대기가, 나를 안위하시나이다.
주께서 내 원수의 목전에서 내게 상을 베푸시고,
기름으로 내 머리에 바르셨으니,
내 잔이 넘치나이다.

나의 평생에 선하심과 인자하심이 정녕 나를 따르리니,
내가 여호와의 집에 영원히 거하리로다.

하나님께서 시편 저자를 통해 계시하신 이 노래가 오늘 우리의 노래가 된 것을 무한히 감사하는 우리가 되기를 바랍니다.

(2000. 7. 12)

37 '순결서약식'에 대하여

JHY 학생에게

안녕하세요? 한참 동안 무더위가 기승을 부리더니 엊그제부터는 폭우가 쏟아져 재해를 입은 사람들이 많다고 하는군요. 세상이 참 고르지 않다는 생각을 하게 됩니다. 한편에서는 비를 기다리다 많은 비로 인해 즐거워하는가 하면, 다른 한편에서는 비 때문에 고통을 겪는 사람들이 아우성을 치니까요.

학생이 질문한 '순결서약식'에 대한 저의 생각을 말씀드릴까 합니다. 학생은 학생이 소속된 기관에서 개최한 '순결서약식'에 참여하지 않았을 뿐더러 도리어 그로 인해 마음의 상처를 입었다고 했지요? 순결서약식을 주관한 부서나 그것을 준비한 사람들은 학생처럼 상처를 입은 사람이 있으리라고는 미처 생각하지 못할 것으로 여겨집니다.

우리 한국의 기독교에서는 언제부터인가 '순결서약식'이라는 것을 도입했습니다. 교회 역사이래 없던 또 하나의 제도를 만들어 낸 셈이지요. 우리 시대가 창안한 그러한 행사는 이미 어느 정도 보편화되어 있다고 해도 과언이 아닐 것으로 생각합니다. 여러 기독교 대학이나 선교단체 그리고 지교회들에서도 '순결서약식'을 행하고 있는 것으로 알고 있습니다. 세상이 극도의 성性적 타락에 빠지게 되니까 교회에서는 그런 성적인 문란함을 방지하자는 취지에서 시작된 행사일 것으로 생각합니다.

그렇지만 한편 생각해 보면 교회나 신학대학, 기독교 단체들에서 그런 행사를 한다고 하는 것은 기독교인들도 이미 윤리적으로 신뢰할 만하지 않다는 것을 스스로 나타내 보이는 것이 아닌가 여겨집니다. '순결'이란 매우 중요합니다. '혼전 순결'을 지키는 것도 중요하고 '혼인 후 순결'을 지키는 것도 역시 중요합니다. 그리고 성적 순결뿐 아니라 전반적인 신앙의 순결을 지키는 것은 아주 중요합니다.

우리가 잘 생각해 보아야 하는 점은 '순결을 지키자'고 캠페인을 벌이거나 '순결서약식'을 함으로써 순결이 지켜지는 것이 아니라는 점입니다. 그런 행사를 통해 일시적 효과를 누릴지는 모르지만 그것 자체가 아무런 근원적인 생명력을 가질 수는 없습니다.

올바른 신앙을 가져 하나님을 진정으로 경외하는 이들에게는 저절로 지켜질 수밖에 없는 것이 '순결'입니다. 만일 캠페인을 통해 더 나은 질서를 유지할 수 있다고 생각한다면 앞으로 수도 없는 캠페인과 서약식이 이루어져야 합니다. '양심지키기 서약' '거짓말 안 하기 서약' '효도하기 서약' '열심히 일하기 서약' '이혼 안 하기 서약' 등등 이루 헤아릴 수 없습니다.

우리 성도들의 모든 '순결'은 그것을 지키려는 자신의 판단이나 의도가 아니라 하나님의 은혜에 기인함을 알아야 합니다. 어떤 서약 운동을 통한 캠페인은 자칫 더욱 위험할 수도 있습니다. 왜냐하면 그 '서약식'을 통해 타인과 구분지어 남에게 나타나게 함으로써 유치한 자부심을 갖게 하거나 사람을 더욱 가식적으로 만들어 갈 위험마저 없지 않기 때문입니다.

나는, JHY님이 질문한 글의 내용을 통해 그 '순결서약식'에 참여하지 않았지만 누구보다 순결의 중요성을 잘 이해하고 있는 것으로 믿습니다. 그런데 그 서약식에 참여하지 않는 것이 마치 순결의 중요성을 인정하지 않는 것처럼 다른 사람들이 생각해 버린다면 큰 문제일 것입니다. 반대로 순결에 대한 중요성을 올바르게 잘 이해하지 못하면서도 '순결서약식'에 참여하여 학생의 말대로 그 '순결반지'를 끼고 다니면서 그것이 순결한 자의 보증이라도 되는 듯 하다면 그것은 가식일 뿐일 것입니다.

예를 하나 들어보도록 하겠습니다. 어느 학생이 순수하고 좋은 마음으로 '순결서약식'에 참여하였습니다. 자신은 한평생 순결을 지키겠노라고 진심으로 다짐을 했습니다. 그래서 그후부터 그는 '순결반지'를 늘 끼고 다녔습니다. 그 사람은 수년동안 그 반지를 끼고 다니며 항상 자랑으로 생각했습니다.

그러던 중 어떤 이유로 인해 순결을 잃게 되었습니다. 그때부터는 그 순결반지를 손가락에서 빼야 합니다. 만일 그 사람이 그 반지를 그때부터 끼지 않고 다닌다면 다른 사람들은 '순결반지'가 사라진 그의 손가락을 보며 어떻게 생각할 것이며 자신은 어떻게 처신해야 할까요? 그와는 달리 몇 년 동안 그 반지를 애지중지하며 끼고 다니다가 귀찮아서 집에 두고 그냥 다닌다면 다른 사람들은 괜히 오해하지는 않을까요? 자칫 잘못하면 그러한 행사나 캠페인은 또 다른 족쇄가 될 위험이 있습니다.

마지막으로 하나 더 말씀드린다면 그런 운동은 결코 교회가 캠페인을 통해 강조할 일은 아니라는 사실입니다. 불교나 유교, 심지어는 기독교 이단 종파들에서도 그러한 일을 할 수 있습니다. 성경은 우리에게 '순결'을 요구합니다. 그러나 그것이 우리의 '순결서약식'을 통해 이루어지는 것은 결코 아닙니다. 성경은 도리어 우리에게 '도무지 맹세하지 말라'(마 5:33-37 참조)고 합니다. 우리는 설령 순결을 지키기로 서원했다 하더라도 하나님의 은혜가 아니면 그것을 지켜나갈 능력이 없는 연약한 자들이기 때문입니다.

성숙한 교회와 기독교 지도자들이 해야 할 일은 그런 새로운 행사나 제도를 만들어 캠페인을 벌임으로써 순결교육을 하려 해서는 안 됩니다. 적어도 윤리적 문제에 대해서는 그러함이 분명합니다. 때로 불우한 이웃이 있을 때나 잘못된 제도를 고치려 할 때 여러 사람들이 힘을 합치는 것과는 기본적으로 성격이 다릅니다. 우리는 하나님의 말씀을 올바르게 잘 이해하고 받아들임으로써 본질적으로 '순결'에 참여하는 성도들이 되어야 합니다.

우리는 순결을 매우 소중히 여깁니다. 성도는 순결한 그리스도의 신부로서 성적인 부분에 대해서 뿐 아니라 모든 면에서 순결을 유지해야 합니다. 그렇지만 그것은 어떤 캠페인이나 서약식 때문이 아니라 하나님의 말씀 가운데 살아가는 존재인 우리이기 때문입니다.

이 정도에서 학생의 질문에 대한 저의 답변을 마무리하겠습니다. 부족한 답변이지만 학생이 가졌던 질문을 정리하는 데 자그마한 도움이 되기를 간절히 바랍니다. 하나님의 말씀과 더불어 알찬 여름방학을 보내시기를 원합니다.

(2000. 7. 25)

38. 예수님을 세 번 부인한 '베드로의 신앙'은?

지은 자매에게

안녕하세요? 오늘 날씨가 무척 덥죠? 지금 자매에게 편지를 쓰는 동안에도 등줄기에는 땀이 줄줄 흘러내리고 있습니다. 그곳 마산은 더위가 어느 정도입니까? 바닷가라서 이곳 대구 부근보다는 나으리라 생각합니다.

지은 자매는 이름이 참 예쁜 것 같아요. 왠지 모르지요? 내가 오래 전에 우리 교회에 갓 태어난 한 예쁜 여자아이에게 '지은'이라는 이름을 지어주었거든요. 벌써 11년 전의 일이네요. 그 아이가 벌써 초등학교 4학년이 되었으니까요. 내가 쓴 책 중에 『더불어 나누는 즐거움』(예영 커뮤니케이션, 1995)이라는 책이 있는데, 그중에 "지은이라는 이름"이라는 제목의 글이 있습니다. 혹 기회가 되면 그 글을 읽어볼 수도 있으리라 생각됩니다.

지은 자매는, 예수님을 세 번씩이나 부인한 베드로의 신앙에 대해 질문했지요? 자매는 베드로가 예수님을 세 번이나 부인한 것이 그의 영적 상태가 좋지 못해서인지, 두려움 때문이었는지, 아니면 사탄의 유혹에 넘어가서인지 궁금하다고 그랬습니다.

자매의 말처럼 그렇다고 생각됩니다. 예수님이 잡혀가는 것을 보고, 베드로가 세 번이나 그를 부인한 것은 위의 세 가지 모두가 다 원인이 된다고 할 수 있겠습니다.

그렇지만 우리가 여기서 잘 생각해 보아야 할 점은, 우리가 예수님을 부인한 베드로를 어떻게 이해하고 있느냐 하는 것입니다. 일반적으로 생각할 때 베드로가 예수님을 부인한 것을 배반 행위라고 합니다. 저도 물론 그렇게 생각합니다. 우리는 대개 베드로의 부인행위만 이야기하지 다른 제자들에 대해서는 별로 이야기하지 않는 경향이 있습니다. 성경에 보면 예수님이 잡혀가시던 때, 베드로를 제외한 대다수 제자들은 그곳을 피해 도망을 갔습니다.

여기에서 좀 의미 있는 이야기를 해 볼까 합니다. 예수님의 제자들 가운데 예수님을 가장 잘 따른 사람은 누구였을까요? 예수님이 잡혀서 고초를 당하실 때 다른 제자들은 도망을 치거나 자신을 적절하게 잘 은닉한데 비해 베드로는 도망을 치지 않고 예수를 따랐을 뿐 아니라 자신을 제대로 숨기지도 못했습니다. 그것은 자기 스승에 대한 깊은 사랑 때문이었을 것으로 생각합니다. 나중 자신이 주님을 세 번씩이나 부인하고 배반한 사실을 깨달았을 때 심히 통곡한 베드로(마 26:75)를 우리가 기억합니다.

나는 예수님의 가장 충실한 제자는 역시 베드로였다고 믿으며, 그 다음이 예수님의 다른 제자들이었을 것으로 생각합니다. 그 다음에는 예수님을 따라 다니던 여러 믿음의 사람들이었습니다. 그리고 그 다음에는 오늘날 우리와 같은 '믿는 자'들이 아닐까 생각해 봅니다. 물론 이것은 수학공식처럼 선을 그어 이야기하는 것이 아닙니다만 그렇게 이해는 할 수 있습니다.

우리가 '베드로의 부인'을 통해 얻어야 할 교훈은 이러합니다. 가장 신앙이 훌륭한 베드로조차 그러했다면 다른 사람들은 두말할 나위 없습니다. 베드로가 주님을 세 번이나 부인했었으나 나중 다른 제자들을 비롯한 어느 누구도 아무런 원망이나 질책을 하지 않은 사실을 우리는 관심을 기울여 생각해 보아야 합니다. 그것은 다른 제자들 스스로 자신들이 베드로보다 훨씬 못했다는 사실을 잘 알고 있었기 때문입니다.

오늘날 우리도 마찬가지입니다. 우리는 주님을 세 번씩이나 부인한 베드로를 보며 '어떻게 그럴 수 있느냐?'고 할 수 없습니다. 왜냐하면 우리 모두는 그보다 훨씬 더 못할 것이기 때문입니다. 어떤 사람들은 생각하기를 그래도 역사 가운데 순교를 한 많은 사람들이 있어서 '그들은 주님을 부인하지 않지 않았느냐?'고 할지도 모르겠습니다. 그러나 많은 올바르게 순교한 모든 순교자들의 순교는 순교자 자신의 능력이나 '의' 때문이 아니라 하나님의 은혜 때문이었음을 잘 이해해야 합니다.

우리 가운데 베드로보다 신앙이 훌륭한 사람이 있지 않습니다. 우리는 '베드로의 부인'을 통해 우리 자신의 나약함을 되돌아보아야 합니다. 그리고 하나님의 은혜를 기억해야 합니다. 하나님께서 베드로의 배반에 대한 기사를 오늘 우리의 교회에 남겨주신 그 의미를 우리는 잘 알아야 합니다. 사실 가장 신앙이 좋은 베드로가 주님을 부인했다는 사실은 모든 인간이 주님을 부인했다는 말과도 일맥상통합니다.

내가 설명하고자 하는 의미를 간파했으리라 생각합니다. 베드로가 주님을 배반한 사건을 통해 '수제자로 인정받은 자가 스승에게 그런 식으로 행할 수 있느냐?' 하는 측면에서가 아니라 '그에 훨씬 못 미치는 우리 자신의 모습'을 살펴보는 가운데 주님의 은혜를 알아가야 합니다.

이 정도에서 글을 마무리하겠습니다. 이 답변이 자매의 질문에 대해 어느 정도 도움이 되기를 바랍니다. 혹 다른 질문들이 있으면 언제든지 질문하세요. 시간이 허락되면, 부족하지만 이와 같이 함께 생각을 나눌 수 있는 기회를 마련해 보겠습니다.

(2000. 7. 29)

39  '성시화聖市化 운동'에 대하여

손 집사님

오늘 아침에는 비가 많이 내립니다. 남쪽에서 태풍이 올라오고 있다지요? 지난번에 의료파업이 있은 후 또다시 파업을 한다는 기사가 신문에 보이는데 집사님은 그에 대해 어떤 심정인지 모르겠습니다. 복음을 아는 의료인들은 자신의 유익이 아니라 하나님께서 허락하신 의료인으로서의 재능이 누구를 위해 사용되어야 하는가에 초점이 맞추어져야 하리라 생각합니다.

유빈이와 유빈이 엄마에게도 문안합니다. 특별히 유빈이 엄마에게는 제가 평상시에 다소간 미안한 마음을 가지고 있습니다. 유년주일학교 때문에 오후에 있는 성경 공부에 함께 참여하지 못하기 때문입니다. 아이들을 잘 가르치는 일은 좋은 은사인데 그 은사로 인해 자신이 공부하는 시간을 빼앗겨야 한다는 것이 아쉽기는 하지만 여러 아이들을 위해서는 유익이 되니까 그것으로 위안 삼을 수 있으리라 생각합니다. 그 대신 손 집사님께서 주일 오후에 공부한 내용을 부인에게 대화 가운데 잘 전달해 주어야 하지 않을까 생각합니다.

제가 지금 서신을 쓰는 것은, 지난 주일 집사님이 이야기한 '성시화 운동'에 대해 말씀드릴까 해서입니다. 그렇지 않아도 집사님을 생각하며 편지를 쓸 수 있는 기회를 생각하던 중, 마침 집사님이 '성시화 운동이란 도대체 무엇인가?'라는 말씀을 하셔서 그에 맞추어 몇 자 씁니다.

손 집사님이 생각하시는 것처럼 '성시화 운동' 이란 우선 건전한 복음 운동이라 할 수 없습니다. 이 운동이 시작된 지는 그렇게 오래되지는 않았으리라 여겨집니다만 지금 여러 도시들에서 그 운동을 전개해 가고 있습니다. 이 운동은 초교파적 협력을 통하여 여러 도시들을 거룩한 도시로 만들어, 하나님의 공의와 그리스도의 사랑이 넘치는 성시聖市를 이루려는 것을 목적으로 하고 있다고 합니다.

이 운동은 춘천에서 시작된 'Holy Club' 운동에서 출발하여 지금은 청주, 인천, 대전, 부산, 대구 등지에서 활동을 시작하고 있습니다. 지난 6월 말, 부산에서는 사직 실내체육관에서 '부산성시화 운동 발대식' 을 가졌으며, 대구에서는 대구동일교회당에서 창립총회를 가졌습니다. 부산과 대구에서 추진하는 성시화 운동에는 고신측과 합동측 등 보수주의 교단의 목회자들이 그 운동의 지도자들로 되어 있습니다.

'성시화 운동' 을 하는 사람들은 기독교가 앞장서서 도시를 주님의 이름으로 거룩하게 해야 한다고 주장합니다. 우리가 잘 알고 있듯이 현대의 도시들은 문제 투성이입니다. 대도시들은 마치 폭력과 매춘, 마약, 부정과 부패 등 거의 모든 악한 것들이 총 집합해 있는 듯 합니다. '성시화 운동' 을 하는 사람들은 그러한 범죄의 도시를 '공의와 사랑이 넘쳐 진정한 자유와 평화를 누릴 수 있는 거룩함이 가득한 도시를 만들어 보자' 고 주장합니다.

얼른 들으면 매우 타당성 있는 이야기처럼 생각될 수도 있습니다. 나쁜 일을 하자는 것이 아니라 기독교가 앞장서서 정화 운동을 하자고 하니 나쁜 일은 아닌 듯 싶습니다. 그런 운동을 하는 사람들의 취지나 의도를 굳이 악하다 할 이유는 없으리라 생각합니다.

그러나 성시화聖市化라는 말의 의미를 우리는 아무렇게나 사용할 수 없습니다. 차라리 '도시 범죄에 대응하는 모임' 을 구성하여 교회가 처해있는 세상에 대해 어느 정도의 문제 해결을 도모한다든지, '청소년 보호 위원회'를 만들어 교회에 속한 청소년들의 무분별한 세속화를 막는데 자그마하나마 일조를 한다면 그것은 다른 문제일 것입니다. 그러나 세상의 도시를 하나님이 기뻐하시는 거룩한 도시로 만들겠다는 것은 우선 말이 되지를 않습니다.

'성시화 운동'이란 '세속주의 운동'이며 '인본주의 운동'일 따름입니다. 그 양상은 처음부터 일어나고 있습니다. 한 예로 '대구 성시화 운동 창립총회'에서는 불교 신자인 대구시장을 비롯한 불신자들까지 초청해 축사를 시켰습니다. 교회가 불쌍히 여겨야 할 저명한 인사들을 초청해 축사를 하도록 한다는 것은 어불성설입니다.

하나님을 알지 못하는 자라면 그 사람이 대통령이든 국회의원이든 시장이든 모두가 불쌍한 사람들 아닌가요? 주님이 오실 때 심판을 받아 영원한 멸망에 빠지게 될 그런 사람을 마치 도시를 거룩하게 하는데 있어 대단한 일이라도 할 수 있는 인물인 양 여겨 축사를 하게 한다는 것은 말이 되지 않습니다.

그럼에도 불구하고 그 운동을 추진하는 사람들은 그런 식으로 모든 것을 추진하고 있습니다. 그것은 곧 성시화 운동이 하나님의 복음 운동과는 무관한 일임을 보여주는 것이며 주의 몸된 교회가 조직적으로 할 일이 아님을 말해주고 있습니다.

신앙이 어린 대부분의 사람들은 '기독교인들이 좋은 일을 하는 것이니까 좋지 않느냐'고 합니다. 그러나 그것이 도리어 참 복음을 깨달으며 살아가는 데 도리어 방해가 될 수 있음을 생각해야 합니다. 성경이 우리에게, 기독교가 굳이 그런 식의 조직적인 운동을 하지 않아도 하나님을 진정으로 경외하는 성도들은 미흡하나마 세상 가운데서 그렇게 살게 될 것임을 말하고 있습니다.

거룩성을 유지해야 할 모임은 주님의 몸된 교회입니다. 우리는, 기독교가 부패했으며 기독교 지도자들이 썩었다는 말을 종종 듣습니다. 그리고 교회가 세속화 되었고 인본주의화 되었다는 개탄의 소리를 자주 듣고 있습니다.

결코 거룩하게 될 수 없는 이 세상의 도시를 '성시화' 하겠다는 허황된 생각을 앞세우기보다는, 세속화되어 부패한 지상의 교회가 예수 그리스도의 거룩함에 조화되는 거룩한 신부의 모습을 가지도록 하는 일에 우리가 앞장서야 합니다. 거룩해야만 할 내 집안은 형편없이 썩어들어가는데, 죄악 가운데 놓여있는 남의 집안에 대한 정화 운동을 지상의 목표로 삼는다면 얼마나 우스꽝스러울까요?

손 집사님, 한 주간 동안 건강하시기를 바라며 오는 주일 반가운 얼굴로 만나기를 기대합니다.

(2000. 8. 1)

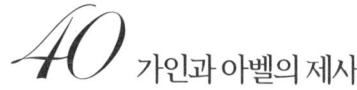# 40 가인과 아벨의 제사

K 강도사님

안녕하세요. 강도사님께서 경산에 위치한 대구대학교까지 왔었다면 우리 교회당과는 넘어지면 코닿는 지척의 거리인데 방문하는 기회를 가졌더라면 좋았을 뻔했습니다. 학생들을 인솔해 왔다면 매우 분주했을 것이라 생각되어 이해가 되기도 합니다.

강도사님의 질문을 받은 지 꽤 된 것 같습니다. 제가 오는 8월 7일 터키로 출국했다가 25일 귀국 예정이어서 출국하기 전에 답을 하려합니다. 제가 터키에 가있는 동안 기도 가운데 저를 기억해 주시면 감사하겠습니다.

강도사님은 가인과 아벨의 제사에 대해서 질문하셨습니다. 창세기에 보면 가인은 곡물로써 하나님께 제사를 지냈으며 아벨은 양의 첫 새끼로 하나님께 제사를 드렸습니다. 하나님께서는 아벨과 그 제물은 받으셨지만 가인과 그 제물은 열납하지 않으셨습니다(창 4:3-5).

우리가 이 사건을 설명하면서, 아벨은 양을 바쳤으므로 하나님이 기쁘시게 받으신 반면 가인은 곡물을 바쳤기 때문에 받지 않으셨다고 말하는 것은 옳지 않습니다. 즉 양은 하나님이 기쁘게 받으실 만한 제물이지만 곡물은 그렇지 않다고 막연하게 생각하는 것은 옳지 않은 것입니다. 나중 이스라엘 백성들이 하나님께 제사를 드릴 때 양이나 소뿐 아니라 곡식의 맏물을 제물로 드린 것을 많이 볼 수 있기 때문입니다.

우리가 창세기의 이에 대한 성경구절에서 관심 있게 보아야 할 부분은 하나님께서 '아벨과 그 제물'을 열납하신 반면 '가인과 그 제물'은 열납하지 않으셨다는 사실입니다. 성경 본문은 아벨과 아벨의 제물을 서로 분리하지 않고 하나로 언급하고 있으며, 가인과 가인의 제물 역시 분리하지 않고 하나로 언급하고 있습니다.

여기서 제가 하고자 하는 말씀은 제물의 종류 때문에 하나님이 한쪽은 기뻐하시고 다른 한쪽에 대해서는 진노하신 것이 아니라는 점입니다. 하나님께서는 가인과 아벨이 제사를 드리기 전에 이미 아벨은 택하여 사랑하는 자로 인정하셨고 가인은 유기하여 하나님과 관계없는 죄의 자녀로 그냥 두신 것입니다.

그러므로 우리는 이렇게 말할 수 있습니다. 아벨의 제사를 하나님이 기쁘게 받으신 이유는 그의 제물이 양이었기 때문이 아니라 하나님이 사랑하시는 아벨이 제사를 드렸기 때문입니다. 즉 하나님께서 기뻐하신 것은 일차적으로 제물이 아니라 택하신 자기 백성이었던 것입니다.

히브리서 11장 4절에 보면 "믿음으로 아벨은 가인보다 더 나은 제사를 하나님께 드림으로 의로운 자라 하시는 증거를 얻었으니 하나님이 그 예물에 대하여 증거하심이라 저가 죽었으나 그 믿음으로써 오히려 말하느니라"고 기록하고 있습니다. 얼른 보면 '아벨이 더 나은 제사를 하나님께 드린 사실'을 두고 마치 아벨이 가인보다 나은 제물을 선택한 것처럼 잘못 생각할 수도 있습니다.

그렇지만 같은 본문에 나오는 '하나님이 그 예물에 대하여 증거하심이라'는 말씀을 보면 아벨이 더 나은 제사를 드린 것은 아벨의 제물 선택 때문이 아니라 아벨에 대한 하나님의 놀라운 경륜 때문이었음을 알 수 있습니다. 위 본문에서 하나님께서 '아벨과 그 제물'을 열납하신 것은 아벨의 제물로 인한 행위 때문이 아니라 하나님께서 선물로 허락하신 믿음 때문이었음이 나타나고 있습니다.

또한 요한일서 3장 12절에는 "가인 같이 하지 말라 저는 악한 자에게 속하여 그 아우를 죽였으니 어찐 연고로 죽였느뇨 자기의 행위는 악하고 그 아우의 행위는 의로움이니라"고 기록하고 있습니다. 이 본문 또한 잘 해석해야만 합니다. 여기에서 보여주는 바는 '가인은 악한 자에게 속했으며', '아벨은 선한 자에게 속했다'는 점입니다.

가인이 악한 것은 저가 죄의 아비인 사탄에게 속했기 때문이며, 아벨이 선한 것은 저가 선하신 하나님께 속했기 때문입니다. 그래서 요한은 '가인의 제물이 악하다'고 하는 대신 '가인의 행위가 악하다'고 했으며, '아벨의 제물이 의롭다'고 하는 대신 '아벨의 행위가 의롭다'고 증언하고 있습니다.

저는 이 본문에서 보여주는 바 '행위의 악하고 의로움'이라는 말이 가인과 아벨의 서로 다른 제물로 인한 제사행위 자체보다 더 넓은 의미를 가진다고 보고 있습니다. 즉, '악한 자'의 제사는 '악한 행위'이며, '선한 자'의 제사는 하나님께서 받으실 만한 '선한 행위'입니다.

그럼에도 불구하고 하나님께서는 아벨과 양을 기쁨의 제물로 받으심으로써 '양의 첫 새끼'를 통해 나중에 있을 메시아 사역을 어느 정도 계시하신 것으로 이해됩니다. 즉 아벨이 양을 제물로 드렸기 때문에 그 제사를 기쁘게 받으신 것이 아니라 그 제물을 통해 하나님의 뜻을 어느 정도 미리 계시하신 것이 아닌가 생각합니다. 하나님께서는 동물로 드리는 제사 자체를 좋아하는 것이 아니라 하나님을 올바르게 알아 순종하는 자기 백성을 기뻐하십니다(호 5, 6장 참조).

하나님께서는 가인과 아벨을 통해 '선택과 유기'를 처음부터 보여주셨습니다. 하나님이 사랑의 하나님인 동시에 공의의 하나님이심을 명백히 보여주신 것입니다. 우리는 하나님께서 가인과 아벨의 제사를 통해 우리에게 알려주신 메시지가 무엇인가 하는 것을 잘 알아야 합니다. 하나님께서 처음부터 미리 택하신 자기 백성에 대한 사랑을 보여주셨음을 올바르게 깨달아야만 합니다.

　아울러 오늘 우리 시대에도 어떤 종류의 화려한 예배를 드리느냐가 중요한 것이 아니라 '누가' 하나님께 예배를 드리느냐가 진정으로 중요한 것입니다. 하나님 안에 있지 않은 자들이 멋진 음성의 설교와 아름다운 음악을 동반한 화려한 예배를 드린다해도 하나님께서 받지 않으실 것이며, 진정으로 하나님 안에 있는 자가 드리는 소박한 예배는 하나님이 기쁘게 받으실 것입니다.

　창세기의 맨 앞부분에 기록된 하나님의 말씀을 통해 죄악에 빠진 인간들을 향한 하나님의 놀라우신 뜻을 잘 깨달아 가는 우리가 되기를 바랍니다. 나중에 또 연락주시기 바랍니다.

(2000. 8. 4)

41 성경은 이혼을 허용하는가?

손 강도사님께

강도사님, 안녕하십니까? 저는 지난 3주간 그리스와 터키를 여행한 후 그저께 돌아왔습니다. 돌아와서 보니 홈페이지와 이메일 등을 통해 여러 가지 다양한 질문들이 들어와 있네요. 그 가운데 강도사님의 질문에 대해 여러 사람들이 관심을 가지는 것 같아 가장 미리 답변을 하고자 합니다.

제가 지난번 영국에 계시는 어느 사모님에게 서신을 보내면서 '이혼불능' 離婚不能이라는 제목을 달아 공개적으로 보낸 적이 있습니다. 강도사님께서는 성경에 이혼을 허용하고 있는 내용들이 있지 않은가 질문하셨습니다.

그렇습니다. 강도사님께서 이해하고 있듯이 성경에는 이혼을 허용하는 듯한 구절들이 여럿 있습니다. 대표적인 것이 '음행은 이혼의 조건이 된다는 내용과, 이혼을 하려면 이혼증서를 주라'(마 5:31, 32; 19:3이하 참조)는 내용입니다. 그렇지만 예수님의 말씀을 잘 살펴보면 이혼을 허용하는 것이 아니라 이혼을 금하고 있습니다.

마태복음 5장 32절에서 예수님께서는 "누구든지 음행한 연고 없이 아내를 버리면 이는 저로 간음하게 함이요 또 누구든지 버린 여자에게 장가드는 자도 간음함이니라"고 하셨습니다. 저는 이 구절에서 문장의 앞 뒤 부분을 구분하여 해석해야 한다고 생각합니다. 여기서 '버린다'는 말을 과연 오늘날 우리가 이해하고 있는 바 '이혼'으로 해석할 수 있느냐 하는 점을 생각해 보아야 합니다.

　음행한 여자를 버리는 것은 한 가정의 문제에 앞서 이스라엘 민족의 성결을 위해서입니다. 그런 음행한 사람을 이스라엘 민족으로 인정할 수 없다는 것이지요. 위 구절의 하반절에서 버림을 받은 여자는 원래의 남편으로부터 자유로운 자가 아닙니다. 아직 그 부부관계가 살아있습니다. 그러므로 '버림을 받은 여인'에게 장가드는 것은 곧 간음을 행하는 것이 되는 것입니다.

　마태복음 19장 3절 이하에는 바리새인들이 예수님을 시험하는 내용이 기록되어 있습니다. 우선 바리새인들의 시험 동기가 예수님의 '이혼 불능'에 대한 가르침 때문이었습니다. 그러므로 바리새인들은 '사람이 아무 연고를 물론하고 그 아내를 내어버리는 것이 옳으냐?'(3절)고 질문했던 것입니다. 그에 대한 예수님의 답변이 곧 '하나님이 짝지어 주신 것을 사람이 나누지 못할지니라'(6절)고 하는 내용입니다.

　그러자 바리새인들은 모세를 들먹이며 이혼의 가능성을 주장했습니다(7절). 예수님께서는 '너희 마음의 완악함을 인하여 아내 버림을 허용하였다'(8절)고 말씀하셨는데, 이는 위에서 제가 언급한 대로 곧 이스라엘의 정결을 위해서입니다. 그러면서 '본래는 그렇지 않음'(8절)을 말씀하셨습니다. 이 부분의 영어성경에는 'It was not this way from the beginning'(NIV)이라고 쓰여져 있으니 참고하실 수 있습니다.

　또한 고린도전서 7장 15절에는 "혹 믿지 아니하는 자가 갈리거든 갈리게 하라 형제나 자매나 이런 일에 구속받을 것이 없느니라"고 말하고 있습니다. 여기서도 '갈린다'는 말을 '이혼'과 동일한 맥락에서 해석할 것인가 하는 문제는 신중히 살펴야 합니다. 참고로 영어성경에는 이를 'leave'(NIV), 'depart'(KJV)라고 기록되어 있습니다. 저는 여기서 '갈린다'는 말의 의미를 이혼이 아니라 '별거'로 해석을 합니다. 현대의 거의 대부분의 신학자들이 이를 '이혼'으로 해석하려 하지만 저는 그들의 해석이 잘못되었다고 생각합니다.

이 본문에서 사도 바울이 '혹 믿지 아니하는 자가 갈리거든 갈리게 하라'고 했는데, 여기서 그 '갈림'의 주관자가 믿는 자가 아니라는 점을 예의주시 해야 합니다. 즉 '상대 배우자가 믿지 아니하면 너의 신앙을 위해 그를 떠나라'고 말하는 것이 아니라는 것입니다. 도리어 그 주관자는 믿지 아니하는 상대 배우자입니다.

믿는 자는 어떤 경우에도 자신의 믿음을 이유로 상대방에게 '갈림'을 요구할 수 없습니다. 그에 대한 직접적인 증거는 그 뒤에 따라나오는 16절에 기록된 "아내된 자여 네가 남편을 구원할는지 어찌 알 수 있으며 남편된 자여 네가 아내를 구원할는지 어찌 알 수 있으리요"라는 말씀에서 찾을 수 있습니다.

결국 고린도전서 7장 15절에서 말하고자 하는 바는 믿지 아니하는 상대 배우자의 '갈림'에 대해 달리 대응할 방법이 없다는 것입니다. 즉, 상대방이 "예수를 믿지 않으면 갈라서지 않을게"라고 한다 해서 우리가 신앙을 버릴 수 있는 것이 아니며 '갈라섬'을 방지하기 위해 신앙의 양보를 할 수는 없다는 것입니다. 그러므로 '이런 일에 구속받을 것이 없느니라'고 말하고 있습니다.

그러나 이 본문이 특별한 경우에 이혼을 허용하고 있는 것이 아님은 분명합니다. 성경은 우리에게 어떤 경우에도 이혼을 허용하지 않습니다. 단지 오늘날의 많은 기독교인들이 어떤 일을 핑계삼아 이혼하고 있을 따름입니다. 제가 알기로 사도시대 이후 수백 년 동안 초대교회의 가르침은 '이혼불능'이었습니다.

오늘날은 가정의 조건을 행복에 두고 있습니다. 많은 기독교 지도자들이 그렇게 가르치고 있는 것은 안타까운 현실이라 생각합니다. 그렇지만 성도의 가정의 조건은 일차적으로 우리가 만들어 가는 '행복'이 아니라 하나님의 '세우심'입니다. 그러므로 혹 어떤 불행이 닥친다 해도 하나님께서 세우신 가정이므로 주님을 소망하며 이 세상에 소망 없음을 확인하는 가운데 겸손하게 살아가는 것이 성도의 가정입니다.

이 세상을 살아가는 성도들에게도 역시 지뢰밭 같은 길이 눈앞에 펼쳐져 있습니다. 각종 사고, 질병, 핍박, 불행 등 우리는 언제 무슨 일을 만날지 모릅니다. 그중에는 배우자의 부정함으로 인해 극심한 고통을 겪어야 할 일이 있을지도 모릅니다. 우리는 성숙한 성도로서 괴로움 가운데서도 천국의 소망을 잃지 않는 자세를 가져야 하겠지요. 이혼은 결코 허용되어서는 안 됩니다. 특별한 경우이기는 하지만 우리는 부정한 아내를 둔 호세아 선지자의 신앙 자세를 기억할 수 있습니다.

우리의 시대는 '이혼의 가능'을 떳떳하게 이야기하는 때입니다. 이러한 때 성경 말씀을 다시 한번 잘 상고해 봄으로써 주님의 뜻을 잘 알아가게 되기를 간절히 바랍니다.

(2000. 8. 29)

 아브라함과 다윗 집안의 일부다처제 수용은?

자매님께

안녕하세요? 어디에 사시는 분인지는 모르지만 부족한 저에게 질문을 주셔서 진심으로 감사드립니다. 보내주신 글을 통해 자매님이 신실한 분으로 짐작되어 더욱 반갑습니다. 혹 이 다음에 연락 주실 일이 있으면 좀더 많은 소개가 있었으면 하는 바램을 가져봅니다.

자매님께서는 참 어려운 질문을 하셨더군요. 아브라함과 야곱 그리고 다윗, 솔로몬 등이 여러 아내와 첩들을 두고 살았는데 이것을 어떻게 이해해야 하는 점이 무척 궁금하다고 하셨죠? 그 사람들은 모두 하나님 앞에 훌륭한 신앙인들로 인정을 받고 있으며 그러한 복잡한 혼인 생활에 대해 하나님으로부터 별다른 질책을 받지 않고 있는 것은 한편 의아하기도 한 것이 사실입니다.

우선, 저는 이 답변에서 자매님의 질문에 대해 어떤 정답을 드리려 애쓰지는 않겠습니다. 그 이유는 제가 정답을 정확하게 알고 있지 못하다는 사실과 이런 문제에 대해 단일한 정답을 찾으려는 노력이 어떤 의미를 가지는지 잘 알지 못하기 때문입니다.

그럼에도 불구하고 저는 자매님의 질문에 대해 저 나름대로 견해를 피력하고자 합니다. 거듭 말씀드리지만 그것은 정답이라기보다는 우리가 얻을 수 있는 교훈과 깨달음에 초점을 두고 있습니다.

성경을 연구하는 신학자들은 '구속사'라는 용어를 사용합니다. 이는 하나님께서 죄에 빠진 자기 백성들을 구원하시기 위한 섭리적 역사를 의미합니다. 구속사 가운데는 여러 중요한 인물들이 등장합니다. 아브라함과 다윗은 그들 중 가장 중요한 인물들이라 할 수 있습니다.

마태복음 1장 1절에서는 "아브라함과 다윗의 자손 예수 그리스도의 세계世系"를 기록하면서 그들이 예수 그리스도의 오심에 대한 구속사적 역할을 감당했음을 증거하고 있습니다. 그리고 구약시대 이스라엘 백성들은 항상 자신들이 아브라함과 다윗의 자손임을 민족적 긍지로 생각하며 살았습니다.

오늘날 우리도 영적으로 아브라함의 자손임을 천명하고 있으며 다윗가家의 의미를 중요하게 생각하고 있습니다. 그런데 성경을 보다보면 다소간 신비함을 발견할 수 있습니다. 많은 사람들이 구약시대에는 일부다처제나 처첩제도를 인정한 것으로 막연히 생각하는 경향이 있지만 그렇지 않습니다.

구약시대에도 아브라함가家와 다윗가家를 제외하고는 대체적으로 일부일처제가 잘 지켜졌습니다. 이는 물론 하나님을 경외하는 경건한 이스라엘 백성을 두고 하는 말입니다. 이사야, 예레미야, 호세아 등 선지자들은 여러 아내를 두지 않았습니다.

그렇다면 왜 하필 아브라함과 다윗의 집에서 그런 일이 일어났을까 하는 커다란 의문이 생겨날 수밖에 없습니다. 아브라함은 여러 아내들을 두었으며 야곱도 여러 아내를 두었습니다. 그리고 다윗과 솔로몬도 여러 명의 아내를 두었습니다. 이것을 과연 어떻게 해석해야 할까요?

저는 이에 대해 이렇게 생각해 봅니다. 이스라엘 백성들은 아브라함, 이삭, 야곱 그리고 다윗과 솔로몬을 거의 절대시하였습니다. 심하면 그들이 우상이 될 정도로 절대화하여 숭앙할 정도였습니다. 저는 바로 여기에서 이 문제에 대한 깨달음을 가질 수 있다고 생각합니다. 하나님께서 구속사 가운데 선택하신 가장 중요한 인물이자 가문의 우두머리라 할 수 있는 그들의 흠 있는 삶을 통해 하나님께서는 자신의 구원을 펼쳐 나가신 것입니다.

이스라엘은 아브라함과 다윗의 집안을 통해 일하신 하나님을 바라보아야 하며, 그 구속사에 참여한 아브라함과 다윗의 공로 때문이 아님을 저들의 흠 있는 생활을 통해 보여주셨던 것입니다. 아브라함의 가정과 다윗의 가정은 매우 불행했음을 우리는 성경을 통해 알 수 있습니다. 그것은 그들의 복잡한 가정 생활에서 기인한다고 볼 수 있습니다.

야곱의 자식들 가운데는 그 아버지의 첩과 음행을 행한 경우도 있고 며느리와 음행한 자도 있습니다. 뿐만 아니라 칼로 싸우는 것을 보통으로 여겼고, 심지어는 형제를 외국의 노예상인에 팔아 넘기기도 했습니다. 다윗의 집안도 복잡하기는 마찬가지입니다. 자식이 아버지의 왕좌를 차지하기 위해 존속살해를 시도하기도 했고 자식들 간에 강간사건이 일어났으며 심지어는 살해사건까지 일어났습니다.

우리는 아브라함과 다윗의 집안에서 있은 일부다처제의 수용과, 정상적인 가정에서는 도저히 있을 수 없는 다양한 사건들을 통해 문제가 많은 그들의 삶을 엿볼 수 있습니다. 앞에서도 언급한 것처럼 하나님께서 그들 집안의 그런 것들을 허용하신 것은 그러한 사람들을 선택해 자신의 구원을 이루어 가시는 하나님의 놀라운 경륜을 보여주고 계신 것입니다.

어떤 사람들은, 간음을 하면서 아브라함도 그렇게 하지 않았느냐고 말합니다. 그것은 신앙이 없거나 아주 어린 사람들만이 할 수 있는 이야기입니다. 아브라함이나 다윗의 행위 자체가 결코 우리의 모본이 될 수 없습니다. 하나님께서 아브라함이나 다윗 그리고 그들의 가정을 우리의 윤리적 본보기로 제시한 것이 아니기 때문입니다.

자매님!

앞으로 자녀들이나 주일학교 어린이들이 이에 대해 묻거든, 그것은 그들이 잘못한 것이라 이야기해 주십시오. 그리고 그들이 그렇게 잘못된 행위를 했음에도 불구하고 하나님께서는 그런 사람들을 통해 자신의 구원을 이루어 가신 그 사랑을 말해 주십시오. 하나님께서 그들을 심하게 질책하지 않으신 것은 그들이 자신이 행한 행위가 하나님 앞에서 부끄럽고 잘못된 행위임을 잘 알고 있었기 때문이었음도 이야기해 주십시오. 또한 오늘 우리가 아브라함과 다윗의 자손 예수 그리스도를 믿는 것은 죄악 가운데 자기 백성들의 구원을 이끌어 가신 하나님의 놀라운 은혜 때문임도 이야기해 주십시오.

제가 깨닫고 있던 점을 간단하게 말씀드렸습니다. 저의 부족한 생각이 자매님에게 다소나마 도움이 된다면 감사하겠습니다. 성경의 혼인제도에 대해서는 제가 쓴 다른 글들을 참고하실 수 있으리라 생각합니다. 나중에 또 나눌 만한 이야기가 있으면 연락주세요.

(2000. 8. 29)

43 '사도신경'에 대하여

이 집사님께

사님, 안녕하세요? 그동안 여러 가지 바쁜 일들이 몰려 집사님의 질문에 대한 답변이 늦어졌습니다.

집사님께서 사도신경에 대한 질문을 하셨더군요. 집사님의 질의서 내용을 보면 집사님께서는 사도신경에 대해 다소 부정적이라는 생각이 들더군요. 집사님이 사도신경에 대해 부정적인 이유는 그 내용 때문이 아니라 사도신경을 암송하는 성도들의 태도 때문이 아닌가 생각됩니다. 저도 집사님의 마음을 충분히 이해합니다.

사도신경은 하나님에 대한 신앙을 고백하는 것인데 아무런 생각 없이 암송하고 만다면 그것은 의미 없는 일일 뿐더러 단순한 형식주의에 빠질 위험이 없지 않다고 생각하기 때문입니다. 뿐만 아니라 사도신경을 거짓 고백하는 교회들도 있습니다. 예를 들자면 자유주의 신학 사상을 가진 자들은 예수 그리스도의 동정녀 탄생을 부인하는데 교회가 그런 신학자들을 인정하는 동시에 사도신경을 고백한다는 것은 말도 안 되는 소리입니다.

집사님께서는 사도신경이 '열두 사도가 한마디씩 한 것을 모은 것'이라고 말씀하시면서 그들 중 가룟 유다도 끼어 있었느냐고 질문하셨지요? 집사님이 이에 대해 알고 있는 바는 기독교 전승 가운데 주장되고 있는 하나의 이야기일 뿐입니다. 그러니까 그것이 사실은 아니라는 말이지요.

우선 예수님의 '열두 사도'의 의미는 매우 중요합니다. 즉 꼭 '열두 명'이어야 하는 이유는 구속사적인 의미를 가지고 있습니다. 그러나 예수님을 적극적으로 따라 다니던 그룹의 열두 명을 우리는 '열두 사도'라고 말하지 않습니다. 그 대신 '열두 제자'라는 말을 사용하기는 합니다. 다시 말해서 잘못된 제자는 있을 수 있지만 잘못된 사도는 있을 수 없습니다.

가룟 유다는 예수님을 따라다니다가 배신한 잘못된 제자였습니다. 그러나 사도행전 1장 끝부분에 보면 맛디아가 뽑혀 '열두 사도' 가운데 들어간 것을 알 수 있습니다. 이렇듯이 '열두 제자'라는 말과 '열두 사도'라는 말은 구분지어 사용해야 한다고 생각합니다.

'사도신경'이 열두 사도들이 한마디씩 한 것을 모은 고백문은 아닙니다. 사도신경이라 할 때 '사도'라는 말이 들어가기 때문에 '사도들'과 어떤 관련성이 있을 것이라는 점은 생각해 볼 수 있습니다. 그렇지만 열두 사도들이 모여 사도신경을 작성했다는 것은 납득하기 어렵습니다.

사도신경에 대한 역사적인 일반적 이야기를 잠시 소개하도록 하겠습니다. 현재의 사도신경의 원 형태는 그 형성시기를 AD 150년경으로 잡는 것이 일반적입니다. 그것이 5세기 말엽이 되어 현재의 것으로 확정된 것으로 봅니다. 그때는 기독교가 로마제국의 국교가 되어 여러 종교회의들을 거친 때입니다.

710년 이후에는 텍스투스 리셉투스Textus Receptus가 공적으로 인정되었는데 그 고백문이 오늘날 우리가 가진 고백문과 거의 일치합니다. 따라서 8-9세기 경이 되어서야 서방교회 전역에서 이 '사도신경'을 사용한 것으로 추정하고 있습니다.

사도신경은 초대교회부터 있어온 것으로 적어도 15세기까지는 그 고백이 성경적 권위를 가졌습니다. 사도신경이 직접 사도들에 의해 작성되었다는 생각 때문이었습니다. 이는 오늘날 우리가 성경에 가장 조화되는 완벽에 가까운 고백문이라고 생각하는 것과는 다소 차이가 나는 견해입니다. 칼빈도 사도신경이 사도들이 직접 만든 고백문이라 생각지는 않았습니다. 신학자들은 일반적으로 '사도신경'이 서방교회의 대표적인 신앙고백이라고 생각합니다.

그리고 집사님께서는 '사도신경의 성경적 근거'에 대해 질문하셨습니다. 이에 대한 저의 답변이 집사님께 만족스러울는지 모르겠습니다. 성경에는 '사도신경을 만들어 교회에서 고백하도록 하라'는 식의 문구가 없습니다. 그럼에도 불구하고 초대교회에서부터 오늘에 이르기까지 건전한 교회들은 그렇게 해오고 있습니다.

신학 가운데는 '교의학'이라는 분야가 있어서 성경전체의 가르침을 교의적으로 정리하여 연구하는 분야가 있습니다. 이처럼 '사도신경'도 성경이 말하고 있는 바 하나님에 대한 가르침을 고백적으로 정리한 것이라 할 수 있습니다.

사도신경은 초대교회 이래 매우 중요한 역할을 해왔습니다. 오늘날 우리나라의 경우 한글로 성경이 번역되어 있으며 거의 대부분의 성도들이 성경책을 자유롭게 읽을 수 있습니다. 그러나 초대교회 이래 15세기 이전까지만 해도 교회의 형편이 그렇지 못했습니다.

히브리어, 헬라어, 라틴어 등 몇 언어만으로 성경책이 번역되어 있었으며 그 글들 가운데 하나를 부담없이 잘 읽을 수 있는 사람은 극히 소수에 지나지 않았습니다. 그 당시는 성경을 함부로 번역하지 못하게 했으므로, 혹 다른 언어를 사용하는 민족이나 종족이 있다면 헬라어, 라틴어 등 성경이 번역되어 있는 언어를 배워야만 했습니다.

뿐만 아니라 15세기 경 독일의 구텐베르그Gutenberg가 인쇄술을 발견하기 전에는 성경책을 개인이 가지지도 못했습니다. 그러할 때 성도들이 꼭 외워 교회가 함께 고백했던 고백문이 곧 사도신경입니다.

저는 사도신경이 말씀을 바탕으로 한 순수한 복음이 있던 초대교회 당시에 사도들과 관련된 고백문이라 생각합니다. 이 말은 사도들이 사도신경을 직접 작성했다는 의미가 아니라 사도들의 복음에 대한 본질적 가르침이 초대교회에 자연스럽게 형성되었을 것이라는 의미입니다.

이미 앞에서 말씀드린 것처럼 초대교회에는 문맹자도 많이 있었으며, 당시 유럽과 아프리카 그리고 지금의 터키 전역에 해당되는 넓은 지역에 복음이 전파되는 과정에서 보편교회의 보편적 고백이 있음으로써 주님 안에서의 한 교회임을 가시적으로 확인할 수 있었을 것으로 생각합니다.

집사님, 제가 생각하기로는 오늘날 우리 시대 교회에도 '사도신경'은 매우 중요하다고 생각합니다. 특히 이단들이 난무하고 신앙의 본질이 훼손되어 가는 어수선한 때 건전한 교회들이 동일한 신앙고백을 행함으로써 역사 속의 주님의 교회들과 현실의 참된 교회들 가운데 연결된 보편교회의 성도로서 우리의 신앙을 확증할 수 있기 때문입니다.

그러나 생각 없는 관습적 암송이나 진정한 고백이 없는 읊조림은 도리어 무의미할 것입니다. 동일한 성경을 가지고 있으면서도 다양한 주장들이 난무하는 세대 가운데 살고 있는 우리가 올바른 신앙고백을 통해 우리 자신을 부인하고 성부 하나님의 전능하심과 예수 그리스도의 대속의 은혜, 그리고 성령의 교제 가운데 있는 거룩한 교회에 대한 고백이 있어서 하나님을 찬양할 수 있다면 하나님께는 영광이요 우리에게는 무한한 은혜의 방편이 될 수 있습니다.

세상을 부인한 초대교회 거룩한 성도들의 신앙고백이 오늘의 우리의 신앙고백이 되어 주님을 노래할 수 있다면 그것이 얼마나 큰 은혜일까요? 이 집사님과 제가 아직 만난 적이 없는 사이이지만 주님 안에서 동일한 고백을 하는 성도인 것이 확증될 때 서로간 동일한 은혜를 나눌 수 있습니다.

 집사님의 질문에 대한 저의 답변이 집사님과 이 글을 읽는 이들에게 다소나마 도움이 되기를 바랍니다.

(2000. 9. 7)

 SFC와 개혁주의에 대하여

두 분 형제들께

안녕하세요? 서로 알지 못하는 두 분의 형제들에게 한꺼번에 편지를 쓰려니까 조금 어색한 기분이 듭니다. 추석명절이라 많은 사람들이 고향을 찾는다는 소문이군요. 조금전 텔레비전 방송에서는 사할린에서 최근 영구 귀국하여 국가에서 제공한 경북 고령의 집단 숙소에서 살고있는 노인들이 더욱 쓸쓸한 추석을 보낸다는 보도가 있었습니다. 많은 사람들이 즐거워하는 시간에 즐거워할 형편에 있지 못한 어려운 사람들을 기억하는 우리가 되어야 하지 않을까 생각해 봅니다.

다양한 질문들을 해 주셔서 감사합니다. 두 분의 질문 내용이 SFC 안에서 개혁주의 신학 사상을 비판하는 지도자들에 대한 내용이어서 동시에 답변을 드릴까 합니다.

Kim 형제가 출석하는 교회의 대학부 SFC를 담당하는 목사님은 '너무나 자주 개혁주의를 비판' 하신다고 그랬지요? SFC 담당 목사님에게 조용히 따져 보려고 여러 차례 마음을 먹었지만 자기 확신에 꽉 차 있는 목사님으로 인해 여건상 그렇게 하지 못해 고민스럽다는 학생의 마음이 짐작될 듯 합니다. 그리고 Lee 형제께서도 SFC 담당 목사님이, '개혁주의와 칼빈주의를 하지 말라' 고 계속 이야기하는데 어떻게 그럴 수 있느냐고 질문을 했더군요.

저는 두 분의 질문 편지를 받고 조용히 생각해 보았습니다. 왜 그 목사님들이 SFC 학생들에게 그런 식으로 이야기했을까? 과연 그 분들은 정말 개혁주의 신학을 비판하는 사람들일까? 정말 그렇다면 예삿일이 아닐 것이지만, 저의 생각은 이렇게 정리가 되었습니다.

첫째, 그런 식으로 가르치는 목사님들이라면 개혁주의의 진정한 의미에 대해서 잘 모르는 사람들일 수 있습니다. 둘째, 말로는 개혁주의를 주장하면서도 실제로는 전혀 개혁주의 신학이나 신앙 사상과는 관계없는 그와 동떨어진 삶을 사는 많은 교회 지도자들로 인해 심하게 식상해 있을 가능성이 있다는 것입니다.

혹, 그렇다 하더라도 저는 그 분들의 그러한 가르침은 옳지 못하다고 생각합니다. 저 또한 1980년대 후반 수년간 SFC 간사를 지낸 사람입니다. 그러므로 SFC의 신앙고백에 대해서는 비교적 잘 알고 있는 사람 가운데 한 사람이라 할 수 있습니다.

질문한 학생들 모두 SFC 활동을 하고 있는 만큼 이미 잘 알고 있으리라 생각합니다만 SFC에는 'SFC 강령'이 있습니다. 그 전에는 각종 모임이 있을 때 모든 회원들이 그 강령을 한 목소리로 제창하곤 했는데 지금도 아마 그러리라 생각합니다.

'SFC 강령'은 개혁주의 신학 사상을 기초로 하여 작성된 것입니다. 전체 네 개 항목 가운데 제1항이, '우리는 전통적 웨스트민스터 신앙고백서 및 대소 요리문답을 우리의 신조로 한다'고 되어 있습니다. 이는 곧 개혁주의 신학을 고백하는 것이라 할 수 있습니다. 제2항과 제3항에서도 '개혁주의 신앙'에 대한 직접적인 고백을 담고 있습니다. 그리고 제4항에서 말하는 '하나님 중심, 성경중심, 교회중심'의 고백은 개혁주의 신학의 원리입니다.

이러한 터에 SFC를 지도하는 담당목사가 개혁주의를 부인한다는 것은 도무지 말이 되지 않습니다. 특히 위에서 언급한 'SFC 강령' 제1항에서 '전통적 웨스트민스터 신앙고백서' 라고 언급한 부분은 SFC가 지향하는 바 개혁주의에 대한 정의를 명확히 합니다.

 SFC는 '전통적 개혁주의 신학'을 고백하는 교단에 예속된 학생단체입니다. 이를테면 우리가 잘 알고 있는 다른 선교 단체들과는 그 고백적 성격을 달리합니다. 이는 좀 어려운 이야기일 수 있어서 약간의 구체적인 설명을 더 하도록 하겠습니다.

 예를 들어, 우리나라에 잘 알려진 기독교 학생단체로는 IVF, CCC 등을 들 수 있습니다. 물론 그보다 훨씬 많은 기독교 학생단체들이 있겠지만 말입니다. IVF, CCC 등의 학생 선교 단체는 '전통적 개혁주의 신학'을 바탕으로 하지 않고 '복음주의적 신학'의 성격을 그 바탕으로 하고 있습니다. 그러므로 SFC는 IVF, CCC등과 어떤 차이가 있습니다. 다시 말해서 학생선교 단체의 이름만 다를 뿐 아니라, 동일한 성격의 신앙단체가 아니라는 말입니다. 이는 사실상 매우 조심스러운 말이기에 여기서 어떤 오해가 있어서는 안 될 것입니다.

 제가 말하고자 하는 것은 SFC에 속한 학생들은 다른 학생단체와 교제를 해서는 안 된다고 말하는 것이 아닙니다. 오히려 건전한 신앙모임이 있다면 그들과 교제를 하되 우리의 신학과 고백은 잘 지켜져야 한다는 것입니다. 그렇게 함으로써 서로간 배울 것은 가려 배우는 가운데 진리를 잘 보존해 갈 수 있습니다. 자칫 잘못하면 각 선교 단체의 고백적 특성이 사라지고 신학적으로 뒤섞여 버릴 우려가 없지 않습니다.

 저는, 두 분 학생들에게 이렇게 권해 봅니다. 만일 SFC 지도 목사님이 앞으로도 개혁주의 신학에 대한 비판을 하거든 왜 그렇게 하는지 겸손하게 질문해 보시기 바랍니다. 아마 앞에서 제가 말씀드린 그 두 가지 이유 중 하나일 가능성이 높습니다. 그리고 SFC 강령의 의미에 대해서도 물어 보세요. SFC를 지도하는 교사라면 마땅히 그에 대한 명확한 답변을 할 수 있어야만 합니다. 그에 대해 온당한 답변을 할 수 없는 사람이 SFC를 지도한다는 것은 무엇인가 잘못된 것이며, 강령에까지 여러 차례 명시된 '전통적 개혁주의'를 부인한다면 SFC를 지도하지 말아야 합니다.

그리고 두 분께서 질문하신 내용 가운데 SFC 지도 목사님들이 개혁주의 신학을 부인 내지는 비판함으로써 생겨나는 여타의 문제들에 대해서는 제가 어떤 구체적인 도움을 줄 수 있을지 잘 모르겠습니다.

제가 바라기는 학생들이 소속된 지역 혹은 대학 SFC가 올바른 개혁주의 신학을 잘 회복해 가기를 바랍니다. 여러분들이 신학적 근거 있는 문제들을 겸손하게 제기할 때 무엇인가 잘못 알고 있거나 오해를 하고 있는 지도 목사들께도 도움이 될 것이며, 함께 SFC 활동을 하는 다른 친구들에게도 도움이 될 수 있을 것입니다.

마땅히 해야 할 고민을 하는 학생들의 자세를 높이 삽니다. 앞으로도 현실에 막연히 안주하거나 동화되지 않고 끊임없는 질문과 더불어 하나님의 뜻을 알아 가는 여러분들이 되시기를 간절히 바랍니다. 부족한 답변이지만 다소간 도움이 되기를 바라며 앞으로도 주님 안에서의 교제가 있기를 원합니다.

(2000. 9. 13)

 '개혁주의'와 '복음주의'에 대하여

경민 형제에게

오랜만에 질문을 해 오셨군요. 추석인사까지 곁들여 주시니 더욱 친근한 느낌이 듭니다. 이제 4학년 마지막 학기인 만큼 최선을 다해 공부하시기를 바랍니다. 때로 다양한 학자들의 주장에 관심을 기울이다 보면 정작 중요한 하나님의 말씀을 등한시할 우려가 없지 않음도 기억하시면 좋겠습니다. 즉 학자들의 과도한 학문적 주장이 주님의 말씀을 귀기울여 듣는 데 장벽이 될 수도 있다고나 할까요?

이번에 형제가 질문한 내용은 한편으로 생각하면 진부한 것 같기도 하고 또 다른 한편으로 생각해 보면 매우 어려운 질문이라고 할 수 있습니다. 어쨌거나 오늘날 우리의 시대에는 '개혁주의'라는 용어와 '복음주의'라는 용어가 빈번하게 쓰여지기 때문에 한번쯤 잘 생각해 볼 수 있는 분야라 하겠습니다.

우선 형제의 질문에 대한 이해를 위해 용어 정리부터 해야될 것 같습니다. '개혁주의'라는 말과 '개혁'이라는 말은 서로 다른 말이며, '복음'이라는 말과 '복음주의'라는 말은 서로 상이합니다. 나아가 '개혁적'이라든지 '복음적'이라는 말도 위의 용어들과 같지 않습니다. '개혁주의', '복음주의'라 하는 용어는 '주의'(ism), 즉 신학 사상을 이야기하고 있습니다. 그에 비해 '개혁' '개혁적' '복음' '복음적'이라는 용어들은 신학 사상을 표현하는 용어들이 아닙니다.

요즘은 많은 사람들이 용어 자체에 얽매이기 때문에 그 용어가 의미하는 바를 소홀히 하는 경향이 있습니다. 그러므로 우리 현실에서 적용되는 '개혁'이라는 단어를 떠올리며 '개혁주의'를 해석하려 하며, 신약성경의 '복음'이라는 훌륭한 단어를 떠올리며 '복음주의'를 해석하려 합니다. 더구나 '개혁주의'와 '복음주의'는 과거의 어느 시점으로부터 시작된 역사적 의미에서 출발하여 현재에 이르러 상당한 변천을 겪어왔기 때문에 그 설명은 더욱 어렵습니다. 그리고 그 양자는 완전히 분리된 별개의 것이 아니라 상당부분 중첩이 되기 때문에 더욱 그렇습니다.

이 글에서는 경민 형제에게 제가 답하는 것이므로 저의 견해를 주로 말하겠습니다. 이 말은 곧 다른 학자들 가운데는 위의 'ism'에 대해 다소간 달리 설명할 수 있는 여지가 있을 수 있기 때문입니다.

먼저 우리가 '개혁주의' 혹은 '복음주의'를 이야기할 때는 항상 '역사적 개혁주의'와 '역사적 복음주의'의 의미를 동시에 염두에 두어야만 합니다. 여기서 '역사적'이라는 말은 '전통적'이라는 말과 같이 쓰이기도 합니다. 따라서 '개혁주의'를 이야기하면서 '잘못된 교회를 개혁해 가는 현실적 어떤 성향'에서 출발하여 말하려 해서는 안 됩니다. 그렇게 되면 개혁의 다양한 내용이나 방법 등 현실적 현상에 대한 해석을 동원할 수밖에 없습니다. '복음주의'에 대해서도 '복음에 진정한 관심을 가진 사람들의 성향'으로 이해해서는 곤란합니다.

'역사적 개혁주의'는 칼빈주의와 맥이 통합니다. 우리가 잘 아는 것처럼 칼빈주의에서는 '하나님의 절대 주권'을 배경으로 한 '인간의 전적 부패', '인간의 전적 무능', '하나님의 제한적 구원' 등을 포함합니다. 개혁주의 신학에서 인간은 무능하고 부패한 존재여서 하나님의 전적인 은혜가 아니고서는 아무것도 할 수 없습니다. 인간에게 가장 중요한 의미가 되는 구원에 대해서도, 죄악에 빠진 인간 스스로 할 수 있는 것은 아무것도 없습니다.

한편 '역사적 복음주의' 는 일반적으로 17세기 경건주의 시대를 배경으로 형성이 되었다고 설명할 수 있습니다. 16세기 종교개혁시대의 신앙정신이 세월이 흘러감에 따라 경직되고 제도화되어 갈 때 독일에서는 경건주의 운동이 활발하게 일어나게 됩니다. 경직되고 제도화된 기독교에서 좀더 삶에 밀착된 실질적인 신앙을 요구하게 된 것이지요. 일반적으로 복음주의의 시작은 이러한 시대적 배경에 근거를 두고 있습니다. 사실 경직된 기독교를 활성화된 삶의 종교로 회복한다는 의미는 매우 중요하다고 생각합니다.

그렇지만 이러한 정신도 시간이 흘러가면서 점차 인본주의적 성향을 띠게 됩니다. 이전에 칼빈주의, 개혁주의에서 주장하던 인간의 전적 부패, 전적 무능, 제한적 구원에 대한 일종의 변질이 생겨나게 됩니다.

구체적으로 설명해 보자면, '인간이 전적으로 부패했지만 그래도 하나님을 영화롭게 할 만한 일부는 남아있다' 든지, '인간이 전적으로 무능하기는 하지만 그래도 열심히 전도하여 다른 사람들을 구원할 수 있다' 든지, '하나님의 제한적 구원이 아니라 인간의 노력 여하에 따라서는 좀더 많은 사람들을 구원시킬 수 있다' 는 식입니다. 그러므로 복음주의에서는 칼빈이 이단으로 정죄했던 알미니안주의의 사상을 포함하고 있는 것이 그 특징 가운데 하나입니다.

경민 형제! 형제는 저에게 질문을 하면서 이번 학기에 선교학 관련 과목 중 '현대선교신학' 을 선택하여 수강하고 있다고 했지요? 형제는 선교학에 대해 '개혁주의' 와 '복음주의' 사이에 어떤 차이가 나느냐고 질문했습니다.

우리 한국의 '선교학' 이나 '전도학' 은 대개 복음주의적 경향을 띠고 있으며, '개혁주의적' 가르침에서 거의 떠나 있습니다. 그러니 많은 사람들이 '하나님께서 창세전에 자기 백성을 선택하셨다'는 선택교리와 '교인이 열심히 전도하여 더 많은 사람들을 구원해야 한다'는 현대 전도학의 논리 사이에서 혼란스러워하고 있습니다.

저 역시 현재, 한 선교 단체의 책임자로서 '개혁주의 선교신학'은 우리 시대에 반드시 회복되어야 할 과제라 믿습니다. 그러므로 저는 개혁주의 신학을 지향하는 KS 교단과 KS대학의 선교신학의 입장은 명확히 정리되어야 한다고 생각합니다. 그러나 현실적으로 우리의 선교신학은 잘 정립되어 있지 않으며 저는 이를 매우 안타깝게 생각하고 있습니다.

오늘날 한국교회의 선교신학이 현대 복음주의적 성향을 띠고 있으므로 인해, 선교에 관심을 가진 대다수 사람들은 한국선교의 복음주의적 경향이 건전한 신학인 것으로 잘못 알고 있습니다. 그런 분들은 저 같은 사람이 '개혁주의 선교신학'을 이야기하면 마치 선교를 포기해야 하는 듯이 오해하기도 합니다.

그러나 성경은 우리에게 이에 대해 하나님의 가르침 가운데서 전도할 것을 요구하고 있으며, 우리는 응당 그 말씀에 순종해야만 합니다. 우리는 현대 복음주의 신학자들처럼 인본주의적 방법을 동원해 전도하는 일을 열심히 하려 할 것이 아니라, 개혁주의 입장에서 말하는 바대로 말씀의 가르침에 잘 순종해야 합니다.

형제는 저에게 시간이 되는 대로 천천히 답변해 주어도 좋다고 했지만 질문을 받고 마음이 내켜 곧바로 답변하게 되었습니다. 이제 학기의 시작이니 저의 부족한 설명과 더불어 성경이 말하고 있는 바 선교 혹은 전도의 의미가 무엇인지 잘 공부하는 이번 학기가 되기를 바라는 마음 간절합니다. 앞으로도 주님 안에서의 교제가 지속되기를 원합니다.

(2000. 9. 13)

46 '귀신론'에 대하여

조 목사님

보내주신 메일은 반갑게 잘 받았습니다. 선교지에서 애쓰시는 목사님의 환한 얼굴이 떠오르는군요. 교회와 가족 모두 주님 안에서 두루 평안하시리라 믿습니다. 최근 몇몇 목사님들이 모여 교제하던 중 조 목사님 이야기를 했었는데 그날 메일이 와 있어서 더욱 반가웠습니다.

요즘 홍콩은 어떻습니까? 주님이 선한 일을 위해 역사하시는 이상으로 사탄은 이곳 저곳에서 더욱 활발하게 활동하는 것 같습니다. 사탄도 이제 제 때가 된 것을 알기 때문일까요? 이곳에도 늘 그러함을 느끼고 있는데 그곳에도 그러한 모양입니다.

목사님의 메일을 통해 한국형 이단인 베뢰아 집단이 홍콩에도 들어가 있다는 사실을 알았습니다. 그들도 저들의 그런 활동을 '선교'라고 하겠지요? 한국인의 전도(?) 열정은 올바른 교회들뿐 아니라 이단종파에 속한 사람들도 마찬가지인 것 같습니다.

조 목사님께서 보내주신, 홍콩 베뢰아 선교관으로부터 받으신 내용을 꼼꼼하게 살펴보았습니다. 우리가 이미 알고 있는 것처럼 그들이 주장하는 바 '귀신론'은 성경적 근거가 전혀 없는 허황한 이야기들입니다. 즉 성경의 가르침이 아니라 죄악에 물든 인간이 할 수 있는 상상력을 동원해 그들의 논리를 세우고 있습니다.

그들의 귀신론을 살펴보면 귀신은 타락한 천사가 아니라 불신자의 사후 영혼이라고 하는 것이 그 기초인 것 같습니다. 그 바탕 위에 조잡한 주장들을 펴고 있는 것이지요. 예를 들어, 교인들을 돕도록 보냄을 받은 천사가 교인이 잘못된 짓을 하는 것을 보면 미혹의 영으로 바뀐다고 합니다. 그래서 미혹의 영은 '가변된 천사'라고 하는 것 같습니다.

그들은 그러한 허황한 생각을 합리화시키기 위해 여러 가지 주장을 펴고 있습니다. 조 목사님께서 저에게 보내주신 자료에 보면, 그들은 망자亡者라는 용어를 쓰면서 유대인들도 망자에 대한 개념을 가지고 있는 것으로 주장하고 있습니다. 이에 대해서는 후에 설명을 덧붙이도록 하겠습니다.

그들의 가르침을 보면 유대인들은 자연사自然死가 아닌 급격한 죽음을 신의 징벌로 해석하며, 또한 정상적인 장례의식을 치르지 못하거나 무덤을 할당받지 못한 것을 최고의 불행으로 평가하고 있는 것으로 주장하고 있습니다. 그것이 비록 그렇다 할지라도 그것은 그들의 귀신론과는 상관이 없으며, 오히려 그들에 대해 '이스라엘 백성'이라는 선민의식을 염두에 두고 그 의미를 해석해야 합니다.

그들이 주장하는 귀신론에 대한 근거로 예레미야 16장 말씀을 이야기하지만 그것은 성경의 가르침에 대한 아무런 이해가 없는 자들의 억지일 뿐입니다. 그리고 예레미야 22장 19절을 언급하며 여호야김의 죽음을 보아 유대인들은 매장되지 아니한 사람들은 유령이 되어 배회한다고 믿었던 것이 틀림없다고 주장합니다.

또한 이사야 8장 19절이 죽은 자의 영들이 산 사람들에게 중요한 정보를 주고 있음을 보여준다고 설명합니다. 신약성경에서도 그런 증거가 많이 있다고 주장하지만 모두가 엉터리입니다. 나아가 예수께서 병의 원인이 귀신임을 드러냈다고도 주장하고 있습니다.

결국 죽은 망자의 혼령인 귀신은 병의 원인이 되며 모든 불행의 원인이 되고 있다고 주장하고 있습니다. 그들이 여러 성경구절들을 자의적으로 인용하면서 헛된 논리를 펴고 있습니다만 하나같이 성경을 알지 못하는 무지에서 나오는 억지라고 할 수밖에 없습니다.

그렇다면 왜 그들이 그런 주장을 하게 되었을까 생각해 봅니다. 그들의 주장을 통해 알 수 있는 것은 우선 그들이 성경의 가르침에 대해 무지하다는 사실입니다. 위에서 그들 나름대로 제시한 성경 구절들을 보면, 왜 하나님께서 그런 내용의 말씀을 하셨을까에 대한 관심보다 '귀신'에 대한 관심에 몰두해 있는 것 같습니다. 그러므로 하나님의 뜻보다는 자기들이 주장하는 귀신에 더 많은 관심을 가지고 있는 것이지요.

그들이 그런 주장을 하게 된 배경에는 한국의 '망자사상'亡者思想이 자리잡고 있다고 생각합니다. 사실 '망자'라는 용어는 한국무속이나 불교, 유교 등에서 사용하는 말입니다. 한국무속이나 불교, 유교 등에서는 사자死者와 망자亡者를 구분합니다.

일반적으로 망자란 죽어서 조상신의 대열에 들어서기 전 단계의 혼령을 의미합니다. 불교에서 49재라는 말이 있지요? 49재를 통해 소위 신들의 위치에까지 올려 보내는 것입니다. 그리고 한국 종교들에서는 27개월이 지나야 '망자'에서 '사자'의 대열에 끼이게 됩니다.

사고사事故死, 병사病死, 전쟁터에서 죽은 군인 등 급격한 죽음을 죽은 사람들은 그 혼령을 달래주어야만 한다고 한국의 여러 종교인들은 주장하고 있습니다. 우리는 때로 사고로 인해 급격히 죽은 사람들의 혼을 달랜다는 굿판이야기를 듣고 있지 않습니까?

진혼鎭魂굿이라든지 위령제慰靈祭 등은 바로 그런 의미입니다. 억울하게 죽은 자의 혼령을 진정시키고 위로한다는 뜻이지요. 즉 억울하게 죽어서 승천하지 못하고 공중에 떠도는 혼령을 위로해 하늘로 보내 준다는 뜻입니다. 한국인들의 종교사상들에는 이러한 '망자사상'이 깊이 자리잡고 있습니다.

한국의 굿이나 푸닥거리는 결국 공중을 떠도는 망자의 혼령을 달래는 것이지요. 집안에 우환이 있거나 사업이 잘 풀리지 않을 때 굿을 하는 것은 집안의 주위를 맴도는 그런 망자의 혼령 때문이라고 생각합니다. 그래서 굿을 통해 그 혼령을 달래면 된다고 생각합니다. 만일 그 혼령들을 그냥 두게 되면 우환이 계속될 수밖에 없다고 믿습니다. 그러므로 그들은 많은 돈을 들여서라도 굿거리를 하게 되는 것입니다. 죽은 자의 망령이 산사람들을 괴롭히고 있다는 생각 때문입니다.

저는 베뢰아 이단에서 주장하는 '귀신론'이 '망자' 개념에서 보아 한국 종교들의 '귀신론'과 흡사하다고 생각합니다. 저들의 차이는, 한국 종교들의 '망자사상'이 급격한 죽음을 당한 자의 혼령을 굿을 통해 하늘로 보내 신神들의 대열에 들게 해 주면 해결이 될 것이라고 생각하는 반면, 베뢰아 이단에서는 '굿'이라는 단어를 뺀 대신 일정기간 귀신으로 있다가 귀신의 역할을 끝낸다는 것입니다. 그리고 한국 종교의 '망자사상'에서는 '사자'가 되면 섬김의 대상이 된다고 믿는 반면 베뢰아에서는 그런 주장은 하지 않는 것 같습니다. 오늘날 성도가 아닌 대다수 한국인들이 조상 제사를 하는 것은 바로 '사자사상' 死者思想 때문입니다.

이제 우리는 '귀신'에 대해 어떻게 생각해야 할지 잠시 말씀드릴까 합니다. 성경은 귀신이 사탄의 졸개들이라 표현하고 있습니다. 사탄 Satan은 타락한 천사들의 단일한 우두머리이며 귀신들은 그 사탄을 따르는 '악한 영적 존재들'입니다.

귀신은 그 자체로 귀신입니다. 죽은 자가 귀신으로 바뀌는 것이 아니라 원래부터 귀신입니다. 이는 마치 천사가 원래부터 천사인 것과 마찬가지입니다. 즉 착한 사람이 정상적으로 죽어 천사가 되는 것이 아니며 선한 교인들이 죽어서 천사가 되는 것도 아닌 것과 같습니다. 베뢰아 이단에서는 여기에서 결정적인 오해를 하고 있는 것 같습니다.

신학적인 용어를 빈다면, 그들은 귀신론을 '천사론'의 한 부분에서 생각하는 것이 아니라 '인간론'의 한 부분에서 억지 설명을 하려하고 있습니다. 물론 말도 되지 않는 억설이지요. 그럼에도 불구하고 다수의 사람들이 그들의 허황한 논리에 속는 것은 앞에서 말씀드린 것처럼 바로 한국인의 종교적 심성 때문이 아닌가 생각해 봅니다.

그런데 한국인들 가운데는 조상신(죽은 조상)을 만났다는 사람들이 심심찮게 있습니다. 이를 어떻게 설명할 수 있을까요? 요즘은 텔레비전 같은 데서도 그런 사실들에 대해 가끔 특집으로 소개되기도 합니다. 저는 어떤 사람이 죽은 조상을 보았으며 그 조상들로부터 특별한 정보를 제공받아 큰 덕을 입었다고 주장하는 사람들의 그 말이 거짓이 아닐 것으로 생각합니다. 즉 선악을 넘어 어떤 현상이 일어나기는 일어났다고 생각합니다.

'수십 년 전에 죽어 얼굴도 알지 못하는 고조 할아버지가 꿈속에 나타나 복권을 사라고 해서 샀는데 사고 보니 일등으로 당첨되었더라'는 식의 이야기를 들은 적이 있습니다. 저는 그런 사람들이 거짓말을 하는 것으로 생각지 않는다는 것이지요.

많은 사람들은 그런 사람들의 이야기를 들으며 그것이 곧 조상이 죽었지만 혼령이 살아있어서 후세에게 복을 주고 있다는 단서가 되지 않느냐고 이야기합니다. 반면 억울한 혼령이 되어있는 망자(亡者)는 정반대의 역할을 한다고 생각하면서 말입니다.

그렇다면 과연 조상신이 있는 것인가요? 물론 아닙니다. 우리가 이해해야 할 바는 이렇습니다. 죽은 인간들의 혼령은 적어도 공중을 떠돌아 다니지 않습니다. 그러니 망자亡者라는 말도 사자死者라는 말도 아무런 의미가 없습니다. 단지 인간이 죽으면 그것으로 끝이며 주님의 심판날에 있게 될 '심판'을 기다릴 뿐입니다. 어떤이들은 생명의 부활을 하게 되며 다른 어떤자들은 멸망의 부활을 하게 될 따름입니다.

산 사람들에게, 특히 하나님을 알지 못하는 불신자들에게 죽은 자들의 어떤 모습이 신령(귀신)의 모습으로 나타나 보이는 것은, 죽은 자의 혼이 아니라 진짜귀신(타락한 천사들)이 죽은 자의 탈을 쓰고 자기 역할을 해 보이는 것입니다. 즉 죄 가운데 빠져있는 인간들이 자기 경험에 의해 귀신들에게 속고 있는 것입니다. 그러니 귀신이 귀신같이 귀신노릇을 하며 인간을 속이면서 악한 일을 하고 있는 셈이지요.

조 목사님! 짧게 쓰려고 했는데 복잡하게 되어버렸습니다. '귀신론'에 대해서는 종교학 분야에서 늘 다루는 분야이기도 하고 저의 전공분야와 다소간 중첩된다는 생각에 이야기를 늘어놓은 듯합니다. 오랫동안 보지 못했고 자주 만날 수 없다는 생각에 길게 말한 것 이해해 주시기를 바랍니다.

저의 견해로는 이단 이데올로기에 빠져 대화가 되지 않는 자들과 오랜 이야기를 주고받는 것은 소모적이란 생각이 듭니다. 그렇지만 혹시나 교회 안에 아직 어린 성도들이 있어서 잘 보호해야 할 형제, 자매들이 있다면 최선을 다해야 하리라 생각합니다.

목사님께서 저로부터 듣기를 바라는 이야기를 제대로 했는지 모르겠습니다. 그러나 다소간 도움이 되었으면 하는 바램도 없지 않습니다. 늘 승리하시기를 바라며, 조만간 얼굴을 대해 만날 기회가 있기를 바라는 마음으로 인사를 전합니다.

(2000. 9. 20)

 '낙태절대불가'에 대하여

A 집사님!

며칠만에 메일 확인을 하니까 집사님으로부터 소식이 와 있었습니다. 집사님 가정에 어려움이 있는 것 같군요. 아직 얼굴을 알지 못하지만 힘들어하시는 집사님 내외를 떠올리며 주님께 기도하는 것 이외에는 달리 위로의 말씀을 전할 방법을 알지 못하겠습니다.

집사님께서 저에게 문의하신 바는 이른바 낙태의 가능성에 대한 문제인 것 같습니다. 우리 기독교인이 경우에 따라서는 낙태할 수 있는가 하는 문제이지요. 결론을 미리 말씀드리자면 우리는 어떠한 경우에도 인위적인 낙태를 할 수 없으며 해서도 안 됩니다.

현대 윤리는 일반적인 낙태를 묵인하고 있으며, 특별한 경우라면 낙태를 허용하는 추세를 보이고 있습니다. 그리고 아주 특수한 어떤 경우는 낙태를 권하는 것이 현대 윤리의 경향이 아닌가 싶습니다.

여기서 아주 특수한 경우란 태중의 아기가 심각한 기형아일 경우와, 강간으로 말미암아 임신한 경우, 그리고 아기의 아버지가 누구인지 모르는 경우 등을 생각해 볼 수 있습니다. 이러할 경우 낙태를 허용하는 것은 그 임신한 부인의 권익 보호라는 이유 때문일 것입니다.

심각한 장애아를 출산할 경우 그 아이도 한평생 고생할 것이며 그 부모도 동일한 고통을 받을 것이기 때문에 낙태를 허용해야 한다는 것입니다. 강간으로 말미암는다는 경우 우리는 다양한 케이스를 생각해 볼 수 있습니다. 근친강간으로 인해 임신이 되었을 경우나 강도강간을 당한 결과 임신하게 되었을 때, 혹은 여러 명의 남자로부터 강간을 당해 아기를 임신했을 경우 등을 예로 들 수 있겠습니다.

이러한 경우에는 낙태를 할 수 있다는 현대 윤리의 설명을 듣다보면 일면 상당히 일리가 있는 이야기 같아 보이기도 합니다. 그러나 그것은 아주 위험하며 잘못된 생각입니다.

집사님! '인종우월주의'라는 말 들어보셨는지요? 우월한 인간은 보존하고 열등한 인간들은 도태시킴으로써 더 나은 인간 사회를 만들 수 있다고 생각하는 사상입니다. 그런 사고를 가진 사람들은 병약하고 열등한 인간들을 줄이고 강하고 우월한 인간들이 더 많은 세상이 되면 더욱 이상적인 사회가 되리라는 허망한 생각을 합니다.

사실 이러한 사상은 이미 고대로부터 있어 왔습니다. 고대 스파르타에서는 건강하고 튼튼한 아이들만 키움으로써 좀더 강력한 국가를 이룩하려 했었습니다. 이슬람 태동 당시인 6, 7세기 경 아라비아 반도에서는 여자아이가 태어나면 부모의 판단에 따라 생매장을 해도 되는 관습이 있었습니다.

근래 중국에서는 한 집에 한 자녀 낳기 운동을 하는 과정에서 여자아이를 출산하면 곧 바로 생명을 박탈해버리는 예가 있었지요. 남아선호사상 때문이었습니다. 이것은 일종의 인종 목적주의의 결과라 할 수 있겠습니다.

많은 사람들이 이런 이야기를 들으면 어떻게 그럴 수가 있느냐고 제법 고상함을 내보이려 하지만, 사실 우리의 시대는 어린 생명들을 태중에 묻는 시대가 되어 있는 것이지요. 최근 어떤 보도 자료를 통해 우리나라 여성들 가운데 인위적인 낙태를 한 경험이 있는 수가 엄청나다는 기사를 읽은 적이 있습니다. 우리의 시대는 태중의 아이에 대한 살해를 예외적인 것으로 인식하려는 매우 악한 시대라 할 수 있습니다.

만일 어떤 이유로 태중에 있는 인간의 생명을 박탈할 수 있다고 한다면 모태로부터 나온 이후라도 상당기간 안에는 그렇게 할 수 있다는 끔찍한 논리가 성립될 수 있습니다. 앞에서 말씀드린 고대 스파르타나, 이슬람 태동 당시 아라비아 지역, 근래 중국 일부 지역에서의 영아살해 폐습은 곧 그것을 증거해 보이고 있습니다. 우리가 끔찍하다고 여기는 그런 악한 일을 그들은 관습이라는 미명아래 그렇게 했던 것입니다.

인간의 생명은 수태와 동시에 성립됩니다. 학자들은 언제부터 인간이냐 하는 문제를 두고 여러 가지 학설들을 내세우고 있습니다. 수정이 되는 순간부터 인간이라는 착상설, 심장박동이 시작되면 그때부터 인간이라는 심장박동설, 임부의 자궁으로부터 완전히 태어나야 인간이라는 전부노출설 등이 곧 그것입니다. 그러나 그것은 인간들이 편의에 따라 주장하는 공론에 지나지 않습니다.

현대 의학자들의 일반적인 견해를 들어볼까요? 수태가 되면 착상 후 3일 이내에 모체에 호르몬을 보내 월경을 하지 못하게 하며, 수정 18일이면 어머니로부터 독립된 혈액형의 피를 심장이 순환시킵니다. 그리고 40일이면 뇌파가 측정되고 6주가 되면 태아가 고통도 느끼고 몸을 움직이기 시작합니다.

6주 반이면 젖니의 뿌리가 보이며 8주에는 육안으로 식별할 수 있는 모든 신체구조가 형성되고 지문도 발견됩니다. 11주가 지나면 태아 특유의 호흡을 시작하며 양수를 삼키기도 하고 손톱도 생깁니다. 12주가 되면 모든 기관을 육안으로 볼 수 있고 14주가 되면 청각을 사용하여 듣기 시작합니다.

이것은 태아의 성장 과정으로 곧 태중에 있는 인간의 성장 과정을 보여줍니다. 인간의 생명은 하나님이 주시는 것입니다. 어떤 과정에 의해 임신되었느냐, 태아가 건강하냐 하는 따위는 전혀 문제가 되지 못합니다. 우리는 물론 현대과학이 태아를 인간으로 인정하는 그 시점에 의존하지 않습니다. 성경은 태아에게 생명이 있는 한 그 태아를 인간으로 인정합니다. 예수님과 세례 요한이 태중에서 서로 반가와 하며 뛰논 사실을 기억합니다.

그러므로 어떤 사람이 특수한 형편에서 임신을 했다고 해도 결코 낙태를 생각해서는 안 됩니다. 이 세상에는 장애를 가진 사람들이 많이 있습니다. 이제 저의 가정을 잠시 소개할까 합니다. 저희 집에는 장애인이 둘이나 있습니다. 저도 장애인이며 둘째 아이도 장애인입니다. 저는 마흔 살이 넘어 교통사고를 당해 5급 장애인이 되었으며, 둘째 아이는 출산시 의료 과실로 인해 장애를 입어 1급 정신지체 장애인으로 지금은 특수학교에 다니고 있습니다.

제가 집사님께 이 말씀을 드리는 것은 신체장애인 가운데는 태중에서부터 장애를 가진 사람이 있는가 하면 출산직후 장애를 입는 사람도 있습니다. 또한 청년기에 장애자가 되는 수도 있으며, 저처럼 중년이 되어서 장애자가 되는 경우도 있습니다. 어떤 사람들 가운데는 노년이 되어서 장애인이 되는 경우도 있습니다.

집사님! 하나님을 경외하는 우리 가운데 어느 누구도 장애인이라 하여 다른 사람을 업신여기는 사람은 없습니다. 그것을 가지고 업신여기는 사람이 있다면 진정한 하나님의 자녀라 할 수 없겠지요. 또한 원치 않는 불행한 임신을 통해 태어난 우리의 이웃이 있다 해서 우리는 그들을 멸시하지 않습니다. 이와 마찬가지로 태중에 있는 아이가 설령 기형이거나 장애가 있는 것이 확실하고, 태중에 있는 아이가 불행한 과정을 통해 임신되었다 하더라도 다른 경우와 조금도 다름없이 존중받아야 할 귀중한 생명입니다.

집사님, 장애를 가진 가족을 두고 한평생 살아간다는 것은 많은 희생을 요구하는 삶인 것은 분명합니다. 그렇지 않은 사람들에 비해 훨씬 더 많은 수고와 인내를 해야 합니다. 저는 위에서 이미 말씀드린 것처럼 저 자신이 장애인이고 우리 집 아이가 장애를 가졌기 때문에 다른 이들이 가지지 아니한 부담을 가지고 이 세상을 살아가고 있습니다.

특히 아내는 남다른 수고를 십 수년 동안 계속해오고 있습니다. 많은 사람들이 그렇게 수고하는 아내를 두고 안타깝게 생각하는 것을 잘 알고 있습니다만 실상 저희 내외는 그렇지만은 않습니다. 아내의 입장에서 보면 남편뿐 아니라 아이까지 장애인인 셈인데 생각하기에 따라서는 상당히 고통스러울 수 있지 않겠습니까?

그러나 우리 부부는 더 많은 경우에 우리의 장애 가졌음을 인해 감사하는 마음으로 살고 있습니다. 육신의 장애를 가진 하나님의 자녀가 안타까운 것이 아니라 하나님을 알지 못한 채 의기양양하게 살아가는 사람들이 진정 불쌍한 사람들이지 않습니까? 신앙 생활을 한다 하면서 여전히 욕심이 가득한 채 살아가는 것보다는 인간의 한계를 절감하며 겸손하게 살아가는 쪽이 더욱 복된 자들이 아닐까요? 다른 사람들이 신중하게 생각하지 못할 때 우리 가정에는 이미 그런 경험들이 존재하고 있기 때문에 훨씬 성숙한 자세로 대처할 수 있습니다.

우리 가정에는 네 명 가운데 두 명의 장애인이 있음으로 인해 온 가족이 더욱 주님 한 분만을 소망으로 알고 살아가고 있습니다. 어쩌면 우리의 이러한 가정 형편으로 인해 허튼 생각을 하는 것으로부터 보호받기도 하며, 그로 말미암아 우리에게는 더욱 신실하고 좋은 이웃들이 있음을 감사하고 있습니다.

집사님, 집사님 가정에 그런 어려운 문제가 있다면 세미한 하나님의 음성을 귀담아 들으며, 매어달려 기도하시기를 부탁드립니다. 하나님께서 혹 그 아이를 말끔하게 치유해 주실지, 혹 아니어도 그 아이로 인해 집사님 가족을 더욱 신실하고 귀중한 가정으로 삼을지 알 수 없는 일입니다.

그러나 절대로 낙태에 대해서는 생각하지 말기를 바랍니다. 아마 복음을 알지 못하는 주변의 많은 사람들이 달콤한(?) 유혹의 말을 속삭일지도 모릅니다. 잠시 모른 채 하고 낙태를 하는 것이 모든 사람의 행복을 위해서 필요하다고 말입니다. 그러나 그것은 매우 악한 일입니다. 태중의 아기에게 장애가 있는 줄 알지 못하고 출산했는데 출산하고 보니 심각한 장애를 가지고 있는 것을 알았을 때, 그 부모와 모두의 행복을 위해서 그 아이를 살해할 수는 없지 않습니까?

집사님께 이 편지를 쓰는 동안 저는 인간의 연약함과 한계에 대해서 다시 한번 생각하게 됩니다. 인간의 성실함이나 자기관리를 통해서 자기 인생을 관리할 수 있는 것이 아니라는 점을 다시금 되새겨 보기 때문입니다.

집사님, 너무 지나친 고민과 갈등은 하지 마시기를 바랍니다. 길어야 몇십 년 사는 안개와 같은 우리 인생이 어떤 힘든 경우를 만난다 해도, 하나님의 자녀인 우리가 그것을 이기지 못하겠습니까?
제가 바라기로는 이런 힘이 드는 때, 하나님의 말씀을 깊이 경청함으로써 신앙이 한층 더 성숙해지시기를 바랍니다. 그것이 진정한 복이기 때문입니다. 그리고, 그것이 오히려 우리에게 의미 있는 삶을 허락할 수 있음을 잊지 않는 집사님 가정이 되시기를 원합니다. 어려운 일이 있을 때 또다시 연락주십시오.

(2000. 9. 25)

 '다락방 운동'에 대하여 - 한국교회의 축소판 -

김 선생님께

김 선생님의 메일을 받고 매우 반가웠습니다. 진작 연락을 드린다는 것이 차일피일 미루어졌습니다. 이번 학기에 '성경과 영문학'이라는 과목이 개설되었다고요? 구체적인 강의 내용이나 방법에 대해서는 알 수 없으나 상당히 관심을 끄는 과목입니다.

저는 오래 전에 '영어성경'을 몇 학기 강의한 적이 있었는데 그때의 기억이 납니다. 저는 영어성경이라는 과목이 성경을 영어로 읽는 과목이 아니라 영어성경의 역사적 번역과정을 살펴보면서 비평적 접근을 하는 과목이라 생각했었습니다. 물론 성경 본문에 대한 구체적인 해석들을 해 가면서 말입니다. 나중에 기회가 되면 그에 대한 김 선생님의 이야기를 들었으면 합니다.

선생님께서 '다락방 운동'에 대한 저의 견해를 물으셨는데 아마 '류광수 목사의 다락방'을 말씀하는 것이리라 미루어 생각합니다. 사실 '다락방'이라는 이름을 가진 기독교 단체는 매우 많거든요. 제가 알고 있는 단체만으로도 여럿 되니까요.

류광수 목사의 다락방 운동은 이미 오래 전에 한국교회에서 이단논쟁이 있었습니다. 그리고 많은 대형 교단들에서는 류광수 목사의 다락방을 이단으로 정죄했습니다. 그러나 저는 개인적으로 생각을 다소 달리하고 있는데 그 점을 말씀드릴까 합니다.

류광수 목사는 저와는 사적으로 서로 이름을 기억하고 있는 사람입니다. 다락방 운동은 1980년대 후반 경에 부산의 영도에서 시작된 조그만 전도운동인데, 당시 저는 한국외항선교회 선교총무 일을 맡아보고 있을 때입니다. 그때 자원봉사자로 선교회에 나오던 당시 한 학생이 다락방 운동에 적극적으로 참여하고 있어서 그 내용을 비교적 소상히 알고 있습니다.

일반적인 관점에서 본다면 저의 기억으로 다락방 운동은 매우 건전한 운동이었습니다. 학교나 병원, 회사 등에 하나님을 아는 신실한 성도들이 있으면 그들을 중심으로 하여, 그들 주변에 이름만 기독교인인 명목상의 기독교인들이나 교회에 관심을 가지고 있는 사람들을 모아 함께 하나님의 말씀을 공부한다는 것이었습니다. 저는 그때 그것이 상당히 바람직하다고 생각했으며 지금도 그 기본적인 방법에 대해서는 여전히 동일한 견해를 가지고 있습니다.

문제는 다락방에서 그렇게 하는 중, 교회 안에서 복음을 깨닫지 못하던 사람들 가운데 교회 밖의 성경공부 그룹을 통해 복음에 관심을 가지는 자들이 생겨나게 된 것입니다. 원래 명목상 교인으로서 특정 교회에 출석하던 사람들 가운데 복음에 관심을 가지기 시작한 사람들이 류광수 목사가 목회하는 교회로 가게 된 것이지요.

거기에서 소위 '류 목사가 다른 교인들을 빼앗아 간다'는 말이 생겨나게 되고 기존 교회들에서는 일종의 방어적 자세를 취하게 된 것이라고 생각합니다. 그러던 중 이단 논쟁이 있게 되고, 이미 다락방을 통해 성경을 공부하던 사람들은 그것이 타당성 없는 것이라는 생각을 굳혀가는 과정에서 갑자기 커진 것이라고 저는 생각합니다.

류광수 목사의 다락방 운동을 이단으로 규정한 사람들은 신학적, 윤리적인 몇 가지 점을 지적하고 있습니다. 이를테면 다락방에서 사용하는 용어들 가운데 '천사동원령', '사탄결박권' 등이 있습니다. 기존 교단들에서는 그것을 문제삼았습니다만 사실은 그 이전에 이미 한국교회의 부흥사들이나 많은 목사들이 동일한 주장을 해왔음에도 불구하고 아무런 지적이 없었던 것들입니다.

또 '한국교회를 어지럽혔다'는 지적이 있는데, 류 목사가 기존교회 목사들을 비방할 뿐 아니라 기존교회의 교인들 중 상당수가 다락방으로 갔기 때문에 그렇게 이야기한 것입니다. 저는 기존 교단들의 그러한 규정은 요즘말로 '괘씸죄' 때문이었다고 생각합니다. 각 교단 신학교들에서는 류광수 목사의 신학 사상을 분석해서 발표했지만 명확한 이단성을 주장하지는 못했던 것이 사실입니다. 즉 '신학'이 아니라 '교권'의 힘을 가지고 이단으로 만든 것입니다.

이제 다락방에 대한 저의 견해를 말씀드릴까 합니다. 다락방은 일종의 경건주의 운동이라 할 수 있습니다. 위 제목에서 밝힌 것처럼 다락방 운동은 교리상 한국교회의 축소판입니다. 그들은 '장로교적' '개혁주의적' 신학이 아니라 '인본주의적' '복음주의적' 사상을 가지고 있습니다. 즉 인간이 얼마나 전도하느냐에 따라 예수 믿는 사람들의 수를 늘릴 수도 있고 줄일 수도 있다고 생각하는 것이지요.

대다수 한국교회들이 그런 것처럼 그들 또한 '전도'라는 슬로건을 내걸고 교회성장주의를 지향하고 있습니다. 그렇지만 정치적인 면에 있어서는 한국교회의 경직성에서 많이 탈피하고 있습니다. 말하자면 한국교회 안에 있는 기독교 지도자들이 잘못된 정치력을 동원하고 부정직한 모습을 보이고 있는데서 벗어나려 했던 모습을 띠고 있었습니다. 저는 그들의 그런 자세는 참 좋았다고 생각합니다.

그렇다고 해서 제가 다락방 운동을 지지하는 것은 전혀 아닙니다. 다락방 운동은 현재 미국, 필리핀, 아프리카 등 전세계적인 운동으로 확장해 가고 있는 줄 알고 있습니다. 그리고 독자적인 신학교를 운영하고 있는 것으로 알고 있습니다. 그러나 그들 가운데 제대로 신학을 공부한 사람들이 별로 없다는 점이 커다란 문제입니다.

혹자는 신학이 무슨 필요 있느냐, 성경 하나면 전부가 아니냐고 할 사람들이 있을 것이란 생각을 해봅니다. 우리는 '신학' 이라 하면 그저 딱딱하고 메마르며 논쟁거리라 생각하는 경향이 있는 것이 사실입니다. 그러나 신학이란 마치 사람의 뼈대와 같아서 균형있는 신학적 뼈대를 소유하는 것은 매우 중요합니다. 다락방 운동을 하는 사람들은 열정을 앞세운 반면 말씀에 대한 신학적 이해가 충분하지 않은 것이 가장 큰 문제라고 생각합니다.

그리고 사실 저는 근래 다락방의 지도자들에 대해 상당히 실망을 했습니다. 이유는 1998년 9월 19일자 목회자 신문에 류광수 목사의 한국교회에 대한 사과문이 발표되었기 때문입니다. "그동안 부족한 저로 인하여 전국의 많은 교회들이 상처를 입은 것에 대해 용서를 구하고 회개합니다"로 시작하여 한국교회를 시끄럽게 한 점에 대해 언급하면서 말미에서는, "저는 성삼위일체 되시는 한 하나님, 정확무오한 하나님의 말씀인 한 성경을 믿고 있기 때문에 하나가 될 수 있다고 봅니다"라고 쓰고 있습니다.

저는 류광수 목사와 다락방이 이런 사과문을 낸 대상이 일차적으로 대한 예수교 장로회 통합측 총회라는 점에 상당히 실망이 됩니다. 이 점에 대해서는 약간의 설명이 필요하리라 생각합니다. 김 선생님께서 현재 출석하고 있는 교회가 통합측 교회인 것으로 알고 있습니다. (맞습니까?) 만일 그렇다면 김 선생님이 서운하실까 싶어 설명을 덧붙이는 것입니다.

통합측 교단은 신학적으로 많은 문제가 있습니다. 아마 김 선생님도 알고 계시리라 생각합니다만 통합측에서는 자유주의 신학 사상을 수용하고 있습니다. '신구약 성경만이 하나님의 절대적인 계시이다' '모세가 홍해바다를 가르고 이스라엘 백성으로 하여금 그곳을 지나게 했다' '예수 그리스도께서 동정녀로부터 탄생하셨다' 등에 대해서 부인을 해도 크게 문제될 것이 없다는 사상이 곧 자유주의 사상입니다.

물론 김 선생님이 속한 교회는 그렇지 않으리라 생각합니다. 우리 한국교회의 특성 중 하나가 교단신학은 자유주의적이어도 교회들은 보수성향을 유지하고 있다는 점입니다. 이는 정치적인 성향이라 할 수 있습니다. 마치 보수성향을 지닌 시민이면서도 다른 이유로 인해 진보적인 성향을 가진 정치지도자를 열렬하게 지지하는 것과도 비슷합니다.

그래서 저는 통합측에 속한 각 교회들을 비판하는 것이 아니라 통합측 교단의 신학을 비판합니다. 이는 흡사 이기적이고 무책임한 대한민국 정부 각료들이나 국회의원들을 형편없는 집단이라 비판하지만, 그것이 그들의 통치 아래 살고있는 대한민국 국민들을 모두 비판하는 것은 아닌 것과 비슷합니다.

류광수 목사가 통합측 교단을 대상으로 그런 사과문을 발표한 것을 보고 제가 실망한 이유는 그것을 일종의 추파로 보기 때문입니다. 한국 기독교는 다락방이 시작되어 이단논쟁이 일기 시작했던 10년 전보다 더욱 정치화되어 있고 세속화되어 있습니다.

이러한 실정을 뻔히 보면서 류광수 목사가 한국에서 가장 큰 교단인 통합측 총회를 두고 한국교회에 사과문을 발표했다는 것은 다락방 운동이 진리에 대한 운동이 아니라 경건주의적 색채를 띤 교회성장 운동에 지나지 않는다는 것을 보여주는 사건이라고 생각합니다. 저의 판단으로 류광수 목사와 다락방은 한국 기독교의 인정을 받고 싶고 한국에서 다른 교단들 사이에 터를 잡고 싶기 때문에 그렇게 한다고 생각합니다.

이제 마지막으로 정리를 하면서 마칠까 합니다. 저는 다락방이 이단이라고 생각지는 않습니다. 그러나 다른 한국의 여러 교단들이나 기독교 단체들처럼 신학이 매우 부실한 단체라고 생각합니다. 한국교회가 다락방을 마치 마녀사냥을 하듯이 이단으로 규정한 것은 역시 자신의 신학적 부실 때문이라고 생각합니다.

류광수 목사는 신구약 성경 66권을 믿고, 삼위일체 하나님을 고백하는 것으로 알고 있습니다. 뿐만 아니라 장로교의 기준이라 할 수 있는 웨스트민스터 신앙고백서와 대소요리문답을 신앙의 표준으로 삼고 있습니다. 그래서 저는 '부실하다' '약하다' 는 말을 사용할지언정 통째로 이단이라는 말을 사용하지는 않습니다.

반면에 저는 류광수 목사의 다락방 운동을 한국교회의 축소판으로 이해하고 있습니다. 한국교회가 자신들의 신학을 꼭 닮은 '다락방' 을 이단으로 몰아붙인 것은 자신의 유아적 태도에서 기인한 것이라 볼 수밖에 없습니다.

김 선생님께서 저에게 이에 대한 질문을 하게 된 배경을 알지 못하지만 선생님께서 요구하신 대로 저의 견해를 이야기해 보았습니다. 조금이나마 참고가 되었으면 합니다.

(2000. 9. 26)

49 '예언의 은사'(고전 12, 14장)에 대하여

장 집사님

녕하세요? 일전에 전화로 질문을 주셔서 감사합니다. 지금도 '예언의 은사'가 있는지, 있다면 그 예언이 어떤 기능을 하는지 궁금하다고 하셨지요?

오늘날 어린 교인들 가운데 보면 대단한 예언의 은사가 있는 사람으로부터 예언을 받았다며 그것을 마음에 두고 살아가는 사람들이 있는 것을 종종 보게 됩니다. 그중에는 앞으로 목회자가 되겠다든지 목사의 부인(사모)이 되겠다든지 하는 내용의 예언을 받아두고 있는 사람들도 있습니다. 그런 사람들은 그 예언의 말을 마음에 새겨두고 개인 직업 생활을 하기 때문에 조그마한 어려움이 있어도 자기의 갈 길은 목회자의 길이 아닌가 생각하여 우왕좌왕하게 됩니다.

그러나 오늘 우리의 시대에는 '예언'預言은 끝났다는 점과, '예언'豫言의 은사'라는 것은 있지 않음을 미리 말씀드립니다. 집사님께서는 아마 고린도전서 12장과 14장 등을 통해 예언의 은사가 있다는 이야기를 많이 들었을 것이라 짐작됩니다. 집사님뿐 아니라 순진한 교인들 가운데는 성경에 예언의 은사가 있는데 왜 없다 하느냐는 물음을 던질 사람들이 많이 있습니다.

이제 이에 대해서 설명을 드리고자 합니다. 우선 '예언'이라는 낱말에 대해서 생각을 해보도록 하겠습니다. 대부분 사람들은 '예언'이라

하면, 한자말로 '豫言'을 생각하게 됩니다. 그러나 성경에서 말하는 대부분의 '예언'은 '豫言'이 아니라 동일한 음인 '預言'을 뜻합니다. 사전적인 의미를 살펴보면, '예언'豫言은 '미래에 일어날 일을 미리 헤아려 하는 말'이며 '예언'預言은 '신의 계시나 뜻을 사람들에게 전달하는 말'입니다.

집사님께서 기본적인 영어를 이해하실 것으로 생각하여 그에 해당되는 영어 단어를 설명드리겠습니다. 영어에 있어서도 예언豫言과 예언預言에 해당되는 말은 엄연히 다릅니다. 영어 단어에 'predict'(prediction)란 단어와 'prophesy'(prophecy)라는 서로 다른 단어가 있습니다. 'predict'란 '미래에 있을 일을 미리 말한다'는 의미의 예언豫言을 의미하며 'prophesy'란 '하나님의 계시나 뜻을 사람들에게 전한다'는 의미의 예언預言을 뜻합니다.

우리가 성경에 나타나는 '선지자'를 때로 '예언자'라고 하기도 하는데 이때 예언자는 '예언자'豫言者가 아니라 '예언자'預言者입니다. 즉 선지자는 미래에 일어날 어떤 사건을 미리 예언하는 사람이 아니라 하나님의 계시나 뜻을 하나님의 백성들에게 전달하는 사역자들입니다.

구약성경 히브리어에서 예언자를 '나비'(נביא)라고 하는데 이는 '하나님의 말씀을 전달한다'는 뜻인 나바(נבא)에서 나온 말입니다. 그리고 신약성경 헬라어에서도 예언자를 프로페테스(προφετης)라고 하는데 이 말 역시 하나님의 말씀을 전달한다는 의미의 프로페테우오(προφετευω)에서 나왔으며 이 말이 곧 영어의 prophet의 어원이 된다고 할 수 있겠습니다.

그럼에도 불구하고 우리 한글성경 번역에는 많은 문제가 있습니다. 성경 본문 가운데서 한자를 병기하지 않고 예언이라 할 때, 그 단어의 의미를 알지 못하는 많은 사람들은 그 '예언'이 예언豫言인 것으로 오해를 하게 됩니다. 요즘에는 한자가 병기되지 않은 성경책이 훨씬 많지 않습니까? 그런데 그보다 더욱 우려할 만한 사실은 한자를 병기한 성경들 가운데서도 예언預言이라고 해야 할 부분을 예언豫言이라고 병기하고 있는 부분이 태반이라는 사실입니다.

구체적인 예를 들어서 설명하겠습니다. 구약성경 선지서들에는 예언이라는 말이 많이 나옵니다. 그 예언들은 거의 'prophecy'를 의미합니다. 선지자들의 예언預言 가운데는 예언豫言이 포함되어 있는 경우가 많이 있기는 합니다. 그러나 중요한 것은 그것이 사람의 예언豫言이 아니라 하나님의 예언預言이라는 점입니다.

신약성경 고린도전서 12장과 14장에 나오는 예언도 'prediction'이 아니라 'prophecy'를 뜻합니다. 그런데 고린도전서 12장 10절과 14장 1, 3, 4, 5, 6절에는 계속하여 '예언'이라는 단어가 나오는데 한자말로 한결같이 '豫言'이라고 표기하고 있습니다. 그러나 영어성경을 보면 한결같이 'prophecy'를 쓰고 있습니다. 그러므로 그 '豫言'이라는 한자어 단어는 '預言'으로 바뀌어야 하리라 생각합니다.

신앙이 어리거나 잘못 알고 있는 많은 사람들이 '예언'에 관심을 가지는 것은 하나님의 뜻을 알고자 함이라기보다는 자기의 불안한 궁금증을 해소하기 위한 것입니다. 불신자들이 주로 예언豫言에 관심을 가지지요. 서양에서 성행하는 점성술이나 우리 한국의 점쟁이들이 하는 것이 그런 예언豫言을 하는 일입니다. 그러나 하나님을 아는 우리는 이미 기록된 하나님의 말씀 가운데 그 계시와 뜻이 온전히 드러나 있음으로 인해 하나님의 예언預言된 말씀에 관심을 기울여야 합니다.

이제 결론적으로 말씀드리겠습니다. 우리 시대에는 더이상 '예언'預言이 없습니다. 이것을 '계시의 종결'이라 합니다. 그러므로 하나님의 기록된 말씀인 신구약 성경 66권이 유일한 예언입니다. 신구약 성경에 더하거나 빼는 사람은 저주를 받을 것이라는 사실을 우리가 성경을 통해서 잘 알고 있는데 이는 그것을 말하고 있습니다.

그리고 우리 시대에 '예언豫言의 은사'를 받은 사람은 없습니다. 어지러운 우리의 때에 많은 사람들이 자기는 예언豫言의 은사를 받은 자라고 주장하고 있습니다. 만일 어떤 사람이 정말 하나님으로부터 예언의 은사를 받았다고 한다면 '절대로 틀리지 않는다' 고 장담할 수 있어야 합니다. 일부는 알아 맞추고 일부는 틀리면서 '사람이란 완전한 것은 아니지 않느냐?' 는 식의 변명을 한다면 그것은 이미 거짓입니다.

그렇다면 성경, 특히 고린도전서에서 말하는 예언의 은사는 어떻게 설명해야 될까요? 많은 설명을 필요로 하리라 생각됩니다만 간단하게 한 두어가지만 말씀드리도록 하겠습니다.

첫째, 성경에서 말하는 '예언의 은사'는 사도시대에 국한되는 은사입니다. 이는 성경 말씀이 완전히 주어지기 전 하나님께서 자기의 거룩한 교회를 세우시기 위한 방편으로 허락하신 은사입니다. 그러므로 우리 시대에는 더이상 그러한 '예언' 이 필요하지 않습니다. 이것은 개혁주의, 보수주의 신학의 일반적인 가르침입니다.

둘째, 우리 시대에 굳이 적용을 하려 한다면 '예언의 은사' 의 의미를 하나님의 말씀을 올바르게 잘 해석하여 교회 앞에 선포하는 은사로 이해해야 합니다. 이는 하나님의 예언預言인 계시를 드러내는 은사라는 측면에서입니다. 그러나 예언의 은사라는 것이 미래에 일어나게 될 일을 예언豫言하는 것을 말하는 것이 아님은 명백합니다.

말씀이 약한 시대에는 사람들이 기록된 하나님의 예언預言의 말씀에 관심을 기울이지 않고 사람들이 하는 예언豫言에 관심을 기울입니다. 그것은 신앙이 아니라 불신앙 때문입니다. 요즘처럼 교회가 제 기능을 하지 못하는 시대에 살면서 우리는 정신을 바짝 차려 허튼자들의 미혹의 말에 넘어가지 않도록 잘 무장하고 있어야 합니다.

혹, 집사님께서 이전에 어떤 예언을 받은 적이 있어 부담스럽거나 염려가 되는 부분이 있다면 깨끗이 잊어버려도 좋겠습니다. 그것은 아무것도 아니기 때문입니다. 그대신 기록된 성경 말씀을 통해 하나님의 예언預言에 귀 기울이는 집사님이 되시기를 바랍니다.

(2000. 10. 4)

 선교와 전도

경민 학생

오래 기다렸지요? 빨리 답신을 보내야 된다는 생각을 하면서도 그렇게 하지 못한 점 이해바랍니다. 부산의 시월은 어떻습니까? KS대학에서 내려다보이는 가을 바다가 더욱 싱그러울 것이라는 기분 좋은 상상을 해 봅니다. 이번 목요일에 KS대학 신학동 205호실에서 몇몇 학생들의 초청으로 '종교개혁 특별세미나'를 가질 계획입니다. 혹 시간을 낼 수 있으면 그 세미나에 참석하면 좋겠습니다.

지난번 질문 서신을 통해 '선교와 전도'의 차이가 무엇인지에 대해 이야기했지요? 이미 잘 알고 있겠지만, 일반적으로 보아 선교란 영어의 mission과 동일한 개념이며 전도라 하면 evangelism과 같은 개념으로 사용하고 있습니다.

요즘 선교학자들 가운데서는 '선교'와 '전도'라는 개념 자체를 나누어 생각하려는 경향이 있지만 저는 그에 대해 부정적입니다. 저의 견해로는 현실적인 용어설명을 넘어 선교신학적 개념상 그것을 굳이 나눔으로써 얻을 유익이 없다고 판단합니다.

우리 한국교회에서는 '선교사' missionary를 교회의 직분자처럼 생각하려는 경향이 있습니다만 그것은 단순하게 생각할 일이 아니라고 여겨집니다. 이를테면 '선교사'가 되기 위한 직분적 조건이 따로 있는 것이 아니라 복음을 증거하는 자가 곧 선교사가 되는 것입니다. 목사로서 몇 년 이상 해외에서 사역하면 진짜 선교사역을 하는 것이고 일반 성도들로서 짧은 기간 복음을 전파하면 선교사로서 값어치가 덜한 것이 아니라는 말입니다. 복음을 알고 있는 우리 모두가 삶 가운데서 '전도자'의 일을 하게 되는 것입니다.

학생이 질문한 것처럼 학자들 가운데는 '전도의 목적'이 영혼 구원인데 반해 '선교의 목적'은 하나님의 나라 확장에 있다는 이야기들을 하기도 합니다. 그러나 그런 학자들의 이야기는 잘 생각해 보아야 합니다. 왜냐하면 전통적 신학의 입장에서 보아 '개인 영혼 구원'과 '하나님 나라의 확장'은 전혀 상이하지 않기 때문입니다. 즉 영혼 구원을 위한 복음전파가 곧 선교의 본질적인 목적일 수밖에 없습니다.

그래서 저는 전도와 선교의 개념을 분리하고 그 의미가 다르다고 생각하는 사람들은 자유주의적 견해의 영향 때문이라고 판단하고 있습니다. 자유주의에서는 선교를 이야기할 때 'Missio Dei' 사상을 이야기합니다. 이는 곧 '하나님의 선교'라는 말로써 언어 자체는 좋은 말이지만 정립된 개념으로서는 우리가 결코 받아들일 수 없는 선교신학입니다.

Missio Dei(하나님의 선교)란 1950년대 이후 WCC에서 장려한 운동으로 사회복음주의 선교운동입니다. 흔히 일컫는 행동주의 신학(Doing Theology)이 그 범주의 핵심이지요. 아프리카의 흑인신학, 유럽의 정치신학, 남미의 해방신학, 한국의 민중신학, 최근의 여성신학 등 모두가 그 신학의 한 분야들이라고 생각하면 크게 틀리지 않습니다.

물론 보수주의 선교신학자들이 말하는 바 '선교의 목적이 하나님의 나라의 확장에 있다'고 말할 때는 그런 의미가 아니라고 생각합니다. 그들은 교육사업, 의료사업, 문화사업 등을 염두에 두고 있습니다. 그래서 그들은 선교의 개념이 단순한 구령사업의 범주를 넘어서야 한다고 생각하고 있습니다. 그러나 우리는 복음을 알지 못하는 사람들에게 지상에서의 인간다운 삶의 구축이 아니라 그리스도 없는 상태에서의 그들의 안타까운 삶에 관심을 기울입니다.

한편 어떤 사람들은 '전도'는 자기 문화권에서 복음을 전하는 것인데 반해, '선교'는 타문화권에서 복음을 전파하는 것이라고 주장하는 자들도 있습니다. 이와 같은 주장은 우리나라처럼 단일 언어, 단일 민족인 경우에 이야기할 수 있는 생각입니다. 영어권의 학자들이 때로 그런 주장을 하는 것도 결국 그러한 배경 때문입니다.

그러나 이 말은 전혀 타당하지 않습니다. 인도나 아프리카 등지에 가면 동일한 국가에 속한 백성이지만 산 너머 동네에 다른 언어를 사용하며 상이한 문화 가운데 살아가는 종족들이 있음을 흔하게 볼 수 있습니다. 그렇다면 한 국가 안에 있는 이웃 마을에 가서 복음을 전하는 것은 '전도'냐 '선교'냐 하는 문제가 발생하지 않을까요?

우리 한국교회에는 늘 '정규와 비정규' '어려운 헌신과 일상적 신앙'이라는 식의 구분을 지어 상대적 우월감을 가지려는 관행이 있어 왔습니다. 신학교에 대해서도 교육부에서 인가한 정규 신학교냐 교육부가 인가하지 않은 교단 신학교냐에 대해 관심을 곤두세우는 경우가 없지 않지요. 동일한 신학대학원에서도 교육부에서 주는 학위를 받는 코스냐 아니냐 하는 식입니다.

우리는 하나님이 인정하시느냐 아니냐에 관심을 기울이기보다는 사회적 외양에 지나친 관심을 기울이고 있는 셈이지요. 이처럼 선교에서도 그렇습니다. 이를테면 외국에 있는 교포교회에서 목회하는 사람을 선교사로 볼 수 있느냐 없느냐 하는 논쟁마저 있습니다. 저는 이러한 것은 참된 신학이 빈약하던 중세에 교회당의 첨탑에 천사가 몇이나 앉을 수 있느냐 하는 논쟁과 크게 다르지 않다고 생각합니다.

저는 선교와 전도에 대한 구분을 지을 필요가 없다고 생각합니다. 앞에서 언급한 것처럼 '선교사'란 특별한 직분이 아닙니다. 일반적으로 고향을 떠나 하나님의 복음을 전하는 사람이 곧 선교사입니다. '전도사'라는 용어에 대해서는 약간의 설명이 필요합니다.

우리나라에서는 '전도사'라고 하면 교회에서 봉사하는 신학생들이나 여전도사님들을 떠올리지요. 그러나 영어권에서 '전도사' evangelist라고 하면 우리의 부흥사와 같은 사람을 일컫습니다. 우리가 생각하는 바 전도사가 영어권에서 'assistant pastor' 정도라면, 외국에서 말하는 'evangelist'는 D. L. Moody나 Billy Graham 같은 부흥사를 이야기합니다. 우리나라에도 그런 부흥사들이 많이 있지요. 그러나 우리는 그런 부흥사를 특별한 교회적 직분으로 말하지 않습니다. 그들 가운데는 목사도 있고 장로도 있으며 성도들도 있을 수 있습니다.

물론 저는 언어와 문화가 다른 외국에서 복음을 증거할(혹은 증거하는) 사람들의 이해의 폭을 넓히기 위해 '선교'라는 말을 사용할 수 있다고 생각하며 저도 그렇게 합니다. 그러나 그 목적이 결코 동일 문화권에서 복음을 증거하는 '전도'와 구분짓기 위한 목적이어서는 안 된다고 믿습니다. 그리고 그렇게 구분지어 설명한다면 참다운 '선교'를 이해하기 어려울 것입니다. 자칫 잘못하면 어느 한쪽의 우월주의에 편승하거나 인본주의적이 될 우려가 있음도 염두에 두어야 합니다. '전도'보다는 '선교'가 더 참신하게 보이거나 매력적으로 인식되어서는 결코 안 될 것입니다.

그래서 저의 결론은 이렇습니다. "'선교'는 무엇이며 '전도'는 무엇인가? 모두가 주님의 복음을 선포하는 것 아닌가? 거기에서 넘어설 필요가 없다." '선교'라는 용어는 우리 시대에 흔히 사용하는 용어입니다. 그러나 성경에는 '선교'라는 용어가 따로 사용되지 않습니다. '복음전파' '전도'라는 말이 끊임없이 사용되는 것과는 비교가 되지요. 여기에서 알 수 있는 것은 올바른 '선교'라면 성경에 언급되는 '복음전파'나 '전도'의 개념에 완전히 포함되어야 한다는 점입니다. 이에 지나치면 기독교 인본주의 경향일 것입니다.

저의 부족한 답변을 통해 이에 대해 다시 한번 정리할 수 있는 기회를 가지시기 바랍니다.

(2000. 10. 16)

51 현대판 시모니 simony

K 집사님!

안녕하세요? 저에게 상담을 요청해 주셔서 감사합니다. 이번 가을에 장립받게 된다하니 우선 격려의 말씀을 전하고 싶군요. 주님의 몸된 교회에서 중직을 맡는다는 것은 심히 두렵고 떨리는 일입니다. 더군다나 오늘날처럼 교회가 세속화된 시대에는 더욱 그러합니다.

앞으로 교회에서 중요한 직분을 맡으시게 되면 인간의 경험에 의해서가 아니라 하나님의 말씀을 좇아 올바른 직분 수행을 하시게 되기를 원합니다. 교회는 인간들의 계약 단체가 아니라 하나님께서 자기 피로 값주고 사신 그리스도의 거룩한 몸임을 잊지 않으시기를 바랍니다.

집사님께서 저에게 말씀하신 바 고민을 저로서는 충분히 이해가 갑니다. 언젠가부터 우리 한국교회에 있기 시작한 임직받는 분들이 특별 연보를 하는 것은 매우 잘못된 관행입니다. 제가 이렇게 말하면 좋게 볼 수도 있는 것을 부정적으로 본다며 질책할 사람들이 혹 있을 것이라는 것도 잘 알고 있습니다. 저는 집사님께 이미 말씀드린 것처럼 직분을 받는 과정중에 어떠한 공개적인 연보나 교회당 기물 등의 선물도 하지 않기를 바랍니다.

사실 이것을 실행에 옮기기는 결코 쉽지 않습니다. 이미 우리 한국교회에는 장로임직자, 집사임직자, 권사임직자로 나누어 상당한 금액의 연보를 자의반 타의반으로 하고 있는 것이 현실적 관행입니다. 최근 다른 어떤 분의 말에 의하면 자기 교회에서는 장로가 천만 원, 장립집사가 오백만 원을 연보해야 한다는 이야기를 들은 적이 있습니다. 피아노나 다른 기물을 교회에 선물로 하는 것은 일반적입니다. 뿐만 아니라 임직식 당일 손님(?)들로부터 일종의 부조扶助를 받는 것도 관행처럼 되어 있습니다.

저는 이러한 것을 한국교회가 가진 심각한 폐습으로 생각하며 현대판 시모니simony라고 생각합니다. 사도행전 8장 17-24절에 보면 시몬Simon이라는 사람이 하나님의 능력을 돈으로 사려했던 기록이 나옵니다. 이것이 유례가 되어 '시모니'simony라는 말은 성직을 돈으로 사려는 것, 즉 성직매매를 일컫습니다. 하나님의 직분은 어떠한 경우에도 돈으로 살 수 없으며 돈과 연관시킬 수 없습니다. 만일 누군가가 교회에서 그렇게 하는 사람이 있다면 지극히 악한 자일 따름입니다.

이미 우리의 잘못된 관행에 익숙해 있는 사람들은, 우리 한국교회에서 직분을 받을 때 얼마간의 돈을 내는 것을 나쁘게 보지 않고 있습니다. 나쁘게 보기는커녕 좋은 전통으로 보려는 사람들도 다수 있습니다. 그 이유는 돈을 미리 주고 직분을 사는 것이 아니라 직분을 받게 된 것을 감사해서 연보하는 것이 무엇이 나쁘냐는 논리이지요. 그러나 그것은 매우 위험한 발상입니다.

구체적으로 예를 들어 생각해 봅시다. 그런 식의 관행이 보편화하게 되면 돈이 없는 가난한 사람들은 교회에서 장로나 집사 등의 직분을 맡지 못하게 됩니다. 무슨 소리냐고 언성을 높일 사람들이 있을지 모르겠습니다만, 돈 있는 사람들이 직분을 받게 된 것을 감사해 몇 백만 원씩 혹은 몇 천만 원씩 연보를 하는 것을 보는 가난한 성도들은 아예 직분을 받는 것을 생각지도 못하게 될 것입니다. 만일 교회에서 직분을 이야기할 때 그러한 돈에 대한 생각이 조금이라도 들어간다면 벌써 문제입니다. 성경의 가르침이나 초대교회에는 결코 그런 예가 없었습니다.

지금 K 집사님의 경우를 예로 들어보면 더욱 쉽게 이해할 수 있습니다. 이번 가을에 함께 직분을 받을 사람이 여러 명 된다고 그랬지요? 교회에서도 연보를 얼마씩 할거냐, 기념품은 무엇으로 할거냐 등으로 인해 이미 분주하다고 했지요? 거기다가 K 집사님을 제외한 이번에 함께 직분 받을 다른 사람들은 장로, 집사, 권사에 따라 얼마씩 내자고 제안하고 있다고 그랬지요?

그런 것을 옆에서 보고 있는 가난한 성도들은 자기 같이 가난한 사람들은 교회에서 직분자가 될 수 없다고 생각하게 될지도 모릅니다. 몇 백만원은커녕 당장 생활에 여유가 있지 않은 상태에서 그런 생각을 하게 되지 않을까요? 제가 집사님께 얼마의 헌금이라도 하지 말라고 권하는 것은 바로 전체 교회를 보호하기 위해서입니다. 교회에서는 가진 자나 배운 자가 직분을 맡기에 더 적합한 자들이라 결코 말할 수 없기 때문입니다.

만일 정말 감사해서 연보할 마음이 생긴다면 아무도 모르게(눈치조차 채지 못하게) 무명으로 연보하십시오. 사람들에게 알려 자기의 성의나 능력을 보인다는 것은 자칫 체면치레나 가시성으로 변질하기 십상일 뿐, 가난하고 연약한 성도들에게 잘못된 본을 보일 것이기 때문입니다.

물론 K 집사님의 현재 형편은 매우 난처하리라 생각합니다. 대학에서 학생들을 가르치는 선생님이기도 하고 번듯한 집이 있으며 괜찮은 자동차도 타고 다니는 형편에 당회를 비롯한 여러 사람들의 제안을 뿌리치기는 쉽지 않을 것입니다. 거기다가 부인마저 집사님을 이해시켜 남들처럼 대충 따라하도록 간절히 권하고 있다면 오죽하겠습니까? 여러 사람들이 집사님을 보고 얼마나 별스럽게 생각하겠습니까? 그러나

누군가 용기를 가지고 그렇게 해야만 합니다. 그것이 교회에 대한 진정한 사랑이기 때문입니다.

목적이나 자세가 순수하다고 해서 그 전체가 정당화 될 수는 없습니다. 설령 어떤 분이 자기는 직분을 받는 것이 감사해서 아무런 사심없이 연보를 하려고 하는데 그것도 안 되느냐고 물으면 그에 대해서는 분명히 이야기할 수 있습니다. 연보를 하되 아무도 모르게 하라고 하면 될 것입니다. 가진 자들이 고액의 연보를 하는 동안 다른 형제들로 하여금 상심하게 할 수도 있고 직분을 받는 데도 얼마간의 돈이 필요하다는 생각을 하게 해서는 안 될 것입니다.

임직과 임직예배를 통해 영광을 받으실 분은 하나님 한 분밖에 없습니다. 교회는 그 안에서 함께 기뻐합니다. 임직예배는 순서를 맡은 사람들이 주관하는 행사가 아니며 직분을 받는 사람들이 축하받는 시간도 아닙니다. 주님의 피로 값주고 사신 교회가 직분자를 세우게 됨으로써 함께 하나님을 찬양하며 기뻐 감사하는 시간입니다.

집사님, 저의 말을 잘 새겨들으시기를 바랍니다. 대다수 사람들이 그렇게 한다고 해서 집사님 같은 분마저 귀찮은(?) 마음에 그냥 따라하시게 되면 우리 한국교회는 어떻게 될 것입니까? 지나친 고민일랑 마시고 주님을 기억하며 그냥 편안하게 잘 감당하시게 되기를 바랍니다.

(2000. 10. 19)

52 현실적 교회개혁 방안을 기대함

이 교수님께

이 교수님, 안녕하신지요? 어제 KS대학을 방문했었습니다. 신학과 일부 학생들이 '교회개혁 세미나'를 준비하며 저를 초청했기 때문입니다. KS대학에 간 김에 교수님께 인사나 드릴까 싶어 교목실을 방문했었는데 출장중이어서 메모만 남기고 뵙지를 못했습니다.

어제 세미나는 학교에 도착할 때까지만 해도 그저 학생 몇 명이 모여서 대담하는 좌담회 형식이 될 것으로 생각했습니다만 막상 가서 보니 학생들이 강의실을 꽉 메워서 예상 밖이었습니다. 그 중에는 교단의 젊은 목사님들도 몇 분 있었습니다. 아마 교회 개혁에 대한 관심을 가진 분이 많기 때문이 아닌가 생각되어 상당히 고무적이었습니다.

이 교수님, 지난 10월 14일(토)자 부산일보를 보셨는지요? 그날 부산일보 15면 상단 기사에, "새벽련떼薩堅 신앙 표준 아니다"라는 제하에 한국교회 개혁에 관련된 저에 대한 기사가 큼지막하게 났더군요. 저는 사실 그런 기사가 난 줄을 까맣게 모르고 있었는데 어제 어느 학생이 지난 신문을 가져다 주어서 그 기사를 읽을 수 있었습니다.

그 기사 가운데 이 교수님께서 저의 주장에 대해 평가하신 내용이 함께 실려 있는 것을 읽었습니다. 이광호 목사의 주장은 '개인의 주관적 판단에 따른 비현실적 내용으로, 학문적으로도 근거가 부족한 선언적 수준'으로 평가한 것으로 쓰여져 있었습니다.

이 교수님께서 저의 주장에 대해 관심을 가지고 평가해 주신 데 대해 매우 감사하게 생각합니다. 사실 이 교수님께서도 잘 알고 계시다시피 저는 오래 전부터 한국교회에 대해 많은 염려를 해 왔습니다. 이 점에 있어서는 교수님도 저와 동일한 입장이리라 믿습니다.

저는 '한국교회, 무엇을 개혁할 것인가'(서울:예영커뮤니케이션)라는 졸저를 내어놓은 후 건전한 신학자들 가운데 누군가 문제를 제기해 오기를 기대해 왔습니다. 본 교단의 대다수 신학자들은 저의 그러한 주장에 대해서 잘 알고 있으며 다른 교단의 보수주의 신학자들 가운데서도 저의 생각을 구체적으로 아는 분들이 많이 있습니다.

저에게 서면으로나 구두로 교회개혁에 대한 이야기를 해오는 대다수 학자들은 전체적으로 저의 신학 사상이나 제가 지적하는 바 문제들에 대해 동의하는 입장이었습니다. 말하자면 저의 주장에 대해 잘못이 있다거나 문제가 있다는 지적을 하는 학자들이 있지 않았습니다. 그런 터에 이 교수님께서 저의 주장에 대해 그나마 몇 가지를 지적해 주신 점에 대해 감사를 드립니다.

위에서, 부산일보에 난 기사 중 이 교수님의 평가 부분을 인용했었는데, 그것을 몇 가지로 나누어 생각해 볼 수 있습니다. 우선 이 교수님이 보시기에, 저의 주장은 (1) '개인의 주관적 판단'이라는 점과 (2) '비현실적 내용'이라는 점 그리고 (3) '학문적으로 근거가 부족한 선언적 수준' 입니다.

저는 이 교수님의 저의 주장에 대한 평가에 대해, 저의 해명과 함께 몇 가지 요청을 하고자 합니다. 그것은 교회개혁에 관심을 가지고 있는 소신 있는 학자로서 한국교회를 위해 수고할 수 있는 내용이 아닌가 생각되기 때문입니다.

우선 위의 (3)에서 언급한 '학문적으로 근거가 부족한 선언적 수준'이라고 평가하신 것은 저의 '주장 방법'에 대한 '오해'였으리라 생각합니다. 저는 졸저에서 학문적 논거를 갖춘 논문을 쓴 것이 아니라 현실교회의 비성경적이거나 올바르지 못한 점을 지적했을 따름입니다. 저의 소견으로는 어떤 사람이 논문 아닌 다른 장르의 글을 쓴 것을 두고 학문적으로 논거가 부족하다고 평가할 수 있을까 생각해 봅니다.

물론 교회개혁에 관련된 졸저의 경우, 선언적 방법이 사용되었을지라도 학문적 뒷받침이 있어야 하는 것은 마땅하리라 생각합니다. 그래서 저는 그에 대한 학문적 근거를 미력하나마 지속적으로 제시해 오고 있습니다. 제가 목회하는 실로암교회 홈페이지(www.siloam-church.org)에서 '강의실'을 개설해 두고 다양한 방법으로 저의 신학적 입장을 피력하고 있습니다. 거기에 실려있는 저의 글들을 살펴보시고 그래도 학문적 근거가 부족하다고 말씀하신다면 그것은 또 다른 문제일 것입니다.

저의 주장이 교수님께서 지적하신 대로 위 (1)처럼 '개인의 주관적 판단'일 수 있습니다. 만일 이 교수님께서 그 점을 발견하셨다면 이미 저의 글을 읽고 공감하며 영향을 받고 있는 사람들을 위해 '단체적 객관적 판단'을 밝혀야 하리라 생각합니다. 저는 어제 강의에서 학생들과의 질의 응답을 통해 그 점을 이야기했으며, 신문기사를 잘 검토한 후 이 교수님께 말씀드리겠다고 이야기했습니다.

제가 말하는 '단체적'이란 '개혁주의 신학'의 입장에서 객관성 있는 학파의 입장을 의미합니다. 제가 졸저에서 언급한 102가지 항목 가운데 모두가 저의 개인의 주관적 판단인 것으로 이 교수님께서 말씀하신 것은 아니리라 생각합니다. 그렇다면 그중 개인의 주관적 판단에 따른 주장이라고 판명되는 내용들을 가려 객관성 있는 언급들을 하셔야 되리라 생각합니다. 이는 이미 상당수 학생들이 이에 대해 더욱 분명히 알기를 원하고 있기 때문입니다.

　또한 위 (2)처럼 '비현실적 내용'이라는 점에 대해서도 그 문제를 발견했거나 제기한 분이 '현실적 내용'을 밝혀 그 대안을 제시할 수 있으면 좋으리라 생각합니다. 이것은 방향을 잃고 있는 한국교회를 위함입니다. 제가 이해하기로는 개혁주의 신학이 일차적으로 요구하는 것은 '그것이 현실적이냐' 하는 상황이 아니라 '성경의 가르침이 그러하냐' 하는 본질적인 데서 사고의 출발이 이루어져야 한다고 생각합니다.

　이 교수님, 한국교회를 아끼는 마음으로 그리고 교수님의 신학적 입장을 듣기 원하는 여러 학생들을 위해 저의 부탁을 들어주셨으면 합니다. 기독교 사회가 부패해 있고 신학이 제자리를 상실한 시대를 살면서, 어떠한 자세를 가지고 살아야 할지 교수님의 객관적이고도 현실성 있는 대안을 듣기를 원합니다.
　이것은 비단 저 한 사람의 개별적 요구가 아니라 우리와 함께 신학을 연구하며 살아가는 다수의 학도들을 위한 것임을 양해해 주셨으면 합니다. 이 교수님께서 객관성 있고 현실성 있는 교회개혁 방법을 제안하시면 저는 저의 부족한 생각을 수정할 의향이 있음을 아울러 말씀드립니다.

　이미 여러 경로를 통해 저의 생각을 밝힌 바 있습니다만 신학과 신학자들이 참된 신학의 힘을 상실하게 되면 우리 한국교회는 아무런 소망이 없습니다. 이러할진대 교수님 같은 분이 우리의 신학과 신앙을 지키는 데 앞장서 주시기를 바라는 마음 간절합니다.
　11월 초, OM 선교회에서 있는 강의차 부산에 갈 일이 있는데 그때 혹 찾아뵐 수 있을지 모르겠습니다. 좋은 답변을 기대하겠습니다.

(2000. 10. 21)

53 구원의 기초

박 목사님께

평안하신지요? 지난번 강의차 부산에 갔을 때 박 목사님을 만나보기를 원했으나 그렇게 되지 못해 서운했습니다. 앞으로 만날 수 있는 기회가 있으리라 생각합니다. 요즘 공부에 진력하고 있다는 소식을 다른 목사님을 통해 이야기 들었습니다. 진리에 대한 탐구가 교회에 유익을 끼칠 뿐 아니라 목사님의 삶에 커다란 즐거움을 끼칠 수 있게 되기를 바랍니다.

지난번 보내주신 목사님의 '제한속죄'에 대한 글을 잘 읽었습니다. 동일한 글을 저에게 뿐 아니라 다른 교수님들께도 보내셨다 하니 어떤 답변이 왔는지 모르겠군요. 사실 목사님의 글을 읽고 어떻게 답변을 해야 할지 무척 어려웠습니다. 주제가 워낙 방대하기도 하고 성경신학과 교의학적 입장에서 동시에 설명되어야 할 내용이라 생각되었기 때문입니다.

그래서 저는 목사님의 글을 읽으면서 목사님께서 '하나님의 절대선택'에 대한 교의는 과연 아무런 문제가 없느냐는 생각을 하고 있는 것으로 여겨져 그에 대한 저의 견해를 말씀드릴까 합니다. 앞에서 제가 이 문제에 접근하기 위해서는 성경신학과 교의학적 입장에서 동시에 살펴져야 할 내용일 것이라고 말씀드린 것은, 성경에 나타나는 여러 단일 구절들을 통해서 볼 때 '하나님의 절대선택'에 대한 의문을 가져볼 수 있을 것임을 알고 있기 때문입니다.

성경에서 불안전한 우리가 보기에 서로 상반된 이야기를 하는 것처럼 보이는 부분들이 있을 때 과연 우리는 그 본문들을 어떻게 설명해야 할까 하는 문제에 봉착하게 됩니다. 우리에게 교의학이 필요한 이유는 그런 다양한 구절들을 통해 하나님께서 궁극적으로 교훈하고자 하는 뜻은 무엇인가를 성령의 조명을 통해 정리하는 것이기 때문일 것입니다.

예를 들어 구원에 대해서 이야기할 때 성경에는 하나님께서 '모든 사람이 구원받기를 원하시는 구절'들이 여러 군데(고후 5:14, 15; 딤전 2:4, 6; 요일 2:1, 2 등 참조) 나타나고 있습니다. 한편 하나님의 구원은 창세전에 이루어진 그의 전적인 선택에 달려 있으며 지극히 제한적이라는 구절(롬 8:30; 엡 1: 4, 5, 11; 3:11; 딤후 1:9 등)들도 여러 군데 나타납니다.

신학자들은 교의학에 있어서 '구원론'을 다룰 때 위에 언급한 구절들을 기초하여 교의를 세워가고 있습니다. "봐라, 성경에 분명히 이렇게 기록되어 있지 않느냐"는 것입니다. '구원론'에 대한 문제는 기독교 역사상 끊임없이 제기되어 왔던 문제이며 그에 대한 기준을 두고 이단여부를 결정하기도 했습니다.

초기 기독교 당시 펠라기우스나 중세의 알미니우스 등은 인간의 자력구원설을 주장했습니다. 그들의 사상을 따르는 펠리기안들이나 알미니안들은 인간의 자력구원의 근거를 확립하기 위해서 많은 애들을 썼지요. 그들은 하나님의 '절대선택'이나 인간의 '전적타락'을 인정하지 않고 인간의 자유의지를 통해서 구원에 도달할 수 있다고 생각했던 것입니다. 그들이 그렇게 주장했던 근거는 바로 하나님께서 '모든 사람'이 구원받기 원하신다는 점에 두고 있습니다.

이에 반해 칼빈주의 신학에서는 성경이 말하는 바 하나님의 '절대선택'과 인간의 '전적타락'을 고백하고 있습니다. 하나님께서는 '자신의 목적과 기쁘신 뜻에 따라 창세전에 이미 자기 백성을 선택'해 두셨음을 믿습니다. 예수 그리스도께서 이 세상에 오신 것은 이 세상의 모든 인간들을 위해서가 아니라 창세전에 택해두신 자기 백성을 구원하시기 위함이라고 믿고 있습니다(마 1:21).

오늘 우리 시대에도 구원에 대한 잘못된 생각들을 하는 사람들이 많이 있는 것이 사실입니다. 어떤 사람들은 아예 '만인구원설'을 주장하기도 하고, 또 다른 어떤 사람들은 인간의 자유의지에 따른 '구원의 확보'에 대해서 이야기하기도 합니다. 그리고 스스로 칼빈주의 혹은 개혁주의를 지향한다고 하는 한국의 보수주의 신학자들 가운데도 '하나님의 절대선택' 교리를 양보하고 있는 이들이 태반입니다.

그렇다면 과연 우리는 다양한 성경구절들이 서로 상반된 교훈을 준다고 생각해야만 할까요? 저는 성경 말씀에 나타난 이런 다양한 구절들이 주어진 것은 역시 택하신 자기 백성들에게 주신 교훈이라 믿으며 이는 교의학적으로 충분히 설명될 수 있다고 믿습니다.

우선 '만인구원설'이나 인간의 의지에 따라 구원을 받을 수 있다고 생각하는 사람들은 거의 모두가 구원의 기초를 '하나님의 사랑'에 두고 있습니다. "하나님이 세상을 이처럼 사랑하사 독생자를 주셨으니 이는 저를 믿는 자 마다 멸망치 않고 영생을 얻게 하려 하심이니라"(요 3:16)는 말씀에 나타나는 '사랑'에 대한 잘못된 해석과 오해 때문이지요. 이 점에 대해서는 나중에 혹 저의 견해를 따로 설명드릴 기회가 있을지 모르겠습니다.

그런 사람들은 주로 구원의 기초를 '하나님의 사랑'과 '인간 중심 구원론'에 두려하기 때문에 '하나님의 구원의 목적'에 대해 혼선을 빚게 되는 것입니다. 그들은 '하나님이 죄에 빠진 인간을 불쌍히 여겨 구원하려 하셨다'는 데서 일차적인 구원의 기초를 세우려고 하지요. 그래서 '인간을 불쌍히 여기는 사랑의 하나님은 모든 사람이 구원받기를 원하신다'로 결말지으려고 합니다. 그러나 그것은 매우 잘못된 생각입니다.

성경에 나타나는 하나님은 심판의 하나님이며 질투의 하나님입니다. 하나님께서는 죄인을 결코 죄인인 상태로 용납하는 분이 아니라 반드시 그 죄인을 심판하시는 두려운 분으로 설명되고 있습니다. 단지 그리스도 안에 있는 자기 백성만이 심판에서 제외되고 그와 더불어 영원한 복락을 누리게 될 따름입니다. 여기서 저는 '구원의 기초'를 명확하게 정리해야 한다고 생각합니다.

우선 구원의 기초가 일차적으로 '인간에 대한 하나님의 사랑'이 아니라 '하나님의 영광 회복'이어야 한다고 믿습니다. 이 말은 하나님께서 인간을 구원하게 되신 것은 먼저 인간을 불쌍히 여기시는 인간에 대한 하나님의 사랑 때문이 아니라 타락한 인간에 대해(인간으로 말미암는) 원래 의도하신 바 '하나님의 영광 회복'이어야 한다고 생각합니다. 즉 하나님께서 인간의 일부를 구원하시고자 하신 것은 불쌍한 인간을 위해서가 아니라 '하나님 자신'을 위해서라는 말입니다.

하나님께서 인간을 구원하신 의도가 하나님 자신의 영광 회복에 있다면, 이 세상에 사는 죄된 인간들이 왈가왈부할 일이 전혀 아닙니다. 단지 하나님의 전적인 섭리에 따라 하나님의 영광과 구원의 은총에 참여하게 된 사람들은 그저 그의 전적인 은혜에 감사할 따름입니다. 우리가 흔히 구원이 인간의 자기행동이나 자기 의에 달려있지 않다고 하는 것은 바로 이러한 의미일 것입니다.

우리가 가지고 있는 대요리문답 제1문항에서 '사람의 첫째되고 가장 높은 목적이 하나님을 영화롭게 하는 것'이라고 규정하고 있는 것은 이와 조화되는 내용입니다. 여기서 인간이 하나님을 영화롭게 하는 것 역시 인간의 어떤 생각이나 행위를 일컫는 것이 아니라 구속받은 하나님의 백성이 가지는 본질적이며 당연한 삶을 의미하고 있는 것이며 이는 자기 영광을 회복하기 위해 스스로 이룩하신 하나님의 구원 사역에 기초하고 있습니다.

박 목사님, 목사님의 글을 읽으면서 '구원의 기초'에 대한 저의 생각을 간단하게 말씀드렸습니다. 이에 대해 혹 목사님의 다른 생각이 있다면 우리 주변의 건전한 성경신학자들이나 교의신학자들의 견해를 물어 볼 수 있습니다. 이에 대해 하나님 앞에서 겸손한 자들의 다양한 주장들이 있다면 저 역시 그러한 내용들을 공부해 보고 싶은 마음이 없지 않습니다.

박 목사님의 길고 성의있는 글에 비해 저의 짧고 거의 즉각적인 답변임을 생각할 때 죄송한 감이 듭니다. 지난번 글에서 저에게 질의하신 내용이 이 글에 어느 정도 포함되어 있을 것이라 여겨지니 약간의 참조가 되었으면 합니다. 박 목사님께서 보내신 동일한 글에 대해 혹 다른 교수님들로부터 답변이 있었다면 저도 그 내용을 한번 보고 싶다는 말씀을 아울러 드립니다.

주님 안에서 지속적인 교제가 있기를 기대합니다.

(2000. 10. 23)

54 칼빈과 사형死刑 제도

권 목사님

건강은 어떠하신지요? 과로한 탓에 몸무게가 많이 줄었다는 이야기를 전해들었습니다. 대학원 공부를 잠시 쉬고 있다는 이야기도 들었는데 건강 때문이었는지요? 우리가 스스로의 몸을 아낄 줄 아는 것이 지혜라는 생각이 듭니다.

저는 이번 주간을 좀 씁쓸하게 보내고 있습니다. 그러고 보니 권 목사님도 SFC임원 출신이던가요? 사실 저는 원래 이번 주간에 '서울지역대학 연합 SFC 2000년 가을철 신앙강좌' 강사로 초빙받았었습니다. 10월 24일과 26일에 한양대학교에서 열리는 집회입니다. 그날이 바로 오늘이군요. 그래서 다른 계획들을 뒤로 미루고 응했는데 윗선(?)에서 강사초빙을 할 수 없다며 비토veto되었다고 합니다.

전임 SFC 간사이자 얼마 전까지는 노회에서 SFC 지도위원을 지낸 본 교단 목사인 제가 비토의 대상이 되었다는 점에 대해 서운함이 적지 않습니다. 학생들을 통해(물론 간사들과 사전 의논이 있었겠지요) 이미 강사로 확정된 사람이 부적격자로 판명이 될 경우, 그 이유가 밝혀져야 할 것이며 정말 문제가 있다면 서울지역뿐 아니라 부산이나 대구에서도 문제 있는 사람을 강사로 초빙하지 말도록 어떤 공적인 조치가 있어야 하지 않을까 생각합니다.

제가 이 문제를 SFC에 바로 문의를 하려다가 그냥 있어야 되겠다고 판단하게 된 것은 혹 저를 강사로 초빙했다가 윗사람(?)들의 힘에 의해 포기당한 학생들에게 상처가 되지 않을까 싶어서입니다. 이번 겨울에

서울대 SFC 동계 수련회 강사로 초빙받았는데 혹 거기서도 비토가 된다면 생각을 달리해 볼 요량입니다. 권 목사님이 SFC 출신인 줄 알고 서운한 마음에 긴 푸념을 했으니 이해바랍니다. 이제 본론으로 들어가야 할 것 같습니다.

사형제도를 폐지해야 한다는 저의 견해에 대해, 권 목사님께서 칼빈의 사상과 함께 생각해 보면 어떨지 지난번 서신을 통해 하신 말씀을 기억하고 그에 대한 저의 생각을 말씀드릴까 합니다.

우리가 일반적으로 칼빈주의라 하면 성경 말씀에 대한 칼빈의 신학적 자세를 의미한다고 저는 생각합니다. 많은 사람들이 오해하듯이, 오늘날 칼빈주의자란 단순히 칼빈을 추종하는 무리들을 일컫는 말이 아니라 칼빈의 신학 정신대로 성경의 가르침을 그대로 가감없이 수용하려는 자들일 것입니다.

이렇게 말할 수 있는 것은 한 시대를 살았던 우리의 형제로서 한 사람인 칼빈이 완벽했던 것은 아니라는 것입니다. 칼빈은 하나님께서 한 시대 가운데 특별하게 사용하신 그릇이기는 했어도 성경 말씀에 나타나는 선지자나 사도들과는 다른 위치임이 명백합니다. 즉 칼빈도 다른 사람들처럼 말이나 행동에 실수를 할 수 있고 시대적 환경 가운데 살았음을 말하고 있습니다.

저는 저 자신이 칼빈주의자라 생각하고 있습니다. 그렇지만 칼빈의 사상 가운데 일부는 비판criticism하고 있습니다. 그것은 결코 칼빈의 전체적 신학 사상을 비난하거나 폄하하는 것은 아닙니다. 단지 모든 사람들이 그렇듯이 역사 가운데 한 특별한 시대에 살았던 칼빈의 주장들을 다시금 말씀에 비추어 생각하며 얻을 수 있는 결론이 있다고 여기기 때문입니다.

권 목사님께서 언급하셨듯이 칼빈은 사형제도를 인정했습니다. 뿐만 아니라 직접 사형을 선고 및 집행하는 일에 가담하기도 했습니다. 우선 칼빈이 사형을 적극적으로 찬동한 이유와 시대적 환경을 살펴보는 것이 매우 중요하리라 생각합니다. 그리고 칼빈의 국가관을 이해하는 것도 중요합니다.

우선 칼빈은 국가의 중요성을 잘 이해하고 있었습니다. 이는 사도 바울이 가르친 바 '성도가 국가에 대해 가져야 할 자세'를 기초로 한 견해일 것입니다. 교회는 법을 통한 형벌집행권을 가지고 있지 않은데 반해 국가가 형벌집행권을 가지고 있는 것은 전체 인간 질서를 위해서라는 것이 그 견해의 요지라고 저는 생각합니다. 그래서 칼빈이 이해하고 있던 사형제도의 필요성은 국가가 가질 수 있는 권력에 기초하고 있습니다.

물론 칼빈이 인식하고 있는 국가란 우선 제네바를 중심한 신정국가일 것이라는 점을 간과할 수는 없습니다. 오늘 우리는 여러 국가들을 직간접적으로 동시에 경험하고 있습니다. 미국이라든지 일본이라든지 혹은 멀리 아프리카 지역에 있는 나라이든지 여러 나라들을 우리가 살고 있는 한국과 상호 비교하는 가운데 자신의 국가관을 세우고 있습니다.

그러나 칼빈의 시대는 오늘 우리의 시대와는 상당히 다릅니다. 칼빈도 당시 유럽에 있었던 국가 형태들을 경험했지만 오늘 우리와는 달랐습니다. 칼빈이 가진 당시 제네바를 중심한 교회와 국가에 대한 개념은 일종의 기독교 이상주의적 국가와 가까웠다고 표현할 수 있습니다. 이를테면 신정국가로서의 국가가 제 기능을 충실히 이행을 하고 그 가운데 있는 교회가 국가의 제도적 보호를 받으며 교회의 기능을 다하는 것입니다.

칼빈이 국가정치에 관여했던 것은 오늘날 우리 시대의 기독교 정치인들과 견줄 일이 결코 아닙니다. 칼빈의 정치사상은 어디까지나 교회를 보호하는 신정국가로서의 국가를 바탕으로 하여 이해해야 합니다. 그러므로 국가는 형벌집행에 있어서도 국가 안에 있는 성도들, 즉 교회를 염두에 두지 않을 수 없습니다.

따라서 칼빈이 사형제도에 찬동한 것은 교회의 순결 때문이었습니다. 즉 국가기강의 확립이 주목적이 아니라 교회의 순결과 다른 교인들이 잘못된 사상에 감염되는 것을 방지하기 위해서였던 것입니다. 칼빈은 그렇게 해서라도 진리를 지켜야 한다는 확고한 생각을 하고 있었습니다.

그럼에도 불구하고 저는 칼빈의 사형제도 인정은 잘못이었다고 판단하고 있습니다. 앞에서 이미 언급한 것처럼 오늘날 일반적인 세속 국가와는 다른 신정국가 형태에서 그럴 만한 사유나 근거를 가진 사상에서 출발했다 하더라도 저는 당시 사형제도의 인정을 한 시대의 환경 때문이었다고 생각합니다.

여기서 '시대의 환경'이라는 말은 다시금 잘 검토해 봐야할 필요가 있습니다. 위에서 잠시 언급한 것처럼 선지자들이나 사도들은 모두 '한 시대'를 살았던 사람들이지만 특정 세속적 시대의 영향을 온전히 벗어나 하나님의 말씀을 계시한 분들입니다. 그에 비해 칼빈은 한 시대 속에 살면서 시대의 환경과 영향 가운데서 성경을 해석하며 주님 안에 살고자 했던 사람입니다.

이제부터는 저의 개인적 견해로 상당히 조심스럽게 이야기하고자 합니다. 중세에 '마녀사냥'이 있었음을 우리가 알고 있습니다. 요즘도 무슨 속담이나 숙어처럼 사용되고 있지요. 저는 중세를 이해하기 위해서는 '마녀사냥'을 이해하는 것이 매우 중요하다고 생각합니다. 이는 교회사를 이해하는 데 있어서도 마찬가지입니다.

콘스탄틴 대제이래 세속화하기 시작한 중세의 기독교는 일찌감치 성경과 멀어지기 시작합니다. 점차적으로 하나님의 말씀보다 건축이나 음악 등 외양에 더 많은 관심을 기울이기 시작한 것입니다. 이슬람과의 십자군 전쟁에서 패배했을 때 당시 서구의 기독교인들은 실망이 매우 컸습니다. 그리고 르네상스 운동이 일어나 인본주의 사상을 기초로 한 사조가 크게 확립되면서 동시에 일반시민들의 불안심리가 확산됩니다.

거기다가 흉작으로 인해 경제가 악화되고 무서운 전염병이 돌기도 합니다. 거기에 뒤따른 것이 혹세무민惑世誣民하는 다양한 이단 사상이었습니다. 당시 기독교의 입장에서 볼 때 그것은 심각한 일이 아닐 수 없었습니다. 그래서 당시 기독교는 이단박멸에 대한 관심을 가지게 됩니다.

이제 칼빈의 시대에 좀더 집약해 보도록 하겠습니다. 루터와 츠빙글리가 1483/4년 생으로 알려져 있고 칼빈이 1509년 생으로 알려져 있습니다. 이는 그 시대에 대한 이해를 돕기 위해 말씀드리는 것입니다. 중세의 '마녀사냥'이 극에 달하던 때가 15세기 후반이었다고 하는 것이 일반적인 이야기입니다. 이는 그 시대가 모든 면에서 매우 혼란스러웠다고 하는 것을 반증해 주고 있습니다.

당시 이노센트 8세는 1484년 12월 5일 금인칙서를 선포합니다. 이는 마녀를 색출하여 재판하고 고문을 하여 사형에 처하도록 하는 공식 입장표명입니다. 당시의 사상에서 '마녀'란 사탄과 내통하는 자입니다. 대부분이 여성이었지만 남성도 일부 있었습니다. 이노센트 8세의 금인칙서가 발표된 지 2년 후, 마녀에 대한 주임무를 부여받았던 하인리히 인스티토르와 야곱 스트랭거라는 사람이 '마녀의 망치'라는 책을 출간하는데 이것은 나중 종교재판을 위한 교본서처럼 사용됩니다.

지금 제가 말씀드리고자 하는 것은 종교개혁 시대를 말하는 칼빈 당시의 사상 가운데 '사탄과의 전쟁'이라는 실제적인 개념이 있었다는 사실입니다. 영국 국교회를 확립한 엘리자베스 1세 여왕은 마녀사냥 강화령을 발표했을 정도입니다. 당시 시대적 사고가 사탄과 내통하는 마녀사냥을 보편적으로 인식하던 그 시대에 칼빈도 살았었습니다.

일반학자들은 종교개혁 시대의 일반 기독교도 마녀사냥에 어느 정도 가담했다고 평하기도 합니다. 하여튼 중세 유럽에서 마녀사냥으로 희생된 사람의 수가 수백 명이라 합니다. 숫자에 대한 것은 그냥 지나친다해도, 당시 마녀사상이나 마녀사냥이 보편적 인식이었음을 우리가 알 수 있습니다.

칼빈의 경우 마녀사냥의 영향 때문에 사형제도를 인정한 것이 아님은 물론입니다. 우리가 분명히 이해해야 할 점은 칼빈이 사형제도를 인정한 것은 사회질서 유지를 염두에 둔 마녀사냥식의 사형과는 구분된다는 점입니다.

칼빈이 사형제도를 인정한 것은 일반범죄나 사회질서의 확립 때문이 아니라 참된 교회의 보존 때문이었습니다. 악한 범죄를 저지른 사람을 사형에 처한 것이 아니라, 진리를 심하게 훼손하거나 회개함이 없이 하나님의 말씀을 지속적으로 어지럽히는 사람들에 대해서는 사형에 처해야 된다고 생각했던 것입니다. 물론 거기에는 교육적인 의도도 포함되었을 것이라 생각합니다.

권 목사님, 제가 왜 이렇게 긴 이야기를 하고 있는지 이해하실 줄 믿습니다. 저는 칼빈 역시 특정한 한 시대의 환경 가운데 살았음을 기억해야 한다고 생각합니다. 칼빈이 교회의 순결을 지키며 다른 교인들에게 악한 사상이 감염되는 것을 방지하려 했다는 사실은 지극히 높이 삽니다. 그러나 사형제도를 찬동하고 사형집행에 직접 가담했다는 사실에 대해서는 특정 시대적 환경 때문이었으리라 생각합니다.

저의 견해에 오해는 없으시기를 바랍니다. 다시 말씀드리지만 저는 칼빈이 당시 기득권자들이 취한 '마녀사냥'에 영향을 받았다고 말하지 않습니다. 단지 그러한 시대적 환경 가운데 살면서 '사탄적 행사'를 교회에서 단절시키려는 그의 의도가 사형제도를 인정하게 한 것으로 보고 있습니다.

그러므로 칼빈이 사형제도를 인정했으니 우리도 그의 견해를 따르는 것이 옳다는 생각을 해서는 안 될 것으로 생각합니다. 사형제도에 대한 칼빈의 견해는 우리 시대에 사형제도를 인정하는 것과 전혀 다른 성질의 것임을 깨달아야 합니다.

이에 대해 다른 조직신학자들이나 역사신학자들의 견해가 어떤지 저는 잘 알지 못합니다. 이 글에서 제가 말하고 있는 부분은 순전히 저의 견해임을 말씀드립니다. 혹 더 생각해 보아야 할 부분이 있다면 앞으로 대화해 보기를 바랍니다. 가능하다면, 권 목사님은 현재 학교에서 연구 중이니 함께 연구하는 학자들의 견해도 목사님을 통해 듣고 싶습니다.

(2000. 10. 25)

55  구원과 자기 결정

주영 학생

안녕하세요? 반갑습니다. 지난번 '예쁜이'라는 이름으로 질문을 했기에 누군가 궁금했는데 이름을 알려 주시니 고맙습니다. 진작 답변을 드리려 했으나 이리저리 시간에 쫓겨 답변을 미루다가 재촉을 받고 나서야 답을 하게 되는군요? 역시 무엇이든지 빨리 하라고 재촉하면 그렇게 하게 되는 것이 인간인가 싶기도 합니다.

아직 교회에 출석한 지 얼마 되지 않은 학생이라 하니 먼저 질문을 하신 데 대해 격려의 말을 전합니다. 교회에서 가르치는 가르침이 왜 그러한지에 대해 의문을 가지는 것은 신앙이 성장해 가는 과정에서 매우 중요하기 때문입니다. 남들이 믿는다고 하니까 그냥 막연히 따라할 것이 아니라 왜 그런지 질문을 던진 후 성경의 가르침을 통해 그 의미나 내용을 깨달아 가는 것은 무엇보다 중요합니다.

학생의 질문 가운데 맨 앞에 있는 것이, 아무리 큰 죄를 지어도 예수 믿고 회개만 하면 구원을 받는다면 불공평하지 않느냐는 것인 듯 싶습니다. 아마 이 말 속에는 어떤 사람들은 별로 죄를 짓지 않고 한 평생 좋은 일을 하다가 죽는 사람들도 있는데 그런 사람들은 예수를 믿지 않으므로 멸망을 당하고, 강도나 살인 등 끔찍한 범죄를 저질렀다고 해도 예수 믿고 회개하면 구원을 받는다는 것은 공평성에 어떤 문제가 있지 않은가 생각하는 것 같습니다.

'예수를 믿어 복음을 안다'고 할 때 '죄'가 과연 무엇인가 하는 점을 깨닫는 것은 매우 중요합니다. 학생이 그동안 일반적으로 생각해 온 죄란 위에서 언급한 대로 강도나 살인, 강간 등일 것입니다. 그러나 성경에서 말하는 죄란 본질적으로 '하나님께서 의롭게 보지 않는 인간의 성품 자체'입니다.

인간의 '타락'이라는 말을 들었을 것으로 생각됩니다. 아담이래 인간이 타락했다는 것은 하나님께서 더이상 인간을 '의로운 존재'로 보지 않음으로써 인간은 더러운 죄악에 빠져 멸망할 수밖에 없는 존재임을 말하고 있습니다. 그러므로 '거룩한 하나님'과 '죄로 더럽혀진 인간' 사이가 분리되어 교제가 단절된 것입니다.

'예수믿고 회개한다'는 말은 단절된 하나님과의 교제가 회복됨을 의미합니다. 그 교제의 회복은 죄에 빠진 인간쪽에서 하는 것이 아니라 죄없이 거룩한 하나님께서 주도하시는 일입니다.

학생은 질문 가운데, 한평생 죄만 짓고 나쁜 짓만 하다가 죽기 직전에 회개하여 구원을 받게 된다면 무엇 때문에 미리 예수 믿어 생활의 제약을 받으며 고생할 필요가 있느냐는 점과, 한평생 교회에 열심히 다녔는데 죽을 때 즈음 큰 나쁜 죄를 짓게되어 멸망을 받으면 억울하지 않느냐고 했더군요.

저는 학생의 질문이 매우 합리적이라 생각됩니다. 정말 그렇게 된다면 문제가 심각하리라 여겨지겠지요. 아마 모든 사람들이 한평생 교회에 열심히 다니다가 결국 멸망당하는 바보같은 사람이 되기는 싫어할 것이며, 대신 한평생 세상을 즐기며 할 것 다하다가 마지막 죽는 순간이 임박해 예수를 믿고 회개하여 천국에 가는 방법을 택하고 싶어할 것입니다.

그러나 성경이 가르치는 복음이란 그렇게 설명되는 것은 아닙니다.

엄밀한 의미에서는 얼마나 열심히 교회에 다니며 많은 일을 했느냐 하는 것과 하나님의 구원 사이에 직접적인 상관성은 없습니다.

교회에서 '하나님의 은혜' 라는 말을 들어 보았을 것입니다. '하나님의 은혜' 란 사업이나 일이 잘되어서 혹은 건강이 좋고 성공해서 하는 말이 아닙니다. 그 은혜는 우선적으로 구원과 관련된 용어입니다. 이는 하나님께서 죄인을 부르신 것은 인간의 자기 결정 때문이 아니라 하나님의 결정 때문임을 말해 주고 있습니다. 그러므로 우리가 복음을 알게 된 것은 전적으로 하나님의 은혜입니다.

학생의 경우 교회에 출석한 지 얼마되지 않는다고 했는데, 교회에 나오게 된 것도 하나님의 은혜이며 지금 복음에 대하여 저와 이렇게 대화를 나누는 것도 사실은 하나님의 놀라우신 은혜입니다.

저는 학생에게 교회에서 열심히 일하는 것을 배우라고 권할 마음이 없습니다. 그리고 다른 사람들이 가지고 있는 신앙을 보며 배우는 것도 늘 신중하도록 권면합니다. 오히려 하나님의 구원이란 무엇인가, 죄란 무엇인가, 하나님의 은혜란 무엇인가에 대한 끊임없는 질문을 하는 가운데 성경 말씀과 성령 하나님의 도우심으로 점차 진리를 깨달아 가기를 바랍니다.

학생이 크게 궁금해하는 부분 중 죽기 직전에 회개하고 예수 믿으면 가장 좋은 방법이 아닐까 하는 것은 그것 자체가 불가능한 일입니다. 이론상 그렇게 될 수 있을 것 같지만 인간의 자기 의도나 결심에 의해서 그렇게 될 수는 없습니다. 물론 하나님의 은혜로 인해 죽기 직전에 복음을 깨닫는 자가 있을 수 있습니다.

그러나 만일 그런 사람이 있다면 한 평생 하나님을 떠나 산 것을 두고 결코 '아, 재미있게 내 맘대로 잘 살다가 이제 죽기 직전에 구원을 받았으니 정말 다행이구나' 라고 하지 않을 것입니다. 도리어 한평생 의미없는 삶을 추구하며 살았던 자기 삶을 되돌아보며 애통하며 회개하고 후회할 것입니다.

반대로 한평생 열심히 교회에 다니다가 멸망에 빠지는 사람이 있다면 그런 사람들은 교회에 다니기는 했어도 복음을 알지 못하고 참으로 회개하지 않았던 사람이었을 뿐입니다. 교회에서 열심히 일하면서 자기 만족을 추구했던 것은 다른 사람들이 교회 밖에서 하는 일들을 기독교라 이름하는 영역 안에서 자기 만족을 추구했을 뿐 사실은 복음을 아는 성도가 아니었던 것입니다.

하나님께서는 하나님의 은혜로 말미암아 진실로 회개한 자들을 버리지 않습니다. 지금 학생이 가지고 있는 의문은 이제까지의 학생의 경험적 사고로 보아 지극히 당연합니다. 그러나 성경에서 말하고 있는 바 가르침은 과연 무엇인가 하는 점을 이제부터 잘 배워가야 하리라 생각합니다.

오늘은 이 정도에서 답변을 마치겠습니다. 혹 대구, 경북의 저와 가까운 지역에 살고 있다면 만날 기회가 있었으면 합니다. 아무래도 글의 한계가 있을 것이기 때문입니다. 나중에 또 연락주실 일이 있으면 학생에 대해 좀더 많이 알기를 원합니다. 어느 교회에 속한, 어디에 사는 그리고 무슨 공부를 하는 사람인지 등에 대해서 말입니다.

(2000. 10. 27)

56 '동성애' 인정 교단과 자매결연 문제

총회장님께

주님의 이름으로 문안드립니다. 저는 본 교단 동대구노회 실로암교회 담임목사 이광호입니다. 많은 교회들이 자유주의화 되어가고 있고 또 다른 많은 교회들이 세속화의 급류를 타고 있을 때 총회장님의 위치는 매우 중요하리라 생각됩니다. 더군다나 과거 한국교회의 순수성을 고집스러우리만큼 지켜오던 우리의 신학적 정체성 마저 흔들리는 때라 더욱 그러합니다.

부족한 본인이 총회장님께 공개적인 서신을 띄우는 이유는 최근 시도되고 있는 '화란 기독개혁교회'(Christelijke Gereformeerde Kerken)와 본 교단의 자매결연에 대한 문제 때문입니다.

본교단지인 기독신보 2000년 10월 21일자 2면 기사에 의하면, 본 교단은 총회 섭외위원회(위원장 김병원 목사)를 통해 화란 기독개혁교회에 자매결연을 요청하고 있습니다. 총회 섭외위원회에서는 이미 지난 10월 16일 총회회관 회의실에서 모임을 갖고 내한한 화란 기독개혁교회 교단 신학교 필스Peels 교수에게 본 교단이 화란 기독개혁교회와의 자매결연을 원한다는 뜻을 전달하였습니다.

그러나 본 교단은 화란 기독개혁교회와 자매결연을 맺을 수 없습니다. 이미 제시한 안을 상대교단에, 자매결연 철회의사와 함께 그 이유를 밝히고 철회해야만 합니다. 화란 기독개혁교단이 기존 본교단과 자매관계에 있는 화란 내의 교단(The Reformed Churches in the Netherlands)과 활발한 교류가 있다는 이유만으로 자매결연을 추진할 수는 없습니다.

필스 교수의 신학적 입장이 화란 기독개혁교회의 신학적 입장을 대변하고 있는 것이라면 그들의 신학을 건전하다고 할 수 없을 뿐 아니라 매우 위험하기 때문입니다. 위에 언급한 본교단지 같은 면에 화란 기독개혁교회의 필스 교수와 본 교단지 기자와의 인터뷰 기사가 실려있습니다. 그 기사에 의하면, 요즘 우리 한국에 크게 문제가 야기되고 있는 '동성애'에 대해 그는 매우 관대한 입장을 보이고 있습니다.

한국사회에 동성애에 대한 논의가 일고 있다는 이야기를 들은 필스 교수의 조언은 우리로서는 결코 받아들일 수 없는 신학적 입장임을 확인할 수 있습니다. 신문기사에 나타난 필스 교수의 견해를 그대로 옮겨 보겠습니다.

"우리가 성경적으로 산다고 하면서 그들(동성애자들)을 박대하고 차별했다. 그런데 지금에 와서 보니까 우리가 그들을 위해서 기도하고 관심을 베풀었어야 했다는 것을 느꼈다. 만약 교회가 동성애 문제에 관심을 갖고 그들을 교회의 울타리 안으로 이끌었다면 지금 이 문제가 이토록 되지는 않았을 것이다 … 교회가 이들을 차별하지 말고 품을 때 사회를 향한 영향력을 회복할 수 있을 것이다."

본교단의 목사인 본인은 필스 교수의 견해를 듣고 놀라지 않을 수 없습니다. 화란의 개혁주의 신학마저도 이 정도까지 되었나 하는 안타까운 생각을 지울 수 없기 때문입니다. 이러한 생각은 자유주의 신학에서나 할 법한 말이지 진정한 개혁주의를 지향하는 교단에서 할 수 있는 말이 아닙니다.

물론 필스 교수의 말처럼 우리가 동성애자들을 박대할 필요는 없습니다. 그러나 그런 사람들은 마땅히 차별되어야 합니다. 그뒤에 따르는 말, '우리가 그들을 위해서 기도하고 관심을 베풀었어야 했다'는 고백적인 말은 매우 애매모호한 발언입니다. 그가 화란 기독개혁교회를 반성하며 우리로 하여금 '동성애자들에게 관심을 가지고 그들을 교회의 울타리 안으로 이끌어 품으라' 는 권면은 실로 어이없는 주장이라 아니할 수 없습니다.

총회장님, 동성애자들에 대한 성경적 교훈을 바탕으로 한 우리의 신학적 태도가 그러합니까? 일부 무책임한 인사들은 '동성애' 에 관련된 그 문제를 제외하고는 화란 기독개혁교회가 우리와 동일한 신학을 가졌다고 주장할지 모릅니다. 그러나 본교단 내에 만일 그렇게 말하는 자가 있다면 그것은 지극히 무책임한 발상일 수밖에 없습니다.

저는 이런 생각을 해 봅니다. 하나님께서는 죄악에 빠진 소돔과 고모라성에서 의인을 찾으라고 말씀하시는데, 어리석은 사람들이 죄악을 즐기는 소돔과 고모라성의 사람들을 품으려 하는 것과 비슷하다는 것입니다.

동성애는 결코 주께서 피로 값주고 사신 거룩한 교회가 용납할 수 없는 죄악입니다. 교회 안에는 그런 자들이 들어오지 못하게 해야 합니다. 만일 교회 안에 그런 자들이 있다면 엄하게 권징해야 할 것이며 그것에 대한 죄를 깨닫지 못할 때는 마땅히 출교해야만 합니다.

그러나 동성애의 경험이 있더라도 자신의 죄를 진심으로 뉘우치는 자들에 대해서는 교회가 마땅히 형제로 받아들여야 합니다. 막연히 교회 안으로 감싸는 것은 교회의 세속화만 재촉하는 비성경적 자세이며 그런 자들을 엄하게 권징하는 것이 성경이 교훈하는 바 진정한 사랑이기 때문입니다.

총회장님께서도 지금의 세대가 얼마나 악하며, 하나님의 거룩한 복음을 세속화하려는 악한 무리들이 얼마나 많은지 잘 알고 계실 것입니다. 지금의 세대가 지나가고 다음 세대가 되면 얼마나 더 악하게 되겠습니까?
　한국의 많은 사람들이 본교단을 두고 순교를 각오한 교단으로 기억하고 있습니다. 타교단과 자매결연을 맺는다고 하는 것은 신학의 공유를 말합니다. 우리는 결코 동성애의 죄악에 대해 지극히 무디어 그것을 인정하려는 교단과 자매결연을 맺을 수 없습니다.

　총회장님께서는 이미 제출된 이 안을 철회해 주시도록 요청합니다. 이것은 노회나 총회를 거쳐 논의해야 할 사항이 아니며 원래 우리의 신학과 신앙정신에 근본적으로 어긋난 것임을 양지해 주시기 바랍니다. 만일 이를 방치하거나 자매결연 시도를 중단하지 않는다면 본 교단에 중대한 문제가 발생합니다.
　이미 진행중인 사안을 철회하는 일은 쉽지 않을 수도 있습니다. 그렇다고 해서 문제를 발견하고도 자존심 때문에 그 일을 계속 추진한다면 엄청난 문제에 봉착하게 될 것입니다. 비행기가 이륙하기 직전에 엔진에 이상이 있음을 발견했다면 마땅히 되돌아가 정비를 해야 합니다. 이미 이륙준비가 완성된 상태라는 이유만으로 무리한 이륙을 시도한다면 조종사 자신은 지극히 어리석은 자가 될 뿐 아니라 그 비행기 안에 타고 있는 사람들의 생명을 위협하는 중대한 실수를 하게 될 것입니다.

　총회장님께서는 본인이 공개서신을 통해 요청한 이 사실에 대해 조속한 시일에 공개적인 입장을 밝혀주시기 바랍니다. 주님 안에서의 건승을 바랍니다.

200년 10월 30일
실로암교회 목사 이광호

(2000. 10. 30)

57 '하나님의 주권 영역'에 대하여

동은 형제

안녕하세요? 그전에 신득일 교수님의 연구실에서 저를 만난 적이 있다고 그랬던가요? 그때 혹시 신 교수님과 함께 식사를 했던가요? 얼굴이 수려한 인상 좋은 학생이라는 기억이 어렴풋이 나는 듯합니다. 어쨌든 좋은 질문을 해 주셔서 감사합니다. 이제 졸업을 앞둔 대학시절 마지막 가을을 보내고 있으니 모든 것을 잘 마무리하기를 바랍니다.

형제는 '하나님의 주권이 시행되어야 할 영역'에 대해서 질문했더군요. 오늘 한국교회에서는 전반적으로 하나님의 주권을 이야기할 때 '하나님의 제한 없는 활동영역'을 염두에 두고 그것을 하나님의 주권과 연결지어 이해하려는 경향이 있습니다. 우리 모두가 고백하듯이 하나님은 무소부재한 하나님이며 전지전능한 하나님이시니까 하나님의 주권은 이 세상 모든 곳 아니냐는 논리입니다.

그러나 우리가 신학적으로 이야기하는 하나님의 주권 문제는, 우선 구원론을 기초로 하는 하나님의 자기 백성 곧 주님의 몸된 교회와 연결된 설명이어야 합니다. 인간들을 구원하고자 하는 모든 주권은 하나님께 속한 전권이며, 자기 백성 가운데 주권을 행사하시는 온전한 왕으로서 통치하시는 분이십니다. 이는 하나님의 영광의 회복과 창조 질서에 대한 모든 완성은 하나님의 주권에 해당하는 것이라는 의미입니다.

좀더 쉽게 말씀드려 하나님을 왕과 주로 부르는 사람들이 누구인지 생각해 보면 더욱 쉽게 이해가 될 것입니다. 하나님은 자신을 왕과 주로 인정하며 부르는 그 백성들의 왕과 주이시며 그들 가운데서 그분의 충만한 주권을 나타내 보이십니다. 반대로 하나님을 왕과 주로 인정하지 않는 사람들 가운데서는 그 주권을 보편적으로 행사하지 않으십니다.

만일 하나님의 주권이 불신자의 세계를 포함한 온 세상 모든 영역에 미친다고 하면 몇 가지 심각한 문제가 발생합니다. 그것은 '하나님의 전능성의 문제'와 '인간의 도움을 필요로 해야 하는 하나님에 대한 문제' 입니다. 이 세상에 불의가 판치고 있는데도 하나님은 속수무책인 것처럼 되게 되며 인간인 누군가가 하나님을 위해 어떤 도움을 줌으로써 그것이 바뀌어질 가능성이 있는 것으로 해석이 됩니다. 그러나 그것은 크게 잘못된 것입니다.

우리는 자주 언약의 하나님을 '아브라함과 이삭과 야곱의 하나님'으로 고백합니다. 이는 이스마엘이나 에서의 하나님이기를 거부하는 하나님을 보여주고 있습니다. 하나님께서는 아브라함의 자손 중 이삭과 야곱의 하나님으로서 그들 위에 주권을 행사하시기를 원하시지만, 이스마엘과 에서의 하나님이 되어 그들에게 주권을 행사하시는 것은 거부하셨습니다. 오늘 우리의 시대에도 '아브라함과 이삭과 야곱의 하나님'을 우리의 하나님이라 부를 수 있는 영역은 오직 주의 몸된 교회에만 해당되는 말이며, 하나님은 그 영역에서 자신의 주권을 행사하시기를 원하시며 그렇게 하고 있습니다.

예수 그리스도께서 이 세상에 오셔서 어떻게 하셨는가를 우리가 잘 알고 있습니다. 그는 이스라엘 가운데 자기 백성들의 왕이 되셨습니다. 당시 제자들이 오해하여 예수님이 온 세상의 왕이 되기를 기대했고 많은 사람들이 그렇게 촉구하기도 했습니다. 그러나 예수님께서는 자기가 온 목적이 자기 백성을 위해서라는 점을 명확히 하셨습니다(마 1:21).

유대인들은 예수님이 로마제국의 통치자가 되려 한다고 주장하며 로마제국에 고발했지만 예수님 자신은 전혀 그럴 뜻이 없음을 분명히 밝히셨습니다. 그에게는 로마제국의 왕이 되고자 하는 마음이 애초부터 있지 않았으며 오로지 자기 백성의 왕이 되시기를 원했던 것입니다. 이는 예수님의 주권이 '세상 나라'에 행해지는 것이 아니라 '그의 나라'에 이루어지기를 원했던 것을 잘 보여주고 있습니다.

따라서 우리는 성경에 계시된 하나님은 모든 사람들의 하나님이 아니라 창세전에 택하신 자기 백성의 왕이며 하나님이심을 기억해야 합니다. 에베소서 1장 4절에는 사탄을 공중 권세 잡은 자로 묘사하고 있습니다. 이 말은 하나님의 나라가 완성될 때까지는 사탄이 불신자들의 세계를 장악하고 제 맘대로 할 것임을 말하고 있습니다.

신앙이 어린 다수의 사람들은 하나님의 주권 영역이 보다 넓다고 하거나 이 세상의 모든 지역이라고 말하는 것이 더 나은 신앙의 소유이자 표현이라고 오해하고 있습니다. 오늘날 기독교인들 가운데는 하나님의 주권이 온 세상에 행사되어야 한다고 주장하면서 정작 그 주권이 행사되어야 할 주님의 몸된 교회에서는 그분의 주권을 약화시키고 있는 어리석음을 범하고 있는 것을 종종 보게 됩니다.

신학자들 가운데는 하나님의 주권이 모든 영역에서 시행되어야 하는 근거를 칼빈이나 아브라함 카이퍼의 신학 사상에 두기도 합니다. 그러나 그런 이들은 칼빈이나 아브라함 카이퍼 등의 신학 사상을 오해하고 있기 때문이라고 저는 생각합니다.

칼빈이나 아브라함 카이퍼 등이 살았던 나라들은 소위 신정국가라 할 수 있습니다. 과거 제네바나 화란 같은 나라는 인간 역사 가운데 있었던 보기 드문 기독교적 신정국가라 할 수 있습니다. 물론 그 국가들 안에도 국가와는 구별되는 '교회'가 있었습니다. 그런 나라들에서는 '국가를 위한 교회의 역할'이 명확했습니다.

'교회'가 '국가'를 위해 무엇인가 해야 한다고 이야기하는 그 시대 학자들의 이야기와, 전형적인 세속 국가에 살고 있는 우리 시대의 교회가 국가를 위해서 무엇을 해야 한다고 하는 것은 근본적으로 다른 이야기입니다.

여기서 하나 더 말씀드리겠습니다. 저는 한국교회가 우리나라에 대한 자세를 취할 때는 예수님과 그의 제자들이 로마제국에 대해 어떤 자세를 취했는가 하는 것이 기준이 되어야 한다고 믿습니다.

우리는 서구 학자들의 주장을 우리에게 대입해 적용할 수는 없습니다. 오늘날 미국이나 독일, 영국 등은 '반semi 기독교 국가'입니다. 미국에서는 대통령이 되면 성경책 위에 손을 얹고 선서를 하며 화폐에도 원래 그 나라의 고백이라 할 수 있는 'WE TRUST IN GOD'을 새겨두고 있습니다. 독일 같은 나라에서는 목사가 공무원처럼 대우를 받으며 국가에서 봉급을 받습니다. 이는 국가의 원래 이념이 교회와 깊은 관련이 있음을 입증하고 있습니다.

그러한 나라들일 경우 교회가 국가에 대해서 해야 할 조직적인 역할들이 분명히 있습니다. 우리가 유념해야 할 것은 오늘 우리 대한민국은 제네바나 화란, 미국, 독일 등의 나라와는 전혀 다른 일반 세속 국가라는 사실입니다.

제가 짐작할 수 있는 것은 동은 학생의 경우 이와 관련된 책들을 많이 접했으리라는 점입니다. 그중 대부분의 책들은 교회가 국가에 대한 어떤 조직적인 역할을 해야 한다고 말하고 있습니다. 대부분의 책들이 서양의 번역서들이며, 한국 사람이 쓴 책들이라 해도 그에 대한 서구의 사상을 분별없이 답습하고 있는 경우가 태반입니다.

그런 책의 내용들 가운데 하나님의 주권을 국가에까지 넓혀야 한다고 말하는 상당수의 주장은 옳습니다. 그러나 그것이 옳은 것은 그 책들을 쓴 서구 저자들의 국가에서 옳은 견해들입니다. 미국이나 독일 등 서구의 학자들이 국가에 대한 교회의 역할과 하나님의 주권이 시행되어야 할 영역을 국가에까지 확대하고 있는 까닭은 그들의 국가가 근본 이념상 기독교적 신정국가의 형태를 띠고 있기 때문입니다.

그렇지만 우리의 경우는 전혀 다릅니다. 우리나라에서 번역된 서구의 책들을 우리가 그대로 적용하려 해서는 안 됩니다. 우리 주변의 다수의 신학자들은 중요하게 다루어야 할 이 점을 간과하고 있기 때문에 교회의 역할과 하나님의 주권이 세속 국가에까지 미쳐야 한다고 잘못 생각하고 있습니다. 우리는 하나님의 주권을 이야기할 때 각자의 시대적 취향이 아니라 하나님의 말씀과 성경을 기초로 한 신학이 어떤 방향을 제시하고 있는지 먼저 살펴보아야 합니다.

제가 하고자 하는 말을 잘 이해하리라 생각합니다. 혹 이해하기 힘들거나 여전히 부족한 내용이 있으면 신득일 교수님께 질의하고 공부해 보시기를 바랍니다. 신 교수님께 저의 견해를 소개하고 함께 대화한다면 좋은 가르침을 받을 수 있으리라 생각합니다. 질문 주신 것 다시 한 번 감사드리며 앞으로도 주님 안에서 좋은 교제가 있기를 기대합니다.

(2000. 10. 31)

58 '드보라'와 '바락'

정 목사님께

주님 안에서 평안하시리라 생각합니다. 지난 학기 천안 K신학대학원 교회문제연구소에서 목사님을 뵙고 또 이렇게 글로써 대하게 되니 더욱 가까워진 듯한 생각이 듭니다. 목사님의 질의서를 읽으며 매우 감사한 마음이 들었던 것은 목사님의 관심이 주님의 말씀에 있다는 사실을 강하게 느꼈기 때문입니다.

요즘 목회를 하는 많은 분들이 주님의 말씀보다 외형적인 것에 지나치게 집착하고 있어 안타까움을 가지고 있던 터에 목사님 같은 분이 계신 것을 알고 더욱 반가운 마음을 가지게 됩니다.

오늘이 마침 종교개혁일인데 주님을 경외하는 모든 교회들은 종교개혁 당시의 '성경으로 돌아가자'(Back to the Bible)는 슬로건을 우리의 것으로 삼아야 합니다. 6여 년 전 스위스 취리히를 혼자서 여행하며 츠빙글리가 사역했던 교회당을 방문한 적이 있습니다.

그 교회당 내부 앞에 크게 쓰여져 있는 '성경으로 돌아가자'는 글귀와 교회당 앞에 칼을 가진 전사戰士처럼 세워져 있는 츠빙글리의 동상을 보며, 복음을 아는 자라면 이렇게 싸워야 하지 않겠는가 하는 생각을 하며 상념想念에 잠겼던 때가 새롭게 기억납니다.

목사님께서 서신을 통해 질문하신 '드보라'와 '바락'에 대해 저의 부족한 생각을 말씀드릴까 합니다. '드보라'와 '바락'에 대한 기사는 사사기 4, 5장에 기록되어 있습니다. 그 말씀 가운데는 여사사인 '드보라'와 전쟁하는 군인인 '바락'에 대한 기사가 나옵니다.

그런데 우리가 '믿음장'으로 알고 있는 신약성경 히브리서 11장에는 믿음의 사람들을 언급하며 '바락'의 이름은 기록되어 있는데 반해 '드보라'의 이름은 빠져 있습니다. 그래서 정 목사님께서 궁금해하시는 점은, 왜 여사사 '드보라'의 이름은 빠지고 '바락'이 믿음의 사람으로 기록되어 있는가 하는 점인 것 같습니다.

우선 믿음의 사람들을 기록하고 있는 히브리서 11장에 대한 저의 생각을 미리 말씀드릴까 합니다. 히브리서 11장에는 많은 믿음의 사람들이 나오는데 하나님께서 그 사람들을 언급하신 목적이 무엇일까 생각해 보아야 할 것 같습니다. 우리가 히브리서 11장을 읽을 때 거기에 나오는 인물들을 '믿음의 영웅'으로 생각해서는 곤란합니다.
하나님께서는 히브리서 11장에서 구약시대의 모든 믿음의 사람들을 다 기록하신 것이 아니라 그들 중 일부를 우리를 위해 나타내 보이신 것입니다. 다시 말씀드려서 히브리서 11장에 여러 믿음의 사람들이 나오는 것은 거기에 소개된 각 사람들의 영예를 위해서가 아니라 오늘날 우리를 위해서라는 것입니다.

믿음의 사람들 가운데 히브리서 11장에서 그 이름이 등장하지 않는 이들이 많이 있습니다. 셋, 셈, 욥, 룻 등 그 이외에도 많이 있습니다. 특히 믿음의 사람들이었던 구약시대의 선지자들의 경우 개인 이름들을 열거하지 않고 그냥 '선지자들'(히 11:32 참조)로만 언급했습니다. 그렇다면 '드보라' 같은 인물은 히브리서에 그 이름이 기록되지 않았어도 여전히 믿음의 사람임을 알 수 있습니다.
물론 우리는 히브리서에 이름이 기록된 사람들이 그렇지 않은 사람들보다 믿음이 더 훌륭했던 것으로 이야기할 수 없습니다. 즉, 셋, 셈, 욥, 룻 그리고 이사야, 예레미야 등이 히브리서 11장에 실명으로 언급된 인물들보다 못한 신앙을 가진 것이 아니라는 말입니다. 그러나 의심이 많았던 '사라'나 비교적 복잡한 삶을 살았던 '삼손' 같은 사람이 믿음의 사람이었음을 신약성경의 증거를 통해 확증받기도 합니다.

목사님께서 말씀하신 것처럼 같은 시대에 살며 활동했던 여사사 '드보라'와 군지휘관 '바락' 중에 왜 '바락'의 이름만 히브리서 11장에 기록되었는가 하는 점 역시 관심을 가지고 잘 생각해 보아야 합니다. 더구나 히브리서 11장 32절에 나열된 사사시대의 인물들은 기드온, 바락, 삼손, 입다인데, 그들 중 세 사람이 사사인 점에 비해 바락은 사사가 아니었습니다.

저는 이러한 구절들을 읽으면서 이 세상에서의 직분이나 직능 자체를 통해 한 사람의 믿음 여부를 평가하는 것이 아님을 배우고 있습니다. 즉 어떤 직분은 더 중요하기 때문에 하나님의 인정을 더 많이 받고 다른 어떤 직분은 덜 중요하기 때문에 믿음이 덜한 것으로 해석할 것이 아니라, 중요한 것은 하나님의 말씀을 순종하는 '하나님의 자녀'라는 사실입니다.

오늘 우리 시대에도 이것은 똑같이 적용될 수 있다고 생각합니다. 교회에서 목사, 장로, 집사 등의 직분을 기준으로 그 신앙을 평가할 수 없으며 교단 내의 기관에서 교수, 간사, 행정직원 등을 기준으로 그 믿음을 평가할 수 있는 것도 아닙니다. 단지 하나님의 말씀을 어떻게 순종하며 사는 '그의 자녀이냐' 하는 점이 중요할 따름입니다.

정 목사님께서는 사사기 4, 5장을 읽다보면 '드보라'는 믿음의 사람인 것이 확실한 것 같은데 '바락'은 믿음이 없는 겁쟁이로 보일 뿐이라고 말씀하셨습니다. 아마 자칫 잘못하면 그렇게 생각할 만한 내용들이 있는 것이 사실입니다.

사사기 4장 6절에 보면 여사사 '드보라' 가 '바락' 을 불러, 스불론 자손으로 구성된 이스라엘 군인 1만 명을 거느리고 다볼산으로 가서 가나안 족속과 맞서 싸울 것을 요구합니다. '드보라' 가 특정 전투를 위해 '바락' 을 군사령관으로 임명한 것입니다. 그런데 바락의 반응은 그냥 우리의 보통 눈에는 별로 신통치 않아 보입니다. 왜냐하면 사사가 명령을 내렸고 하나님이 함께 하시리라고 했는데도 '바락' 은 자기의 단서를 붙였기 때문입니다.

'바락' 은 '드보라' 에게 "당신이 나와 함께 가면 내가 가려니와 당신이 나와 함께 가지 아니하면 나는 가지 않겠노라"(삿 4:8)고 이야기합니다. 그러자 '드보라' 는 "내가 반드시 너와 함께 가리라"(삿 4:9)고 답합니다. 그리고 "네가 이제 가는 일로는 영광을 얻지 못하리라"고 말합니다.

그후 그들은 가나안 군대와 전투를 하여 상대를 무찌르게 되고 '야엘' 이라는 여인이 적군의 지휘관인 '시스라' 를 죽이게 됩니다. 사사기 5장에서는 '드보라' '바락' '야엘' 이 가나안을 무찌르는 일에 참여한 하나님의 사람이었음을 보여주고 있습니다.

저는 위에서 언급한 대로 사사기 4장 8, 9절에 나타나는 바 '바락' 이 '드보라' 에게 "당신이 나와 함께 가면 내가 가려니와 당신이 나와 함께 가지 아니하면 나는 가지 않겠노라"고 한 말과, '드보라' 가 "내가 반드시 너와 함께 가리라"고 하면서 "네가 이제 가는 일로는 영광을 얻지 못하리라"고 말한 부분에 대한 해석이 중요하다고 생각합니다.

저는 이 본문을 어떻게 해석하느냐에 따라 정반대로 이해할 수 있다고 생각합니다. 우선 '바락' 이 왜 '드보라' 와 함께 전투장에 나가려 했을까 하는 점을 잘 생각해 봐야 합니다. '바락' 은 군인 1만 명을 거느린 장군입니다. 보통 사람 같으면 1만 명이나 되는 군인들을 데리고 나가 적군을 무찌름으로써 영웅이 되고자 하는 마음이 있습니다.

자기의 용맹성이나 탁월한 전투력을 통해 승리의 기쁨을 가지고 싶은 욕망이 있지 않을까요? 군사령관으로서 얻을 수 있는 영광을 기대하지 않았을까요? 그러나 '바락'은 그런데 관심이 있지 않았습니다. '바락'은 이스라엘의 승리가, 자기 자신의 지휘력이나 1만 명이라고 하는 군사력에 달려있지 않다는 사실을 잘 알고 있었던 것 같습니다.

'바락'이 '드보라'를 전장戰場에 데리고 간다는 것은 어떻게 보면 그 전투를 위한 지휘 계통상의 위치에 있지 않은 비전투 인력을 대동한다는 말과 같습니다. 다시 말씀드려서 크게 거추장스러울 수도 있는 사람을 대동하려고 합니다. 저는 바로 이 점이 '바락'의 믿음이라고 생각합니다.

전투를 하는 자는 '바락'을 비롯한 1만 명의 군인들이지만 그 전투의 승리여부는 자신들에게 달려 있는 것이 아니라 살아 계신 하나님과 하나님의 사사 '드보라'에게 달려 있다는 사실을 '바락'이 알고 있었습니다. '바락'이, '드보라'가 함께 가지 않으면 전투에 임하지 않겠다고 한 것은 비굴함이 아니라 도리어 하나님을 믿는 믿음이었던 것입니다.

그리고 "네가 이제 가는 일로는 영광을 얻지 못하리라"고 한 드보라의 말 중 '영광'榮光이라는 단어의 구체적인 의미를 잘 생각해야 될 것 같습니다. 자칫 잘못하면 이 '영광'이 하나님께서 주시는 '영광'으로 오해할 수 있으나 여기서는 그런 의미가 아닙니다.

여기 '영광'이라는 부분이 영어성경에는 'honour'로 기록되어 있습니다(KJV, NIV, NSAB 등 참조). 즉 'glory'가 아니라 'honour'입니다. 'honour'라는 단어에는 '영광'이라는 뜻이 없는 것은 아니지만 오히려 '영예'나 '명성'에 더 관련이 있습니다. 따라서 이 본문이 말하는 바는 바락이 드보라를 데리고 감으로 말미암아 하나님이 주시는 영광을 얻지 못한다는 뜻이 아니라, 일반 백성들로부터 영예나 명성을 얻지 못할 것이라는 뜻입니다.

그러므로 사사기 5장에서는 '드보라' '바락' '야엘'이 하나님께 잘 순종하는 인물들로 묘사되고 있으며, 그들은 전투의 승리가 여호와의 것임을 알고 여호와 하나님을 찬송하고 있습니다. 이것이 곧 우리가 깨달아야 할 '바락의 믿음'이라 생각합니다. 제가 이렇게 해석하는 근거는 역시 히브리서 11장에서 '바락'의 믿음이 확증되고 있기 때문입니다.

정 목사님, 저는 이 본문을 묵상하며 오늘날도 우리가 깊이 새겨 받아들여야 할 교훈들이 그 안에 가득하다고 믿습니다. 오늘은 이 정도에서 마무리하겠습니다. 저의 변변치 못한 답변이 목사님께 다소나마 도움이 되었으면 합니다. 앞으로도 주님 안에서 선한 교제가 있기를 기대합니다.

(2000. 10. 31)

59 '성가대 지휘자 사례비'

고 전도사님

안녕하세요? 공부하느라 수고가 많으리라 생각됩니다. 이제 마지막 학기가 다 되어 가는군요. 신학대학원에서의 공부란 앞선 사람들의 경험을 답습하거나 학자들의 견해를 분석 연구하는 것이 일차적 목적이 아닐 것이라 생각합니다. 기록된 하나님의 말씀이 교훈하고 있는 바가 무엇인지 묵상하는 가운데 진리에 접근하며 그에 순응하는 삶을 훈련하는 것이 중요합니다.

'성가대 지휘자 사례비' 문제에 대해 질문을 하셨더군요. 저는 사실 '찬양대' '성가대' 등에 대해서 우선 부정적입니다만 오늘 대다수 한국교회에서 성가대를 두고 있는 것을 보게 됩니다. 전도사님이 이야기한 것처럼 성가대 지휘자에게 사례비를 지급한다는 것은 우리 시대에 생겨난 하나의 폐습이라고 저는 생각합니다.

사실 성가대 지휘자뿐 아니라 피아노 반주자에게도 정규적인 사례비를 지급하고 있는 것이 보통입니다. 제가 알기로 교회에서 성가대 지휘자나 반주자에게 사례비를 주고받는 일은 기독교 역사상 있지 않았으며 오늘날 세계에 흩어진 건전한 교회들에서는 찾아보기 힘든 유례입니다.

그럼에도 불구하고 제가 그것이 폐습이라고 지적하면 많은 사람들이 깜짝 놀라거나 저의 생각에 대해 의구심을 가지게 되는 것은 '한국교회'란 독특한 한 시대교회 가운데서의 자기 경험이 워낙 강하기 때문일 것입니다.

교회가 성가대 지휘자에게 사례비를 지급하는 근거를 대개 첫째, '수고하니까' 둘째, '특별한 재능이니까' 셋째, '특별히 연구해야 하니까' 등에 두고 있는 것 같습니다. 그러나 그것은 크게 잘못된 생각입니다. 이러한 논리라면 교회에서 봉사하는 모든 사람들에게 그와 같은 논리가 적용될 수 있습니다.

교회를 위해 수고하는 사람들은 장로나 집사 그리고 각 부서의 임원들도 많이 있습니다. 그리고 교회 내에 자신의 특별한 재능으로 봉사하는 사람들도 많이 있습니다. 교회의 회계를 책임지는 집사님이라든지 성가대에 참여하고 있는 바이올린이나 첼로, 트럼펫 연주자가 있다면 그들 또한 특별한 재능을 가진 사람들로 분류할 수 있습니다.

또한 특별한 연구를 해야 하는 사람이기 때문에 사례비를 지급한다는 것도 말이 되지 않습니다. 그렇다면 유년주일학교 교사나 학생들을 지도하는 선생님들도 연구해서 가르치는 분들이지 않습니까? 이런 논리로 접근하다 보면 교회에서 정규적인 사례비를 주고받아야 할 사람들이 너무나 많습니다.

우리 한국교회에서 성가대 지휘자에게 사례비를 주게 된 관행은 이웃 교회보다 더 나은 '음악'에 대한 관심 때문이었습니다. 어떤이들은 더 나은 음악을 위해 그렇게 한 것이 무엇이 문제가 되느냐고 할 사람들이 있을지 모릅니다. 만일 그런 식이라면 자기 교회의 유년주일학교의 활성화를 위해 이웃교회의 주일학교 교사를 돈주고 스카웃해와도 된다는 말이 아닐까요?

이에 대한 전반적인 이해를 얻기 위해서는 '예배'에 대한 올바른 이해가 있어야 합니다. 우리 주변의 대부분의 교회들에서는 주일 오전 11시경에 예배 모임을 가집니다. 하나님을 예배하는 그 시간에는 모두가 신령과 진정으로 하나님을 예배합니다.

설교를 하는 목사도 성가대를 지휘하는 지휘자도 예배에 참여하는 성도들도 모두가 하나님을 예배합니다. 그 예배 순서에 이 모양 저 모양으로 참여하는 모든 이들은 자기의 노동을 제공하는 자들이 아니라 오로지 하나님의 은혜 가운데 하나님을 예배하는 것입니다.

만일 어떤 사람이 '나는 예배 시간에 나의 노동력을 제공하고 있다'고 생각한다면 그에 대한 적절한 금전적 대가를 받을 수 있습니다. 그러나 그런 사람들은 예배에 참여할 자격이 없습니다. 금전적 대가없이 지휘를 할 수 없다고 여기는 사람들에게는 절대로 성가대 지휘를 맡겨서는 안 됩니다. 목사의 설교는 노동이 아니며, 성가대 지휘자의 지휘나 피아노 반주자의 반주도 노동이 아닙니다. 성도들이 가진 다양한 은사들의 표현일 뿐입니다.

현실 교회 가운데서는 교회의 아름다운 음악을 위해 더 나은 지휘자를 구해 오려는 경향을 보게 되는데 이것은 커다란 폐습이라 아니할 수 없습니다. 본 교회 성도가 아닌 사람을 외부에서 지휘자로 불러와 지휘를 하게 하고 금전을 제공한다는 것은 있을 수 없는 일입니다. 이미 그렇게 해서 잘 되고 있지 않느냐고 하는 사람들이 있다면 그들은 하나님의 말씀이나 교회 역사를 통한 되돌아봄보다 한국교회의 잘못된 관습에 익숙해 있기 때문일 것입니다.

종교개혁 시대의 지도자들인 루터, 칼빈, 츠빙글리 같은 사람들은 모두가 음악에 대해 상당한 식견을 가졌던 사람들입니다. 그러나 그들은 음악이 끼치는 폐해로 인해 교회에서 음악을 몰아내야 한다고 생각했습니다. 하나님의 말씀보다 더 매력적인 것이 있다면 그것은 결코 있어서는 안 된다고 믿었기 때문입니다.

그래서 칼빈은 교회 안에서 부르는 소프라노, 알토, 테너, 베이스로 구성된 4부 음악은 위험한 사탄의 휘파람 소리라 했으며, 츠빙글리 같은 사람은 교회당 안에 있는 피아노를 부숴 버렸던 것입니다. 오늘 우리는 종교개혁자들의 그러한 교훈을 귀담아 들어야 합니다. 간혹 구약성경을 들먹이며 그것을 합리화하려는 사람들이 있는 것을 봅니다만 쉽게 우리의 생각에 맞추어 이야기할 내용은 아닙니다.

더구나 교회에서 자기의 재능을 금전과 교환할 수 있는 것으로 생각할 수는 없습니다. 교회에서는 생계를 책임지기로 약속한 교회의 직원들의 생활비 이외의 정기적인 사례비를 지출할 수 없습니다. 말씀을 가르치는 목사, 강도사, 선교사, 사찰집사 등 생계를 부담하기로 약속한 이들이나, 생계에 어려움이 있거나, 특별히 구제의 대상으로 삼을 만한 자들을 제외하고, 예배절차에 포함된 은사에 대해 노동을 이유로 한 금전지급이 있어서는 안 될 것입니다. 그렇게 되면 교회에서의 특정 역할이 마치 아르바이트나 부업의 일종처럼 전락해버릴 우려가 생겨나게 되는 것입니다.

고 전도사님, 이 정도에서 그치겠습니다. 전도사님이 우려하는 바 한국교회의 그러한 폐습들이 하루속히 사라지기를 바라는 마음 간절합니다. 이 일을 위해 기도하는 마음을 가져야 하리라 생각합니다.

(2000. 11. 3)

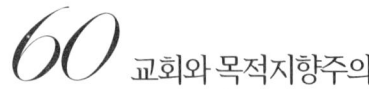 교회와 목적지향주의

우섭 학생에게

안녕하세요? 이렇게 지면을 통해 인사를 나누게 되니 반갑습니다. 저에게 좋은 질문을 해 주셔서 감사합니다. 저는 지난 며칠동안 심한 감기를 앓았습니다. 원래 목이 약한데다 목감기까지 겹쳐 힘이 들었습니다. 사실은 오늘도 KS대학 '말씀사랑' 동아리에서 강의가 있는 날인데 상당한 부담이 됩니다.

학생의 질문은, 과연 '인간의 목적'이 교회를 이끌어 갈 수 있는가 하는 문제인 것 같습니다. 이것은 사실 오늘 우리 시대에 거의 아무런 비판없이 행해지고 있는 하나의 관례처럼 되어 버린 문제입니다. 뿐만 아니라 교회가 목적주의적이 아니면 그것 자체로서 활기 없는 교회로 폄하되기도 하고 심지어는 죽은 교회인 듯이 잘못 생각하기도 하는 것이 우리의 현실입니다.

그러나 하나님의 피로 값주고 사신 교회에서는 어떤 경우에도 목적주의가 본질에 앞설 수는 없습니다. 목적지향주의란 교회의 외형을 위해서 어떤 목적을 세워두고 그 목적에 맞추어 가려는 것을 의미합니다.

예를 들어 교회 성장을 목적으로 한다든지 멋진 교회당을 짓고자 하는 목적 등입니다. 그래서 여러 교회들에서는 다양한 슬로건들을 내걸고 있습니다. '전도하는 교회' '부흥하는 교회' '사랑이 많은 교회' '재미있는 교회' '해외선교하는 교회' 그리고 '올해는 교회당 건축의 해' '교인 배가운동의 해' 등이 대표적이며, 심지어는 '올해는 교회 부채를

다 갚는 해'라고 하는 이상한 슬로건도 없지 않습니다.

그런 목적을 지향하고 있는 교회들에서는 거의 모든 프로그램들을 그렇게 맞추어 나갑니다. 그 계획이 장기적일 경우에는 교회의 직원을 선정하는 문제에 있어서도 그렇게 하게 됩니다. 단기적 목적이라 할지라도 그 목적에 맞춘 프로그램을 개발한다든지, 성도들을 교육함에 있어서도 그러한 목적에 맞추려 합니다. 뿐만 아니라 하나님의 말씀을 선포하는 설교마저도 그 목적에 맞추려는 위험에 빠지게 됩니다.

그러나 하나님의 몸된 교회에서 어떤 목적주의적 대상을 두는 것은 사실상 위험합니다. 성경에 나타난 보편적 교훈을 넘어선 어떠한 목적도 인간의 자기 욕심일 가능성이 거의 확실하기 때문입니다. 우리 인간은 범죄한 이래 부패한 존재이므로 주님의 몸된 교회 가운데서 자기 스스로의 목적을 세울 수 없으며 세운다 해도 그것은 위험한 생각일 뿐입니다.

개혁주의 교회에서는 '올바른 말씀 선포' '올바른 성례의 시행' '올바른 권징 사역'을 교회의 표지로 이해하여 그 근본으로 삼고 있습니다. 만일 이러한 내용들이 등한시되는 가운데 다른 목적들을 두고 그것을 추구해 나간다면 그 교회는 올바른 교회가 아닌 인본주의적인 교회일 뿐입니다.

참된 교회에서는 올바르게 말씀이 선포되고 성례가 시행되며 권징 사역이 이루어질 때 자연스럽게 그 열매로서 맺혀지는 내용들이 있습니다. 흔히들 목적으로 삼고 있는 그러한 내용들은 인간들의 목적 때문에 이루어져 가는 것이 아니라 하나님의 신실한 교회에서 자연스럽게 맺혀지는 선한 열매들입니다.

그러므로 그 열매에 대해서는 어떤 인간의 능력이나 노력에 달려 있지 않습니다. 그것은 오로지 하나님의 선하신 뜻에 따라 맺혀지는 열매일 따름입니다. 우리가 흔히 '하나님께서 하셨다'고 하는 것은 바로 이러한 논리 때문이라 할 수 있습니다.

교회는 성도들의 '일터'가 아니라 '삶터'입니다. 그것은 일반 성도들에게도 해당하는 말이지만 교회의 지도자들에게도 똑같이 적용되어야 하는 말입니다. 교회가 만일 목적지향적이 되면 교회 내부에 유능한 사람과 무능한 사람을 가리게 될 것이며, 소위 유능한 사람들은 더 귀한 사람처럼 되며 그렇지 못한 사람들은 덜 귀한 사람처럼 되어버릴 것입니다. 그러나 하나님께서 피로 값주고 사신 주의 백성에 대해 결코 누구는 더 귀하고 누구는 덜 귀하다고 말할 수 없습니다.

그렇게 되면 도리어 폐단만 생겨나게 됩니다. 하나님의 은혜를 진정으로 알지 못하는 사람이 자기 활동을 통해 교회에 영향력을 행사하려 한다거나, 참 하나님의 자녀가 자녀로서 귀하게 인정받지 못한다면 그것은 큰 문제일 수밖에 없습니다. 목적을 정해 둔다는 그 자체가 이미 인간의 능력을 필요로 하기 때문입니다.

하나님의 교회는 결코 인간들이 자기 능력을 한껏 발휘해 보이는 곳이 아니며 그렇게 되어서도 안 됩니다. 소위 유능한 목사나 장로들이 자기의 능력을 발휘함으로써 훌륭한 지도자로 비쳐질 수 있다면 그것은 매우 나약한 교회시대에나 있는 일입니다.

그런 관점에서 보면 우리의 시대는 매우 나약한 교회시대라 아니할 수 없습니다. 우리는 기도하는 중 한결같이 '나는 무능하고 무익한 하나님의 종'이라고 고백하면서도 돌아서면 자신의 유능함을 통해 어떤 목적을 달성해 보려는 이중적인 마음을 가지고 있지 않은지요?

우리는 그야말로 무능하고 무력하며 아무것도 할 수 없는 존재로서 하나님의 은혜로 살아가며, 하나님께서 하시는 놀라우신 일들을 겸허하게 바라보며 즐거워할 따름입니다. 우리가 애써 할 수 있는 일은 어떤 목적을 세워두고 그것을 이루어 감으로써 자신의 능력을 확인하려는 것이 아니라 오히려 그 어리석음에서 벗어나야 하는 일일 것입니다. 그렇게 함으로써 올바른 말씀 선포와 참된 성례, 올바른 권징 사역을 통해 주님의 몸인 교회를 거룩하게 세워나가는 데 참여해야 합니다. 그 다음에 열매를 맺게 하시는 분은 주님이심을 잘 깨달아야 합니다.

요즘처럼 교회 안에서 인위적으로 세운 목적들이 오히려 자랑처럼 되어 있는 시대에 저의 소견을 통해 우리의 모습을 다시 한번 생각해 보는 기회를 가지시기 바랍니다. 부족한 답변이지만 학생과 대화할 수 있는 기회를 가지게 됨을 매우 감사하게 생각하고 있습니다. 이후에도 주님 안에서 교제가 이어지기를 원합니다.

(2000. 11. 20)

61 말씀 선포의 대상은?

L 성도님께

안녕하세요? 인터넷을 통해 성도님을 알게 된 사실은 세상이 참 좁아졌다는 것을 실감하게 됩니다. 일본에서 생활하신 지는 오래 되시는지요? 낯선 땅에 살면서 주님의 말씀을 기억하는 가운데 살아가는 성도님의 모습이 아름답게 여겨집니다.

저는 약 16년 전에 시모노세끼에서 오사카를 거쳐 동경까지 여행을 한 적이 있습니다. 1984년 여름이었습니다. 고베와 동경에서 볼일이 있었는데 일부러 부산에서 배를 이용해 일본을 방문하여 약 두 주간 있었지요.

긴 육로를 따라 일본을 여행하면서 십자가 있는 건물을 찾기 원했지만 기차와 버스가 지나가는 길에서는 결국 십자가를 발견하지 못했습니다. 물론 일본에 신실한 교회들이 많이 있는 것과 겸손하게 신앙 생활을 하는 일본의 형제들을 보며 큰 위로를 받았던 것을 지금껏 생생하게 기억하고 있습니다.

성도님께서 저에게 질문하신 것은 대답하기에 그리 간단하지 않은 내용인 것 같습니다. 교회에서 목사님이 예배 시간에 설교를 하는데 그 말씀 선포의 대상이 누구냐 하는 것이지요. 성도님의 질문을 보아 교인 아닌 사람, 특히 이단 사상을 가진 사람이 교회에 와서 예배에 참여하는 것을 과연 용납해야 하는가, 아니면 용납하지 말아야 하는가 하는 것이 질문의 요지라 생각됩니다.

우선 개혁주의 교회에서는 예배에 참여하는 것이 성도들에게 주어진 중요한 특권으로 이해되고 있습니다. 다시 말씀드려서 예배에 참여하고 하나님의 말씀을 듣는 것은 성도의 의무일 뿐 아니라 성도들이 누릴 수 있는 최대의 특권입니다. 이런 관점에서 본다면 교회의 공예배에는 아무나 참석할 수 있는 것이 아닙니다.

개혁교회에서는 매주 주님의 피와 살인 성찬을 나누게 되어 있는데, 그 주님의 성찬에 세례받은 입교인入敎人들만 참여할 수 있는 것과 동일한 논리입니다. 성찬을 행하는 회수回數에 있어서는 편의상 성찬을 매주일 시행하지 않는다 해도 그 의미는 그대로 살아 있어야 합니다.

실제적으로 예배자리에 참석할 수 있는 권리를 이야기할 때 우리에게는 매우 민감한 문제가 남아 있습니다. 신앙이 없는 사람을 예배 시간에 그 자리에 앉혀 두는 것에 대해서는 그 자체로서는 큰 문제가 없으리라 생각합니다. 그렇지만 과거 교회사를 되돌아보면 세례받지 않은 사람은 그 자리에서 내보냈던 때가 있었음도 기억해야 합니다.

그것은 특정인에게 무안을 주기 위함이 아니라 하나님의 몸된 교회의 순결함과 권위 때문이었음도 기억해야 합니다. 우리 시대에는 그렇게 하는 교회들이 흔치 않습니다. 그러나 함께 예배 시간에 참석한다 해도 그들에게 성찬을 나눌 수 있는 기회를 허락하지 않음은 여전히 그 의미가 살아 있음을 잘 말해 주고 있습니다.

이단 사상을 가진 자들에 대한 문제는 한층 더 민감해야 합니다. 우선 그 이단 사상을 가진 사람이 교회에 나온 이유부터 명확하게 확인되어야 하리라 생각합니다. 과거 한때 이단 사상을 가졌었거나, 지금도 여전히 이단에 빠져 있지만 참 진리에 대한 순수한 관심 때문에 교회에 나오는 사람이라면 굳이 막을 필요가 없다고 생각합니다. 그러나 만일 그러한 자가 교회의 성도들에게 잘못된 사상을 전하거나 주장할 가능성이 있을 경우라면 예배하는 자리에 있지 않게 하는 것이 옳으리라 생각됩니다.

이에 대한 검증은 목사와 장로들의 모임인 치리회의 몫일 것입니다. 그런 사람이 교회에 들어온다면 치리회와 대담(면담)하는 가운데 그 의도를 살필 수 있으리라 생각합니다. 만일 그런 자가 자기의 의도를 숨기고 들어온다면 지상교회로서는 어떻게 할 방법이 없습니다. 그래서 교회에서는 말씀을 통한 교육과 권징 사역을 통해 그런 이단 사상이 들어오지 못하도록 끊임없이 활동해야 합니다.

잘못된 사상이 교회 안에 들어오게 되면 많은 사람들이 그에 상하게 될 위험이 있기 때문입니다. 마치 작은 누룩이 전체에 퍼져 영향을 끼치는 것과 마찬가지일 것입니다. 물론, 이단 사상을 가졌던 사람이 교회에 처음 오게 될 때, 마치 감시하거나 경계하는 듯한 인상을 줄 필요는 없으리라 생각됩니다. 그렇지만 복음의 의미와 그 명확성은 그에게 분명히 전달되어야 합니다.

교회가 이렇게 하는 것은 주님의 백성들을 보호하기 위함이며, 이단 사상을 가졌던 그 사람을 위하는 것이기도 합니다. 그러한 과정을 거쳐 이단 사상을 가졌던 사람이 과거 자기의 잘못된 신앙을 부끄러워하게 될 것이며, 그가 하나님을 진심으로 두려워하는 자임이 확인되면 교회는 고백과 세례를 통해 다른 형제와 똑같이 받아들이면 될 것입니다.

이 정도에서 저의 설명을 그치겠습니다. 제가 말씀드리는 바를 성도님께서 잘 이해하시기를 원합니다. 일본에서 신앙 생활을 하시는 동안 그곳 교회의 훌륭한 점들을 잘 배우시기를 바랍니다. 그리고 복음을 알지 못하는 일본 사람들에게 복음을 나눌 수 있는 기회가 하나님의 은혜 가운데 주어지기를 원합니다.

(2000. 11. 24)

62 여자 목사 제도는 성경적인가?

정 목사님께

목사님, 안녕하신지요? 벌써 학기말이 되었습니다. 이제 머지않아 겨울 방학이 되면 천안의 교정도 학생들이 없는 한가한 모습을 띠게 될까요? 저는 학기말이 되면 늘 한 학기를 되돌아보며 아쉬운 마음을 가지게 됩니다. 학생들을 가르치고 그에 따른 적절한 학점을 준다는 사실이 여간 조심스럽지 않기 때문입니다.

목사님께서 말씀하신 '여자 목사 제도'는 우리 시대에 있어서 답변하기가 그리 마음 편한 분야가 아니라 생각됩니다. 이미 다수의 교단들에서는 여자 목사 제도를 도입하고 있으며 보수주의 교단에서도 여자 목사 제도를 심정적으로 수용하고 있는 교수나 목사들이 많이 있는 실정이기 때문입니다. 그래서 여자 목사 제도를 인정하는 사람들은 시대에 적절한 대응을 하는 깨어있는 자로 인식되는 반면 부인하는 자는 그와 반대로 인식되고 있습니다.

목사님께서 서신에서 밝히신 것처럼, 이에 대한 토론을 하게 되면 말 잘하는 사람이 이기게 되어있는 듯한 생각마저 듭니다. 그러나 우리는 누가 설득력 있게 말을 잘하느냐가 아니라 하나님의 말씀이 이에 대해 어떻게 가르치고 있느냐를 조심스럽게 살펴보아야 합니다.

오늘날 여자 목사 제도를 인정하는 사람들은 대개 그 근거를 구약시대 여사사나 여성들의 활동에 두고 있는 것 같습니다. 드보라 같은 여인은 하나님의 뜻에 따라 사사의 직분을 훌륭히 수행했으며 라합, 룻, 에스더 등 하나님께서 특별히 들어 쓰신 믿음의 여인들이 얼마나 많으냐는 것입니다. 물론 신약성경에도 훌륭한 믿음의 여인들이 많이 있는 것이 사실입니다.

그럼에도 불구하고 성경은 우리에게 여자 목사를 인정하지 않고 있습니다. 이미 잘 알고 있는 바대로 사도 바울은 고린도 교회에 편지하면서 "여자는 교회에서 잠잠하라 저희의 말하는 것을 허락함이 없나니 율법에 이른 것 같이 오직 복종할 것이요 만일 무엇을 배우려거든 집에서 자기 남편에게 물을지니 여자가 교회에서 말하는 것은 부끄러운 것임이라"(고전 14:24, 25)고 이야기했습니다.

여기에서 바울이 여자로 하여금 교회에서 잠잠하도록 요구한 것은 율법, 즉 구약성경에 근거하고 있습니다. 다시 말해서 일반 윤리적인 면을 강조하고 있는 것이 아니며 관습적인 배경으로 인한 것은 더구나 아닙니다. 바울은 고린도전서 12장 이후부터 14장에 이르기까지 교회의 은사에 대한 기록을 하고 있습니다.

이를테면 이것이 '교회론'의 한 기초가 되고 있습니다. 즉, 여성이 교회에서 잠잠해야 한다는 바울의 요구가 일반 논의에 있어서 침묵해야 한다고 말하는 것이 아닐 뿐더러 소위 교회 안에서 '여성다움'을 요구하는 것도 아닙니다. 바울이 말하고 있는 바는 여성의 직분에 대해서 이야기하고 있습니다. '저희의 말하는 것을 허락지 않았다'는 말의 의미는 '여자답게 입다물고 조용히 있으라'는 권면이 아니라 교회에서 말씀을 가르치는 교사로서 직분을 맡을 수 없음을 말하고 있습니다. 이는 분명히 직분에 관련된 내용입니다.

바울은 또한 디모데전서 2장 11-14절에서 "여자는 일절 순종함으로 종용히 배우라 여자의 가르치는 것과 남자를 주관하는 것을 허락지 아니하노니 오직 종용할지니라 이는 아담이 먼저 지음을 받고 하와가 그 후며 아담이 꾀임을 보지 아니하고 여자가 꾀임을 보아 죄에 빠졌음이니라"고 기록하고 있습니다.

디모데전서는 이른 바 목회서신으로 교회론에 있어서 매우 중요한 가르침을 주고 있습니다. 바울은 여자가 가르치는 목사의 직분을 가지지 못하는 이유를 창조질서와 인간이 범죄한 연유에서 찾고 있으며, 그 직분을 허락하지 않노라고 선언하고 있습니다.

성경은 이렇듯이 여자가 교회에서 가르치는 직분, 즉 목사의 직분을 가지는 것을 금하고 있습니다. 그럼에도 불구하고 오늘날 많은 여권주의자들이나 무분별한 여성옹호론자(?)들이 여자 목사 제도를 인정하는 이유는 무엇일까요?

저는 그 이유를 크게 두 가지로 나누어 생각해 봅니다. 우선 여성 목사 제도 운운하는 것은 시대적 페미니즘의 영향 때문이라고 생각합니다. 현대에 이르러 많은 여성들이 성경의 가르침을 도외시한 채 남녀평등을 주장하며 여권을 회복해야 한다고 주장하고 있습니다. 여자가 결코 남자보다 못하거나 부족한 것이 없으니 성적 차별이 불필요하다는 논리입니다.

그리고 현대의 잘못된 교회들에서는 목사의 직분을 소위 '높은 자리'로 이해하고 있기 때문입니다. 이는 직분을 정치적으로 잘못 이해하고 있는 결과입니다. 그러니 왜 그 높은 자리에 여자들은 올라갈 수 없고 남자들만 올라가 정치적 권력을 행사하느냐고 생각하는 것입니다.

저는 남성이 여성보다 훌륭하다거나 잘났다고 생각지 않습니다. 저는 결코 남성우월주의자가 아닙니다. 능력면에서 볼 때 오히려 남성보다는 여성들이 더 섬세하고 정확한 면이 있으며, 남성들은 결코 여성들을 무시하거나 멸시할 수 없습니다. 그럼에도 불구하고 여자 목사 제도가 잘못된 것이라 지적하는 이유는 성경의 가르침이 그러하기 때문입니다.

성경이 교회 가운데 여자 목사를 금하고 있는 것은 우리가 주님 오실 그 날까지 그것을 통해 배워야 할 분명한 교훈이 있습니다. 교회의 직분은 인간의 이성적 합의에 의해서 나누어 가지는 것이 아닙니다. 하나님께서는 하와의 유혹으로 인해 죄가 이 세상에 들어왔음을 성경의 가르침을 통해 매우 중요하게 다루고 있습니다.

교회가 여자 목사를 허락하지 않는 것은 남자가 여성 위에 군림하고 있음을 말하는 것이 아니라, 교회가 목사 직분을 남자에게만 허락함으로써 여성을 통해 이 세상에 들어온 죄악을 다스려 승리하는 존재임을 묵시적으로 보여주는 것입니다. 이것이 바로 교회의 목사 혹은 교사 직분이 여성에게는 금지되고 남성에게만 허용된 이유일 것입니다.

구약성경에 나타나는 많은 여성들이 지도자의 위치에 있지 않았느냐 하는 것을 내세우며 여성 목사를 인정하려 하는 것은 그들이 성경의 가르침을 제대로 이해하지 못하고 있기 때문입니다. 그것은 결코 그리스도의 몸된 교회에서 여자 목사를 인정하는 근거로 사용될 수 없습니다. 하나님께서 각 시대에 여성들을 들어 사용하신 것과, 하나님께서 특별히 세우신 죄에 승리하는 주님의 몸된 교회에서의 직분은 서로 다른 것입니다.

주님 오시기 전에 하나님께서 여러 여성들을 사용하셨던 것이 사실입니다. 그것은 신약 성경시대이래 오늘날도 마찬가지입니다. 하나님께서는 우리 시대에도 많은 여성들을 주님의 나라를 위해 사용하고 계십니다. 그러나 목사가 되면 하나님께서 크게 사용하는 것이고 목사가 되지 않으면 하나님께서 크게 사용하지 않는다는 식의 논리는 성립될 수 없습니다.

남성이든 여성이든 하나님의 자녀로서의 삶은 매우 중요합니다. 하나님께서 남자를 여자보다 더 사랑하는 것이 아님은 물론입니다. 그러나 주님의 몸된 교회에서의 직분을 허락하시는 문제는 전적으로 그 교회의 주인이신 주님의 몫입니다. 여성들이나 여성옹호론자들은 무분별한 시류를 따라, 여자들도 남자들처럼 목사가 될 수 있다는 논리를 앞세우려 해서는 안 될 것입니다. 오히려 교회 안의 성숙한 여성들이라면 교회의 목사, 즉 교사로서 직분을 담당하는 형제들을 위해 권면하며 기도하는 자세를 가짐으로써 주님의 교회가 잘 세워져 갈 수 있도록 애써야 합니다.

제가 이렇게 말하면 현실 교회에서 여자들이 설교를 하는 것은 어떻게 이해해야 하느냐고 묻는 사람들이 있을지 모릅니다. 목사가 있지 않은 작은 교회나 주일학교에서는 여전도사가 설교를 하는데 그것은 괜찮으냐고 말입니다. 그것은 여자가 독립된 교사로서 성도들을 가르치는 것이 아니라 목사, 즉 교사의 지도를 받는 가운데 하나님의 말씀을 가르치는 것입니다. 이는 비단 여전도사뿐 아니라 남자 전도사나 주일학교 교사들도 마찬가지입니다.

목사님, 제가 말씀드리고자 하는 바를 잘 이해하시리라 믿습니다. 우리 시대의 연약한 교회들이 하나님 말씀의 가르침보다는 세속의 시류에 따라 교회를 이끌어가려 하는 점은 심히 안타깝습니다. 더구나 목사의 직분을 감당하는 남성들이 하나님의 말씀에 따른 목회가 아니라 인본적인 목회를 함으로써 그러한 잘못된 욕구들이 더욱 강하게 분출되고 있다고 생각됩니다. 이는 목사들의 부끄러움입니다. 바라기로는 교회 가운데 교사로 세움을 받은 목사들이 성경의 가르침대로 말씀에 따른 올바른 목회를 함으로써 주님의 교회가 현대 페미니즘의 시류에 휩쓸리지 않게 되기를 바랍니다.

이 정도에서 마칠까 합니다. 부족한 저에게 이에 대한 질문을 해 주신 데 대해 다시 한번 심심한 감사를 표합니다. 목사님의 삶에 주님의 풍성한 은혜가 늘 함께 하시기를 바라며 추운 겨울 잘 보내시기를 바랍니다.

(2000. 12. 2)

 교회, 교회론의 문제 -동성애 관련-

성 목사님께

안녕하십니까? 지면으로나마 인사를 나누게 되어 반갑습니다. 멀리 화란에서 연구에 애쓰시는 모습이 좋게 보입니다. 목사님께서 제시하신 신학적 견해들을 보며 진지하게 학문을 하는 분들이 많이 있음을 감사하게 생각합니다. 저는 우리 한국교회에 신학이 없어져 가고 있다는 생각을 늘 해 오고 있기 때문에 더욱 그렇게 생각되는지 모르겠습니다.

지난번 제가 '동성애 인정교단과 자매결연 문제' 라는 제하에 총회장님 앞으로 보낸 공개서신에 대한 목사님의 견해를 잘 보았습니다. 진작 서신을 드리려다가 총회장님이나 관련 부서의 공적인 답변이 있기를 기대하던 중 이제 그럴 가능성이 없으리라는 판단에 이 글을 쓰게 됩니다.

이에 관련된 저의 생각을 목사님께 좀더 솔직하게 말씀드릴까 생각합니다. 사실 저는 '화란 기독개혁교회' 가 우리 교단이 이웃하기에 훌륭한 교단이라 생각합니다. 즉 동성애에 관련된 문제가 없다면 화란 기독개혁교회가 우리보다는 훨씬 성숙했으리라 믿고 있습니다.

저는 사실 우리 총회 섭외위원회에서 자매결연을 요청하며, 필스Peels 교수에게 우리 교단의 복잡한 현실을 그대로 전달했는지 의문을 가지고 있습니다. 이미 잘 알고 계시다시피 우리 교단은 현재 신학적으로 상당한 변화를 꾀하고 있는 실정입니다. 그것이 긍정적이냐 부정적이냐 하는 것은 차치하고서라도 그것이 우리의 현실이라고 생각합니다.

우리 교단은 자유주의를 넘어선 에큐메니칼 운동을 시도하고 있으며 성찬론에 있어서도 화란의 개혁주의 교회들과는 상이한 입장을 가지고 있습니다. 신학대학원 성찬식에 대한 논의는 별도로 한다 하더라도 군에서의 집단세례는 문제 있음이 명확합니다.

뿐만 아니라 본 교단의 부정직성은 이미 그 도를 넘어섰다고 저는 생각합니다. BE병원 문제도 그렇고 총회에서의 부정선거 등은 주님의 몸 된 교회로서는 있을 수 없는 일일 것입니다. 그 이외에도 부정직한 정치행태는 지적이 되고 시정이 되어야 한다고 생각합니다. 이것이 하나님을 진정으로 경외하는 교단의 기본적인 자세라고 믿습니다.

그럼에도 불구하고 그런 비리들은 우리 교단에 가득합니다. 저는 우리 교단이 새롭게 이웃하고자 하는 화란 기독개혁교회에 우리의 그러한 모습을 정확하게 알게 하지 않았다면 그것은 부정직한 자세라고 생각합니다. 진정으로 서로 자매교단이 되기 위해서는 자신의 모든 것을 상대방에게 밝혀야 합니다.

지난번 화란의 필스 교수께서 한국을 방문했을 때 과연 그러한 우리의 문제 많은 형편을 그가 알았을까요? 만일 그러한 형편을 속속들이 알고도 우리 교단을 훌륭한 교단으로 인정했다면 그것은 커다란 문제일 것이며, 그것을 숨겼다면 우리 교단이 정직하지 않은 것으로 더욱 큰 문제일 것입니다.

교단에 대한 이러한 생각이 저에게 기본적으로 있습니다. 그럼에도 불구하고 제가 이 문제를 제기하면서 우리의 도덕성을 미리 문제삼기를 주저했던 것은 그 적절한 방법을 알지 못했기 때문입니다.

이제 본론으로 들어가서 제가 총회장께 공개서신을 보낸 경위를 잠시 설명드리겠습니다. 저는 지난 10월 21일자 기독교보를 보고 곧바로 총회장 앞으로 보낸 질의서를 작성해 기독교보로 보냈습니다. 기독교보에 보낸 이유는, 혹 필스 교수와의 대담을 기사화하는 과정에서의 오류나 단어 채택에 있어서의 부적절성이 있었을지도 모른다는 생각에서였습니다.

제가 교단지인 기독교보에 그런 글을 보내면 마땅히 총회장이나 관련 부서에 전달될 것으로 생각했습니다. 저는 그 문제에 대한 저의 반응에 대해 어떤 공적인 설명이 있으리라 기대했던 것입니다. 그러나 기독교보에서는 기사 자체에 대해서는 아무런 오류가 없었음을 이야기하고 있지만 저의 글에 대한 공적인 반응은 없었습니다. 그래서 제가 기독교보에 글을 보낸 후 약 일주일이 지나 총회장 앞으로 공개서신을 보내게 된 것입니다.

저는 저의 공개서신에 대한 공적인 반응을 기대하면서, 우선 가장 좋기로는 저의 생각을 화란 기독개혁교회에 보내, 본 교단의 목사 가운데 이런 생각을 하는 사람이 있는데 만일 그것이 오해라면 그에 대한 설명이 있기를 바란다는 식으로 접근되기를 바랐습니다. 그리고 섭외위원회나 총회장의 그에 대한 적절한 설명이 있기를 바랐습니다.

그러나 제가 기대했던 일은 현재까지 일어나지 않고 있으며 그동안 성 목사님께서 유일하게 개인적인 견해를 공개적으로 피력하셨습니다. 저는 필스 교수의 입장은 그야말로 공인의 입장이라고 생각합니다. 화란의 한 교단을 대표하는 공인의 말이기 때문에 저는 사실 그것을 분명히 짚어야 한다고 생각했던 것입니다.

필스 교수가 '동성애자들을 교회의 울타리 안으로 이끌어야 한다'고 이야기한 것은 매우 중요한 대목입니다. 그리고 '그들을 차별하지 말고 품어야 한다'는 대목도 조심스럽게 살펴보아야 합니다. 왜냐하면 이 문제는 교회론과 직접적인 연관이 있기 때문입니다.

저는 성 목사님의 동성애자들에 대한 견해에 이의를 제기합니다. 성

목사님께서 지난 11월 2일자 '이광호 목사님의 총회장 공개서한에 대해' 라는 제하의 공개의견(K신학대학원 홈페이지 토론방, 참조)에서, '화란에서 호모들은 가정도 이루며, 자녀도 입양해서 키우며 직장도 가지며 보통 사람들과 동등한 사회적 권리를 가지며 정상적인 사회 생활을 하고 있습니다. 그때 제가 알게 된 것은 호모라 해서 사회에 적응하지 못하는 부류가 아니며, 사회적인 범죄자가 아니며 성적 마니야가 아니라는 사실이었습니다' 라는 입장을 보였습니다.

이는 매우 위험할 수 있다고 생각합니다. 이는 호모를 사회적 범죄로 인정하느냐 않느냐 하는 문제인데, 저는 성경이 그것을 사회적 범죄로 인정하고 있는 것으로 이해하기 때문입니다. 로마서 1장 26절 이하에 기록된 말씀은 그것을 보여주고 있습니다.

저는 화란 같은 나라에서 법적으로 호모를 인정하는 것도 죄이며, 그들이 입양을 하는 것도 죄라 생각합니다. 성 목사님께서는 호모가 정상적인 사회 생활을 하고 있는 것으로 말씀하셨지만 저는 달리 생각합니다. 그리고 그들은 사회적으로 적응하지 못하는 부류가 아니며 사회적 범죄자가 아니라고 하셨지만 그것 역시 그렇지 않다고 생각합니다.

이에 대한 이해를 돕기 위해 다른 설명을 드려 봅니다. 요즘에 공해 문제가 많이 대두되고 있습니다. 인간의 삶의 조건인 공기와 물 등을 오염시켜 황폐화하는 것은 커다란 문제이며, 자연을 오염시키거나 그것을 방치하는 것은 범죄적 성향을 띤다고 볼 수밖에 없습니다. 동성애자들이 다른 사람들을 구타하거나 직접적인 범죄를 저지르지 않는다고 해서 그것은 죄가 아니라 할 수는 없습니다. 동성애를 통해 닥치게 될 정신적, 신앙적 오염이 저는 무서운 것이라 생각합니다.

성 목사님께서 지적하신 대로 필스 교수의 견해가 '교회는 과거 동성애자들에게 대해 문턱만 높였지 돌아보지도 않고 정죄하기에만 바빴다'

는 취지임을 저도 그렇게 이해하고 있습니다. 그래서 제가 문제삼는 부분은 바로 그 점입니다. 필스 교수께서 말씀하신 대로, 교회가 과연 그 문턱을 낮추어 동성애자들을 교회 안 울타리로 끌어들일 수 있느냐 하는 것이 문제의 초점이 되는 것입니다.

이제 교회론적인 관점에서 구체적으로 생각해 보기를 원합니다. 교회 안에 동성애자가 생겨났다고 가정해 봅시다. 그에 대해 교회는 어떻게 반응해야 할까요? 혹은 동성애자가 교회에 들어오려 한다면 어떻게 해야 할까요? 제가 이해하기로는 성경의 가르침대로 우선 그에게 사랑을 기본으로 한 권면이 이루어져야 합니다.
그것이 하나님의 가르침을 떠난 얼마나 악한 행위인지 말하고 그로부터 돌아서도록 권해야 합니다. 그래도 듣지 않고 동성애 행위를 지속한다면 적당한 절차에 따라 권면을 되풀이하고 수찬정지를 해야 하며 그래도 말을 듣지 않으면 출교해야 합니다.

저는 필스 교수의 '교회가 동성애자를 품어야 한다' 는 말의 의미를 받아들일 수 없습니다. 만일 실제적으로 교회 안에 동성애를 하는 자가 생겨난다면 어떻게 하자는 것인가요? 지상을 통해 발표된 필스 교수의 견해에서는 교회가 동성애자들에게 그러한 정죄를 하지 말아야 한다는 것으로 비쳐지고 있습니다.
동성애자라는 이유로 수찬정지를 하고 동성애를 고수하겠다는 사람들을 출교하면서도 교회가 그들을 품을 수 있는 방법이 있는지 모르겠습니다. 교회가 동성애자들에게 수찬정지를 하고 출교를 한다면 그것은 차별일 수밖에 없습니다.

만일 필스 교수가 교회가 동성애자들을 품는 구체적인 방법에 대한 성경적인 설명을 하지 않는 한 우리에게는 매우 위험한 사상이 될 수 있습니다. 나아가 필스 교수의 동성애에 대한 자세는 우리처럼 신학이 빈약한 교회들에는 결코 도움이 되지 않는다고 저는 판단하고 있습니다.

성 목사님께서는 제가 공인公人임을 언급하셨는데 물론 저는 공인의 입장에서 문제를 제기했음을 말씀드립니다. 성경에 나타나는 여러 선지자들이나 사도들은 이에 대해서 어떻게 반응했을까 하는 점을 저는 생각하고 있습니다. 이사야나 예레미야, 바울이나 베드로 같은 분은 우리에게 이 문제에 대해 어떻게 반응하도록 요구할까를 다시금 생각해 봅니다.

앞에서 말씀드린 것처럼 우리 한국교회는 신학이 매우 빈약합니다. 이러한 때 신학적 명확한 견해를 갖춘 우리보다 나은 신학자의 말의 무게는 예사롭지 않습니다. 교회에는 분명히 울타리가 있습니다. 그럼에도 불구하고 울타리가 거의 허물어진 것 같은 우리 한국교회입니다. 세례의 중요성이 그 자리를 잃고 권징 사역이 거의 이루어지지 않는 우리 한국교회입니다.

그러한 약한 교회에 '문턱을 낮추어 울타리를 없애고 그들을 차별 없이 품으라' 는 권면은 저에게는 상당히 충격적이었습니다. 더구나 제가 받는 이 충격을 다른 신학자들이나 목회자들이 거의 아무도 받지 않고 있다는 사실에 저는 더욱 충격을 받았음도 말씀드립니다.

저는 한 개인 신학자나 화란의 한 교단을 마치 마녀사냥을 하듯이 비난의 대상으로 삼는 것은 아닙니다. 앞에서도 말씀드린 바대로 저는 화란 기독개혁교회가 우리보다 훨씬 나은 교단으로 이해하고 있습니다. 단지 우리 자신의 모습 때문에 스스로 당혹해하는 저의 모습을 기억해 주시면 감사하겠습니다.

그리고 제가 동성애자를 무조건 멸시한다는 오해가 없기를 원합니다. 교회가 그들을 향해 올바른 언행을 지키는 것이 곧 진정으로 그들을 위하는 길일 것입니다. 교회의 권위를 통해 저들이 잘못을 뉘우치고 복음으로 돌아오는 것이 중요합니다. 혹 가능하다면, 성 목사님께서 필스 교수께 저의 입장과 우려하는 바를 말씀드려 주었으면 합니다.

성 목사님, 저의 견해로 인해 마음을 상치는 말았으면 합니다. 저는 성 목사님의 짧은 글들을 보며 우리 교단에 목사님 같은 분이 있음이 그나마 다행이라는 생각을 하고 있습니다. 이제 이 문제에 대해서는 달리 토론할 일은 없습니다. 제가 바라기로는 이 문제가 이제 신학자들의 입장에서 다시 한번 신중하게 검토되기를 원합니다.

목사님의 연구를 통해 어지러운 시대에 처한 주님의 몸된 교회 가운데 하나님의 말씀이 잘 드러나게 되기를 원하는 마음 간절합니다.

(2000. 12. 7)

64 에큐메니칼ecumenical에 대하여

임 전도사님

반갑습니다. KS대학을 졸업하고 현재 영남신학대학원에서 신학 수업을 하시면서 에큐메니칼적인 수업을 하고 있다고 말씀하셨지요? 전도사님이 졸업한 KS대학에서 저는 여러 해 동안 강의를 해왔고 그 학교에는 저와 가까운 교수님들이 여러분 계십니다. 동시에 영남신학대학에서도 여러 해 동안 강의를 해오고 있으며 그 학교에도 가깝게 지내는 교수님들이 몇분 계십니다.

제가 이 점을 미리 언급하는 이유는 보수적인 신학을 고수하고 있는 KS대학과 진보적인 신학을 수용하고 있는 영남신학대학의 신학적 입장이 상당부분 차이가 나는 것을 제가 가까이서 체감하고 있음을 말씀드리기 위해서입니다.

전도사님께서는 현재 신학수업을 하는 가운데 '에큐메니칼적인 사고방식'을 배우고 있다고 말씀하셨는데 사실 그에 대해 직접적인 말씀을 드리기는 쉽지 않을 것이라는 생각이 듭니다. 왜냐하면 '에큐메니칼적인 사고 방식'이라는 언어 자체가 '사상' 혹은 '주의'(ism)를 나타내는 이데올로기적 내용을 담고 있어서 자칫 소모적 논쟁에 빠질 위험이 있다고 판단되기 때문입니다. 그래서 전도사님께서는 저로부터 저의 비판적 견해를 듣고 싶다고 말씀하셨으나, 막연한 비판보다는 '에큐메니칼'에 대한 저의 평소 생각을 말씀드리는 것이 나으리라 판단됩니다.

우선 '에큐메니칼'이라는 용어 문제에 대해 생각해 보아야 할 것 같습니다. 에큐메니칼ecumenical이라는 말의 원래적 의미는 '보편교회'라는 의미를 포함하고 있습니다. 다시 말씀드려서 모든 그리스도의 교회들은 '하나'여야 한다는 본질적 입장입니다. 원리적으로 보아 이 말은 우리가 마땅히 수용해야 할 언어임에 틀림없습니다.

그러나 '언어의 특성' 중 하나가 시대와 환경에 따라 서로 상이하며 다양한 의미를 내포할 수 있다는 점을 기억해야 합니다. 한 예를 들어 어린아이들이 또래 아이들과 놀면서 '동무'라는 말을 사용하면 우리에게 매우 아름다운 언어로 이해됩니다만, 북한사람들이 '동무'라는 말을 사용하면 왠지 자연스럽지 못하며 경직된 언어로 이해되게 됩니다. 이처럼 '에큐메니칼'의 원래 의미는 위에서 말씀드린 그러한 의미였습니다만 오늘 우리가 일반적으로 '에큐메니칼'이라 하게 되면 'WCC적 에큐메니칼'을 의미하게 됩니다.

저는 WCC적 에큐메니칼 운동에 대해 비판적 입장을 견지하고 있습니다. 에큐메니칼 운동을 지지하는 사람들은 크게 두 부류로 나누어 볼 수 있다고 생각합니다. 하나는, 'WCC적 에큐메니칼 운동'이 말하는 바 의미를 알고 그 사상을 따르며 지지하는 이들이며, 다른 하나는 그리스도의 교회는 마땅히 '하나됨'을 추구해야 한다고 생각하는 이들입니다. WCC적 에큐메니칼 운동의 사상을 뒤로한 채 교회의 '하나됨'을 추구해야 한다고 생각하는 사람들은 대개 신학적이 아닌 낭만적 입장을 가지고 있는 것이 일반적일 것입니다. 그들은 하나님을 믿고 예수 그리스도를 주로 믿는다고 하는 사람들이 싸우고 분리하는 모습들을 보며 그래서는 안 된다고 생각하는 순수한 마음을 가지고 있습니다. 만일 위의 두 번째의 생각을 기준으로 한다면 저 역시 '에큐메니칼 운동'을 무조건 비판하지는 않습니다.

그렇지만 현재 세계적으로 에큐메니칼 운동을 추구하는 사람들의 입장은 매우 인본주의적입니다. 다시 말해서 '하나'가 되기 위해서 다양한 운동들을 함으로써 외적으로 '하나'의 모습을 갖추는 일에 매진하지만 사실은 더욱 분리하는 모습을 가지게 될 우려가 있습니다. 왜냐하면 '하나'가 되는 방법이나 범위를 정하는 데 이미 분열의 모습을 띨 수밖에 없기 때문입니다.

그 결과 에큐메니칼 운동에 동조하는 사람들만 에큐메니칼의 범주에 넣게 되는 경향성을 띠게 되며, 그 운동에 동조하지 않는 신학 사상을 가진 이들에 대해서는 더욱 비판적이며 편향적일 수밖에 없습니다. 사실 이러한 특성은 에큐메니칼 사상이 중심적 사상을 이루고자 하는 하나의 자기 중심적 욕구일 것입니다. 이 부분을 전도사님께서 잘 생각해 주셨으면 합니다.

진정한 에큐메니칼 운동은 인위적인 결단이나 협의에 의해 이루어지는 것이 아니며 하나님의 말씀에 순종함으로 이루어진 자연스러운 것이어야 한다는 것이 저의 신학적 소신입니다. 다시 말씀드리자면, 인간의 동의나 합의를 통해서가 아니라 교회가 온전히 그리스도 안에 존재하게 될 때 하나님의 은혜 가운데 자연스럽게 하나가 될 수 있을 것이라는 뜻입니다.

성경은 우리에게 하나가 될 것을 요구하고 있습니다. 그렇지만 그 '하나됨'은 우리가 하나이신 하나님과, 하나이신 성령과, 하나이신 그리스도 안에 있는 삶을 살 때 비로소 가능한 것입니다. '하나'가 되어야 한다는 인간들이 의식이나 노력이 '하나'가 되게 하는 것이 아니라, 하나인 말씀 속에 있는 삶을 살게 될 때 저절로 '하나'가 될 수 있다는 것입니다.

여기에서 또 다른 예를 하나 더 들어볼까 합니다. 부모님에 대한 효도는 기본적으로 형제들의 약속이나 합의에 달려 있지 않습니다. 형제들이 모여 단합을 꾀하고 부모님에 대한 효를 되풀이하여 강조하는 것이 문제가 아니라, 그냥 각 자녀들이 부모님께 도리를 다하여 효도하게 되면 나머지는 부수적일 수밖에 없는 것과 마찬가지입니다.

전도사님이 말씀하신 것처럼 우리의 시대는 모든 것이 급변하는 사회이며 복잡하게 뒤엉켜 있는 사회입니다. 인간 게놈에 대한 연구, 컴퓨터를 비롯한 최첨단 과학의 발전, 거기에서 발생되는 인간들의 가치관의 변화 등 실로 내일을 가늠할 수 없을 정도입니다.

이러한 특이한 현대 사회에 처한 교회와 교회 지도자들이 그 모든 것을 통합적으로 해석하며 실천할 수 있기 위해서는 에큐메니칼적인 사고를 해야한다고 주장한다면 그것은 가능하지 않은 인본주의적인 이상에 지나지 않습니다. 이미 유동적인 사회 질서 가운데 살고 있는 교회가 역시 유동적인 '에큐메니칼'을 추구하게 된다면 결국 기준이 없어질 뿐 정답을 제시할 수 없을 것이라는 생각 때문입니다.

오히려 우리는 죄로 인해 멸망에 빠진 인간의 한계를 명확히 해석하여 유동적인 사회에 대한 탈피를 추구함으로써 끊임없이 성경이 가르치는 바 계시의 세계로 들어가려는 몸부림이 필요할 것입니다.

그동안 WCC적 에큐메니즘은 인위적인 일치를 추구하는 동안 성경의 위치를 격하시키는 데 일조했습니다. 하나님 말씀의 절대적인 권위 대신 세상 가운데 존재하는 인간 사회에 초점을 맞춤으로써, 하나님을 향한 고정된 틀에서부터 인간 사회의 유동성으로 그 자리를 이동시켰던 것입니다. 즉 하나님께서 피로 값주고 사신 거룩한 교회로서의 존재적 공동체가 아니라 인간 세상에서 역할하는 현상적 교회로 역할 바꿈을 시도했던 것입니다.

전도사님, 저는 지금 저와 다른 신학 사상을 가진 분들에 대해 어떤 비판을 가하고자 하는 것이 목적이 아님을 말씀드립니다. 단지 이 세상에 존재하는 교회의 의미가 무엇인지 그 교회가 어떤 모습으로 세상 가운데 존재해야 하는지를 말씀드리고 있습니다.

신학은 단순한 하나의 사상이 아니어야 합니다. 물론 누구나 나름의 신학을 소유하기는 하되 역사 가운데 형성된 이데올로기적 사상은 아니어야 합니다. 하나님의 말씀에 대한 신앙적 고백이 곧 신학 사상의 기초로서 자리매김해야 합니다.

전도사님께서 저에게 보내신 서신 가운데서, 진지한 고민을 하고 있다고 말씀하신 것처럼 저 역시 많은 생각들 가운데 살아가고 있습니다. 저에게 이러한 질문을 하실 때 전도사님은 이미 여러 글들을 통해 저의 생각을 어느 정도 알고 있었으리라 짐작합니다. 어쩌면 저의 이야기를 들으며, 역시 예상했던 바 그대로의 답변 수준이라 여기실지 모르겠습니다.

그러나 이렇게 대화가 이루어졌으니 다시 한번 진지하게 생각해 보는 기회를 가졌으면 합니다. 다음 학기에도 영남신학대학교에서 강의가 있을 예정입니다. 혹 기회가 되면 학교에서 한번 만나 서로의 생각들을 진지하게 나누어 보기를 기대합니다. 겨울방학 알차게 잘 보내시기를 바랍니다.

(2000. 12. 12)

65 '교역자의 이동'에 대하여

K 강도사님

녕하세요? 강도사님의 질문 내용을 보며 안타까운 마음을 금할 수 없습니다. 강도사님의 현재 처한 사정은 충분히 고민해 보아야 할 내용이라는 생각이 듭니다. 그렇지만 제가 강도사님이 직면하고 있는 문제에 대해 구체적인 답변을 드리기에는 무리라는 생각을 해 봅니다.

우선 제가 강도사님에 대해서 아는 바가 거의 아무것도 없다는 점과 현재 강도사님이 시무하고 있는 교회와 또 이동을 염두에 두고 있는 그 교회에 대해서 아무것도 알고 있지 못하기 때문입니다.

그럼에도 불구하고 강도사님이 말씀하신 '교역자 이동'에 대한 몇 가지 말씀을 드리고자 합니다. 우선 현재 우리 한국교회에 있어서 교역자 이동은 거의 모두가 그 원칙을 벗어나고 있습니다.

한국교회에서는 목회자가 시무하고 있는 교회를 이동할 때 자기 판단에 의존하고 있습니다. 즉 이동하고자 하는 목사, 혹은 강도사가 다른 교회에 가고 싶은 마음이 있을 때 스스로 그것을 한번 시도해 보는 것입니다. 그리고 교역자를 청빙하려는 교회가 특정 목회자가 마음에 들면(?) 스카웃(?)해 오려고 시도합니다. 그러나 그 목회자가 원래 시무하던 교회의 의사는 거의 반영되지 않는 것이 일반적입니다.

또한 거의가 자기 마음대로 결정하기 때문에 목사는 늘 상승이동上昇移動해야만 자연스러운 것으로 생각하고 있습니다. 다시 말하면 크고 부유하며 외형상 그럴듯해 보이는 교회에서 십여 년 간 목회를 하다가 그보다 훨씬 작고 연약한 교회로 이동한다는 것은 이상하게 보인다는 말입니다. 하나님께서는 그런 유능한(?) 목사들이 가난하고 어려운 교회에서 소박하게 목회하는 것을 전혀 허락하시지 않는 분일까요?

요즘은 어느 교회에 목회자가 공석이 되면 광고를 통해 수십 통의 지원서를 받아 그중 한 사람을 골라 채용(?)하는 경우가 많은데 그것은 매우 잘못된 것입니다. 그렇게 되면 교회와 교인은 고용인이 되고 목사는 피고용인으로 되어버릴 위험이 크기 때문입니다.

그리고 요즘 목회자를 청빙하며 소위 '선을 본다'는 식으로 연습 설교(?)를 시키는 것이 일반적인데 그것은 하나의 폐단일 수 있습니다. 신학 사상이나 신앙 인격보다는 말 잘하는 사람을 우선적으로 기대함으로써 본질보다는 형식을 중요시할 우려가 있습니다.

우리가 고백하는 것처럼 교역자의 이동에는 하나님의 인도하심이 있어야 합니다. 우리가 흔히 공인公人이라는 말을 사용하는데, 이는 자기 사적私的 판단이나 사사로운 마음가짐 여하가 아니라 전체적인 관계 속에 놓여있는 사람임을 말합니다. 목사는 공인입니다. 그러므로 목사가 교회를 이동할 때는 그것이 자기의 취향이나 판단에 달려있는 것이 아니라 하나님께서 과연 그 교회로 인도하시느냐 하는 점을 신중히 생각해 보아야 합니다.

청빙하는 교회 역시 마찬가지입니다. 어느 훌륭한 목사가 있어서 자기 교회의 유익을 위해 억지로 데려오게 된다면 그가 현재 목회하고 있는 교회는 어떻게 될까 충분히 고려해야만 합니다. 자칫 잘못하면 교회들 간에도 강자와 약자가 있어서, 강자는 소위 좋은 목사를 데려올 수 있지만 약자는 그렇지 못하게 되는 아주 이상한 논리가 성립되는 것입니다.

교회의 주인은 주님이시며 어느 교회도 덜 귀하거나 더 귀한 것이 아닙니다. 교회는 단지 하나님의 말씀에 온전히 순종하는 올바른 교회인가, 아니면 교회의 이름만 가진 모임인가를 생각해 볼 수 있을 뿐입니다.

목사가 교회를 이동하는 것은 매우 중요한 일입니다. 그러므로 노회老會에서 행하는 직무 가운데 가장 중요한 일이 곧 목사의 이동을 관장하는 일입니다. 장로교에서는 목사가 자기 마음대로 교회를 이리저리 이동할 수 있는 것이 아니라 노회의 간섭과 허락에 따라 그렇게 할 수 있습니다. 즉 개인 목사나 한 지교회에서 아무리 원해도 노회가 그것을 허락하지 않으면 목사는 교회를 이동할 수 없습니다.

그렇지만 현실에 있어서는 형식적으로만 그 의미가 남아 있을 뿐 속 알맹이는 사라지고 만 형편이 되었습니다. 특히 우리 한국교회에는 '위임목사 제도'라는 것이 있습니다. 저는 그 제도 자체가 아무런 의미가 없을 뿐 아니라 폐지해야 한다고 생각하고 있습니다만 그 제도가 엄연히 존재하고 있습니다. '위임목사'라는 말은 목사가 특별한 일이 있지 않은 한 계속 그 교회에 시무하면서 주님의 백성들을 말씀으로 보살필 것을 교회와 목사가 서로 언약한 것을 의미합니다.

그렇지만 교회와 목사가 위임목사로 언약했음에도 불구하고 목회자가 이동할 때는 본 교회에 아무런 논의나 대화도 없이 별 미련 없다는 듯 그 교회를 훌쩍 떠나버리는 것을 쉽게 볼 수 있습니다. 심지어 목회자들 사이에는 목회자가 이동하기 전에 절대 본 교회에 미리 말하지 말라고까지 합니다. 그렇게 하는 것이 곧 지혜로운 처사라는 것입니다. 그 이유는 괜히 이야기를 꺼내면 자칫 문제만 커질 수 있고 이도 저도 안 될 수 있기 때문입니다.

그래서 요즘 한국교회에서는 목사가 자기가 시무하는 교회에는 아무

이야기도 하지 않고 이동을 원하는 상대 교회와 이야기한 후 갑작스레 떠나는 것을 보통으로 생각하고 있는 실정입니다.

그러나 이것은 심히 잘못된 것입니다. 만일 목회자들이 그렇게 한다면 교회와 목회자 사이에는 기본적인 신뢰 관계조차 형성되지 않은 상태라 할 수밖에 없습니다. 그렇게 되면 목회자는 단순한 직업인 이상 아무것도 아닐 수 있습니다. 이는 매우 서글픈 일이라 아니할 수 없습니다.

그러면 어떻게 해야 할까요? 앞에서 말씀드린 것처럼 목회자의 이동은 자기 마음대로 하는 것이 아닙니다. 하나님의 인도하심에 순종하며 따라야 합니다. 우리는 오늘날 하나님의 직접적인 음성을 듣지 못하기 때문에 주님의 말씀으로 엮어진 교회의 음성을 들어야 합니다. 물론 교회를 통해 하나님의 말씀을 올바르게 듣기 위해서는 교회가 말씀 안에서 성숙해야 합니다.

이제, 어느 교역자가 한 교회에 시무하고 있다는 가정 아래 예를 들어 설명해 보도록 하겠습니다. 만일 하나님께서 그를 그 교회로 인도하셨다면 그것을 자기 마음대로 함부로 부정하거나 목회를 그만 둘 수 없습니다. 그는 하나님의 인도하심이 있지 않은 한 원칙적으로 현재보다 조건이 나은(?) 교회로 이동하려는 마음을 전혀 가지지 않아야 합니다.

그러던 중 어떤 변화가 생겨날 수 있는 가능성이 있을 수 있습니다. 몇가지 경우를 생각해 볼 수 있는데, 그중 첫째는 목회자 자신에게 어떤 변화가 발생하거나 목사와 교인들 사이에 어떤 문제가 발생했을 경우를 생각할 수 있습니다. 두 번째는 다른 교회에서 청빙 의사를 밝혀오는 경우입니다.

첫 번째의 경우 그 문제가 무엇인지 온 교회가 말씀을 통해 겸손하게 살펴보아야 할 것이며 그것을 통해 하나님의 다른 뜻이 있는지 생각해 보아야 합니다. 그리고 두 번째의 경우라면 그 사실을 우선적으로 교회에 이야기해야 합니다. 청빙하고자 하는 교회에서 그 목사를 청빙하고자 하는 이유가 전체적인 주님의 교회를 위함이며 정말 주님의 원하심이라 여겨지면 그 목사님의 이동을 기쁘게 여겨 순종해야 합니다. 그러나 청빙하고자 하는 교회의 형편을 살펴보아 말씀에 순종하는 순수한 동기라 여겨지지 않을 때는 현재 상태로 목회하면 될 것입니다.

그 모든 것이 자기 판단이나 사사로운 사욕이 아니라 하나님 나라의 큰 울타리 안에서 생각해야 합니다. 그러므로 특정 지교회에서 목회자를 청빙하려면 하나님께서 어떤 목사를 보내 주실지 기도하는 가운데 적절하다고 생각되는 분이 있다면 자연스럽게 그 목사와 해당 교회와 대화를 해 볼 수 있어야 합니다.

K강도사님! 이에 대한 논의는 매우 중요한 것이어서 간단하게 말하기가 쉽지 않군요. 강도사님의 질문하신 내용에 대한 직접적인 답변을 하지는 못했습니다만 교회를 이동할 계획 중에 있는 만큼 이 점을 잘 생각해 보는 기회가 되시기를 바랍니다. 지금 강도사님이 처한 형편과 교회를 이동함에 있어서 하나님의 인도와 간섭이 있기를 바라며 강도사님과 강도사님의 가족은 그 인도하심에 잘 따르시기를 원합니다.

충분히 설명드리지 못한 아쉬운 마음과 함께 오늘은 이 정도에서 그치도록 하겠습니다.

(2000. 12. 16)

66 '역라마단 운동'에 대하여

우섭 형제

이제 막 겨울방학을 시작했겠군요. 방학 동안 밀린 공부를 하거나 평상시 관심이 있었으나 시간이 부족해 독서하지 못했던 내용들을 특별히 공부할 수 있다면 알찬 방학이 되리라 생각해 봅니다.

형제가 이슬람 선교에 관심을 가지고 있다는 말에 더욱 반갑습니다. 제가 처음 이슬람 선교에 관심을 가졌던 때를 떠올려 봅니다. 벌써 20년 정도 전의 일이니까 옛날이라 할 수 있겠지요. 그 이후로 저는 지금까지 계속하여 이슬람 선교에 특별한 관심을 가져오고 있습니다. 부족하기는 하지만 나름대로 연구를 하기도 하고 여러 대학에서 이슬람에 관련된 과목을 강의해 오고 있습니다.

형제는, 라마단 기간동안 기독교인들이 모슬렘들을 위해 조직적으로 펼치고 있는 '역라마단 운동'을 어떻게 생각하는지 저에게 문의했습니다. '라마단'이란 이슬람의 아홉 번째 달을 말합니다. 즉 이슬람력에 있어서 9월의 이름을 '라마단'이라고 합니다. 이슬람에서는 음력을 사용하는데 우리의 음력과는 약간의 차이가 납니다.

우리가 사용하는 음력은 양력과 보조를 맞추고 있습니다. 즉 일년 사시와 조화를 이루고 있습니다. 그래서 음력에서 계절과 차이를 이루게 되면 윤달을 끼워 넣어서 자리를 맞추고 있는 것이지요. 이에 비해 이슬람의 음력은 계절과 관계가 없습니다. 계절과 관계없이 그냥 빙글빙글 돌아간다고나 할까요?

하여튼 이슬람에서는 이 아홉 번째 달인 라마단 달이 특별한 달입니다. 그래서 모든 모슬렘들은 그 한달 동안 의무적으로 금식을 합니다. 물론 그 금식의 개념은 우리가 생각하는 것과는 다소 차이가 납니다. 이슬람에서의 금식은 낮 동안에는 절대금식을 하지만 밤에는 자유롭게 식사를 합니다.

그들은 라마단의 금식을 지킴으로써 자기들의 신앙을 나타내며, 대부분의 모슬렘들은 그 기간 중 지극정성으로 신Allah에게 기도를 합니다. 그러므로 '라마단'이라 하면 우리에게는 그 특성 때문에 그냥 금식하는 달로 이해되고 있습니다. 독실한 모든 모슬렘들은 라마단 달의 금식 규율을 지키며 특별한 일 없이 그 금식 규정을 지키지 않으면 처벌받게 됩니다.

기독교 선교 단체들에서는 몇년 전부터 이슬람의 라마단 기간에 특별히 이슬람을 위해서 기도하는 '역라마단 운동'을 펼치고 있습니다. 1993년부터 시작된 이 운동은 이제 세계적인 운동movement이 되어 있으며, 많은 이슬람 선교 단체들이 이에 참여하고 있습니다.

이슬람에서는 올해도 우리의 달력으로 지난 11월 27일부터 라마단이 시작되어 12월 26일 끝이 나게 됩니다. 모슬렘들이 금식을 하며 알라신에게 기도하는 그 라마단 기간에 맞추어 기독교 선교 단체들에서는 역으로 그들을 위해 특별히 기도하는 달로 지킴으로써 이것을 '역라마단 운동'이라고 합니다. 이를테면 '맞불작전'이라 할 수 있을지 모르겠습니다.

현재 제가 참여하고 있는 이슬람 전문선교 단체에서는 '역라마단 운동'에 참여하지 않고 있습니다. 저는 몇년 전부터 여러 선교 단체들을 향해 이 일을 그만 두자고 이야기 해오고 있지만 거의 아무도 그 이야기를 들으려 하지 않습니다. 참고로, 제가 쓴 『세계선교의 새로운 과제들』

(서울: 예영커뮤니케이션)에 보면 '역라마단 운동 재고再考'라는 제목으로 한 부분을 할애하고 있습니다. 혹 기회가 되면 그 책을 참고하실 수 있으리라 생각합니다.

저는 '역라마단 운동'은 재고돼야 한다고 생각합니다. 저의 이러한 주장을 많은 사람들이 잘 이해하지 못하고 있는 것을 봅니다만 그 이유는 분명합니다. 십자군 운동에 대해서 들어보았을 것입니다. 오늘날 우리에게는 오래 전 역사 속에 있었던 한 이야기에 지나지 않습니다.
그러나 이슬람의 지식층에서는 아직도 그 십자군 운동이 끝난 것이 아니라고 생각하는 이들이 많이 있습니다. 다시 말하면 지금도 그 십자군 운동은 계속되고 있다는 것이지요. 이에 대해서 위의 같은 책에 있는 '이슬람과 십자군 운동'을 참조하셨으면 합니다.

그들이 기독교와의 전쟁인 십자군 운동이 아직도 끝나지 않았다고 생각하는 이유는 지금 이 시간에도 기독교와 이슬람의 갈등은 지속되고 있기 때문입니다. 우리가 생각하기에는 '그 무슨 뚱딴지같은 소리냐'고 여길지 모르지만 그들의 시각은 그렇지 않습니다.
1948년 이스라엘의 독립은 기독교 강대국들의 지원 때문이며 그 이후 오늘까지 끊이지 않는 이스라엘과 아랍 세계와의 갈등 뒤에는 항상 서구 기독교 열강들이 버티고 있다고 여기는 것이 그들의 생각입니다.

물론 그것은 그들의 오해입니다. 참된 기독교는 이슬람 국가에 대한 정치적 정복에 아무런 관심을 가지고 있지 않습니다. 문제는 그럼에도 불구하고 그들이 그렇게 생각하고 있다는 사실입니다. 이러한 판국에 기독교 선교 단체들에서 '역라마단 운동'을 펼치는 것은 일종의 종교적 선전 포고와도 같다고 저는 생각합니다.
이슬람 국가에 속한 다수의 사람들은 기독교에서 펼치는 이러한 운동에 대해서 잘 알고 있습니다. 앞에서 말한 것처럼 그것은 세계적인 공개적 운동이기 때문입니다.

저는 이슬람 선교를 하면서 그렇게 할 필요가 없을 뿐더러 그렇게 하지 말아야 한다고 생각합니다. 오히려 그들의 잘못된 신앙을 볼 때 자연스럽게 기도하며 관심을 기울이는 것이 참 지혜일 것입니다. 조직적으로 그런 운동을 하게 되면 도리어 저들의 마음을 닫게 할 우려가 있음을 유의해야 합니다.

만일 불교인들의 사월 초파일날 기독교인들이 조직적으로 불교도들을 위한 대대적인 기도회를 한다면 오히려 그들로부터 불필요한 오해만 살 것이며 기독교에 대한 반감만 크게 할 수 있다는 점과 마찬가지입니다. 이는 마치 남의 장례식장 옆에 가서 잔칫상을 벌이는 것과 크게 다르지 않게 보일지도 모릅니다.

저는 그들을 위해 기도하지 말자는 것이 아니며 기도를 통한 하나님의 능력을 축소화시키고자 하는 것이 아님을 말씀드립니다. 제가 주장하는 것은 복음을 알지 못하는 저들이 복음에 대해 생각할 기회를 주기 위해서는 막연한 우리의 입장만 내세울 것이 아니라, 정말 하나님께서 그들에게 어떤 관심을 가지고 계시는가를 살펴보며 겸손하게 접근해 가야 한다는 것입니다. 자칫 우리의 과잉 제스츄어가 그들이 복음의 내용을 듣기도 전에 오히려 그들을 분노하게 만들지는 않을까 하는 것이 저의 염려입니다.

지금 이 시간에도 이슬람 선교에 관심을 가지고 있는 많은 이들이 역라마단 기도운동에 참여하고 있으리라 생각합니다. 저는 기도하는 분들이 좀더 성숙한 자세를 가지게 되기를 바랍니다. 비단 라마단 달 뿐 아니라 늘 그들을 안타깝게 바라보며 기도하는 자세를 가지는 것이 더욱 중요하리라 믿습니다. 남이 그렇게 하라고 말하지 않아도 조용히 그들을 위해 기도하는 모습들이 아름답지 않을까요?

참된 기도는 조직적 운동을 기반으로 요구하지 않습니다. 저는 이슬람 선교에 관심을 가진 모든 사람들이 남모르게 일년 사시 그들을 위해 기도하는 일들이 지속되기를 바랍니다. 그렇게 된다면 불필요하게 그들을 자극하여 기독교에 대해 반감을 가지게 하는 일이 줄어들지도 모른다는 생각 때문입니다.

우섭 형제, 제가 하는 이야기를 잘 이해하시기를 바랍니다. 그리고 주변에 이슬람 선교에 관심을 가지고 있는 많은 사람들에게 저의 생각을 이야기해 주었으면 합니다.

(2000. 12. 19)

67 본회퍼Dietrich Bonhoeffer의 신학

유 교수님

안녕하십니까? 세상은 어울리지 않게 분주한 제 모습을 여지없이 보여주고 있는 듯합니다. 국가는 사회적, 경제적, 정치적으로 엄청난 자체 위기속에 놓여 있음에도 불구하고 그 가운데 살고 있는 많은 사람들은 그 의미도 알지 못한 채 성탄절을 지킨다고 떠드는 소리들을 쉼 없이 듣고 있기 때문입니다.

유 교수님께서 신학대학원에서 '본회퍼'를 강의하고 있음과 그에 대한 성 목사님의 '본회퍼를 변명' 하신 글들을 잘 읽었습니다. 저 또한 신학석사 과정을 하며 조직신학을 공부했기 때문에 오래 전 일이기는 하지만 본회퍼를 읽은 적이 있습니다. 옛 기억을 더듬어 볼 때 저는 그때 그의 사상이 상당히 매력적이었음을 기억하고 있습니다.

저는 K신학대학원에서 '본회퍼'의 신학 사상이 강의되고 있는 것은 좋은 일이라 생각합니다. 우리 모두가 잘 알고 있듯이 본회퍼는 그 동안 우리 신학에서 수용할 수 있는 신학자가 아니었습니다. 그렇다면 현재 신학대학원에서 '본회퍼'가 다루어질 때 그의 신학 사상은 결코 우리의 모범이 되거나 본 받을 만한 위치에 있지 않으며 마땅히 신학적 비판의 대상으로서 연구가 이루어져야 하리라 생각합니다.

이 말은 그의 사상을 '무조건 욕하자'는 말이 아니라 그의 신학에 어떤 문제가 있는가를 면밀히 살펴보아야 한다는 의미입니다. 저는 개인적으로 생각할 때 유 교수님의 생각이 저와 크게 다르지 않을 것으로 짐작합니다.

그럼에도 불구하고 유 교수님께서 지난 11월 22일자 신학대학원 홈페이지에서 '본회퍼 수강생들'에게 보내신 공개 글에서는 상당히 오해할 만한 부분이 있다고 생각을 합니다. 특히 '여러분이 새롭게 이해한 본회퍼가 여러분들의 말씀 이해와 신학 수업에 큰 도움이 되기를 바랍니다. 편향되게 이해되었던 본회퍼가 아니라 충실한 성경학도요 실존적인 삶의 신학자였던 그를 본받아서 여러분 모두가 진지하고 신실한 말씀의 사역자가 되기를 바랍니다'라고 말씀하신 대목에서는 특히 그렇습니다.

성 목사님께서는 '본회퍼를 변명하며'에서 그가 그리스도 중심의 신학을 하였으며 그것이 곧 그의 삶의 중심이었다고 말씀하셨습니다. 물론 본회퍼는 항상 그리스도를 이야기하며 그리스도의 길을 따라가는 제자도의 길을 강조하고 있습니다.

저는 그가 그렇게 살고자 애썼던 점 자체에 대해서 '아니라' 하지는 않습니다. 그렇지만 우리는 거기에 감추어져 있는 신학적 함정을 보아야 하지 않을까 저는 생각합니다. 우리 모두가 알고 있는 바처럼 본회퍼가 종교에서 말하는 경건의 모양(?)을 가지고 있었던 것은 틀림없습니다.

그러나 그는 우리에게 가장 중요한 신학과 신앙의 고백인 성경을 하나님의 계시된 말씀으로 이해하지 않는다는 점과, 예수 그리스도의 동정녀 탄생을 부인하고 있는 것은 예사로 보아 넘길 일이 아닐 것입니다. 단적으로 이야기하면 그는 이단 사상을 가졌던 것입니다.

신구약 성경 66권을 하나님의 계시된 말씀으로 받아들이지 않고 예수 그리스도의 동정녀 탄생을 부인하는 자들은 곧 이단 아니던가요? 우리 교단 가운데 그러한 본회퍼가 가졌던 사상을 가진 사람은 아무도 없습니다. 만일 그런 사람이 있다면 마땅히 우리와 분리시켜야만 합니다.

본회퍼의 신학을 흔히 세속화 신학이라고 부르고 있는 것은 무엇을 의미합니까? 소위 기독교 복음의 편협함에서 벗어나 세속의 언어로 세속에 있는 사람들과 대화하자는 것 아닙니까? 그가 말하고자 하는 것은 그렇게 함으로써 '하나님 없는 것처럼 성숙한 인간으로 살아야 한다'는 것입니다. 이는 하나님에 관련된 언어를 사용하지 않아도 세상 속에서 성숙한 인간으로 살 수 있다면 그것이 곧 그리스도인의 삶이라는 것입니다.

이것은 일면 그럴듯하게 들릴지 모르지만 이는 '인간을 위한 종교적' 언어일 뿐입니다. 본회퍼는 살아 계신 하나님의 거룩성보다는 인간 사회에서의 현상적 선善을 최대선으로 보고 있습니다. 즉 그는 자기 백성을 죄에서 구원하시는 인격적인 하나님이 아니라 사회적 현상을 주관하는 신으로서 하나님을 이해하고 있습니다.

결국 그의 논리에 따르게 되면 '아담으로 인한 영멸할 죄'와 '죄없는 그리스도로 인한 영생'의 개념은 편협한(?) 기독교의 교리에 지나지 않게 됩니다. 1960년대 이후 서구의 다양한 자유주의 신학 사상이 본회퍼의 그런 사상과 맥을 잇고 있다는 점은 우리가 심각하게 생각해 보아야 할 부분입니다.

본회퍼가 얼마나 인간적인 미덕을 가졌느냐 하는 것은 참된 신학을 배제한 인본주의적 접근이라고 생각합니다. 그는 제1차 세계대전에서 패망한 독일과 제2차 세계대전에서 다시 패망할 위기에 놓여있는 세속 국가 독일에 살면서 자기의 신학적 언어를 구사했던 사람임에는 틀림없습니다. 더구나 당시 민족주의적 경향에 빠져있던 독일복음주의 교회의 오류 속에서 용기를 다했던 인물임에는 틀림없습니다.

그러나 그의 용기있는 윤리적 결단은 '하나님의 말씀'에 기초하여 그리스도 한 분만으로 인해 자기를 부인하는 그런 자세라기보다는, 부정직한 사회적 변화에 정의롭게 반응했던 한 신학자의 인본주의적 자세였다고 생각합니다.

그동안 우리의 선배들이 본회퍼를 강하게 비판했던 이유는 바로 여기에 있습니다. 우리가 그의 인본주의적인 윤리적 자세를 보며 그를 본받자고 해서는 결코 안 될 것입니다. 윤리적 입장이라면 이단이나 비기독교인들 가운데서도 우리가 본받을 수 있는 사람들이 얼마든지 많이 있을 수 있기 때문입니다.

저는 유 교수님이나 성 목사님이 본회퍼에 대해 잘못 이해하고 있다고는 생각하고 싶지 않습니다. 적어도 본회퍼에 대해 저보다는 훨씬 더 많은 지식을 소유하고 있으리라 믿습니다. 그러나 이런 이야기를 듣는 분들은 아직 그의 신학 사상에 대해 제대로 잘 알지 못하는 사람들이 거의 대다수일 것입니다. 그러한 그들에게 본회퍼를 이야기할 때는 좀더 신중해야 하지 않을까 하는 것이 저의 생각입니다.

본회퍼가 아무리 그리스도 중심의 사고를 했다 하더라도 그 그리스도는 우리의 그리스도와 동일하지 않습니다. 그가 이해한 그리스도는 죄인의 몸에서 태어난 지극히 선량한 인물이기는 했어도, 하나님께서 동정녀의 몸을 통해 보내신 죄 없으신 하나님의 아들은 아니기 때문입니다.

그리고 그가 아무리 성경을 열심히 읽고 연구를 했다 하더라도 그의 성경은 역사적 산물로서의 성경이며 우리가 믿는 죄악된 인간 세계 밖에서 들어온 하나님의 계시된 말씀은 아니었습니다.

또한 많은 사람들이 그의 신실함을 입증한다 해도 그것은 종교적 입장에서의 윤리적 평가이며 계시된 하나님의 말씀을 통해 비추어 본 평가는 아니었습니다.

저는 한 인물을 막무가내로 비판하고자 이 글을 쓰는 것은 아닙니다. 더구나 본회퍼라는 한 인물을 아무렇게나 격하시키고자 함도 아닙니다. 저는 과연 우리가 신앙하는 바 진리가 어떻게 우리 가운데 존재해야 하며 우리가 진정으로 본을 삼아 배워야 할 내용이 어떤 사람들의 사상과 삶인지에 대해 더욱 많은 관심을 가지고 있을 따름입니다.

평소에 존경하는 마음을 가지고 있는 유 교수님과 늘 진리를 추구하기에 최선을 다하는 성 목사님께 이 글을 쓰면서, 저의 부족한 생각이지만 이에 대해 다시 한번 생각해 볼 수 있는 기회를 가지기를 간절히 바랍니다. 현대처럼 모든 사상이 뒤엉키는 시대를 살고 있는 우리이기에 더욱 그러할 것이란 생각이 듭니다.

우리가 본회퍼로부터 배울 점이 있다면 모든 사람들이 향방 없이 떠들썩한 이러한 때 그에 휩쓸리지 않고 진지하게 사고해 보고자 하는 그의 자세가 아닌가 생각해 봅니다.

(2000. 12. 22)

68 교회가 흥미를 제공해야 하는가?

성모 형제님

안녕하세요? 오래 전에 질문하신 내용인데 이제야 답하게 됩니다. 진작 서신을 드려야 한다는 생각을 하면서도 뭐가 그리 분주한지 이제야 답변드리게 됨을 이해해 주시기 바랍니다. 금년을 넘기기 전에 서신을 드리게 되니 그나마 다행이란 생각이 들기도 합니다.

형제께서 질문하신 내용은 예배 시간에 재미있는 흥미거리를 제공하는 문제와 교회에서 흥미 위주의 문화를 만들어 나가는 문제에 대한 것이라고 생각이 됩니다. 저는 이 문제가 우리 시대에 분명하게 검증되어야 할 매우 중요한 내용이라고 믿습니다.

일반적인 관점에서 본다면 원래 교회는 재미없는 곳입니다. 그리고 예배 시간은 더욱 그렇습니다. 요즘 여러 교회들에서 교인들에게 재미있는 흥미거리를 제공하려는 것은 세속적인 물결 때문일 것입니다. 교인들에게 특별한 흥미거리를 제공하지 못하면 더이상 자기 교회에 나오지 않을지도 모른다는 일종의 위기감 때문입니다.

더구나 이미 도시화되어 있는 우리의 형편에서는 교회들간에 상호 비교가 되는 것이 주로 흥미 있는 프로그램들입니다. 그래서 우리 시대에는 교회도 성공하기 위해서는 특성화를 해야된다는 어처구니없는 말이 유행하고 있습니다. 그러니 신앙이 어린 교인들은 여러 교회들을 비교하며 어느 교회가 더 재미있느냐에 관심을 가지게 되고 결국 흥미 있는 교회로 몰려드는 것이 일반적입니다.

그러나 참된 교회의 조건은 그런 것이 아니라 하나님 말씀이 얼마나 올바르게 증거되느냐, 성례의 시행이나 권징 사역이 제대로 잘 이루어지느냐 하는 것입니다. 그런데 참된 교회의 조건대로 한다면 우리가 일반적으로 생각하는 재미나 흥미는 없습니다.

요즘 설교자들 가운데는 재미있는 설교를 하고자 애쓰는 것을 많이 보게 되며, 어린 교인들은 자기를 재미있게 해주면 '은혜로운 설교'라 생각하는 경향이 있습니다. 그래서 설교자들은 어떻게 해서든지 교인들에게 감흥을 일으키고자 웃기기도 하고 울리기도 하려고 애쓰는 것 같습니다. 그것을 위해 성경 말씀에 조화되지 않은 예화들을 무분별하게 사용하며 교인들을 자기의 언변 속으로 이끌고자 합니다.

그러나 하나님의 말씀이 올바르게 선포되면 그런 유형의 재미는 전혀 의미가 없습니다. 말을 잘하는 설교자의 언변을 듣는 것이 아니라 하나님의 말씀을 듣고자 할 때 우리는 도리어 경건해지고 엄숙해지며 하나님을 더욱 경외하게 되는 것입니다.

경우에 맞지 않은 예이지만 하나 들어보겠습니다.

불신자들이 조상에게 제사를 지낼 때 그들은 제사를 재미있게 지내려고 하지 않습니다. 사실 죽은 조상신 앞에 제사상을 차려놓고 제사를 지내는 그들도 그 시간을 흥미나 재미위주가 전혀 아니며, 또한 그렇게 함으로써 외적인 즐거움을 누리려 하지도 않습니다.

전혀 격에 맞지 않는다는 것을 잘 알면서도 제가 이러한 예를 드는 것은 가장 올바르게 하나님을 예배해야 할 우리가 얼마나 잘못되어 있는가 하는 것을 다시금 생각해 보기 위해서입니다. 과거에는 교회가 하나님을 예배할 때 하나님을 경외하는 마음으로 엄숙하게 예배를 드렸습니다. 하나님을 예배하는 시간은 인간들의 자기 만족을 위한 시간이 아닌 것입니다.

그러므로 신앙이 없거나 어린 사람들에게는 그야말로 재미없는 시간일 수밖에 없습니다. 그러나 그런 재미없는(?) 예배 시간을 통해 점차로 말씀을 익혀가며 그렇게 함으로써 신앙이 자라가게 되면 세상 사람들이 도저히 가질 수 없는 즐거움을 놀라운 하나님의 은혜로써 체험하게 되는 것입니다.

우리 시대는 매우 연약한 시대입니다. 많은 어린 교인들이 교회에서 흥미나 재미를 요구합니다. 다른 교회 목사님은 예배 시간에 흥미로운 설교를 재미있게 열정적으로 하는데 우리 교회는 왜 이러냐는 식입니다. 많은 설교자들이 교인들의 그러한 비위(?)를 맞추려 하다 보니까 순수한 말씀의 선포가 점차적으로 사라져 가는 안타까움을 보게 되는 것입니다.

연약한 시대에 살고 있는 설교자들에게 하나님의 말씀을 가르치고 전달하는 자로서의 본질적 직분보다 교인들로부터 유능한 목회자, 설교자로 인정받고 싶어하는 마음이 끊임없이 솟아난다는 사실은 실로 안타까운 현실입니다.

우리 시대를 흔히 '인스턴트 시대'라 말하지 않습니까? 아이들은 어머니가 정성스레 해주는 밥보다는 방부제 섞인 라면을 더 좋아하지 않습니까? 슈퍼마켓이나 인스턴트 음식점에 가면 몸에 해로운 방부제가 들어간 인스턴트 식품들이 가득한데 아이들은 왜 그리 해로운 인스턴트 식품만 찾습니까? 어머니가 손수 요리한 무공해 음식은 입속을 간지려주는 맛이 없고, 가게에서 산 식품들은 몸에 해로운데도 불구하고 자기를 만족시켜주는 맛이 있으니까 그것을 선택하게 되는 것입니다.

문제는 상술에 빠진 기업들이 아이들의 입맛을 유혹한다는 것입니다. 그들에게는 국민의 건강 따위는 그다지 중요하지 않습니다. 어떻게 하면 좀더 돈을 많이 벌고 성공할 수 있을까에 관심이 집중되어 있을 뿐입니다. 그런 세상에 살고 있는 어머니와 아이들은 늘 다툴지도 모릅니다.

인스턴트 식품의 유혹에 완전히 노출되어 있는 아이들은 맛있는 인스턴트 식품을 끊임없이 요구하게 될 것이며, 어머니는 어떻게 해서든지 그것을 금하고 손수 지은 무공해 음식을 먹이려 합니다. 어머니나 아이들, 모두에게 적잖은 갈등이 있을 수밖에 없는 것이지요.

성모 형제, 제가 하고자 하는 이야기를 알아들으셨을 줄 생각합니다. 우리 시대 교회는 너무 많은 인스턴트 프로그램들을 내어놓고 있습니다. 설교도 그렇고 교회 교육도 그러하며 교인 상호간의 관계 설정도 그렇습니다. 이런 시대에 살고 있는 우리 역시 그 가운데 노출되어 있으므로 갈등을 피할 수는 없습니다.

어린 교인들은 끊임없이 그런 흥미 위주의 설교와 프로그램들에 대한 이야기를 듣고 귀를 솔깃해 합니다. 그들은 왜 우리 교회에는 그런 흥미 있는 인스턴트성 내용들이 없느냐고 조를지도 모릅니다. 그러나 참된 목회자나 참된 성도들은 끝까지 인스턴트 프로그램들을 눈여겨 지켜보며 주님의 자녀들을 잘 보호해야만 합니다. 그렇게 하지 않으면 우선은 재미있고 즐거울지 모르지만 건강만 해치게 될 것이며 교회가 인스턴트화 될 위험에 빠지게 될 것입니다.

이 정도에서 그칠까 합니다. 주님의 몸된 교회에 주님의 온전하신 뜻이 아닌 인간의 아이디어들이 더 많이 나타나지 않기를 바라며 기도하는 마음 간절합니다.

(2000. 12. 29)

 '교회의 교회됨'을 위하여

실로암교회 성도 여러분!

연말을 보내며 우리 교회는 상당히 분주하게 보낸 듯합니다. 연말 제직회와 공동의회를 통해 이것저것 정리하며 반성하기도 하고 교회의 재정에 대한 결정들을 하는 가운데 논의할 거리들이 많았을 줄로 생각합니다. 거기다가 성탄절을 보내고, 또 이제 연말연시라 하여 주변의 떠들썩한 이야기들 속에 살아가고 있는 우리의 모습을 보게 됩니다.

우리 교회가 요한복음 9장 말씀을 기억하며 '실로암'이라는 이름을 가지고 모인 지 십 년이 막 지났습니다. 저는 지난 십 년을 돌이켜 보며 수없이 많은 감사의 제목을 찾게 됩니다. 때로 불의의 사고로 인해 우리의 사랑하는 형제를 잃는 안타까움을 겪기도 하고, 여러 가지 여건상 가까이서 함께 신앙 생활을 하던 형제들과 떨어져야하는 아픔도 맛보았습니다.

개인적으로는 저 자신이 불의의 교통사고를 당해 오랫동안 병원에 입원해 있으면서 책이나 정보를 통해서 배우는 것보다 훨씬 값진 것을 배우는 시간을 가지기도 했습니다.

어쩌면 우리는 지난 십 년 동안 나름대로 다양한 경험을 하였습니다. 이제 잘못된 전통이나 인위적이며 세속적인 교회이기를 거부하며 주님의 참된 교회의 모습을 가지기 위해 애썼던 우리의 자세를 다시 한번 추스를 때가 아닌가 생각을 해 봅니다. 어쩌면 현재의 우리 모습은 한없이 교만하고 추한 모습은 아닌지 생각을 해 보아야 합니다. 저는 이 서신을 쓰면서 과연 주님의 몸된 교회가 어떠해야 하는지 생각해 보기를 원합니다.

우선 교회의 주인은 하나님 한 분밖에 없습니다. 우리 교회가 주님의 몸된 교회라 고백한다면 우리 가운데 어느 누구도 교회의 주인일 수 없습니다. 목사도, 장로도, 집사도 어느 누구도 교회에서 주인 노릇을 할 수 없습니다. 적어도 우리 교회가 이 점에 대해서는 온 성도들이 매우 명확한 생각을 하고 있음은 다행한 일입니다.

교회는 각 개인이나 개인의 집합체라 할 수 있는 회會가 이끌어 가는 모임이 아닙니다. 많은 사람들이 훌륭한 목회자나 소수의 유능한 사람들이 교회를 이끌어 가는 것으로 잘못 생각하고 있습니다. 또 다른 어떤 이들은 교회란 민주적인 절차에 따라 이끌어 가야 한다고 생각하고 있습니다. 그런 사람들은 교회에 있는 여러 회, 즉 당회나 제직회, 공동의회가 교회를 이끌어 가야 한다고 생각합니다.

주님의 몸된 교회는 어떤 유능한 인간이나 교인들의 집합체인 교회 기관을 통해서 이끌어 가는 모임이 아닙니다. 교회는 하나님의 말씀과 하나님의 성령께서 이끌어 가실 뿐입니다. 그러므로 주님의 몸된 교회에 속한 모든 성도는 하나님의 말씀을 통해 성령의 음성을 민감하게 들음으로써 겸손하게 순종해야만 합니다.

교회에서는 어느 누구도 교회를 자기의 경험이나 성향에 맞추려 해서는 안 됩니다. '나는 이렇게 하기를 원한다'는 생각은 매우 위험합니다. 성숙한 신앙인들이라면 그러한 자기 주장보다는 '하나님이 무엇을 원하시는가?' '나는 주님 앞에서 어떤 자세로 살아야 하는가?'에 관심의 초점이 모아져야 합니다.

우리 인간은 본래적으로 자기 중심적입니다. 이를테면 각자에게는 자기가 생각하는 바가 있으며 바라는 바가 있습니다. 그런데 문제는 그 생각하는 바 내용이 사람에 따라 모두가 틀리다는 점입니다. 그러니 각 개인의 입장에서는 그렇게 하는 것이 당연한데 다른 사람의 입장은 전혀 그렇지 않은 것을 발견하게 되는 것입니다.

이에 대해서는 예외가 없습니다. 늘 말씀을 연구하는 신학자이든 목사이든 신실한 다른 직분자이든 수십 년 동안 말씀 가운데 겸손하게 살았던 성도이든 예외가 없습니다. 그러므로 성숙한 교회들에서는 자기 주장을 관철시키려 하거나 전체적인 의견을 발견하여 수렴하려고 노력할 것이 아니라, 다만 하나님의 말씀과 그 가르침에 민감해야만 합니다.

성도 여러분! 교회는 재미있는 곳도 아니며 재미를 추구하는 곳도 아닙니다. 교회는 우리의 즐거움이나 재미를 추구하며 인간적 의미화를 형성해 가는 곳이 아니라는 점을 이해하는 것은 매우 중요합니다. 참된 교회라면 인간적인 재미나 즐거움이 아니라 하나님을 올바르게 예배함이 있어야만 합니다.

우리가 주님의 몸된 교회에 속해 주님의 한 몸을 이루고 있는 것은 우리 자신의 기쁨 때문이 아닙니다. 그러한 기쁨이 우리의 목적이 되어버린다면 자신도 모르는 사이 우리가 그렇지 말아야 한다고 생각하는 그런 사람들을 곧 닮아가게 될 것입니다.

나중에 말씀을 통해 다시금 설명할 기회가 있을 것입니다만 구약시대 이스라엘 백성들이 누룩없는 무교병과 쓴나물을 먹은 사실을 기억해야만 합니다. 그 음식들은 이스라엘 백성의 입맛에 맞춘 음식이 아니라 하나님께서 은혜로 주신 음식이었습니다. 이스라엘 백성들이 만일 제각기 자기 구미에 맞는 음식을 요구한다면 그것은 하나님께 저항하는 바가 되며, 결국 인위적 세속주의에 빠져들고 말 것입니다.

물론 우리가 올바르게 주님을 알고 섬긴다면 그로부터 오는 기쁨과 즐거움은 저절로 넘치게 될 것입니다. 그 기쁨과 즐거움은 우리의 노력이나 애씀의 결과로 인한 감정적인 것이 아니라 하나님께서 허락하신 놀라운 은혜일 것입니다.

만일 우리가 우리의 결정이나 결단 혹은 올바른 판단력을 통해 누리게 되는 즐거움이 있다면 그것은 아무런 보장성이 없을 뿐더러 도리어 위험한 것입니다. 우리에게 그러한 유형의 결실이 있지 않을 때는 우리가 얻을 만한 즐거움이 없다는 잘못된 생각을 할 우려가 있기 때문입니다. 그러나 하나님의 말씀으로 인한 참된 기쁨과 즐거움은 우리의 외적인 형편이나 분위기에 의해 감소되거나 흔들리는 그런 성질의 것이 아닙니다.

성도 여러분! 우리는 늘 깨어 기도할 수 있어야 합니다. 이것은 기도회를 많이 가지자거나 큰소리로 기도함으로써 기도하는 분위기를 만들자는 말이 아닙니다.

어지러운 교회시대 가운데 살고있는 우리는 외부로부터 다양한 세속적인 성공 이야기들을 듣고 있습니다. 뿐만 아니라 그 속에 살아가고 있는 우리이기에 우리 자신속에서 형성된 경험적 생각들 또한 끊임없이 생성되고 있습니다. 예수님께서 제자들에게 '누구든지 나를 따르려거든 자기를 부인하고 제 십자가를 지고 나를 따르라'고 하신 말씀을 기억합니다.

우리에게는 많은 인내와 절제가 필요합니다. 교회는 결단코 민주적 회합체가 아닙니다. 교회에는 수십 년 동안 신앙 생활을 해 온 사람들이 있는가 하면 금방 세례를 받은 사람들도 있습니다. 우리 교회의 경우 아직 절차상 세례를 받지 않았지만 사실은 주님을 영접하고 있는 어린 성도들도 있습니다.

정말 우리에게 위험할 수 있는 것은 미리 복음을 알고 있는 자들이 자기의 경험을 가지고 교회를 세워가려는 듯한 자세를 보인다면 아직 신앙이 어린 성도들에게 상당한 혼선을 가져다 줄 수 있다는 점입니다.

우리 가운데 많은 성도들은 자녀를 두고 있습니다. 자녀가 말씀과 믿음 안에서 올바르게 잘 자라야 할 것을 우리 모두가 기대하며 관심을 가지고 살아가고 있습니다. 매우 중요한 일이지요. 또한 그와 똑같이 중요한 것이 아직 신앙이 어린 성도들에게 올바른 본으로서 신앙적 삶을 살며 하나님을 올바르게 경배하는 것입니다. 이를 위해서는 우리 모두에게 상당한 인내와 절제가 요구됩니다.

사탄은 끊임없이 교회를 어지럽히려 합니다. 모두에게 '너의 생각이 옳다' 고 할지도 모릅니다. 그러나 명백한 것은 우리 모두의 생각이 틀렸다는 사실입니다. 앞에서도 말씀드린 것처럼 우리 모두의 경험적 생각은 틀렸습니다. 오직 주님의 말씀만 옳을 따름입니다. 그러므로 우리는 교회를 통해 말씀하시는 주님의 음성에 깊이 귀기울이게 되는 것입니다. 그것은 우리의 재미나 즐거움 때문이 아니라 하나님의 뜻과 원하심을 좀더 가까이 알고자 하는 성도가 마땅히 가져야 할 마음 때문입니다.

성도 여러분! 우리가 부러워할 것은 없습니다. 현대 교회의 조직을 본받으려 할 필요도 없으며 그들의 체계적인 제도를 우리에게 맞출 생각을 할 필요는 더욱이 없습니다. 최근 우리가 고린도전서를 통해서 배운 것처럼 교회의 직분은 조직을 말하지 않습니다. 직분을 기초로 한 조직이나 기관의 결정이 교회를 이끌어 가서는 안 될 것입니다.

직분은 교회를 위해 있는 하나님의 은사로서의 직분입니다. 우리 모두는 주님의 은혜로 가지게 된 각자의 직분을 주님의 몸된 교회를 위해 선하게 잘 감당하시기를 바랍니다. 이 직분은 자신을 나타내는 수단이 아니라 하나님의 몸인 교회를 세우기 위한 것임을 잊지 마시기를 바랍니다. 그리고 그 직분은 막연히 교회를 위해 봉사하는 것이 아니라 하나님의 부르심에 순종하는 것임도 잊지 말기를 바랍니다.

앞으로의 세상은 더욱 복잡해질 것이며, 각자 자기의 소견所見을 내세우며 주장하는 때가 될 것입니다. 하나님의 말씀보다는 자기의 신앙적 판단이나 경험이 교회 가운데 적용되기를 바라는 풍조가 더욱 강해질 것입니다. 우리는 이런 세상의 분위기와 그 가운데 처해있는 교회에 속해 있으면서 더욱 하나님의 은혜를 간절히 기다리는 순수하고 겸허한 성도들이 되기를 바랍니다.

이제 내일이면 복잡했던 2000년의 마지막 날이며 마지막 주일이 됩니다. 모레가 되어 2001년 새날이 되어도 우리에게는 달라질 아무 것도 없습니다. 변화하는 세상에 빨리 적응해 가는 것이 지혜라고 가르치는 사람들의 말을 가려 들어야 합니다. 우리는 주님이 오시는 그 날까지 우직하게 말씀을 붙들고 살아가게 되기를 바랍니다.

판단이 빠른 많은 사람들이 우리를 보고 '어리석고 미련하다' 고 이야기하는 말을 혹 들을지라도 우리는 그들의 이야기를 들을 것이 아니라 하나님의 음성에 귀기울이는 참 지혜 있는 자들이 되기를 바라는 마음 간절합니다. 내일 주일 반가운 마음으로 만나기를 바랍니다.

(2000. 12. 30)

70 '송구영신' 예배에 대하여

우섭 형제

송구영신예배에 대한 질문을 하셨더군요. 오늘이 12월 31일이라 답변을 미룰 수 없어 이렇게 글을 쓰고 있습니다. 오늘 밤 자정에는 여러 교회들, 어쩌면 거의 모든 한국교회들에서 송구영신예배를 드리지 않을까 생각합니다.

형제는 송구영신예배라는 것을 드리는 것이 옳은지 저에게 질문하셨습니다. 결론부터 미리 말씀드리자면 이러한 형태의 예배는 전형적인 한국식 예배라 할 수 있습니다. 이를테면 기독교 역사 가운데 이런 식의 송구영신예배를 드린 적이 없으며 지금도 한국이외의 다른 지역 교회들에서는 이러한 송구영신예배를 드리지 않습니다.

우리 한국교회사에서도 송구영신예배라는 것이 생긴 것은 그리 오래지 않습니다. 한국교회에서 송구영신예배를 드리게 된 것은 일종의 종교적 충성심 때문이라고 할 수 있습니다. 사람들은 어떻게 해서든지 더 많은 프로그램을 만들고 특정한 의미를 부여하면 그것이 곧 신앙의 표현이라고 생각하고 있습니다.

사실 송구영신예배란 한국 무속의 영향 때문이라고 저는 생각합니다. 한국 무속에서는 섣달 그믐날과 그 이튿날인 설날의 의미를 매우 중요시하고 있습니다. 섣달 그믐날이 되면 지난해의 모든 묵은 것들을 버리고 새해의 새로운 삶을 준비하게 되는 것입니다. 이것은 종교와 관련되어 있습니다.

　전통 종교에 얽매인 한국인들은 섣달 그믐이 되면 잠을 자지 않고 밤을 세우려 합니다. 섣달 그믐날 잠을 자지 않는 것은 무속신앙과 직결된 한국인의 신앙입니다. 그들은 한 밤중에 제사를 지내거나 옥황상제나 조왕신 등 신령들이 밤 열두시에 집안으로 내려온다고 믿고 있습니다.

　그래서 보통 집안에서는 연말에 집안을 특별히 깨끗이 청소하기도 하고 섣달 그믐날에는 온 집에 불을 밝혀 놓고 신령을 기다리는 풍습이 있습니다. 지금도 남아있는 우리의 민간 전통 가운데는 섣달 그믐날 잠을 자게 되면 눈썹이 하얗게 센다고 겁을 주며 잠을 못 자게 하는 것을 보게 됩니다. 아이들은 잠을 자지 않으려고 애를 쓰다가 잠에 빠져드는 것을 볼 수가 있지요. 그러면 부모들은 아이들 몰래 밀가루를 발라두고 눈썹이 세지 않았느냐고 놀리기도 하지요.

　물론 이것은 오늘날 우리에게는 낭만적인 이야기 거리가 되어버렸지만 이는 한국무속종교에서 나온 것입니다. 섣달 그믐날 밤에는 어린아이들에게조차 잠을 자서는 안 된다고 강요할 만큼 이야기했던 것은 바로 그날 밤에 신령이 온다는 생각 때문이었습니다. 그러니 불 밝혀진 집안에서 신령을 맞게 되고 그날 소원을 빌면 일년 동안 운수가 좋으리라고 믿고 있었습니다.

　저는 우리 한국교회에 송구영신예배가 생겨난 것은 바로 이러한 한국인들의 종교적 심성 때문이라고 생각합니다. 한국의 종교적 사상을 아직 떨쳐 버리지 못한 상태에서 송구영신예배라는 것을 만들게 되니까 신앙이 어린 교인들은 별다른 생각없이 그 새로운 제도를 거부감 없이 받아들이게 된 것입니다.

　요즘에 들어와서는 송구영신예배라는 의미가 어린 성도들의 신앙적 사고로 자리잡아 가고 있는 실정입니다. 신앙이 돈독하다고 스스로 생각하는 교인들 가운데 송구영신예배를 드리지 않는 사람은 아마도 별로 없습니다. 어떤 부득이한 사정으로 인해 송구영신예배에 참석하지 않게 되면 뭔가 마음이 걸리기도 하고 하나님께 죄송스럽다고 생각하는 사람들이 많이 있을 정도입니다.

거기다가 최근 들어서는 송구영신예배가 더욱 무속화되어 가는 것을 보게 됩니다. 왜냐하면 송구영신예배가 교인의 헌금과, 따라오는 새해에 이루어질 소원과 직결되고 있기 때문입니다. 그러니 교인들은 송구영신예배에 참여하기 위해 특별연보를 준비하는 것이 일반적입니다. 그러면 예배를 인도하는 목사는 교인들을 위해 특별한 복을 빌어줍니다. 송구영신예배 때 목사가 복을 빈다고 해서 그 복이 이루어지는 것이 아닌데도 말입니다.

또한 어떤 교회들에서는 헌금봉투와 함께 소원을 적어 넣기도 한다고 합니다. '건강을 바라는 소원' '사업을 위한 소원' '가정의 평화를 위한 소원' 등등, 자기 나름대로 사사로운 개인의 소원에 얽매이지 않는다고 생각하는 사람들은 '민족통일을 위한 소원' '국가 경제 회복을 위한 소원' 등이 있으며, 고등학교 3학년이 되는 자녀를 둔 부모들은 '자녀의 대학 입시를 위한 소원'을, 과년한 딸을 둔 부모는 '딸이 시집 갈 수 있도록' 소원을 적어낸다고 하는 이야기를 듣습니다.

더욱 기발한 생각은 커다란 바구니에 성경구절을 적은 자그만 종이쪽지를 가득히 담아두고 한 사람씩 그것을 제비뽑듯이 뽑게 하여, 그것이 새로운 해 일년 동안 하나님이 각자에게 하시는 말씀이라고 이야기하기도 합니다. 그 종이 쪽지에 어떤 내용의 성경구절을 담아두느냐 하는 것은 전적으로 목사가 하는 일이겠지요.

저는 우리 한국교회에 이러한 일들이 일어나는 것을 보며 안타까운 마음을 금할 수 없습니다. 송구영신예배를 처음 도입한 사람들의 마음이 설령 순수했었을지라도, 성숙한 신학적 자세가 있다면 마땅히 성경의 가르침을 기초로 한 그에 대한 해석을 해야만 합니다. 인간들로부터 생성된 경험적 동기나 열심은 그것 자체로서는 부패한 것입니다. 더구나 그것이 신앙적 순수성을 벗어나 무속화의 길을 따르고 있다면 그에 대한 자세가 더욱 단호해야 합니다.

형제가 이에 대한 신학적 고민을 하는 것은 매우 훌륭한 자세라 생각됩니다. 많은 사람들이 남들이 하니까 별 생각 없이 따라하면서 그것을 신앙이라고 스스로 만족해 하는 때, 형제처럼 그 의미를 다시 한번 생각해보고자 하는 이들이 많이 나타나기를 바랍니다.

'형제들아 내가 그리스도 예수 우리 주 안에서 가진 바 너희에게 대한 나의 자랑을 두고 단언하노니 나는 날마다 죽노라'(고전 15:31)고 고백한 사도 바울의 말을 우리의 고백으로 삼아야 합니다.

형제의 삶에 항상 하나님의 은혜가 가득하시기를 원하며, 부족한 저에게 질문 주심에 대해 다시 한번 감사드립니다.

(2000. 12. 31)

71 자녀 교육의 기본

김 집사님께

집사님, 잘 지내시는지요? 아이들은 잘 있으리라 생각합니다. 아이들은 역시 아이들이라 힘들지 않게 잘 적응하리라 짐작합니다만 집사님은 낯선 지역에서 생소한 문화에 어려움은 없는지 염려가 됩니다. 지난번 집사님의 소식을 받고 진작 편지를 쓴다는 것이 이제야 글을 올리게 됩니다.

요즘 저는 복병伏兵을 만나 상당히 당황스런 가운데 며칠을 보냈습니다. 지금껏 경험해 보지 못한 상황이기도 하거니와 저의 주변에 이러한 일이 일어나리라고는 사전에 전혀 예측하지 못했던 일이라 적잖게 당황해 하고 있습니다. 그런 가운데서도 많은 것을 배울 수 있는 기회가 될 것 같아 전혀 허망하지만은 않습니다. 구체적인 이야기는 나중 집사님께서 다른 이웃들을 통해 듣게 되지 않을까 생각합니다.

지난번 집사님이 보낸 글을 보면서 자녀 교육에 대한 말씀을 하셨기에 저의 생각을 간단하게 정리해 볼까 합니다. 사실 자녀 교육 문제는 '우리 시대' 모든 부모의 관심사라 할 수 있습니다. 제가 '우리 시대'라고 특별히 말하는 이유는 과거에는 그렇지만은 않았거든요.
과거에는 자녀를 양육하며, 자녀가 튼튼하고 성실한 사람으로 자라기를 바랐지만 지금은 자녀의 '성공'에 많은 관심을 가지게 되었지요. 이는 20세기 후반에 노골화되기 시작한 경쟁의 논리에서 기인된 것입니다. 이를테면 과거의 전통적 사회에서는 건강하고 성실하면 근면하게 일할 수 있고 그렇게 함으로써 적절하게 먹고 살게 된다는 소박한 생각들을 하는 것이 보통이었지요.

그러나 지금 우리 시대의 특성 가운데 하나는 '비교'와 '경쟁'일 것입니다. 적어도 다른 집 아이들보다 나아야 하며 남보다 뛰어난 자녀가 되기 위해 부모들은 모든 힘을 기울이고 있습니다. 그렇게 되기 위해서 아이들은 어려서부터 경쟁의 논리를 익혀야 하며 경쟁에서 살아남기 위해서는 어려서부터 그 준비를 철저하게 해야만 합니다. 부모들은 각박한 세상 가운데서 그런 상황을 익히 체험하고 있고 그 냉정함을 잘 알기 때문에 미리부터 자녀들에게 경쟁의 논리를 숙지시키게 되는 것입니다.

현대에 살고 있는 부모들은 미국에 있는 사람이든 한국에 사는 사람이든 크게 다를 바 아니라고 생각합니다. 이러한 영향은 현대의 교회들에도 그대로 들어와 있습니다. 사실 이러한 경쟁의 논리는 아주 위험한 사고입니다. 좀 심하게 말하면 진화론에서 말하는 적자생존適者生存이나 우승열패優勝劣敗의 논리를 그대로 답습하는 것입니다.
'살아남기 위해서는 남에게 이겨야 된다'는 논리를 바꾸어 말하면 '남을 나보다 못하게 만들어야만 내가 살아남게 된다'는 뜻입니다. 어떻게 보면 참 무서운 논리라 생각됩니다. 이것은 '최선을 다하라'는 말과는 사실 그 의미상 상당한 차이가 납니다. 물론 부모들은 자녀들에게 '최선을 다하라'는 말을 하지만 그 속내는 '죽지 않기 위해서는 최선을 다해야만 하며, 그렇지 않으면 네가 살아남지 못한다'는 논리가 깔려 있는 것이지요.

그 논리가 무서운 것은 자기의 자녀가 아닌 누군가의 죽음(?)을 배경으로 하고 있다는 것입니다. 과거의 전통적 교육은 모든 사람이 함께 더불어 살아가는 삶이 자녀 교육의 기초였습니다. 물론 지금도 그 원리가 전혀 없어진 것은 아닙니다. 자녀들에게 '친구와 싸우지 말고 사이좋게 놀아라'고 이르는 말의 의미가 곧 그것이라 할 수 있습니다.

그러나 이렇게 싸움을 하지 말라고 타이르는 그 이면에서는 부모들이 자녀들에게 훨씬 무서운 큰 싸움을 준비시키고 있는 것과 다름이 없습니다. 왜냐하면 이러한 이상과 현실 사이의 다른 교육의 가치관이 아이들을 도리어 혼란에 빠지게 할 수 있기 때문입니다.

이러한 혼란은 자녀들뿐 아니라 부모들도 마찬가지일 수 있습니다. 집사님께서 교사로 오랫동안 교육에 종사해 왔기 때문에 일반 교육 원리에 대해서는 저보다 훨씬 많이 알고 있으리라 생각합니다. 그렇지만 저는 일반 교육 원리가 아니라 현실 교육을 보며 냉혹한 비판을 아끼지 않고 있습니다. 이제 그에 대한 좀더 구체적인 저의 생각을 말씀드릴까 합니다.

현대의 부모들은 우선 자녀 교육을 이야기하며 부모와 자식의 입장을 갈라놓고 시작하는 경향이 있습니다. 부모는 항상 이미 경험한 현재 이쪽의 세계에, 자녀를 미래의 저쪽 가상의 세계에 두고 그것을 위해 교육하고자 합니다. 즉 '네가 앞으로의 세상에서 이렇게 살기 위해서는, 이미 내가 경험한 것을 토대로 하여 지금 말하는 대로 이렇게 해야만 한다'는 식의 교육입니다. 사실은 앞으로의 세상은 부모들이 이미 경험한 지금의 세상과는 전혀 다른 세상으로 급속히 발전해 가고 있는데도 말입니다. 그러므로 그것은 부모들의 착각일 수 있습니다.

그럼에도 불구하고 부모들의 그러한 생각은 자녀들에게 교육을 위해 많은 것을 제공하게 합니다. 앞에서 말씀드린 것처럼 자녀와 부모 자신과의 사이에 적잖게 굵은 선을 그어두고 그 건너편 자녀들에게 다양한 조건과 여건들을 끊임없이 제시하게 되는 것입니다. 요즘 같으면, '(앞으로의 사회에서 살아 남으려면) 컴퓨터를 잘해라, 영어 회화를 잘해라, 좋은 대학에 가라'는 기본틀을 부모의 입장에서 만들어 두고 자녀를 그 안으로 이끌어 가는 형국입니다.

우리 시대의 대다수 부모들은 자녀들이 그러한 것을 성취하도록 모든 노력을 아끼지 않습니다. 그렇게 함으로써 나중에 자기 자녀를 생존 경쟁 사회에 힘있는 자로 내어놓으려 합니다. 이러한 경향은 사실 지금보다 훨씬 이전인 제가 어릴 때에도 있어온 내용들입니다.

그러한 교육을 받은 우리가 오늘 우리의 시대를 거의 망쳐놓았지요. 경쟁에서 지지 않고 생존하기 위해 몸부림치는 방법을 익혀온 우리가 끝까지 그렇게 하다가 결국 모두가 물고 물리는 사회를 만들어 절망의 나락奈落에 이르고 있습니다.

제가 이해하기로는 올바른 교육을 지향한다면 서로간 경쟁을 포기하는 방법을 익히고 난 다음에 최선을 다하도록 교육해야 한다고 생각합니다. 다소 이상적이라 생각될지 모르지만 그렇게 되어야만 합니다. 어린아이들이 생존의 현장에 다가가기도 전에 경쟁 방법부터 배운다는 것은 아이들에게 불행을 가르치는 것일 수 있으며, 부모들이 앞당겨 그 경쟁과 상쟁의 논리를 가르친다면 앞으로의 세상은 더욱 각박해질 수밖에 없습니다.

이를 해소할 수 있는 유일한 방책은 부모 교육이라고 생각합니다. 부모가 미리 경쟁의 논리를 포기하고 그 억압에서 벗어날 수 있어야 하는 것이 매우 중요합니다. 제가 이렇게 말하면 다수의 부모들이 그렇게 하면 우리 아이가 경쟁에서 뒤져 살아남지 못하게 될지도 모른다고 생각합니다. 그렇게 했다가 우리 아이가 사회에서 도태된다면 어떻게 할 것이냐고 아우성칠 것입니다.

그러나 제가 이렇게 말씀드리는 것은 이렇게 하는 것이 곧 자녀를 위하는 길이기 때문에 그렇습니다. 우리는 공부 잘하고 능력 있으나 악하고 부정직한 사람들을 수도 없이 많이 보고 있으며, 컴퓨터에 익숙하고 외국어에 뛰어난 처참한 인생들을 끊임없이 보고 있습니다. 남 보기에는 그럴싸한데 가정이 파괴되고 속이 썩어 문드러지는 경우를 쉽게 접하고 있는 것이 우리의 시대입니다.

그렇다면 어떻게 할까요? 저의 자녀 교육의 원리는 간단합니다. 좋은 어머니/아버지가 되면 그것으로 모두입니다. 아이들이 어머니/아버지를 삶의 본으로 삼을 수 있다면 더이상의 훌륭한 자녀 교육은 없습니다. 일반적인 이야기를 덧붙여 보건대 우리는 맹모삼천지교孟母三遷之敎라든지 사임당 신씨의 교육을 기억합니다.

저는 맹자의 어머니나 사임당 신씨의 자녀 교육 방법 또한 어머니로서의 본을 보인 것이라고 생각합니다. 다시 말씀드리자면 자녀가 어머니의 본 아닌 잘못된 본을 보는 것을 어머니가 삶으로서 막아준 것입니다. 우리가 흔히 그들의 교육 방법을 보며 자녀가 양질의 교육을 받게 하기 위해서 외부 여건을 중요시했다고 하는 것은 그 다음의 일입니다.

우리 시대에 실로 개탄할 만한 사실은 아이들에게 올바른 '모델'이 사라져 버렸다고 하는 점입니다. 다수의 아이들은 텔레비전에 나오는 비정상적인 가수들이나 연예인들을 모델로 생각하는 경향이 있습니다. 그냥 겉으로 보기에 성공해 보이는 유명한 운동 선수들을 탐하기도 합니다. 나이가 좀 들면 돈 많은 사업가나 소위 출세한 정치인들을 모델로 생각합니다. 아이들이 그들을 모델 삼을 때 그들의 어떠한 윤리적인 측면도 고려하지 않습니다. 앞으로는 더욱 그럴 것입니다.

우리 시대에는 삶의 지표가 될 만한 모델이 없습니다. 이것은 그 모델을 한 세대 앞서 상실한 부모의 책임이 더 큰 것입니다. 부모들에게 설정될 만한 모델이 없으며, 혹 있다해도 경쟁에서 생존해 남은 인물들을 모델로 생각하다가 시간이 흐르면 그것도 아니라고 판정해 버리는 허무가 가득한 우리의 시대가 아닙니까?

그래서 우리 시대 자녀들에게 제공될 만한 가장 가까이 있는 지속적인 모델은 부모일 수밖에 없습니다. 많은 부모들이 자녀를 위해 희생할 각오가 되어있다고 스스로 생각합니다. 그러나 그중 태반은 착각에 지나지 않을 뿐입니다. 왜냐하면 부모들은 아이들에게 교육 경비를 부담하거나 교육의 기회를 넓혀주는 것을 자녀를 위한 희생이라고 착각하고 있는 것입니다.

대다수의 부모들은 자녀를 위해 자신을 모델로 제공하여 인내하고 최선을 다하겠다는 생각은 포기하고 맙니다. 어떻게 그렇게 살 수 있느냐는 것이지요. 자녀를 위해 그런 식으로 매여 사는 것은 못하겠다는 것입니다. 이것은 달리 말하면 자녀를 위한 선택적 희생은 할 수 있으되 전적인 희생은 못하겠다는 말 이상은 아닙니다. 자녀를 위한 사랑마저 퇴색한 안타까운 우리의 현실입니다.

집사님, 이 글에서는 저의 일반적인 생각을 두서 없이 죽 나열하였습니다. 우리 시대의 교육 부재를 질타해 본 것입니다. 먼 이국 땅에서 힘든 일이 많이 있을 줄 생각합니다만 집사님은 잘 헤쳐나가리라 생각합니다. 어디에서 살든 자녀를 위한 가장 기본적인 교육 환경과 교육적 모델은 부모 자신이라는 사실을 우리 모두가 잘 기억해야 합니다.

집사님 집에서 가끔 나누던 따끈한 커피 생각이 나네요. 언제 따끈한 커피를 사이에 두고 이런 저런 대화를 나눌 수 있는 기회가 있기를 바랍니다. 미국에서든 아니면 한국에서든. . . 아이들에게도 안부전해 주시면 감사하겠습니다. 주님의 은혜 가운데 아름다움이 가득한 시간들을 보내시기를 원합니다.

(2001. 1. 4)

72 '구원의 확신'에 대하여

장 성도님께

안녕하세요? 지난번 전화를 주셔서 감사합니다. 이번 주 서울대학교 학생신앙운동 겨울수련회에서 한 주간 동안 강의가 있습니다. 도중 만날 수 있으면 지난번 전화를 통해 말씀하시고자 하신 이야기들을 나눌 수 있는 기회가 있기를 원합니다. 제가 서울에 있는 동안 적절한 시간을 내어 알려주신 전화번호로 연락을 드리도록 하겠습니다. 오늘은 그 전에 성도님께서 저에게 질문하신 내용 중 '구원의 확신'의 효력에 대한 것이 있었는데 그에 대한 말씀을 드릴까 합니다.

우리 모두가 알고 있듯이 기독교는 '믿음의 종교'입니다. 여기서 믿음이란 행위에 대비되는 말입니다. 즉 인간의 행위로 구원을 받는 것이 아니라 믿음으로 구원을 받는다는 것입니다. 그런데 자칫 잘못하면 우리가 강조하는 '믿음'이라는 것이 또 다른 인간의 자기 행위가 될 수 있습니다. '행위'가 행동적 행위라면 '믿음'은 상태적 혹은 결단적 행위라 볼 수 있습니다. 만일 그렇게 되면 기독교는 믿음의 종교가 아니라 행위의 종교가 되고 말겠지요.

성경에서 말하고 있는 바 '믿음'이란 인간의 어떤 결심을 의미하는 것이 아니라 하나님께서 자기 백성에게 허락하신 선물로서의 믿음입니다. 즉 기독교로의 개종을 위한 결심은 가능하겠지만 구원에 대한 자기 결심은 아무런 효력이 없습니다. 이에 대한 설명은 상당히 복잡할 수 있기 때문에 여기에서는 길게 말씀드리지 않을 생각입니다.

우리는 성경을 통해 믿음에 대한 자기 확신을 가졌으되 잘못된 신앙인들을 수없이 많이 볼 수 있습니다. 예수 그리스도를 십자가에 못박은 이스라엘 백성들은 '스스로 소유한 믿음의 확신' 때문에 그러한 악한 행위를 하였습니다. 그들은 그렇게 함으로써 하나님께 영광을 돌리려 했으며 구원을 받아 하나님으로부터 칭찬 받을 것으로 믿었던 것입니다. 뿐만 아니라 말씀을 떠난 바리새인들이나 사두개인들의 자기 확신이 얼마나 강했던가 하는 것을 우리는 성경 말씀을 통해 잘 알 수 있습니다.

우리 시대에 와서는 '믿음' 을 이야기하면서 그것을 인간의 자기 결심으로 해석하는 경향이 매우 짙습니다. 그러나 죄에 빠진 인간의 자기 결심이란 아무런 의미가 없을 뿐 아니라 역시 죄의 한 표현일 따름입니다.

죄인인 인간의 결심은 죄로부터 자기를 구원하는 데 아무런 효력을 발휘할 수 없습니다. 그럼에도 불구하고 우리 주변에서는 '구원의 확신을 가지라' 는 말들을 많이 하고 있는 것이 사실입니다. 의심하지 않고 믿으면 죄를 용서받을 수 있고 의심없이 구원을 간구하면 하나님으로부터 그것을 응답받을 수 있는 것처럼 이야기하고 있는 것이지요.

이러한 경향은 전체 기독교 역사 가운데 잘 나타나고 있습니다. 현재 우리의 시대도 마찬가지입니다. 주변의 많은 이단들을 보십시오. 그들이 가지고 있는 구원의 확신은 무서우리 만큼 강합니다. 통일교, 여호와의 증인, 몰몬교 등이 그렇지요. 나아가 어리석은 한국의 많은 교인들이 그렇습니다. 만일 그들에게 그러한 자기 확신이 있지 않다면 그렇게 열심히 종교생활을 하지 않을 것입니다.

이 현상은 비단 기독교 계통뿐 아니라 일반 종교들에도 그대로 나타나고 있습니다. 독실한 불교 신도들은 자기들의 종교로 인해 열반에 이르게 되고 다음 세계에서 보다 나은 삶을 살게 될 것이라 믿고 있습니다다. 이슬람교나 힌두교, 한국 무속종교 역시 마찬가지입니다.

우리가 여기서 쉽게 알 수 있는 것은 모든 종교들이 나름대로 '자기 확신'에 그 근거를 두고 있다는 것입니다. 만일 기독교에서도 그러한 식으로 어떤 확신을 가져야 한다고 가르친다면 기독교 역시 여러 종교들 가운데 하나의 종교로 전락해 가는 현상에 이른 것입니다.

그러므로 복음 안에서는 '무조건 믿어라' 라든지 '구원의 확신을 가져라' 라는 말을 하지 않습니다. 우리를 구원하는 조건은 스스로 결심하는 자기 자신의 마음에 있지 않기 때문입니다. 그 구원의 조건은 전적으로 하나님께 달려 있으며 복음을 아는 우리는 그것을 하나님께서 허락하신 은혜라 일컫습니다.

그러면 우리는 어떻게 우리의 구원 여부를 알 수 있을까요? 우선 하나님으로부터 구원을 받았다는 사실을 자기 느낌으로 아는 것이 아닙니다. 그리고 구원을 받기 위해 확신을 가지려고 애쓴 결과 얻어지는 것도 아닙니다. 구원은 하나님의 작정에 달려있는 것이며 우리 자신의 어떠한 상황이나 결심여하에도 달려 있지 않은 것입니다.

우리는 항상 하나님의 말씀인 성경을 우리의 신앙의 증거로 삼고 있습니다. 다시 말해서 하나님의 언약에 대한 그 자녀로서의 깨달음을 가지게 되는 것입니다. 복음을 깨달은 사람들이 항상 하나님께 감사하는 삶을 사는 것은 하나님께서 선물로 주신 구원과 그에 대한 깨달음 때문입니다.

우리는 교회를 통해 자신과 타인의 구원에 대해서 어느 정도 알 수 있습니다. 더 분명하게 말씀드리자면 어떤 사람이 구원받지 않았다는 점은 구체적으로 알기 어려워도 어떤 성도가 구원받았음은 알 수 있습니다. 교회의 고백과 말씀에 대한 온전한 자세 그리고 삶의 내용 등을 통해 형제됨을 확인할 수 있는 것이지요. 이것 또한 하나님의 은혜이기는 하지만 말입니다.

 성도님, 우리 시대의 '구원의 확신'을 강조하는 것은 매우 위험합니다. 그것은 자기 착각이 될 수 있으며 결국 세뇌된 종교화의 길을 가게 될 것이기 때문입니다. 성경은 우리에게 구원의 확신을 가지도록 요구하는 것이 아니라 구원받은 자로서의 삶을 요구하고 있습니다. 그러므로 이미 교회에 들어온 성도들에게는 구원의 확신을 요구할 필요가 없으며 교회에 들어오지 아니한 사람들에게 구원의 확신을 강요해서도 안 됩니다.

 이 정도로 성도님께서 저에게 요구하신 답변이 될지 모르겠습니다. 성경의 가르침과 더불어 찬찬히 생각해 보시면 저의 이야기를 이해하실 것으로 생각합니다. 모쪼록 성도님의 질문을 해결하는 데 약간의 도움이 되기를 바랍니다. 가능하면 이번 주중에 한번 만나 뵙기를 바랍니다.

(2001. 1. 15)

73 '대통령의 노벨상'과 한국 기독교

K 목사님께

멀리 타국에서 목회를 하시느라 수고가 많으실 줄 생각합니다. 목사님 가족의 신실한 모습을 기도중에 기억하고 있습니다. 사모님과 자녀들은 모두 평안하시겠지요? 오랫동안 뵙지 못했으나 늘 주님 안에서 교제가 지속됨을 감사하게 생각합니다.

멀리 외국에서 목회하시면서 고국의 교회들을 염려하시는 목사님을 떠올리며, 한국교회 가운데 있으면서도 달리 어찌할 수 없는 자신을 돌아보며 안타까운 마음을 금할 수 없습니다.

목사님께서 말씀하신, 김대중 대통령 노벨상 수상에 대한 한국교회의 자세에 대한 저의 견해는 매우 부정적입니다. 지난 2000년 가을 노벨상 수상자가 결정되었을 때 한국 기독교가 떠들썩했던 것은 한마디로 지극히 유아적인 교회의 자기 모습을 내보인 것이며 세속 정부에 아부하기를 좋아하는 일부 기독교 지도자들의 유치한 과잉 반응이었습니다.

국회조찬기도회에서는 '김대중 대통령 노벨평화상 수상 감사예배'를 드렸으며, 기독교의 여러 교단들이나 단체들에서는 다양한 축하 성명들을 발표했습니다. 또한 소위 내노라하는 기독교 인사들은 앞다투어 그에 대해 칭송하는 한마디씩을 했습니다. 나아가 한국교회는 '김대중 대통령 노벨상 수상 축하감사예배 위원회'를 조직하여 운영하였습니다. 그렇게 하는데 있어서는 보수주의니 자유주의니 하는 구분도 없었습니다. 장로교의 고신이나 합동측 등 소위 개혁주의 신학을 소유하고 있다는 교단에 속한 목사들도 예외가 아니었습니다.

정말 한심하기 그지없는 처사라 아니할 수 없습니다. 과연 교회가 취할 자세가 그런 것인가 생각하면 안타까움을 지나 분노를 일으킬 정도입니다. 그럼에도 불구하고 더욱 안타까웠던 현실은 한국 기독교의 그러한 모습을 보며 어느 누구 하나 그것이 잘못되었다고 말하거나 지적하는 사람이 없었다는 점입니다.

제가 생각하기에는 그 정도 되면 한국의 개혁주의 신학교들 가운데서는 그에 대한 비판 성명이 있어야 하리라 생각했습니다. 만일 신학자들마저 그에 대한 올바른 분별력을 상실하고 있다면 대단히 큰 문제이며, 그에 대한 잘못을 보고도 침묵하고 있었다면 그것 또한 큰 문제일 수밖에 없습니다.

복음을 아는 우리에게는 노벨상이라고 하는 것이 아무것도 아닙니다. 그것은 명예스러운 것도 아니며 자랑할 만한 것도 되지 못합니다. 단지 세상 사람들이 만들어 놓은 하나의 상에 지나지 않습니다. 만일 그것을 대단한 것으로 생각한다면 참 복음에 대한 인식을 제대로 하고 있지 않음을 보여주는 것일 뿐입니다.

이런 비유와 함께 생각해 볼 수 있을지 모르겠습니다. 사상이 다른 곳에서 받은 상은 반대의 사상을 가진 곳에서는 아무런 의미가 없습니다. 만일 북한에 사는 사람이 북한의 최고지위에 있는 사람으로부터 상을 받았다 해서, 다른 가치관 속에 살고 있는 우리는 그것을 전혀 축하할 만한 것으로 받아들이지 않습니다. 오히려 우리는 북한에서 받은 상을 최고의 영예로 생각하는 사람일수록 더욱 잘못된 사상을 가진 사람으로 간주하고 있습니다.

우리 하나님을 아는 백성들에게는 이미 천국의 상이 약속되어 있으며 실상은 그 상에 참여하고 있습니다. 하나님께서 약속하신 천국의 상에 비하면 노벨상은 우리에게 아무것도 아닙니다. 천국의 상이 영원한 생명을 보장하는 상인 반면, 노벨상은 세상에서 자기 나름대로 영예를 가질 뿐 우리에게는 아무런 의미가 없습니다. 도리어 노벨상을 대단하다고 믿고 그것을 받음으로써 상당히 성공적인 인생을 산 것으로 오해할 만하다면 그것은 좋은 상이라기보다는 오히려 안타까운 상일 것입니다.

예수님 당시 그의 제자들에게는 로마제국이 수여하는 상 따위는 아무런 의미가 없었습니다. 로마제국의 황제가 주는 화려한 금메달이나 로마의 평화Pax Romana에 기여한 공로로 인해 대단한 상장과 상금을 받았다 해도 복음에 참여한 자들에게는 아무런 의미도 없었습니다.

불신자가 그런 상을 받은 것이 아무런 의미가 없을 뿐 아니라 설령 기독교인 가운데 한 사람이 그러한 상을 받았다고 해도 그것은 아무것도 아닙니다. 초대교회는 형제 가운데 한 사람이 그런 상을 받았다 해서 그것을 축하하는 예배 따위를 드리지는 않았을 것입니다. 더구나 불신자가 그런 것을 받았다 해서 그것을 이유로 하나님께 예배드린다는 것은 상상도 할 수 없었던 일입니다.

그런데도 불구하고 우리의 교회들 가운데 그런 일이 발생한다는 사실은 무엇을 의미합니까? 그것은 우리 기독교가 그만큼 복음에서 멀어지고 있는 것이라 할 수밖에 없습니다. 복음을 이해하지 못한 기독교 지도자들이 불신 사회에서 일어나는 특정의 일들을 전면에 세워 '축하감사 예배 위원회'를 조직하고 특별 예배를 드리는 것은 하나님께 예배를 드리는 것이 아니라 도리어 하나님을 욕되게 하는 것일 뿐입니다.

저는 우리 한국교회의 성도들이 빨리 말씀으로 깨어나 자라나기를 원합니다. 그리하여 어리석은 자들의 어리석은 행위를 분별할 수 있는 신앙적 안목을 가지게 되기를 바랍니다. 그렇지 않으면 말씀이 원하는 바가 아니라 도리어 세상의 것이 자랑이 되는 이상하고 잘못된 신앙을 배워갈 위험이 있을 뿐입니다.

   K목사님, 이렇게나마 서로 소식을 주고받게 되니 감사합니다. 지금 중동에는 이스라엘과 팔레스틴의 정치적 갈등이 매우 심하다는 소식을 듣고 있습니다. 그 파장이 얼마나 더 퍼져나갈지 누구도 가늠하기 힘들겠지요. 세상으로부터 날아드는 안타까운 소문들을 끊임없이 들으며 주님 오실 때가 임박하였는가 생각하게 됩니다.
   "아멘, 주 예수여 속히 오시옵소서."
   멀리 이국 땅에서 주님의 복음을 위해 애쓰시는 목사님의 가정을 늘 기억하고 있습니다. 또한 저를 기억하고 있는 여러분들에게 주님의 이름으로 문안드립니다.

(2001. 1. 18)

 '교회를 통한 상행위商行爲'에 대하여

S 기자님

그동안 잘 지내셨는지요? 제가 없는 동안에 집으로 전화를 주셨다는 이야기를 전해 들었습니다. 수련회 강의차 출타했다가 주말이 되어서야 귀가했습니다. 집에 와보니까 기자님께서 보내주신 메일이 도착해 있네요.

기자님께서 말씀하신 '교회 내 상행위'에 대해서는 우리가 잘 생각해 보아야 할 문제일 것입니다. 어떤 형태로든 교회를 통해 상행위를 추구하고자 한다면 이미 그것은 커다란 문제입니다. 설령 악의가 없고 좋은 의도를 가지고 그렇게 한다 해도 그것은 교회 가운데서 있어서는 안 됩니다.

우리 시대 교회 내 상행위에 대해서는 대략 세 가지 정도로 구분해 볼 수 있습니다. 그것은 각종 교회용품을 판매하면서 신앙적인 것인 양 선전하여 상행위를 하는 경우와, 교회를 통해 다소간 자기 사업에 유익을 얻고자 하는 경우, 특정 목적을 위한 물품 판매 행위 등으로 구분하여 생각할 수 있습니다. 물론 위의 세 가지는 그 성격을 뚜렷이 달리합니다만 저는 이 모두를 넓은 의미에서 상행위로 간주합니다.

우선 교회용품을 판매하면서 그것을 신앙적 행위로 선전하는 행위는 근절되어야 합니다. 우리 시대에는 교회당에 사용되는 물건들을 판매하면서 더 나은 물건을 사용하는 것이 마치 신앙의 정도를 나타내는 듯이 말하고 있습니다.

　이를테면 교회당을 짓는데 더 나은 건물을 짓는 것이 하나님을 영화롭게 한다든지, 교회당 안의 강대상이나 의자 그리고 찬양대원들이 입는 가운이나 각종 장식품을 예술화 내지는 고급화하는 것이 더 훌륭한 신앙의 표현이라고 가르치는 것 등입니다. 우리는 기독교 신문들에 실려진 광고들을 통해서 그런 사실들을 얼마든지 살펴볼 수 있습니다.

　또한 교회를 통해 사업의 유익을 얻고자 하는 경우입니다. 가령 변호사업에 종사하는 사람같은 경우 큰 교회에 출석하는 것이 자기의 업에 유익이 된다고 판단할 수 있습니다. 대형교회에서 직분을 가지게 되면 그것 자체로써 많은 사람들을 알게 되고 자기의 변호사업에 도움이 될 것이라고 생각하는 것입니다. 그래서 교인수가 얼마되지 않는 작은 교회보다는 보다 큰 교회를 선호하게 되는 것입니다.

　또다른 한 예를 들자면 이삿짐 센터를 하는 교인 같은 경우입니다. 그런 직업을 가진 교인들은 사업을 위해 큰 교회에 가는 것이 유리합니다. 교회 내에 이사를 하는 이들이 많이 있을 것이며 큰 교회에 속해 있으므로 자기의 사업에 여러모로 도움이 될 것입니다.

　여기에 소개하는 내용들은 제가 직접 알고 있는 교인들을 통해 들은 것들입니다. 그런 직업을 가진 모든 사람이 그런 것은 아니겠지만 우리 시대에 종종 보고들을 수 있는 일들입니다. 그러므로 제가 이러한 직업을 가지고 큰 교회에 출석하는 모든 교인들을 두고 하는 말이 아니므로 오해하는 일은 없기를 바랍니다.

　교회에서 특정 목적을 위해 판매 행위를 하는 것도 없어져야 합니다. 근래 한국교회들 가운데는 전도회를 비롯한 각부서에서 물건을 파는 행사를 벌이는 것을 종종 보게 됩니다. 그 물건을 팔아 남긴 수익금을 선교비로 사용한다거나 어려운 교회를 돕고자 합니다. 그들은 그렇게 해서 좋은 일에 돈을 사용하면 좋지 않느냐고 말합니다.

그런 교회 내의 상행위를 통해 얻은 수익금을 가지고 이런 저런 종교적 사업을 하다보면 상당한 재미를 얻게 될 것입니다. 그렇게 재미를 얻게 되면 점점 더 큰 규모의 상행위를 하게 되지 않을까요? 조그만 규모의 판매 행위를 통해 백만 원을 벌어 선교 활동을 하는 것보다는 대규모의 판매 행위를 통해 1억 원을 벌어 선교 활동을 하면 더 훌륭한 것이라 판단하게 되지 않을까요?

그러나 이러한 모든 적극적, 소극적 상행위들은 교회 내에서 근절되어야 합니다. 비록 특별한 악의가 있지 않고 순수한 마음에서 출발한 것이라 할지라도 그런 상행위는 교회의 본질을 훼손할 우려가 다분히 있습니다. 교회의 표지인 하나님 말씀, 성례, 권징 사역보다 오히려 그러한 사업을 통해 더 많은 의미를 찾으려 하게 될지도 모릅니다. 원칙적으로 교회는 그러한 상행위를 통해 이익을 남김으로써, 교회가 돈을 가져야만 복음 사역을 할 수 있다고 생각한다면 그것은 크게 잘못된 것입니다.

교회는 하나님을 경외하는 성도들이 모여 하나님을 예배하는 모임입니다. 거기에는 부의 정도가 하등의 문제가 되지 않으며, 물질이 하나님의 일을 할 것이라는 생각이 추호도 없어야 하는 곳입니다. 단지 성도들이 세상 가운데 살면서 성실하게 일한 대가로 얻은 물질 가운데 일부를 주님의 교회를 위해 연보함으로써 그것을 가지고 필요경비로 사용합니다.

초대교회 성도들의 자세는 철저했습니다. 그러므로 초대교회는 억지로 돈을 모으려 하지 않았으며 돈의 위력을 거부했습니다. 단지 성도들이 힘써 연보에 참여함으로써 그들의 삶이 교회에 속해 있음을 보여주었던 것입니다. 그들은 연보를 모았지만 모여진 돈을 통해 주님의 일을 하려 했던 것이 아니라 성도들 상호간 삶의 관계를 통해 교회를 세워갔던 것입니다.

  우리 시대의 교회는 물량화 되었다는 이야기를 많이 듣습니다. 물량화란 물질을 추구하여 목적을 이루려 한다는 의미도 있지만, 교회의 물량화란 물질이 많고 적음이 마치 하나님의 일을 좌우하는 것처럼 생각하는 것입니다.

  S기자님, 저는 이 일이 우리의 시대에는 말하기 참 어려운 부분이라는 점을 충분히 인식하고 있습니다. 위에서 제가 언급한 경우에 해당되는 대다수 교인들은 사실 별다른 악의를 가지고 있지 않습니다. 그들은 그렇게 하는 것이 역시 하나님의 은혜이며 그렇게 얻은 수입으로써 십일조나 연보를 많이 한다면 교회를 위해 얼마나 좋은 일이냐 생각할 것이며, 교회의 공적인 기관에서 하는 행사를 통해 얻은 물질을 이웃을 위해 잘 사용할 수 있다면 얼마나 좋은 일이냐고 생각합니다. 즉 그들이 가지고 있는 의도가 좋을 수 있으며 그들의 마음에 아무런 악의가 없을 수 있습니다.

  그럼에도 불구하고 그러한 상행위는 교회 가운데 있어서는 안 됩니다. 그렇게 되면 교회는 하나님의 능력이나 믿음보다는 돈의 필요성을 더욱 강하게 인식하게 될 것이며 결국 돈의 위력을 인정하게 됩니다. 돈으로써 이웃의 가치를 가늠하는 습성은 자신도 모르는 사이 실로 삽시간에 우리 생활을 파고들 수밖에 없습니다.

  그런 생각들이 교회 내에 편만해지게 되면 돈의 많고 적음이 교회에 필요한 인물 여부를 결정짓게 되는 위험에 빠져들게 됩니다. 돈이 많아 연보를 많이 하는 교인은 없어서는 안 될 중요한 교인이며, 돈이 없어 연보를 하지 못하는 교인은 교회가 덜 필요로 하는 그저 그런 인물인 것처럼 잘못 생각하기 십상입니다.

하나님의 교회는 결코 그렇지 않습니다. 돈의 많고 적음과 연보를 많이 하고 적게 하는 것은 어떤 경우에도 신앙의 기준이 되지 못합니다. 도리어 예수님께서는 '부자가 천국에 들어가는 것이 낙타가 바늘귀로 들어가는 것보다 어렵다'고 말씀하십니다. 돈으로 무엇을 해결하려 들거나 돈을 통해 하나님의 일을 하려는 사람들이 귀담아 들어야 할 내용입니다.

S기자님, 급히 몇 자 썼습니다. 기자님께서 저의 견해를 물으셨기에 저의 생각을 간단하게 정리했습니다. 짧은 글로서 이 문제를 전반적으로 다루기는 쉽지 않을 것이라 생각합니다. 언제 기회가 되면 이에 대해 좀더 구체적으로 이야기해 볼 수 있기를 바라며 오늘은 이 정도에서 그칠까 합니다.

(2001. 1. 22)

75 '은사집회'란 과연 성경적인가?

성모 형제께

녕하세요? 우리 홈페이지 '질문란'에 형제께서 올리신 글의 내용을 잘 보았습니다. 내용을 살펴보면서 어떤 은사집회에서 있었던 희한한 광경(?)들을 보며 충격받은 형제의 모습을 떠올릴 수 있었습니다. 많은 사람들이 운집한 집회장 앞쪽에 놓인 대형 무대 위에서 어떤 능력(?) 있어 보이는 자가 많은 사람들의 병을 고치는 모습은 제가 보기에도 대단한 것처럼 느껴졌습니다.

그러한 유형의 집회는 전 세계적으로 이루어지고 있으며 우리 한국 기독교 가운데도 적잖게 이루어지고 있습니다. 신앙이 어린 많은 사람들은 그런 집회를 통해 질병을 치유받고자 합니다. 고치기 어려운 질병에 걸린 사람들이나 그 가족들은 그런 은사집회에 참여하여 질병을 치유받기 원합니다.

우리 시대에는 '은사집회'라는 말을 들으면 누구나 질병을 치유하기 위한 특별한 집회로 생각하고 있습니다. 은사집회라는 말이 이미 보편화되어 있는 우리의 시대에는 그 내용들이 말씀을 통해 잘 검증되어야만 합니다. 그런 집회를 주도하는 모든 사람들이 '예수의 이름'과 그에 대한 '믿음'을 강조하여 말하고 있기 때문에 여간 민감하지 않습니다. 신앙이 어린 사람일수록 '예수'라는 이름이 많이 등장하고 '믿음'이라는 단어가 많이 말해지면 그것으로 곧 대단한 신앙적 집회인양 잘못 생각할 우려가 있기 때문입니다.

이제 이에 대해 조심스럽게 이야기해 볼까 합니다. 우리가 먼저 생각해 보아야 할 점은 어떤 질병에 대해 주님께서 바로 치유하지 않고 다른 특별한 사람을 끼워 넣어야만 한다고 여긴다면 그것은 기독교에 대한 '신新중재자적 입장'이라 할 수밖에 없을 것이란 사실입니다. 즉 예수 그리스도만이 우리의 유일한 중재자이신데 병고치는 일에 있어서는 또 다른 중재자가 있어야만 한다고 생각하는 것은 문제입니다.

하나님과 인간 사이에는 예수 그리스도만이 유일한 중재자임을 우리가 잘 알고 있습니다. 그럼에도 불구하고 우리 주변에는 병고치는 일에 있어서는 하나님과 병자 사이에 예수 그리스도 이외의 또 다른 능력 있는 어떤 사람이 중재해야만 한다고 생각하며 주장하는 자들이 많이 있습니다. 그러나 그러한 생각은 매우 잘못된 위험한 생각입니다.

성경에는 예수님께서 많은 병자들을 고치신 기록이 여러 군데 나옵니다. 베드로나 요한, 바울 등도 많은 병자를 고쳤습니다. 그러나 우리는 이에 대해 명확한 이해를 할 필요가 있습니다. 우선 예수님을 비롯한 제자들이 여러 사람들의 질병을 치유한 것은 일차적으로 그 병고침을 받는 사람들을 위한 것이 아니라 하나님 나라를 보여 주기 위해서였다는 점을 깨달아야 합니다.

사도교회 당시에도 오늘날처럼 질병을 앓는 많은 사람들이 있었습니다. 예수님이나 그의 제자들은 그 모든 병자들을 고치는 것을 목적으로 삼지 않았습니다. 사도들 가운데도 그런 질병으로 인해 고통받는 사람들이 있었습니다. 사도 바울 같은 사람이 대표적이라 할 수 있습니다(갈 4:13, 14. 참조).

그러나 남을 치유했던 바울조차도 자신의 질병을 치유 받지 못했습니다. 그것이 바울의 기도가 부족했기 때문이었을까요? 우리가 여기서 알 수 있는 것은 모든 질병이 기도를 통해 치유되는 것이 아니며, 사도들이 여러 병자들을 치유했던 것은 개별적 판단이 아니라 공인으로서의 판단이었다는 사실입니다.

또한 성경에 나타난 그러한 치유는 예배 시간을 통해서 이루어지지 않습니다. 교회가 예배 시간을 통해 병자들을 치유하지 않았던 것입니다. 예수님께서는 길 가시다가 병자를 고치시거나 개인의 가정을 방문하셨다가 질병을 고치기도 했습니다. 베드로, 요한, 바울 등도 그러했습니다. 그러나 질병있는 자들을 한 곳에 모아두고 그들의 병을 치유하지는 않았습니다. 오히려 사람들이 하나님 나라의 도래에 대한 관심보다 병고치는 일에 더 많은 관심을 가지게 될까 견제하셨던 사실을 알 수 있습니다.

오늘날 우리의 시대에 병자들을 한 곳에 불러모아 놓고 '은사집회' 라는 이름으로 모이는 것은 건전한 집회라 할 수 없습니다. 병자를 고치는 것이 마치 하나님의 목적인 양 말하고 가르친다면 그것은 크게 잘못된 것입니다. 더구나 찬송하고 기도하며 설교하는 예배 모임 형식을 가진다면 더욱 그렇습니다.

병자가 치유되는 모습을 보아야만 하나님을 찬양할 수 있다면 지극히 유치하다고 할 수밖에 없습니다. 병고치는 것을 확인하며 하나님의 능력을 파악하고자 하는 것은 죄의 결과입니다. 이방 종교에서도 질병을 치유하는 일은 자주 일어납니다. 이슬람교나 힌두교는 물론이고 우리 주변의 한국 무속에서도 그런 일은 자주 일어납니다.

기독교라는 이름으로 많은 질병을 치유한다고 해도 그 모든 것이 하나님이 하시는 일이 아님을 우리는 유의해야 합니다. 이는 하나님과 예수 그리스도의 이름으로 이적을 행하고 질병을 고친다해도 실상은 하나님이 하신 일이 아니라는 것이지요. 많은 사람들이 그 광경을 보고 '할렐루야'를 외치며 찬송을 한다해도 그것은 주님과 아무런 관계없는 행위일 수 있다는 것입니다.

구약성경 신명기 13장 1-5절을 조심스럽게 읽어보면 그런 일은 이미 오래 전에도 일어나고 있었음을 알 수 있습니다. 그리고 마태복음 7장 22, 23절을 보면 동일한 교훈을 얻을 수 있습니다.

우리 하나님은 누구의 기도는 더 잘 들어주시고 누구의 기도는 잘 안 들어 주시는 그런 분이 아닙니다. 소위 병고치는 은사를 받은 사람이 기도해야만 질병을 치유할 수 있다고 생각하는 것은 매우 잘못된 신앙입니다. 사실 '은사집회' 라는 말 자체에 문제가 있습니다.

모든 은사는 주님의 교회를 세우기 위함이며 개인에게 어떤 혜택을 주기 위함이 아닙니다. 엄밀한 의미에서 우리 시대에 병고치는 것 등은 '은사' 의 범주에 들 수 없습니다. 그럼에도 불구하고 '은사집회' 라는 말이 대단한 신앙적 집회인양 오해되고 있는 것은 심히 안타까운 일입니다.

저는 복음을 아는 어린 성도들이 그런 형태의 집회에 현혹되지 않기를 바랍니다. 하나님의 전지전능하신 능력을 믿는다면 그런 집회에 참석해야만 치유받을 수 있다고 생각하는 불신앙은 제거해 버려야 하리라 생각합니다. 조용히 골방에서 기도하며, 그 질병 때문에 고통당하는 이웃을 위해 기도하는 여러 성도들로 인해 신령한 힘을 얻는 것이 더욱 중요하겠지요. 설령 병세가 전혀 호전되지 않는다 할지라도 그보다 더 크신 하나님의 은혜를 바라보며 고통중에도 즐거워하는 방법을 익혀야 합니다.

죄 가운데 살고 있는 인간들은 이미 커다란 암덩어리를 안고 살아가는 것과 크게 다를 바 없음을 깨닫는 것이 중요하지 않을까요? 그래야만 하나님의 놀라우신 은혜를 더욱 가까이 깨달을 수 있습니다. 우리는 모든 인간이 이미 육체 가운데 가지고 있는 질병적 내용들을 잘 인식하는 가운데 하나님의 놀라우신 은혜를 늘 체험하는 신앙인들이 되어야겠습니다.

(2001. 1. 30)

76 '천국에서 누가 크냐' 의 문제

SMK님께

안녕하세요? 저에게 질문을 주셔서 감사합니다. 질문을 받고 진작 소식을 드려야 하는데 늦어서 죄송합니다. 형제께서 출석하시는 교회의 목사님은 매우 열성적인 분이 아닌가 생각됩니다.

그 교회 목사님께서는 "천하보다 귀한 한 영혼을 주님께로 인도하면 천국에서 받을 상이 더 크며, 전도를 많이 한 사람은 천국에서 많은 고을을 다스리게 되고, 그렇지 못한 사람은 천국에서 다스림을 받게 된다"고 말씀하신다고 했습니다. 형제께서는 저에게 정말 천국에서 그렇게 되느냐고 질문하셨습니다. 그리고 '그런 논리라면 미국의 빌리 그래함 같이 수 백만 명을 주님께 인도하신 분은 천국에서 한자리 거뜬하게 차지하게 되는 것이냐? 고 재미있는 말씀을 덧붙였습니다.

우선 형제께서 출석하고 있는 교회의 목사님은 '복음전파' 를 강조하는 과정에서 그런 말씀을 하지 않았나 생각이 됩니다. 아마 그렇게 이야기하신 목사님의 의도는 순수했을 것이라 짐작해 봅니다. 그러할지라도 천국에 대한 그러한 설명은 옳지 않습니다.

복음전파는 원래 인간의 공로가 아닙니다. 하나님의 택함을 받은 자녀들이 자신의 삶속에서 자연스럽게 믿음의 삶을 표현하는 것이 곧 복음전파로 나타나게 됩니다. 이러한 삶의 표현은 인간의 결심 여부나 노력으로 이루어지는 것이 아니라 신앙의 성숙정도에 따라 저절로 표현될 수밖에 없는 당연한 결과입니다.

현대교회에서 자기가 속한 교회를 키울 목적으로 전도를 강조하는 것은 분명히 잘못된 것입니다. 이는 교회 성장과 목회 성공에 연결된 자기 욕심에 기인한 아주 위험한 생각이 될 수 있기 때문입니다. 이러한 목적을 이룰 생각으로 전도를 강조하다 보면 자칫 엉뚱한 이야기들을 할 위험이 있습니다.

형제가 출석하는 교회의 목사님도 비록 그 의도는 순수하다 할지라도 우리 시대의 잘못된 기독교적 관행으로 인해 그렇게 말하지 않았나 생각됩니다. 천국은 전도를 많이 한 사람이 더 많은 고을을 다스리는 곳이 아닙니다. 천국에서의 상은 복음의 요구에 순종하는 사람들에게 주어지는 하나님의 은혜입니다. 그 상은 우리가 생각하기에 크고 작고 하는 그런 성질의 것이 아닙니다. 그리고 우리가 일반적으로 생각하는 바 전도를 많이 하는 것이 복음이 요구하는 내용과 정확하게 일치하는 것도 아닙니다.

사람들이 더욱 큰 상을 받고자 하는 마음을 가지는 것은 인간의 욕심 때문입니다. 우리가 보다 더 큰 상을 기대한다는 것은 현재 소유하고 있는 하나님의 은혜에 만족하지 못하고 있다는 말과 크게 다르지 않습니다. 그러나 우리에게 이미 주어진 하나님의 은혜가 족함을 인식하는 것은 매우 중요합니다.

신앙이 어린 사람들은 항상 '천국에서 누가 더 크냐?' 하는 문제에 집착해 있었던 것을 역사를 통해서 알게 됩니다. 성경 가운데도 그러한 문제들이 있었으며 주님께서는 그러한 생각이 잘못되었음을 지적하고 계십니다. 누가복음 9장 46절 이하에서 그에 대한 한 단면을 보게 됩니다. 예수님께서는 그런 논쟁을 하는 제자들에게 '천국은 너희가 지상에서 비교하여 누구는 크고 누구는 작다 할 그런 성질의 곳이 아니다' 라고 교훈해 주십시다.

　형제께서 말씀하신 빌리 그래함 같은 분에 대해서도 마찬가지입니다. 많은 사람들이 그를 대단한 주님의 일꾼이며 훌륭한 신앙인으로 이야기 하지만 우리는 그것을 확증하여 알 수 없습니다. 물론 그런 분이 천국에서 남보다 더 많은 고을을 다스리는 것이 아님은 명백합니다.
　설령 그가 하나님의 은혜를 입은 훌륭한 신앙인이라 할지라도 그에게 다른 사람들보다 더 많은 영광이 돌아가는 것은 아닙니다. 영광을 받으실 분은 오직 하나님 한 분뿐이며 다른 모든 그의 백성들은 그의 영화로움에 참여하게 될 것이기 때문입니다.

　형제께서 말씀하신 '주님과 함께 왕노릇 한다'고 하는 말의 의미는 '왕이 아니면서 왕의 영화로움에 참여한다'는 의미일 것입니다. 즉 천국에서 어떤 사람들은 많은 고을을 다스리게 되고 다른 어떤 사람들은 그 고을에 살면서 다스림을 받게 된다는 그런 의미는 아닙니다.

　SMK형제, 우리의 시대는 참 어지럽고 어려운 시대입니다. 아무리 좋은 의도일지라도 하나님의 교훈에서 벗어나 있으면 그것은 곧 죄악인데도 사람들은 의도가 좋으면 그것을 곧 선한 것으로 간주하려는 경향이 있습니다. 그렇지만 하나님의 말씀이 절대적 진리임을 고백하는 우리는 인간의 의도가 선한 의도냐 악한 의도냐 하는 여부를 떠나 모든 것을 하나님의 말씀에 비추어 볼 수 있는 자세를 가져야 합니다. 저의 이 짧은 서신을 통해 말씀과 더불어 다시금 이에 대해 잘 생각해 볼 수 있는 기회를 가지시게 되기를 바랍니다.

(2000. 2. 7)

77 다양한 헌금 종류에 대하여

SS 성도님께

안녕하세요? 오늘날 우리 교회들에는 다양한 종류의 연보가 있는 것을 보게 됩니다. 차량헌금, 구역헌금, 건축헌금, 주정헌금, 월정헌금, 돌감사헌금, 백일감사헌금, 신년헌금, 입학기원헌금, 입학감사헌금, ○○를 위한 헌금, ○○를 위한 주일헌금, 선교헌금, 장학헌금, 거기다가 부활절감사헌금, 추수감사헌금, 성탄절감사헌금 등등. 그냥 대충 생각나는 대로 죽 나열했는데 이 정도로 많이 있군요.

아마 우리 주변의 성도들은 이러한 연보 종류에 대해서 생소하게 듣거나 이상하게 생각하는 교인들이 거의 아무도 없을 것이란 생각이 듭니다. 그런데 성도님께서 이러한 많은 연보 종류를 둔 한국교회 현실을 다시금 확인해 보려는 마음을 가지고 이에 대한 저의 생각을 물어주심에 감사의 말씀을 드립니다.

우리가 예배 시간을 통해 연보를 하는 것은 매우 중요합니다. 그것은 단순히 일정 금액의 돈을 내느냐 하는 문제가 아니라 우리의 삶을 영위하는 물질의 일부를 교회 앞에 내어놓음으로써 우리 자신이 주님께 속해 있음을 고백하는 고백의 의미가 포함되어 있기 때문입니다. 그러므로 개혁교회에서는 아무 때나 돈을 내거나 모으면 되는 것이 아니라 예배 시간을 통해 소중히 연보하고 있습니다. 예배 순서에서 연보는 단순한 기금이나 후원금과는 성질이 다른 것입니다.

예배 중에 연보를 한다는 의미는 돈을 많이 모으는 것이 목적이 될 수 없습니다. 그리고 연보가 많이 모이는 것을 두고 훌륭한 신앙의 표현이라 할 수도 없습니다. 중요한 것은 과연 그 연보의 의미를 알고 올바르게 연보에 참여하는가 하는 문제입니다.

그럼에도 불구하고 우리 시대에는 예배 중 시행되는 연보의 의미가 많이 희석된 것이 사실입니다. 연보를 하는 사람들은 원래의 의미보다는 일종의 자기 의무감으로 연보를 하는 경향이 짙어져 있고, 교회의 지도자들은 교회를 이끌어 가기 위한 운영 자금을 모으는 듯한 생각으로 임하고 있는 것 같습니다. 그렇게 생각하는 지도자들은 어떻게 하면 연보를 더 많이 거둘 수 있을까에 대한 생각을 하게 되는 것입니다. 그들은 돈의 많고 적음의 정도에 따라서 교회의 운영이나 사업에 훨씬 활기가 있을 것으로 생각합니다.

우리 시대에 연보의 종류가 많은 것은 연보를 더 많이 거두기 위한 지도자들의 잘못된 생각과, 그렇게 함으로써 더 많은 복을 받으려는 어린 교인들의 기복사상新福思想이 만들어낸 합작품이 아닌가 생각합니다. 그러나 그것은 크게 잘못된 것입니다. 연보를 많이 거두기 위해 여러 가지 명목들을 만드는 것도 문제이며, 그런 것들을 통해 이 세상에서의 복을 추구하는 것도 문제입니다.

건전한 교회들이라면 설령 어린 교인들이 그렇게 하려해도 그렇게 하지 않도록 지도하는 것이 참된 지도자들의 자세가 아닐까 생각해 봅니다. 물론 교회의 어떤 일을 위한 특별 경비가 필요할 때가 있습니다. 그러할 경우에 특정 목적을 위한 연보를 하는 것이 가능하겠지만 그것을 보편화시키거나 제도화해서는 곤란합니다.

교회에서 예배가운데 할 수 있는 연보의 종류는 그리 많지 않습니다. 저는 그것을 주일연보와 십일조연보 정도로 이해합니다. 감사연보를 하는 것도 좋은 일이라 생각합니다만, 감사연보의 역할은 사실 돈을 내는 연보 행위에 있지 않고 오히려 '감사'에 있습니다.

성도 가운데 일어난 하나님께 감사한 일들을 서로 나누어 가지는 의미가 있습니다. 그러나 이에 대해서도 여간 신중하지 않으면 안 됩니다. 감사연보라는 명목을 취하지 않고도 감사한 일이 있음을 나누는 기회들이 모든 성도들에게 끊임없이 제공되어야 하기 때문입니다.

앞에서 열거한 연보의 명목들이 많으면 서로 연보를 경쟁하도록 만들게 됩니다. 그렇게 됨으로써 연보를 더 많이 거두게 될지 모르지만, 마치 돈을 내는 횟수나 액수의 정도가 신앙의 척도인 양 오해하게 할 소지가 다분하기 때문입니다. 그렇게 되면 교회의 순수성이 침해를 받게 되며 교회 가운데 연보를 자주 많이 할 수 있는 사람들이 더 큰 영향력을 행사하려는 어리석음에 빠질 우려가 생겨나게 되는 것입니다.

요즘에 들어와서 교회 일각에서는 교인들의 연보 액수를 컴퓨터에 입력하여 관리하는 것을 보게 되는데 그것은 크게 잘못된 행태입니다. 어떤 사람들은 그렇게 함으로써 연보의 수입과 지출이 투명해진다고 하기도 하고 그렇게 해야만 교회에 대한 교인들의 충성도(?)를 확인할 수 있다고도 합니다만 그것은 얼토당토않은 주장입니다.

그러한 외부적 장치가 있으면 재정이 선명하게 사용되고, 그렇지 않으면 잘못 사용될 수도 있다고 한다면 이미 교회의 본질로부터 멀리 떨어져 있다는 증거입니다. 그리고 연보 액수를 기준으로 충성도(?) 여부를 따질 정도라면 이미 온전한 교회라 할 수 없습니다.

성숙한 교회라 함은 연보를 얼마나 자주 혹은 많이 하느냐가 기준이 아니라, 얼마나 이 세상의 모든 소망을 버리고 주님만 의지하고 살아가느냐 하는 점을 소중하게 생각하는 교회일 것입니다.

저는 현대교회가 원래의 모습을 잃고 세상으로부터 불신과 지탄의 대상이 되는 까닭은 바로 기독교의 물질주의 때문이라고 생각합니다. 주님의 몸된 교회는 어떤 경우에라도 물질의 정도로써 그 교회다움을 입증하지 못하며, 오직 세상과 구별된 순결한 삶을 통해서만 교회다움의 모습을 드러낼 수 있는데 바로 그 점이 뒤섞여 버린 것입니다.

우리 한국교회가 참된 교회의 모습을 회복하기 위해서는 물량주의를 진심으로 부끄럽게 생각할 수 있는 자세를 가져야 합니다. 큰 교회당, 예산이 많은 교회, 이런 저런 기독교적 사업을 많이 벌이는 것이 참된 교회의 표준이 아님을 알아야 합니다.

크고 유명한 교회에서 목회하는 것이 대단한 성공인 양 스스로 생각하거나, 또 다른 교인들이 그렇게 인정해 주는 그런 유치함에서 벗어나야 합니다. 그 유치함에서 벗어나는 길은 곧 많은 액수의 연보를 거두려 하는 행위나 다양한 명목의 연보를 함으로써 더 큰 복을 받겠다는 어리석음으로부터 탈피하는 것입니다.

SS님, 두서없이 생각나는 대로 이야기했습니다. 성도님께서 지적한 내용들에 대한 저의 생각을 간단하게 덧붙였다는 생각이 듭니다. 제가 바라기로는 이러한 이야기들이 공론화 됨으로써 우리의 모습을 되돌아 볼 수 있는 기회가 되었으면 합니다. 이 정도에서 글을 마무리지을까 합니다. 나중에 형편을 따라 또 연락 주시기를 바랍니다.

(2001. 2. 9)

78 '십일조'에 대하여

얼큰이 선생님께

안녕하세요? 처음 선생님의 별명이 '얼큰이'라는 말을 듣고 저는 목사답지 못하게(?) 술꾼(?)을 생각했습니다. 술을 마시는 사람들이 얼큰하게 마신다는 말을 하잖아요? 그러나 선생님이 미혼의 젊은 여자 선생님인 것을 알고 나서는 그 별명의 의미를 더욱 이해할 수 없었습니다. 미혼의 예쁜 여선생님이 '얼큰이'라면 도대체 무슨 의미일까?

요즘은 여성들도 자유롭게 술을 마신다 하지만, 자신이 진짜 술꾼(?)이어서 설령 다른 선생님들이 '얼큰이'라고 별명 붙였다 해도 스스로 남에게 공개하지는 않을 것 아닌가요? 더구나 저같은 목사에게 관심을 가지고 신앙적인 질문을 할 정도라면 더욱 그렇지요? 나중 '얼큰이'의 의미가 '얼굴이 큰 이'라는 준말임을 알고는 혼자서 한참 웃었습니다. 물론 내가 우리말을 너무 모른다는 생각도 했습니다.

얼큰이 선생님, 십일조에 대한 질문을 하셨더군요. 선생님은 십일조는 기본이며 최소한 그 이상을 해야한다는 생각을 하고 있는 것을 보니 매우 순전한 신앙을 가진 분이라는 것을 생각하게 됩니다. 사실 우리 시대에 있어서 십일조의 문제는 그렇게 간단하게 답할 성질의 것이 아닙니다. 그럼에도 불구하고 이왕 선생님께서 저에게 질문을 하셨으니 간단하게나마 저의 깨달음을 말씀드릴까 합니다.

이미 잘 알고 있듯이 십일조에 대한 기록과 가르침은 구약성경에 많이 나타납니다. 창세기 14장에는 아브람이 멜기세덱에게 전리품戰利品

중 십분의 일을 드린 기록이 있습니다. 이것은 물론 깊은 신학적 해석을 요하는 내용으로서, 히브리서 7장에 보면 이에 대한 중대한 설명이 나옵니다.

히브리서 기자는 멜기세덱이 제사장으로서 아브람으로부터 십분의 일을 받았다는 사실을 주지시키면서 다시 레위족속과 연결지어 이야기합니다. 이스라엘 족속 중 레위족속은 다른 족속들과 달리 특별히 땅을 분깃으로 받지 않고 성전을 돌보는 일에 전무하는 족속으로 세움을 받았습니다. 그들은 땅에서 농사를 짓거나 목축을 하는 등의 일을 하지 않고 성전을 돌보는 일을 했으므로 생존에 필요한 양식을 스스로 얻을 수 없었습니다.

그러므로 다른 지파들이 십일조를 거두어 레위족속의 생활을 책임짐으로써 그들로 하여금 맡은 바 성전에 관련된 일을 신실하게 수행하도록 했던 것입니다. 여기서 우리는 중대한 역할 분담과 함께 온 이스라엘 백성이 하나님을 섬기는 하나의 일에 참여하고 있음을 보게 됩니다.

이스라엘 백성들에게 있어서 십일조는 하나님의 율법이었습니다. 이 말은 선택적인 사항이 아니라 그렇게 해야만 하는 것으로 강제적 세금의 성격을 띠고 있었습니다. 그러므로 이스라엘 백성들은 십일조를 철저하게 할 수밖에 없었습니다. 이러한 구약의 가르침은 예수님께서 오셨을 때도 여전히 계속되고 있었습니다.

그런데 예수님께서는 이 세상에 오셔서 그 의미를 한층 높여 해석을 하시게 됩니다. 간단하게 말씀드린다면 십분의 일뿐 아니라 삶 전체가 주님의 것이어야 한다는 것이지요. 당시의 이스라엘 백성은 십일조를 바치게 되면 그것으로 할 바를 다했다고 스스로 생각하는 경향이 있었지만 주님께서는 그것이 아니라는 것이었습니다.

"화 있을진저 외식하는 서기관들과 바리새인들이여 너희가 박하와 회향과 근채의 십일조를 드리되 율법의 중한 바 의와 인과 신은 버렸도다 그러나 이것도 행하고 저것도 버리지 말아야 할 것이니라"(마 23:23). 이 말씀은 주님께서 신앙을 잘못 알고 살아가는 사람들에게 하신 말씀입니다. 그들은 소득의 십일조만 바치면 나머지 생활은 자기 마음대로 해도 될 줄로 생각을 했습니다. 그들은 우선 가시적인 십일조만 바치고 눈으로 볼 수 없는 실질적 삶의 전체적인 것은 하나님께 바치지 않았던 것입니다. 여기서 우리가 알 수 있는 것은 십일조가 전체적인 삶의 한 표현이라는 점입니다.

오늘날 많은 사람들이 '십일조의 의미는 이제 완성이 되었다' 혹은 '그 율법이 폐기되었다' 는 등의 이야기를 하는 것을 듣게 됩니다. 저는 이러한 말이 충분히 의미 있는 말이라고 생각합니다. 그렇다면 우리는 이제 더이상 십일조를 하지 않아도 된다는 의미일까요? 아니면 그것이 율법주의화 되어 있으므로 하지 말아야 한다는 의미일까요?

저는 성경 말씀을 이해할 때 전체적인 의미를 잘 새겨보아야 한다고 믿습니다. 앞에서 말씀드린 것처럼 멜기세덱에게 바쳐진 십일조나 그 후 모세 시대에 제정된 율법, 그리고 주님 오실 때까지 성전 제물과 함께 있어왔던 십일조 등에는 오늘 우리의 시대에도 지속되어야 할 의미가 포함되어 있다고 생각합니다.

물론 이 말은 단순히 '십분의 일' 이라는 의미가 나머지 '십분의 구' 와 구별이 되어서 특정한 의미를 가지는 것은 아닐 것입니다. 즉 십일조를 바치는 일은 구별된 순종이며 십분의 구는 이 세상에서 마음대로 사용해도 되는 의미가 아니라는 말입니다.

우리 시대의 성도들이 십일조 생활을 잘 하기를 바랍니다. 이는 '율법적 의미' 때문이라기보다는 우리의 '나약함' 때문입니다. 우리는 말씀의 가르침을 통해 인간이 한없이 약하고 이기적이라는 사실을 잘 압니다. 우리는 자신의 모든 것이 하나님의 것이라고 말은 하면서도 실제적으로는 모두가 자기의 것으로 여기고 살게 될 우려가 있습니다.

성경에 '고르반' 이라는 말이 있습니다. 이것은 제물을 의미하는데 어떤 것을 '하나님께 바쳐진 것이다' 라고 다른 사람들에게 선전해 놓고는 사실 자기의 것으로 점찍어 두어서 자기 욕심에 따라 사용하는 것을 주님께서는 경계하셨습니다.

오늘 우리에게도 동일한 위험이 있습니다. 우리는 자주 '내가 가진 모든 것은 주님의 것이다' 라고 말을 하지만 실상은 자기가 그 모두의 주인으로 자기 마음대로 사용하지 않습니까? 그래서 우리는 십일조를 드리면서 자신의 나약함을 고백하게 되고 그 십일조뿐 아니라 전체적인 삶이 주님의 것임을 고백하게 되는 것입니다.

결론적으로 말씀드리면 우리 시대의 십일조는 '율법에 따른 의무 조항' 이 아니라 '하나님의 은혜에 대한 고백적 성격' 을 띠게 되는 것입니다. 그러므로 십일조를 하는 것이 의무 완성이 될 수 없으며 그것을 자랑삼을 일도 아닙니다. 오히려 십일조를 함으로써 나머지 십분의 구도 주님의 것이라고 고백하는 것이며, 자기 마음대로 살지 않겠다는 고백이 거기에서 우러나와야 하는 것입니다.

얼큰이 선생님, 오늘은 이 정도로 하겠습니다. 지금껏처럼 앞으로도 십일조 생활에 충실하기를 바랍니다. 이는 단순히 교회에 십일조를 드렸다는 의미가 아니라 교회의 교회다움에 대한 끊임없는 확인과 함께 이어져 가야 합니다. 그러나 올바르지 못한 교회에 속해 있으면서 거기에 열심히 십일조를 하는 것은 성도의 참다운 십일조를 통한 신앙적 삶과 아무런 연관이 없음도 덧붙여 말씀드립니다. 또 연락 주시기를 바라며 이만 줄입니다.

(2001. 2. 14)

79 '하나님의 예정'에 대하여

수현 성도님께

안녕하세요? 서로 얼굴을 아는 사이는 아니지만 이렇게 질문을 주셔서 감사합니다. 성도님께서는 요즘 로마서를 읽고 있다고 하셨지요? 읽던 중 하나님의 선택에 대해 의문이 생겼다고 하셨습니다. 성경 말씀을 읽다가 의문이 생길 때 무조건 믿어야 되겠다는 생각을 하기보다는 왜 그러한가 상고해 보는 일이 더욱 중요하리라 생각합니다.

우리는 교리상 '하나님의 예정'이라는 말을 사용하는데 이는 선택과 관련된 용어입니다. 자칫 잘못 생각하면 '예정'이라는 말이 앞으로 일어날 사실을 예정한 것으로 오해하게 됩니다. 즉 '하나님의 예정'이라 하게 되면 하나님께서는 앞으로 일어날 모든 일을 이미 예정해 두셨다는 식입니다.

그러나 우리가 말하는 '예정'이란 그런 의미가 아닙니다. 만일 예정이라는 의미를 그런 식으로 말하게 되면 일종의 운명론이나 결정론 같은 사상에 빠지게 됩니다. 어린 성도들 가운데 보면 가끔 그런 경향이 있는 것을 보게 됩니다. 그런 이들은 어떤 사고라도 만나게 되면 그것이 하나님께서 미리 예정하고 있었던 것으로 생각하게 되는 것입니다.

예정론이라 함은 하나님께서 자기 백성을 이미 창세전에 택해 두셨음을 의미합니다. 다시 말씀드리자면 하나님께서 이미 창세전에 자기 백성을 선택해 두셨다는 뜻입니다. '예정'이나 '선택'이라는 말은 또다시 '구원'이라는 말과 연결이 됩니다.

우리가 고백하고 있듯이 구원은 인간의 노력에 의해 획득되는 것이 아니라 전적인 하나님의 은혜입니다. 그 구원의 은혜는 하나님께서 수시로 판단하여 베푸시는 은혜가 아니라 이미 창세전에 스스로 예정하신 그 언약적 뜻에 따라 이룩되는 은혜입니다.

사도 바울은 에베소 교회에 편지를 하면서 이에 대해 분명한 설명을 하고 있습니다. "창세전에 그리스도 안에서 우리를 택하사 우리로 사랑 안에서 그 앞에 거룩하고 흠이 없게 하시려고 그 기쁘신 뜻대로 우리를 예정하사 예수 그리스도로 말미암아 자기의 아들들이 되게 하셨으니" (엡 1:4, 5).

여기서 언급하고 있는 바 '창세전에 우리를 택하셨다' 는 말은 사실 매우 어려운 의미입니다. 왜냐하면 그것이 '죄' 의 문제와 직접 연결되어 있기 때문입니다. 즉 죄에 빠진 인간이 그 구렁텅이로부터 구원을 받는데 그 범죄 시점에 대한 이해가 쉽지 않습니다.

우리가 상식적으로 이해하게 되면 처음 인간이 범죄를 하게 되었고 그로 말미암아 멸망아래 놓이게 되며 그런 불쌍한 인간을 구원하기 위해서 하나님께서 자기 백성을 선택한 것 아니냐는 식으로 생각하게 됩니다. 그런데 성경은 우리에게 가르치기를 범죄는커녕 인간이 창조되지 않았음은 물론이고 세상조차도 창조되지 않았을 때 하나님께서는 이미 자기 백성을 선택해 두셨다고 가르치고 있습니다.

이것이 도대체 무슨 말이지요? 이 말의 의미를 잘 이해하는 것은 우리의 구원의 기초를 깨닫는 데 있어서 매우 중요합니다. 칼빈에 의하면 하나님의 선택은 '영원하고 고정된 것으로 세상의 토대를 놓기 전부터' 있었습니다. 우리가 여기서 분명히 알아야 할 점은 하나님의 무궁하신 예지입니다.

하나님께서는 사람을 창조하시기 전에 이미 사람을 창조하게 되면 그 사람이 원래의 순전한 상태를 오래 유지하지 못할 것이라는 점을 미리 보셨다는 것입니다. 그러므로 하나님께서는 자신의 놀라운 지혜와 선하심에 따라서, 죄로 말미암아 멸망에 빠지게 될 인류를 위한 구속자를 예비해 두셨던 것입니다. 이 점에 대해서는 베드로전서에 잘 나타나고 있습니다. '그는 창세 전부터 미리 알리신 바 된 자나 이 말세에 너희를 위하여 나타내신 바 되었으니'(벧전 2:20)라고 증언하고 있습니다.

이 말의 이해를 위해 좀더 부언하면 하나님의 선택은 인간의 역사적 사건 위에서 결정된 사실이 아닙니다. 아직 인간의 역사가 시작되기도 전에 하나님께서는 자신의 놀라운 예지와 은혜 가운데 예정을 포함시켜 두고 있었습니다. 하나님께서는 영원 가운데 계시면서 앞으로 지음 받게 될 인간이 타락하게 될 것을 미리 아셨고, 그 멸망 상태로부터 택하신 인간들을 구원하심으로 원래의 뜻을 회복하고자 그리스도를 세우셨던 것입니다.

윤수현 성도님, 하나님의 선택과 예정에 대한 설명을 저 나름대로 하기는 했습니다만 잘 이해될지 모르겠습니다. 이렇게 설명을 해도 또 다른 여러 가지 의문들이 생겨나리라 생각합니다. 우리가 이러한 점에서 겸손해져야 함은, 하나님의 오묘하신 뜻을 우리가 모두 다 알 수는 없을 것이기 때문입니다. 그럼에도 불구하고 하나님의 말씀이 우리에게 그런 분명한 교훈을 주고 있으니 그 말씀을 순종함으로 믿을 따름입니다.

하나님의 선택이나 예정과 같은 어려운 부분에 직면했을 때 우리는 인간의 두뇌를 통해 이해하려 할 것이 아니라 하나님께서 베푸신 은혜로 인한 깨달음을 얻으려 하는 것이 중요합니다. 이를 위해서는 하나님께 간절히 기도하며 주님의 가르침을 겸손히 들으려 해야 합니다. 이는 신학에 있어서 다른 많은 부분에 있어서도 마찬가지입니다.

이제 글을 줄일까 합니다. 혹 앞으로 글을 주실 기회가 있으면 어디에 있는 어느 교회에서 신앙 생활을 하시는 분인지 알고 싶군요. 이 짧은 글을 통해 하나님의 선택과 예정에 대한 놀랍고 오묘한 섭리를 깨달을 수 있는 기회가 된다면 좋겠습니다. 주님 안에서 평안을 누리시기를 원합니다.

(2000. 2. 20)

80  Music과 Song

승태 형제에게

　안녕하세요? 다음 주면 새로운 학기가 시작되어 바빠지리라 생각합니다. 저는 지금 울릉도에 와 있습니다. 울릉도 중에서 가장 오지라 할 수 있는 천부동의 천부중앙교회를 방문중입니다. 오늘밤에는 성도들과 함께 말씀을 나누며 교제를 했습니다. 1부는 창세기 3장 15절을 중심으로 하여 말씀을 나누었고, 2부에는 선교에 관련된 강의를 했습니다. 약 30명 가까이 되는 성도들이 참석했는데 좋은 시간이었습니다.

　낮에는 여기에 계시는 목사님 가족과 1시간 가량 걸어 나리분지에 올랐었는데 예기치 못했던 폭설에 가까운 눈보라를 만나 엄청 고생했습니다. 내려오는 길에 마침 트럭의 뒤칸에 탔는데 머리와 눈썹에 온통 눈이 쌓여 얼었고 얼굴과 손이 얼어붙어 동상에 걸리는 줄 알았습니다. 길이 험한 산길이라 손잡이를 놓을 수 없어서 눈보라에 노출된 얼굴이 심히 따가웠으나 어쩔 도리가 없었습니다. 산을 내려와서도 한참동안 비벼서 피부를 녹여야만 했습니다. 너무 피곤해 한숨 자고 나니 조금 개운해져서 감사한 마음이었습니다.

　저의 이야기를 너무 길게 했군요. 오늘은 형제가 저에게 질문한 교회에서 음악의 위치에 대한 생각을 나눌까 합니다. 지난번 서울대 수련회 때 형제가 음악에 대해 남다른 소질과 관심을 가지고 있었던 것을 잘 기억하고 있습니다.

저 또한 음악에 대한 관심은 매우 높습니다. 성악을 잘 하지는 못하지만 악기에 관심이 많고 나름대로 몇몇 악기들을 공부하기도 했습니다. 그리고 그 전에는 노랫말에 곡을 붙이는 것에 대해서도 흥미를 가졌었습니다. 제가 미리 이런 말씀을 드리는 이유는 제가 음악을 싫어하는 사람이 아니라는 점과, 교회 안에서의 음악에 대한 저의 생각이 상당히 비판적으로 들릴 수 있을 것이기 때문입니다.

제가 음악을 좋아하지 않기 때문에 교회에서의 음악을 비판하는 것이 아니라는 점을 미리 말씀드려 놓을 필요가 있다고 생각하고 있습니다.

우리가 교회에서의 음악을 이야기하기 위해서는 우선 음악과 노래의 차이에 대해서 이해를 해야만 합니다. 일반적인 견지에서 이야기할 때, 음악 곧 music은 곡조를 의미합니다. 이에 반해 노래 곧 song은 시詩 혹은 노랫말을 뜻합니다. 다시 말해서 음악music은 음률에 따른 곡조이며, 노래song는 시를 통한 구체적인 인격적 표현 방법입니다.

그런 의미에서 기독교 음악music이란 존재하지 않지만 기독교 복음에 합당한 노래song는 분명히 존재합니다. 우리가 교회에서 기독교 음악이라고 생각하는 곡조들은 대개 서양 기독교 지역에서 작곡된 곡들입니다.

작금에 이르러 기독교 토착화를 주장하는 사람들은 한국의 기독교가 한국식 가락의 찬송가를 가져야 한다고 주장합니다. 실제로 우리의 찬송가나 복음송 가운데는 우리식 가락으로 작곡된 음악들이 많이 있습니다. 만일 그런 음악들을 서양의 기독교인들에게 들려주면 그것이 찬송가 곡조라고 생각지 않을 것입니다.

마찬가지로 지금 아프리카나 인도 등지의 기독교에서 부르는 찬송가 곡조들을 우리가 들으면 그것이 기독교 음악인지 아닌지 분별할 수 없습니다. 그러므로 특별히 기독교 음악이라 할 만한 곡조는 따로 존재하지 않는 것입니다.

그러나 건전한 기독교라면 그 교회가 서양에 있든 아프리카에 있든 인도에 있든 한국에 있든 그 노래song의 내용은 동일해야 합니다. 성경 말씀의 가르침과 그 요구된 고백의 내용과 일치해야만 합니다. 만일 그 노래의 내용이 말씀의 가르침과 달리 한다면 이단이라고 할 수밖에 없습니다.

교회가 연약한 시대나 잘못된 기독교가 활개를 치는 시대에는 음악music이 노래song를 갉아먹는 경향이 있습니다. 노랫말이 붙는 음악은 원래 곡조가 노랫말을 위한 보조역할을 합니다. 즉 노랫말의 의미를 잘 드러내기 위해 가락이 붙여지게 되는 것입니다.
그러므로 기독교 음악은 하나님을 찬양하는 노랫말이 잘 드러나게 하는 수단의 기능을 하게 됩니다. 그러나 잘못된 기독교 시대에는 음악music이 노랫말song의 의미를 혼탁하게 만들거나 도리어 그 의미를 감추게 만들어 버립니다.

그러므로 신앙이 어린 사람들은 노랫말에는 별 관심이 없고 음악에만 관심을 가지게 됩니다. 그들은 노랫말song을 통해 하나님을 찬양하기보다는 현란한 음악music을 스스로 즐기는 것입니다. 어리석은 사람들은 기독교적 색깔이 잔뜩 칠해진 종교 음악music을 즐기는 것이 곧 하나님을 찬양하는 것이라 오해하고 있습니다. 그들은 그런 형태의 음악을 즐기며 스스로 신이 나서 좋아하며 감격해 합니다. 그러나 그것은 진정으로 하나님을 찬양하는 것과 아무런 상관이 없습니다.

저는 우리 시대의 기독교 음악에 대해 심히 우려하고 있습니다. 기독교 음악 자체를 개발하려 하는 것이나 기독교적 음악을 특별히 발전시

킴으로써 기독교 문화를 전개해 가고자 하는 것은 여간 심각한 문제가 아닙니다. 여러 가지 악기들을 동원하고 음악적 기교를 위해 최선을 다하여 즐거움을 취하지만 하나님의 말씀을 통한 경건한 찬송은 가까이 있지 않습니다.

저는 신실한 기독교인들이 음악을 좋아할 수 있다고 생각합니다. 아름다운 음성으로 노래를 부를 수 있으며 좋은 악기를 연주할 수도 있습니다. 혼자서 조용한 시간에 소리 높여 성악을 할 수 있고 가족이나 친구들이 함께 모여 건전한 음악을 하며 악기를 연주할 수도 있습니다. 그러나 하나님을 예배하는 시간에는 성경 말씀에 조화되게 경건한 마음으로 하나님을 노래해야 합니다.

여기서 꼭 하나 말씀드리고자 하는 것이 있습니다. 오늘날 우리 시대에 매주일 공예배 시간에 부르는 찬송가에는 적잖은 문제가 있습니다. 현재 우리가 가지고 있는 찬송가의 노랫말은 엄격한 검증을 거쳐야 합니다. 사람들은 그저 곡조를 흥얼거리며 그것을 찬송이라고 생각하려 하지만 그렇지 않습니다. 그들은 음악의 기능과 마땅히 드러나야 할 노랫말의 의미를 뒤바꾸어 버린 것입니다.

하나님의 말씀을 계시된 진리로 신앙하는 개혁교회의 공예배에서는 성경 가운데 있는 시편들이 노래로 사용되어야 합니다. 성경 말씀에 기록된 말씀들을 통해 하나님을 노래해야 합니다. 이 말은 사실 우리 시대에 너무 감당하기에 벅찬 말이 되어 버렸습니다. 이미 시편이나 기록된 하나님의 말씀이 아닌 내용들을 너무나 자연스럽게 예배 찬송에 도입하고 있는 우리의 현실 교회에서는 어찌해야 좋을지 모르겠습니다.

승태 형제, 제가 하고자 하는 말을 잘 새겨들었으면 합니다. 그리고 이러한 중요한 일을 새롭게 정립해야 할 이들은 바로 형제와 같은 사람들이기를 원합니다. 사실 저는 이 일을 위해 구체적으로 어떻게 해야 할지 그저 암담할 따름입니다. 저의 이러한 이야기를 귀담아 듣는 사람들조차 만나기 힘들기 때문이라고나 할까요?

울릉도 천부동의 늦은 밤은 파도소리와 빗소리를 제외하고는 조용하기만 합니다. 앞으로 남은 이곳에서의 강의와 설교를 잘 할 수 있기를 바랍니다. 혹 제가 여기에 있는 동안 이 글을 보게 되면 이를 위해 기도해 주세요. 저를 아는 많은 분들에게 안부 전해 주시기를 원합니다. 그리고 이 글에서 제가 이야기한 내용들이 서울대 학생신앙운동에서 주의 깊게 논의되기를 바라는 마음도 없지 않습니다.

(2001. 2. 23)

신앙생활 업그레이드 시리즈
전체 271문항 제목별 색인

CNB 507 "손에 잡히는 신앙생활"(I – 1~80 문항)
CNB 508 "아름다운 신앙생활"(II – 1~90 문항)
CNB 509 "열매맺는 신앙생활"(III – 1~101 문항)

제목별 색인(I, II, III권 전체 271문항)

*⟨ ⟩는 권수와 목차 번호

- 2002 동계올림픽을 보고(세상사에 대한 분노에 대하여)⟨II - 45⟩
- CCC에 대해⟨II - 88⟩
- CCM, CCD에 대하여⟨II - 83⟩
- JMJ씨 명예박사학위 수여에 대하여⟨II - 63⟩
- JYK 목사에 대하여⟨III - 43⟩
- K신학대학원과 공군사관학교⟨III - 78⟩
- KD교보의 기능 회복을 기대하며⟨II - 54⟩
- KS교단 시국선언, 어찌 봐야 할까요?⟨III - 66⟩
- KS교단의 현실과 내일⟨II - 65⟩
- KS대학의 침묵을 우려하며⟨II - 55⟩
- MEBIG에 대하여⟨II - 15⟩
- Music과 Song⟨I - 80⟩
- SFC와 개혁주의에 대하여⟨I - 44⟩

- ㄱ -

- 가위눌림 어떻게 보아야 하나요?⟨II - 22⟩
- 가인과 아벨의 제사⟨I - 40⟩
- 감사에 대한 올바른 신앙인의 자세⟨III - 15⟩
- 감사의 말씀과 더불어⟨III - 34⟩
- 강단권을 어떻게 이해해야 합니까?⟨III - 20⟩
- 개혁교회와 찬양대⟨II - 6⟩
- 개혁의 대상이 된 한국교회⟨I - 30⟩
- 개혁주의와 복음주의에 대하여⟨I - 45⟩
- 계시의 종결⟨III - 33⟩
- 고신신학의 정체성이 있는가?⟨III - 76⟩
- 고신의 미래를 생각하며⟨III - 53⟩
- 고신의 미래와 현실 인식⟨III - 27⟩
- 공예배에 대하여⟨II - 60⟩
- 교단에서 신학교수의 역할⟨II - 35⟩

- 교리적 예수? 역사적 예수?⟨III - 96⟩
- 교역자의 이동에 대하여⟨I - 65⟩
- 교회 개척과 건축에 대하여⟨III - 42⟩
- 교회 생활과 갈등⟨II - 57⟩
- 교회 세습에 대하여⟨I - 2⟩
- 교회 음악과 예배 중 악기 사용에 대해서⟨I - 1⟩
- 교회, 교회론의 문제–동성애 관련⟨I - 63⟩
- 교회가 복지재단을 운영하는 문제에 대하여⟨III - 10⟩
- 교회가 없는 지역에서의 예배⟨III - 70⟩
- 교회가 흥미를 제공해야 하는가?⟨I - 68⟩
- 교회를 통한 상행위商行爲에 대하여⟨I - 74⟩
- 교회에 나가 보려고 하는데…⟨III - 67⟩
- 교회와 목적지향주의⟨I - 60⟩
- 교회와 무교회주의⟨II - 21⟩
- 교회와 성도, 투자(투기)할 수 있는가?⟨III - 100⟩
- 교회의 교회됨을 위하여⟨I - 69⟩
- 교회의 부서에 대하여⟨II - 18⟩
- 교회의 옮김에 대하여⟨II - 52⟩
- 교회의 직분과 직책에 대하여⟨II - 46⟩
- 교회적 구제 사역에 대하여(행 6:1-6을 기억하며)⟨III - 95⟩
- 구약시대 성도들의 믿음과 기도⟨III - 89⟩
- 구원과 자기 결정⟨I - 55⟩
- 구원의 기초⟨I - 53⟩
- 구원의 확신에 대하여⟨I - 72⟩
- 국가의 전쟁수행권⟨II - 31⟩
- 국경일 기념예배⟨II - 66⟩
- 국기에 대한 경례 및 순국선열에 대한 묵념⟨I - 7⟩
- 권사제도에 대하여⟨III - 7⟩
- 귀신론에 대하여⟨I - 46⟩
- 그리스도인과 입양⟨II - 53⟩
- 그리스도인과 직업에 대해⟨I - 26⟩
- 기관목사와 교회⟨II - 30⟩

제목별 색인 · 377

- 기도 응답에 대하여(창 21:16, 17과 관련하여)⟨III - 84⟩
- 기도에 대하여⟨I - 19⟩
- 기독교 언론의 사명⟨III - 23⟩
- 기독교 음악 공연과 예배⟨III - 49⟩
- 기독교인이 보험이나 적금을 들어도 되는지요?⟨III - 59⟩
- 꼭 교회에 나가야만 합니까?(UBF와 CMI에 관련하여)⟨III - 71⟩
- 꿈dream에 대하여⟨II - 26⟩

- ㄴ -

- 나는 900살을 살 수 있는가?⟨II - 24⟩
- 나로 말미암지 않고는 아버지께로 올 자가 없느니라(요 14:6)⟨III - 13⟩
- 낙태절대불가에 대하여⟨I - 47⟩
- 남에게 대접을 받고자 하는 대로 너희도 남을 대접하라(마 7:12)⟨III - 61⟩
- 냉장고 구입 기념예배라니요?
  (BE병원 펫-시티 구입기념예배와 관련하여)⟨III - 60⟩
- 너는 힘써 대장부가 되라(왕상 2:2)⟨III - 41⟩
- 네 시작은 미약하나 나중은 심히 창대하리라⟨II - 58⟩
- 네덜란드 개혁주의 교회와 사회 참여⟨II - 13⟩
- 노동과 돈에 대한 현실적 문제⟨III - 35⟩
- 노방전도에 대하여⟨III - 54⟩
- 능력 대결Power Encounter에 대하여⟨II - 41⟩

- ㄷ -

- 다단계 판매에 대한 작은 생각⟨III - 51⟩
- 다락방 운동에 대하여-한국교회의 축소판⟨I - 48⟩
- 다양한 헌금 종류에 대하여⟨I - 77⟩
- 단군상 파괴와 기독교 신앙에 대해⟨I - 22⟩
- 담임목사와 부교역자의 관계는?⟨I - 27⟩
- 대통령의 노벨상과 한국 기독교⟨I - 73⟩
- 대한민국 대통령을 세우는데 하나님의 관여가 있는가?⟨III - 57⟩
- 데모에 대하여⟨II - 39⟩
- 독신, 혼인 선택의 문제인가?(창 2:18; 고전 7:8)⟨III - 38⟩
- 돌아가신 목사의 사모가 그 교회의 권사가 될 수 있나요?⟨I - 3⟩
- 동성애 인정 교단과 자매결연 문제⟨I - 56⟩

- 두세 사람이 모이면 교회인가?(마 18:20에 대한 해석과 함께)〈III - 64〉
- 드보라와 바락〈I - 58〉

- ㄹ -
- ㅁ -

- 마귀와 재난〈II - 59〉
- 마태복음 24장 34절과 마가복음 9장 1절에 대한 해석〈III - 29〉
- 말씀 선포의 대상은?〈I - 61〉
- 매직설교가 성경적인지요?〈III - 55〉
- 모든 사람이 죄를 지었으므로의 의미〈I - 21〉
- 모로 가도 서울만 가면 된다(?)(빌 1:12-18과 복음전파)〈III - 12〉
- 모이기를 폐하는 어떤 사람들의 습관에 대하여〈II - 75〉
- 목사 서원에 대하여〈II - 67〉
- 목사는 기름부음 받은 하나님의 종인가?〈III - 65〉
- 목사는 하나님께서 직접 간섭하시는 하나님의 종인가?〈III - 88〉
- 목사님, 애완견을 키워도 됩니까?〈III - 50〉
- 목사님에게 축복권과 저주권이 있지요?〈III - 98〉
- 목사인 남편의 비신앙적 행동에 대한 고민〈III - 5〉
- 목사제복은 필요한가?〈I - 11〉
- 목회자와 생활비〈II - 9〉
- 목회자의 길은?〈III - 63〉
- 무교회주의에 대하여〈II - 14〉
- 무덤에 장사된 그리스도의 영은 어디에 계셨는가?
  (벧전 3:19에 대한 해석)〈III - 2〉
- 믿음은 바라는 것들의 실상(히 11: 1)〈III - 31〉

- ㅂ -

- 베드로가 예수님의 수제자인지요?(마 16장과 행 1,2장 중심으로)〈III - 94〉
- 보편교회와 보편성이란 말의 의미〈I - 25〉
- 복의 의미에 대해〈II - 32〉
- 본회퍼Dietrich Bonhoeffer의 신학〈I - 67〉
- 부끄러운 구원(?)(고전 3:15과 관련하여)〈II - 36〉
- 부부가 각기 다른 교회에?〈III - 74〉
- 부활절 연합예배에 대하여〈II - 51〉

- 불의한 청지기와 불의한 재물(눅 16:1-13중 8, 9절에 대한 해석)⟨Ⅲ - 47⟩

- ㅅ -
- 사도시대의 율법과 복음에 대한 문제(행 21:17-26; 갈 2:4)⟨Ⅲ - 44⟩
- 사도신경에 대하여⟨Ⅰ - 43⟩
- 사도신경이 가지는 의미와 기능에 대하여⟨Ⅲ - 97⟩
- 사랑하는 이성과 손을 잡아도 안 됩니까?⟨Ⅲ - 3⟩
- 삼위일체에 대하여⟨Ⅱ - 33⟩
- 삶의 갈등과 신앙⟨Ⅱ - 3⟩
- 새벽기도에 대하여⟨Ⅲ - 86⟩
- 생명과 죽음 그리고 예수 그리스도의 무덤에서 사흘의 의미는?⟨Ⅰ - 23⟩
- 선교 단체와 교회 생활⟨Ⅲ - 82⟩
- 선교사에게 십일조를 보내도 되는지요?⟨Ⅱ - 82⟩
- 선교와 전도⟨Ⅰ - 50⟩
- 선교지의 기독교 혼합주의에 대한 대처⟨Ⅱ - 80⟩
- 설교연습이란 어떤 과목인지요?⟨Ⅰ - 10⟩
- 성가대 지휘자 사례비⟨Ⅰ - 59⟩
- 성경 공부를 하고 싶은데요⟨Ⅱ - 50⟩
- 성경 기록상 오류가 있는가?(레 11:1-23에 기록된 말씀을 기억하며)⟨Ⅲ - 81⟩
- 성경 번역과 사본에 대하여⟨Ⅱ - 87⟩
- 성경 해석을 할 수 있는 권한은 누구에게나 있는지요?⟨Ⅰ - 12⟩
- 성경 해석의 중요성(마 7:21과 행 2:21의 교훈을 기억하며)⟨Ⅲ - 93⟩
- 성경과 노예제도⟨Ⅲ - 6⟩
- 성경은 이혼을 허용하는가?⟨Ⅰ - 41⟩
- 성도와 추도예배⟨Ⅰ - 4⟩
- 성령 세례와 성령 충만에 대하여⟨Ⅲ - 83⟩
- 성막에 대하여⟨Ⅱ - 8⟩
- 성미誠米에 대하여⟨Ⅱ - 73⟩
- 성시화聖市化 운동에 대하여⟨Ⅰ - 39⟩
- 성형수술을 해도 됩니까?⟨Ⅱ - 12⟩
- 세례를 두 번 받을 수 있는가?⟨Ⅱ - 27⟩
- 세례식 남발에 대한 공개 질의⟨Ⅰ - 32⟩
- 세례와 성찬 참여⟨Ⅱ - 74⟩

- 세속화된 한국교회에 대해 어떤 자세를?⟨I - 20⟩
- 소위 '하나님의 교회'라는 집단에 대하여⟨II - 44⟩
- 송구영신예배에 대하여⟨I - 70⟩
- 송구영신예배와 한국교회⟨III - 79⟩
- 순결서약식에 대하여⟨I - 37⟩
- 순종의 의미⟨II - 23⟩
- 술과 담배⟨III - 45⟩
- 술을 마시면 죄가 됩니까?⟨I - 13⟩
- 쉬지 말고 기도하라(살전 5:17)⟨III - 72⟩
- 시신기증에 대하여⟨II - 19⟩
- 신구약 성경 66권만 하나님의 말씀인지요?⟨II - 29⟩
- 신지학Theosophy에 대하여⟨II - 71⟩
- 신학교 경건회에서 축도가 가능한가?⟨III - 85⟩
- 신학교 교육의 의의⟨III - 24⟩
- 신학교와 학위 문제⟨II - 43⟩
- 신학대학원에서 성찬식을 행할 수 있는가?⟨I - 16⟩
- 신학이 깨어나야 할 때⟨III - 9⟩
- 신학적 토론 분위기를 상실한 시대에 대한 안타까움⟨III - 28⟩
- 심방예배에 대하여⟨II - 5⟩
- 십일조, 연보, 축도에 대한 문제⟨III - 56⟩
- 십일조를 어느 교회에 내야할까요?⟨II - 64⟩
- 십일조에 대하여⟨I - 78⟩

- ㅇ -

- 아브라함과 다윗 집안의 일부다처제 수용은?⟨I - 42⟩
- 안식에 들어갈 남은자들(히 4:6)⟨II - 1⟩
- 애굽의 수치란 무엇을 의미합니까?⟨I - 17⟩
- 양심적 병역거부에 대하여⟨III - 58⟩
- 어떤 신학교가 좋은 신학교입니까?⟨III - 8⟩
- 어린이들은 성찬에 참여할 수 없는가?⟨III - 90⟩
- 어릴 적 거짓말에 대한 고민⟨II - 40⟩
- 에큐메니칼 운동에 대해⟨I - 24⟩
- 에큐메니칼ecumenical에 대하여⟨I - 64⟩

- 여성 안수 논쟁〈III - 46〉
- 여자 목사 제도는 성경적인가?〈I - 62〉
- 역라마단 운동에 대하여〈I - 66〉
- 연보는 꼭 본 교회에 해야 하는가?〈I - 8〉
- 연보와 기부금〈II - 2〉
- 연보와 연말세금공제〈II - 78〉
- 열린예배-OOO교회는 건전한 교회인가?〈I - 18〉
- 영성신학靈性神學에 대하여〈II - 7〉
- 영화 The Passion of the Christ를 보고〈III - 36〉
- 예루살렘의 의미〈III - 40〉
- 예배 시간에 애국가를 불러도 되는가?〈III - 101〉
- 예배와 관련하여〈II - 4〉
- 예수 그리스도가 유일한 구원의 통로인가?〈III - 32〉
- 예수님 이름으로 기도합니다(요 14:13, 14절; 15:16; 16:23, 24)〈III - 25〉
- 예수님과 병고침(요 5:1-9)〈II - 17〉
- 예수님을 세 번 부인한 베드로의 신앙은?〈I - 38〉
- 예수를 믿는다는 것은?〈III - 77〉
- 예언의 은사(고전 12, 14장)에 대하여〈I - 49〉
- 오늘날 우리에게 일용할 양식을 주옵시고〈II - 77〉
- 용돈헌금?〈III - 19〉
- 우리 교회가 이단이라고요?〈III - 1〉
- 유아세례에 대하여〈I - 14〉
- 육체적 부활의 다양성에 대하여(고전 15:39, 40)〈III - 4〉
- 은사주의는 건전한가?〈III - 99〉
- 은사집회란 과연 성경적인가?〈I - 75〉
- 이근호 목사를 어떻게 보시는지요?〈III - 26〉
- 이스라엘 민족에 대하여〈II - 62〉
- 이스라엘 민족은 왜 다른 민족들을 멸망시켰습니까?〈I - 9〉
- 이혼(離婚不能)에 대하여〈I - 15〉
- 이혼-이런 경우는 어떻게 합니까?〈II - 11〉
- 인본주의humaniism에 대하여〈II - 28〉
- 인터넷 뱅킹을 통한 연보에 대하여〈II - 85〉

• 일반 성도는 성경을 너무 깊이 알면 안 되는지요?⟨II - 68⟩

- ㅈ -

• 자녀 교육의 기본⟨I - 71⟩
• 자녀의 불신자와 혼인 문제에 대하여⟨II - 84⟩
• 자살하면 무조건 지옥갑니까?⟨III - 52⟩
• 장로교 정치원리와 당회에 대하여⟨II - 79⟩
• 장로장립과 헌금빚(?)⟨II - 76⟩
• 전권위원회의 결과가 궁금하시지요?⟨II - 90⟩
• 전원교회에 대하여⟨II - 69⟩
• 정신지체자의 성찬 참여에 대하여⟨III - 62⟩
• 정한 짐승과 부정한 짐승⟨III - 22⟩
• 제명을 당한데 대한 해명⟨III - 17⟩
• 제명의 의미⟨III - 16⟩
• 족보나 숫자가 되풀이되는 성경 본문은?⟨III - 92⟩
• 종교다원주의에 대하여⟨II - 47⟩
• 좋은 배우자를 달라고 기도할까요?⟨III - 68⟩
• 죄는 유전되는 것인가?(시 51:5; 롬 3:23, 24)⟨III - 48⟩
• 죄에 대한 고뇌⟨II - 10⟩
• 주 5일 근무에 대하여⟨II - 38⟩
• 주께서 내 원수의 목전에서 상床을 베푸시고(시 23:5)의 의미⟨I - 36⟩
• 주일과 명절, 대소사가 겹칠 경우에는?⟨II - 25⟩
• 주일을 어떻게 지켜야 하는가?⟨I - 33⟩
• 주일학교 설교 어떻게 해야 할까요?⟨II - 16⟩
• 주일Lords Day과 일요일Sunday에 대해⟨I - 28⟩
• 죽은 자를 위한 기도에 대하여(벧전 3:19)⟨II - 49⟩
• 준혁아, 준우야!⟨II - 61⟩
• 중보기도에 대하여⟨II - 56⟩
• 지나치게 의인이 되지 말며 지나치게 지혜자도 되지 말라(전 7:16)⟨III - 14⟩
• 지식의 홍수에 휩쓸리지 말아야⟨III - 75⟩
• 지옥과 연옥에 대하여⟨III - 73⟩
• 직분과 일률적인 헌금⟨III - 91⟩
• 진멸당한 애굽의 생축이 어떻게 다시 등장하게 됩니까?(출 9:6)⟨I - 34⟩

- ㅊ -

- 천국상급에 차등이 있는가?⟨Ⅰ-29⟩
- 천국에서 누가 크냐의 문제⟨Ⅰ-76⟩
- 총동원 전도주일에 대하여⟨Ⅱ-70⟩
- 추말자의 변질과 우리의 교훈⟨Ⅱ-48⟩
- 축도에 대하여⟨Ⅱ-37⟩

- ㅋ -

- 칼빈과 사형死刑 제도⟨Ⅰ-54⟩
- 캠퍼스 내 경건 생활-KS대학을 중심으로⟨Ⅱ-34⟩

- ㅌ -

- 태신자 운동에 대하여⟨Ⅰ-35⟩
- 트렌스젠더Transgender에 대하여⟨Ⅱ-20⟩

- ㅍ -

- ㅎ -

- 하나님(의 영광)을 위해 산다는 말의 의미⟨Ⅲ-11⟩
- 하나님 나라의 확장에 대하여⟨Ⅲ-37⟩
- 하나님 어머니라는 망발에 대하여⟨Ⅲ-87⟩
- 하나님과 이스라엘 선택에 대하여⟨Ⅰ-5⟩
- 하나님과 하느님⟨Ⅲ-18⟩
- 하나님께서는 왜 아직까지 사탄을 멸망시키지 않는 것일까?⟨Ⅰ-6⟩
- 하나님께서는 왜 에덴동산에 선악과善惡果 나무를 두셨을까?⟨Ⅰ-31⟩
- 하나님은 세속 국가 정치에 관여하실까요?⟨Ⅱ-86⟩
- 하나님의 구원 범위⟨Ⅲ-30⟩
- 하나님의 예정에 대하여⟨Ⅰ-79⟩
- 하나님의 전능성과 주권 영역에 대하여⟨Ⅲ-80⟩
- 하나님의 주권 영역에 대하여⟨Ⅰ-57⟩
- 한국말의 특성과 인간 관계⟨Ⅱ-42⟩
- 한기총의 평화 기도회(?)⟨Ⅱ-81⟩
- 헌신예배에 대하여⟨Ⅲ-21⟩
- 현대판 시모니simony⟨Ⅰ-51⟩
- 현실적 교회개혁 방안을 기대함⟨Ⅰ-52⟩
- 형상(이미지)을 신앙 교재로 사용할 수 있는가?⟨Ⅲ-69⟩

- 혼인 생활과 이혼〈II - 89〉
- 혼인과 함函〈II - 72〉
- 혼인식장에서 성찬식을 행할 수 있는지요?〈III - 39〉